Die Rechtsstellung des Betroffenen
nach Art. 44 Abs. 2, S. 1 GG und den entsprechenden
Regelungen in den Länderverfassungen

Europäische Hochschulschriften

Publications Universitaires Européennes

European University Studies

Reihe II

Rechtswissenschaft

Série II Series II

Droit

Law

Bd./Vol. 3287

PETER LANG

Frankfurt am Main · Berlin · Bern · Bruxelles · New York · Oxford · Wien

Claudia Kohl

Die Rechtsstellung des Betroffenen nach Art. 44 Abs. 2, S. 1 GG und den entsprechenden Regelungen in den Länderverfassungen

PETER LANG
Europäischer Verlag der Wissenschaften

Die Deutsche Bibliothek - CIP-Einheitsaufnahme

Kohl, Claudia:

Die Rechtsstellung des Betroffenen nach Art. 44 Abs. 2, S. 1 GG und den entsprechenden Regelungen in den Länderverfassungen / Claudia Kohl. - Frankfurt am Main ; Berlin ; Bern ; Bruxelles ; New York ; Oxford ; Wien : Lang, 2001
(Europäische Hochschulschriften : Reihe 2, Rechtswissenschaft ; Bd. 3287)
Zugl.: Frankfurt (Main) Univ., Diss., 2001
ISBN 3-631-38272-3

D 30
ISSN 0531-7312
ISBN 3-631-38272-3

www.peterlang.de

Vorwort

Die nachfolgende Arbeit ist vom Fachbereich Rechtswissenschaft der Johann Wolfgang Goethe-Universität, Frankfurt am Main, im Sommer 2000 als Dissertation angenommen worden.

Mein besonderer Dank gilt meinem Doktorvater, Herrn Prof. Dr. Dr. h.c. W. Hassemer. Er hat nicht nur die Erstellung der vorliegenden Arbeit begleitet, sondern durch viele hilfreiche Anleitungen den Fortgang wesentlich gefördert.

Auch meinem Mann gilt mein Dank, der das Manuskript gelesen und durch seinen Rat dazu beigetragen hat, daß ich die Arbeit fertigstellen konnte.
Ausdrücklich möchte ich meinen Eltern, denen ich dieses Buch widme, für die Unterstützung in all den Jahren danken.

Mainz, im Mai 2001 *Claudia Kohl*

Inhaltsverzeichnis

Schriftumsverzeichnis

Achterberg, Norbert: Parlamentsrecht, Tübingen 1984.

Alsberg, Max: Empfiehlt sich eine Abänderung der Bestimmungen über parlamentarische Untersuchungsausschüsse, um den ungestörten Verlauf des Strafverfahrens und die Unabhängigkeit des Richtertums sicherzustellen? Gutachten für den 34. DJT in: Verhandlungen des 34. DJT 1926, 1.Bd., S. 332ff., Leipzig 1927.

Anschütz, Gerhard: Die Verfassung des Deutschen Reichs vom 11. August 1919, 10. Aufl., Berlin 1929.

Arloth, Franz: Grundlagen und Grenzen des Untersuchungsrechts parlamentarischer Untersuchungsausschüsse, NJW 1987, 808ff.

Arndt, Claus: Empfiehlt sich eine gesetzliche Neuordnung der Rechte und Pflichten parlamentarischer Untersuchungsausschüsse? In: Verhandlungen des 57. DJT 1988, Bd. II. Sitzungsbericht, M 182f., München 1988.

Arndt, Gottfried: Die dynamische Rechtsnormverweisung in verfassungsrechtlicher Sicht, JuS 1979, 784ff.

Baden, Eberhard: Dynamische Verweisungen und Verweisungen auf Nichtnormen, NJW 1979, 623ff.

Badura, Peter: Staatsrecht, Systematische Erläuterungen des Grundgesetzes für die Bundesrepublik Deutschland, 2. Aufl., München 1996.

Battis, Ulrich/Gusy, Christoph: Einführung in das Staatsrecht, 3. Aufl., Heidelberg 1991.

Beckendorf, Ingo: Die Rechtsstellung des Betroffenen im parlamentarischen Untersuchungsverfahren, Zparl. 20 (1989), 35ff.

Benda, Ernst/Maihofer, Werner/Vogel, Hans-Jochen: Handbuch des Verfassungsrechts der Bundesrepublik Deutschland, Berlin 1983.

Beulke, Werner: Strafprozeßrecht, Schwerpunkte, Band 20, 3. Aufl., Heidelberg 1998.

- Der Verteidiger im Strafverfahren, Funktionen und Rechtsstellung, Frankfurt am Main 1980.

Bickel, Heribert: Empfiehlt sich eine gesetzliche Neuordnung der Rechte und Pflichten parlamentarischer Untersuchungsausschüsse? Referat für den 57. DJT in: Verhandlungen des 57. DJT 1988, Bd. II. Sitzungsbericht, M 7ff., München 1988.

Böckeförde, Ernst-Wolfgang: Parlamentarische Untersuchungsausschüsse und kommunale Selbstverwaltung, AÖR 103 (1978),1ff.

- Die Methode der Verfassungsinterpretation, Bestandsaufnahme und Kritik, NJW 1976, 2089ff.

Bohnert, Joachim: Zum Problem des Anhörungsrechts Dritter im Strafverfahren, JZ 1978, 710ff.

Brieske, Rembert: Empfiehlt sich eine gesetzliche Neuordnung der Rechte und Pflichten parlamentarischer Untersuchungsausschüsse? In: Verhandlungen des 57. DJT 1988, Bd. II. Sitzungsbericht, M 171ff., M 194ff., München 1988.

Buchholz, Bernd Klaus: Der Betroffene im Untersuchungsverfahren. Eine verfahrensrechtliche und grundrechtsdogmatische Untersuchung, insbesondere zur strafrechtlichen Behandlung von Falschaussagen; Beiträge zum Parlamentsrecht, Band 18, Berlin 1990.

Büttner, Edgard, Wettengel, Michael: Edition: Der Parlamentarische Rat 1948-1949, Akten und Protokolle, Band kombinierter Ausschuß für Organisation des Bundes und für Verfassungsgerichtshof und Rechtspflege, 20. Sitzung des Organisationsausschusses v. 5.11.1948, Aktenband Z 5, Nr. 74, S. 187ff., zit.: Büttner/Wettengel (Bearb.), OrgAussch., S.

Creifelds, Karl: Rechtswörterbuch, 11. Aufl. München 1990.

Dahs, Hans/Langkeit, Jochen: Empfiehlt sich eine gesetzliche Neuordnung der Rechte und Pflichten parlamentarischer Untersuchungsausschüsse? In: Verhandlungen des 57. DJT 1988, Bd. II. Sitzungsbericht, M 114ff.,München 1988.

- Das Schweigerecht des Beschuldigten und sein Auskunftsverweigerungsrecht als „verdächtiger Zeuge", NStZ 1993, 213ff.

Depenheuer, Otto/Winands, Günther: Der parlamentarische Untersuchungsauftrag: Inhaltliche Bestimmtheit und thematische Reichweite, ZRP 1988, 258ff.

Derksen, Roland: Anmerkungen zu AG Bonn, JR 1994, 173ff.

Deutsches Rechts-Lexikon: Horst, Tilich (Hrsg.), 2. Aufl., Band 3 R-Z, München 1992.

Di Fabio, Udo: Rechtsschutz im parlamentarischen Untersuchungsverfahren, Beiträge zum Parlamentsrecht, Band 16, Berlin 1988.

Dreher, Eduard/Tröndle, Herbert: Strafgesetzbuch und Nebengesetze, Kommentar, 46. Aufl. München 1993.

Dreier, Horst (Hrsg.): Grundgesetz Kommentar, Bd. II Art. 20-82, Tübingen 1998; zit. (Bearbeiter) in: Dreier (Hrsg.), GG-Komm., Rn. zu Art. GG.

Ehmke, Horst: Empfiehlt es sich Funktion, Struktur und Verfahren der parlamentarischen Untersuchungsausschüsse grundlegend zu ändern? Referat für den 45. DJT in: Verhandlungen des 45. DJT 1964, Bd. II. Sitzungsberichte, E 1ff., München 1965.

Eisenberg, Ulrich: Beweisrecht der StPO, Spezialkommentar, 3. Aufl., München 1999.

Engels, Dieter: Parlamentarisches Untersuchungsrecht und der Kernbereich exekutiver Eigenverantwortung, Jura 1990, 71ff.

Feuerich, Wilhelm E. /Braun, Anton: Bundesrechtsanwaltsordnung, Recht für Anwälte aus dem Gebiet der Europäischen Union, Kommentar, 3. Aufl., München 1995.

Frey, Burkhard: Parlamentarische Kontrolle und Untersuchungsrecht. Dargestellt anhand zweier Beispiele aus der hamburgischen Untersuchungspraxis, Hamburg 1992.

Friedrich, Klaus-Dieter: Der parlamentarische Untersuchungsausschuß; Entwicklung, Stellung und Kompetenzen, Diss. Mannheim 1991

Gast-de Haan, Brigitte/Franzen, Klaus: Steuerstrafrecht mit Steuerordnungswidrigkeiten und Verfahrensrecht, Kommentar, 4. Aufl.; München 1996.

Glauben, Paul J.: Möglichkeiten und Grenzen parlamentarischer Untersuchungsausschüsse, DRiZ 1992, 395ff.

Gollwitzer, Walter: Die sinngemäße Anwendung der Strafprozeßordnung bei der Beweiserhebung parlamentarischer Untersuchungsausschüsse, in: Festschrift für Hans Dünnebier zum 75. Geburtstag, Berlin 1982, 327ff.

- Der Betroffene im Verfahren der Untersuchungsausschüsse des Bayerischen Landtags, BayVBl. 1982, 417ff.

Güther, Ulrich/Seiler, Rudolf: Vereidigung von Zeugen durch parlamentarische Untersuchungsausschüsse des Deutschen Bundestages? NStZ 1993, 305ff.

Halstenberg, Friedrich: Das Verfahren der parlamentarischen Untersuchung nach Art. 44 GG des Grundgesetzes unter besonderer Berücksichtigung des Verhältnisses zur Gerichtsbarkeit, Diss. 1957.

- Empfiehlt sich eine gesetzliche Neuordnung der Rechte und Pflichten parlamentarischer Untersuchungsausschüsse? in: Verhandlungen des 57. DJT 1988, Bd. II. Sitzungsbericht, M 120ff., M 180ff., München 1988.

Hammann, Andreas/Lenz, Helmut: Das Grundgesetz für die Bundesrepublik Deutschland vom 23. Mai 1949, 3. Aufl., Berlin 1970.

Hassemer, Winfried: Einführung in die Grundlagen des Strafrechts, 2. Aufl., München 1990.

Hatschek, Julius: Deutsches und Preußisches Staatsrecht, 2. Aufl., Berlin 1930

Haug, Volker: Bindungsprobleme und Rechtsnatur parlamentarischer Geschäftsordnungen, Tübinger Schriften zum Staats- und Verwaltungsrecht, Band 23, Berlin 1994.

Heck, Karl: Das parlamentarische Untersuchungsrecht, Stuttgart 1925.

Hesse, Konrad: Grundzüge des Verfassungsrechts der Bundesrepublik Deutschland, 20. Aufl., Heidelberg 1999.

Hilf, Meinhard: Untersuchungsausschüsse vor den Gerichten. Zur neuen Rechtsprechung vor den Gerichten, NVwZ 1987, 537ff.

Hölz, Stephan: Individualrechtsschutz im Verhältnis zu den Zielen parlamentarischer Untersuchungsausschüsse, Diss. 1997.

Ismayr, Wolfgang: Der Deutsche Bundestag, Funktionen-Willensbildung Reformansätze, Opladen 1992.

Jekewitz, Jürgen: Der Schutz Dritter im parlamentarischen Untersuchungsverfahren in: Des Menschen Recht zwischen Freiheit und Verantwortung, Festschrift für Karl Josef Partsch zum 75. Geburtstag, 403ff., Berlin 1989.

- Die Einsicht in Strafakten durch parlamentarische Untersuchungsausschüsse, NStZ 1985, 395ff.
- Empfiehlt sich eine gesetzliche Neuordnung der Rechte und Pflichten parlamentarischer Untersuchungsausschüsse? In: Verhandlungen des 57. DJT 1988, Bd. II. Sitzungsbericht, M 156ff., M 179f., München 1988.

Jeschek, Hans-Heinrich: Lehrbuch des Strafrechts, Allgemeiner Teil, 5. Aufl., Berlin 1996

Julius, Karl-Peter: Zur Disponibilität des strafprozessualen Anwesenheitsgebots, GA 1992, 295ff.

Kahn, Josef: Parlamentarische Untersuchungsausschüsse, Diss. Gießen 1931.

Karpen, Hans-Ulrich: Die Verweisung als Mittel der Gesetzgebungstechnik; Neue Kölner Rechtswissenschaftliche Abhandlungen, Heft 64, Berlin 1970.

Käßer, Wolfgang: Wahrheitserforschung im Strafprozeß, Methoden der Sachverhaltsaufklärung; Münchner Universitätsschrift, Juristische Fakultät; Abhandlungen zur rechtswissenschaftlichen Grundlagenforschung, Band 14, 1974 Berlin.

Kästner, Karl-Hermann: Parlamentarisches Untersuchungsrecht und richterliche Kontrolle, Verfassungsprobleme der Justiziabilität von Beschlüssen parlamentarischer Untersuchungsausschüsse des Deutschen Bundestages, NJW 1990, 2649ff.

Kleinknecht, Theodor/ Meyer, Karlheinz/ Meyer-Großner, Lutz: Strafprozeßordnung, Gerichtsverfassungsgesetz, Nebengesetze und ergänzende Bestimmungen, 42. Aufl. München 1995.

Klenke, Reiner: Zum Konflikt zwischen parlamentarischem Enqueterecht und dem Recht auf informationelle Selbstbestimmung des Betroffenen, NVwZ 1995, 644ff.

Kloepfer, Michael: Der Vorbehalt des Gesetzes im Wandel, JZ 1984, 685ff.

Köhler, Marc: Die Grenzen des Rechts der parlamentarischen Untersuchung im Privatbereich, NVwZ 1995,664f.

- Umfang und Grenzen des parlamentarischen Untersuchungsrechts gegenüber Privaten im nichtöffentlichen Bereich; Beiträge zum Parlamentsrecht, Band 36, Berlin 1995.

Kohlmann, Günter: Zur Rechtsstellung der Aussageperson vor dem parlamentarischen Untersuchungsausschuß, JA 1984, 670ff.

Kölbe, Josef: Parlamentarisches Untersuchungsrecht und Bundesstaatsprinzip, DVBl. 1964, 701ff.

Kölbel, Ralf/Morlok, Martin: Geständniszwang in parlamentarischen Untersuchungen?, ZRP 2000, 217ff.

Kramer , Bernhard: Grundbegriffe des Strafverfahrensrechts, Ermittlung und Verfahren, 3. Aufl., Stuttgart 1997.

Krauß, Detlef: Das Prinzip der materiellen Wahrheit im Strafprozeß in Festschrift für Friedrich Schaffstein zum 70. Geburtstag Göttingen 1975, S. 411ff.

Lammers, Hans-Heinrich: Parlamentarische Untersuchungsausschüsse in: Handbuch des Staatsrechts, Anschütz/Thoma (Hrsg.), Zweiter Band, § 94, S. 454ff., Tübingen 1932.

Larenz, Karl: Methodenlehre der Rechtswissenschaft, 6. Aufl., Berlin 1991.

Lässig, Curt: Beschränkungen des Beweiserhebungsrechts parlamentarischer Untersuchungsausschüsse - insbesondere aufgrund des Bundesstaatsprinzips, DÖV 1976, 727ff.

Leipziger Kommentar: Strafgesetzbuch, Großkommentar; 10. Aufl., Zweiter Band §§ 32-60, Fünfter Band §§ 185 bis 262, Berlin 1988, zit.: (Bearbeiter) in: LK, Rn. zu § StGB.

Lemke, Michael/Krehl, Christoph u.a.: Heidelberger Kommentar zur Strafprozeßordnung, Julius, Karl-Peter, Heidelberg 1997. Zit.: (Bearbeiter) in: Lemke, Heidelberger-Komm., Rn. zu § StPO.

Lewald, Walter: Enqueterecht und Aufsichtsrecht; eine verfassungskritische Studie, AÖR 44 (1923), 269ff.

Lölhöffel; Helmut: Spionage, Skandale, Affären - Die Arbeit der Untersuchungsausschüsse des Bundestages, Blickpunkt Bundestag 12/99, S. 50f.

Löwe/Rosenberg: Die Strafprozeßordnung und das Gerichtsverfassungsgesetz, Großkommentar; Erster Band: §§ 1-71, 25. Aufl. Berlin 1998; Zweiter Band: §§ 112-197, 24. Aufl. Berlin 1984ff., Vierter Band: §§ 238 a-247 a; zit.: (Bearbeiter) in: Löwe/Rosenberg, Rn. zu § StPO.

v. Mangoldt, Hermann/Klein, Friedrich Das Bonner Grundgesetz, Kommentar, Band 6, 38-49, München, zit.: (Bearbeiter) in: v. Mangoldt/Klein, Rn. zu Art. GG.

Masing, Johannes: Parlamentarische Untersuchungsausschüsse gegenüber Privaten? Der Staat 27 (1988), 273ff.

- Parlamentarische Untersuchungen privater Sachverhalte: Art. 44 GG als staatsgerichtetes Kontrollrecht, Tübingen 1998.
- Politische Verantwortlichkeit und rechtliche Verantwortlichkeit, ZRP 2001, 36ff.

Maunz, Theodor Dürig, Günter/Herzog, Roman u.a.: Grundgesetz Kommentar, Band III., Art. 38-91, 32. Lieferung, München 1996. Zit.:(Bearbeiter) in: Maunz/Dürig, Rn. zu Art. GG.

Maunz, Theodor/Schmidt-Bleibtreu, Bruno/Klein, Franz u.a.: Bundesverfassungsgerichtsgesetz, Kommentar, Stand: Oktober 1998, München. Zit.: (Bearbeiter) in: Maunz/Schmidt-Bleintreu/Klein/Ulsamer, Rn. zu § BVerfGG.

Maunz, Theodor/Zippelius, Rheinhold: Deutsches Staatsrecht, 30. Aufl., München 1998.

Mayer-Maly, Theo: Rechtswissenschaft, 4. Aufl., München 1988.

Meyer, Hans: Empfiehlt sich eine gesetzliche Neuordnung der Rechte und Pflichten parlamentarischer Untersuchungsausschüsse? in: Verhandlungen des 57. DJT 1988, Bd. II. Sitzungsbericht, M 111ff., M 175ff., München 1988.

Müller, Egon: Der Grundsatz der Waffengleichheit im Strafverfahren, NJW 1976, 1063ff.

Müller, Friedrich: Enzyklopädie der Geisteswissenschaftlichen Arbeitsmethode, Methoden der Rechtswissenschaft, Arbeitsmethoden des Verfassungsrechts, Teil 1, 11. Lieferung, S. 123ff., München 1972; zit.: F. Müller, Arbeitsmethoden, S.

Müller, Ingo: Rechtsstaat und Strafverfahren, Frankfurt am Main 1980.

Müller-Boysen, Ulrike: Die Rechtsstellung des Betroffenen vor dem parlamentarischen Untersuchungsausschuß, ein Beitrag zu den Mitwirkungsrechten und zum Schweigerecht des Betroffenen, Diss. Kiel 1980.

v. Münch, Ingo: Grundgesetz Kommentar, Band 2, (Art. 21 bis Art. 69), Band 3 (Art. 70-146), 3. Aufl., München 1995. Zit.: (Bearbeiter) in: v. Münch, GG-Komm.; Rn. zu Art. GG.

- Staatsrecht, Band 1, Einführung; Deutschland: Teilung und Vereinigung; Staatsform; Staatsorgane; Deutschland in der Europäischen Gemeinschaft, 5. Aufl.; Stuttgart 1993.

Ossenbühl, Fritz: Die verfassungsrechtliche Zulässigkeit der Verweisung als Mittel der Gesetzgebungstechnik, DVBl 1967, 401ff.

Pabel, Katharina: Verhängung von Beugehaft durch einen Untersuchungsausschuß, NJW 2000, 788ff.

Palm, Franz/Roy, Rudolf: Nutzung von Stasi-Unterlagen durch parlamentarische Untersuchungsausschüsse, NJW 1998, 3005ff.

Partsch, Karl-Josef: Empfiehlt es sich Funktion, Struktur und Verfahren der parlamentarischen Untersuchungsausschüsse grundlegend zu ändern? Gutachten für den 45. DJT 1964, Bd. I. Teil 3, S. 1ff., München 1965.

Peitsch, Dietmar/Polzin, Christina: Die parlamentarische Kontrolle der Nachrichtendienste, NVwZ 2000, 387ff.

Peters, Karl: Strafprozeß, Ein Lehrbuch, 4. Aufl. Tübingen 1985.

Pfander, Nikolaus: Beschlagnahme von Anwaltsakten im Rahmen eines Enqueteverfahrens? NJW 1970, 314f.

Pfeiffer, Gerd: Karlsruher Kommentar zur Strafprozeßordnung und zum Gerichtsverfassungsgesetz mit Einführungsgesetz, 3. Aufl., München 1993; zit.: (Bearbeiter) in: KK, Rn. zu § StPO.

Quaas, Michael/Zuck, Rüdiger: Ausgewählte Probleme zum Recht des parlamentarischen Untersuchungsausschusses, NJW 1988, 1873ff.

Queng, Stefan: Das Zutritts- und Rederecht nach Art. 43 II GG, JuS 1998, 611ff.

Ranft, Otfried: Strafprozeßrecht: Systematische Lehrdarstellung für Studium und Praxis, 2. Aufl. Stuttgart 1995.

Rechenberg: Kommentierung zu Art. 44 GG in: Kommentar zum Bonner Grundgesetz, 37. Lieferung, November 1977, Hamburg.

Redeker, Konrad/ von Oertzen, Hans-Joachim: Kommentar zur Verwaltungsgerichtsordnung, 11. Aufl., Stuttgart 1994.

Richter, Werner: Privatpersonen im parlamentarischen Untersuchungsausschuß, Das Spannungsverhältnis zwischen dem Untersuchungsrecht des Parlaments und den Grundrechten; Studien zum öffentlichen Recht und zur Verwaltungslehre, Band 46, München 1991.

Rieß, Peter: Die Vernehmung des Beschuldigten im Strafprozeß, JA 1980, 293ff.

Rinck, Hans-Justus: Verfassungsrechtliche Grenzen der Beeidigungsbefugnis parlamentarischer Untersuchungsausschüsse, DVBl 1964, 706ff.

Ritzel, Heinrich-Georg/ Bücker, Joseph: Handbuch für die Parlamentarische Praxis mit Kommentar zur Geschäftsordnung des Deutschen Bundestages, Stand: November 1998.

Rogall, Klaus: Der Beschuldigte als Beweismittel gegen sich selbst, ein Beitrag zur Geltung des Satzes „Nemo tenetur se ipsum prodere“ im Strafprozeß; Schriften zum Prozeßrecht, Band 49, Berlin 1976.

Rosenberg, Werner: Parlamentarische und gerichtliche Untersuchung, DJZ 1925, 636ff.

- Empfiehlt sich eine Abänderung der Bestimmungen über parlamentarische Untersuchungsausschüsse, um den ungestörten Verlauf des Strafverfahrens und die Unabhängigkeit des Richtertums sicherzustellen? Gutachten für den 34. DJT in: Verhandlungen des 34. DJT 1926, 1. Bd., S. 3ff., Leipzig 1927.

Roxin, Claus: Strafverfahrensrecht, Ein Studienbuch, 24. Aufl. München 1995.

Sachs, Michael: Die dynamische Verweisung als Ermächtigungsnorm, NJW 1981, 1651ff.

- Grundgesetz Kommentar, 2. Aufl. München 1999, zit.: (Bearbeiter) in: Sachs, Rn. zu Art. GG.

Schachtel, Charlotte: Die sinngemäße Anwendung der Strafprozeßordnung auf das Verfahren der Untersuchungsausschüsse, Diss. Berlin 1927.

Schaefer, Christpoh: Parlamentarischer Untersuchungsausschuß und Anwendung der Strafprozeßordnung - ein Widerspruch? NJW 1998, 434f.

Schäfer, Helmut: Die Einsicht in Strafakten durch Verfahrensbeteiligte Dritte, NStZ 1985, 198ff.

Schenke, Wolf-Rüdiger: Empfiehlt sich eine gesetzliche Neuordnung der Rechte und Pflichten parlamentarischer Untersuchungsausschüsse? JZ 1988; 805ff.

Schleich, Albrecht: Das parlamentarische Untersuchungsrecht des Bundestages; Schriften zum Öffentlichen Recht, Band 488, Berlin 1985.

Schlüchter, Ellen: Das Strafverfahren, Köln 1981.

Schmidt-Bleibtreu, Bruno/Klein, Franz: Kommentar zum Grundgesetz, 8. Aufl., Neuwied 1995.

Schneider, Hans-Peter: Empfiehlt sich eine gesetzliche Neuordnung der Rechte und Pflichten parlamentarischer Untersuchungsausschüsse? Referat für den 57. DJT in: Verhandlungen des 57. DJT 1988, Bd. II. Sitzungsbericht, M 55ff., München 1988.

- Kommentierung zu Art. 44 GG in: Reihe Alternativkommentare, Kommentar zum Grundgesetz für die Bundesrepublik Deutschland, Band 2, Art. 38-146, 2. Aufl., Neuwied 1989.

Schneider, Hans-Peter/Zeh, Wolfgang: Parlamentsrecht und Parlamentspraxis in der Bundesrepublik Deutschland, Ein Handbuch, Berlin 1989.

Schönke, Adolf/Schröder, Horst: Strafgesetzbuch, Kommentar, 25. Aufl., München 1997, zit. (Bearbeiter) in: Schönke/Schröder, Rn. zu § StGB.

Scholz, Rupert: Parlamentarischer Untersuchungsausschuß und Steuergeheimnis, AÖR 105 (1980), 564ff.

Schröcker, Sebastian: Die Übernahme von Bundesrecht als Landesrecht, NJW 1967, 2285ff.

Schröder, Meinhard: Empfiehlt sich eine gesetzliche Neuordnung der Rechte und Pflichten parlamentarischer Untersuchungsausschüsse? Gutachten für den 57. DJT 1988, Bd. I., S. 1ff., München 1988.

- Altes und Neues zum Recht der Parlamentarischen Untersuchungsausschüsse aus Anlass der CDU Spendenaffäre, NJW 2000, 1455ff.

Schroeder, Friedrich-Christian: Strafprozeßrecht, 2. Aufl. München 1997.
- Formelle und materielle Vereidigung, NJW 1987, 301ff.

Seibert, Gerhard: Parlamentarischer Untersuchungsausschuß und Steuergeheimnis, NJW 1984, 1001ff.

Simons, Wolfgang: Das Parlamentarische Untersuchungsrecht im Bundesstaat, zu den Auswirkungen der bundesstaatlichen Ordnung des Grundgesetzes auf das parlamentarische Untersuchungsrecht in Bund und Ländern; Schriften zum Öffentlichen Recht, Band 603, Berlin 1991.

Smend, Rudolf: Verfassung und Verfassungsrecht, Staatsrechtliche Abhandlungen und andere Aufsätze, 2. Aufl. Berlin 1955, S. 119ff.

Steffani, Winfried: Betroffener als „Verfahrensobjekt"? Der Fall Orgaß in Hamburg, Zparl. 20 (1989), 54ff.
- Die Untersuchungsausschüsse des Preußischen Landtages zur Zeit der Weimarer Republik, ein Beitrag zur Entwicklung, Funktion und politischen Bedeutung parlamentarischer Untersuchungsausschüsse, Düsseldorf 1960.

Stern, Klaus: Die Kompetenz der Untersuchungsausschüsse nach Art. 44 GG im Verhältnis zur Exekutive unter besonderer Berücksichtigung des Steuergeheimnisses, AÖR 109 (1984), 199ff.
- Das Staatsrecht der Bundesrepublik Deutschland, Bd. II, München 1980.

Thaysen, Uwe/ Schüttemeyer, Suzanne (Hrsg.): Bedarf das Recht der parlamentarischen Untersuchungsausschüsse einer Reform? Beiträge und Materialien zur Seminartagung der Deutschen Vereinigung für Parlamentsfragen e.V. und des Niedersächsischen Landtags Hannover 20. und 21. November 1987, Baden-Baden 1980.

Umbach, Dieter: Das Wesentliche an der Wesentlichkeitstheorie, in: Festschrift für Hans Joachim Faller, München 1984, S. 111ff.

Vetter, Joachim: Zur Auskunftspflicht eines Beamten vor einem parlamentarischen Untersuchungsausschuß bei drohender disziplinarrechtlicher Verfolgung, ZBR 1991, 225ff.

Wagner, Heinz: Uneidliche Falschaussage vor parlamentarischen Untersuchungsausschüssen, GA 1976, 257ff.

Wagner, W.; Vernehmungs- und Vereidigungsrecht parlamentarischer Untersuchungsausschüsse, NJW 1960, 1936ff.

Weber, Max: Zur Neuordnung Deutschlands, Schriften und Reden 1918-1920, in: Max Weber Gesamtausgabe; herausgegeben von Horst Baier/Rainer Lepsius/Wolfgang J. Mommsen u.a., Tübingen 1958.

- Max Weber und die Deutsche Politik 1890-1920, von Wolfgang J. Mommsen, 2. Aufl. Tübingen 1974.

Weingärtner, Dieter: Das Tätigkeitsfeld parlamentarischer Untersuchungsausschüsse, ZRP 1991, 232.

Wendt, Rudolf: Der Garantiegehalt der Grundrechte und das Übermaßverbot, zur maßstabsetzenden Kraft der Grundrechte in der Übermaßprüfung, AÖR 104 (1979), 414ff.

Wernicke, Kurt Georg (Hrsg.): Der Parlamentarische Rat, 1948/49, Akten und Protokolle, Bd. 2: Der Verfassungskonvent auf Herrenchiemsee, Boppard am Rhein 1981; zit.: Wernicke, Der Verfassungskonvent auf Herrenchiemsee, S.

Wohlers, Wolfgang: Mitwirkungsbefugnisse des Betroffenen im Beweisverfahren parlamentarischer Untersuchungsausschüsse, NVwZ 1994, 40ff.

Zeh, Wolfgang: Regelungsbedarf und Regelungschancen für das Verfahren parlamentarischer Untersuchungsausschüsse, DÖV 1988, 701ff.

Zweig, Egon: Die parlamentarische Enquete nach deutschem und österreichischem Recht, ZRP Bd. IV. (1913), 265ff.

Abkürzungsverzeichnis

a.A.	anderer Ansicht
a.a.O.	am angegebenen Ort
abgedr.	abgedruckt
Abs.	Absatz
AG..................................	Amtsgericht
AK..................................	Alternativkommentar
Anl.	Anlage, Anlagen
Anm.	Anmerkung
AO..................................	Abgabenordnung
Art.	Artikel
Aufl.	Auflage
BayUAG..........................	Gesetz über die Untersuchungsausschüsse des Bayerischen Landtags
BayVBl............................	Bayerische Verwaltungsblätter, Zeitschrift für öffentliches Recht und öffentliche Verwaltung
BayVerf...........................	Verfassung des Freistaates Bayern
BayVGH..........................	Bayerischer Verwaltungsgerichtshof
BBG................................	Bundesbeamtengesetz
BbgUAG..........................	Gesetz über die Einsetzung und Verfahren von Untersuchungsausschüssen des Landtages Brandenburg
BbgVerf...........................	Brandenburgische Verfassung
Bd.	Band
BDO................................	Bundesdiziplinarordnung
BezirksG.	Bezirksgericht
BGBl.	Bundesgesetzblatt
BGH................................	Bundesgerichtshof
BGHSt.............................	Entscheidungen des Bundesgerichtshofs in Strafsachen
BGHZ..............................	Entscheidungen des Bundesgerichtshofs in Zivilsachen
BRAO.............................	Bundesrechtsanwaltsordnung
BremUAG.......................	Gesetz über die Einsetzung und Verfahren von Untersuchungsausschüssen der Bremischen Bürgerschaft

BremVerf. .... Verfassung der Freien Hansestadt Bremen
BRRG.............................. Beamtenrechtsrahmengesetz
BT-Drucks. .... Drucksachen des Deutschen Bundestages
BUAG............................. Gesetz über die Untersuchungsausschüsse des Abgeordnetenhauses von Berlin
BVerf. .... Verfassung von Berlin
BVerfG............................ Bundesverfassungsgericht
BVerfGG.......................... Gesetz über das Bundesverfassungsgericht
BVerwG........................... Bundesverwaltungsgericht
BWahlG........................... Bundeswahlgesetz
B-WUAG......................... Gesetz über die Einsetzung und Verfahren von Untersuchungsausschüssen des Landtages Baden-Württemberg
B-WVerf. .... Verfassung des Landes Baden-Württemberg

CDU................................ Christlich-Demokratische-Union
CSU................................ Christlich-Soziale-Union

ders. .... derselbe
Diss. .... Dissertation
DJT................................. Deutscher Juristentag
DJZ................................. Deutsche Juristenzeitung
DRiZ............................... Deutsche Richterzeitung
dt. .... deutsche, deutschen
DVBl............................... Deutsches Verwaltungsblatt

EGMR............................. Europäischer Gerichtshof für Menschenrechte
EGStGB.......................... Einführungsgesetz zum Strafgesetzbuch
Einf. .... Einführung
Einl. .... Einleitung

f...................................... folgende (Seite)
FAZ................................. Frankfurter Allgemeine Zeitung
ff. .... folgende (Seiten)
Fn. .... Fußnote
FS.................................... Festschrift
GA................................... Goltdammers Archiv für Strafrecht

GEntw.CDU/CSU v. 1977. Gesetzentwurf der CDU/CSU von 1977
GG.................................. Grundgesetz
GOBT............................. Geschäftsordnung des Deutschen Bundestages
GSO-BT.......................... Geheimschutzordnung des Deutschen Bundestages
GVBl. .... Gesetz- und Verordnungsblatt
GVG............................... Gerichtsverfassungsgesetz

HamUAG........................ Gesetz über die Untersuchungsausschüsse der Hamburgischen Bürgerschaft
HamVerf. .... Verfassung der Freien Hansestadt Hamburg
HCHE............................. Entwurf des Verfassungskonvents v. 10.-23.8.1948 in Herrenchiemsee.
HdbDStR......................... Handbuch des Deutschen Staatsrechts
HessStGH....................... Hessischer Staatsgerichtshof
Hs. .... Halbsatz
HVerf. .... Verfassung des Landes Hessen

insb. .... insbesondere
Interfr.Entw. v. 1985/86... interfraktioneller Entwurf von 1985/86
IPA-Entwurf.................. Entwurf eines Gesetzes über die Einsetzung und Verfahren von Untersuchungsausschüssen des Bundestages. Ausgearbeitet von der interparlamentarischen Arbeitsgemeinschaft.
i.S.d. .... im Sinne des
i.V.m. .... in Verbindung mit

JA.................................. Juristische Arbeitsblätter
JR.................................. Juristische Rundschau
Jura............................... Juristische Ausbildung
JuS................................ Juristische Schulung
JZ.................................. Juristenzeitung

KK................................. Karlsruher Kommentar
Kom. .... Kommission, Kommissions
Komm. .... Kommentar

LG................................. Landgericht

Lit.	Literatur
LK	Leipziger Kommentar
LParl. v. 1961	Empfehlungen der Konferenz der Präsidenten der deutschen Länderparlamente vom 4. Mai 1961
LParl. v. 1989	Empfehlungen der Konferenz der Präsidentinnen und Präsidenten der deutschen Länderparlamente vom 15. Juni 1989
LT-Drucks.	Drucksachen des Landtages
LUAG	Landesuntersuchungsausschußgesetz
MRK	Europäische Konvention zum Schutz der Menschenrechte und der Grundfreiheiten v. 4.11.1950
MusterG. v. 1972	Mustergesetzentwurf der Präsidenten der deutschen Länderparlamente (1972)
M-VUAG	Vorläufiges Untersuchungsausschußgesetz des Landes Mecklenburg-Vorpommern
M-VVerf.	Verfassung des Landes Mecklenburg-Vorpommern
m.w.N.	mit weiteren Nachweisen
NdsStaatsGHG	Gesetz über den Staatsgerichtshof des Landes Niedersachsen
NdsVerf.	Niedersächsische Verfassung
NJW	Neue Juristische Wochenschrift
NJW-RR	NJW - Rechtsprechungs Report
Nr.	Nummer
NStZ	Neue Zeitschrift für Strafrecht
NVwZ	Neue Zeitschrift für Verwaltungsrecht
NVwZ-RR	NVwZ - Rechtsprechungs Report
N-WUAG	Gesetz über die Einsetzung und Verfahren von Untersuchungsausschüssen des Landtages Nordrhein-Westfalen
N-WVerf.	Verfassung des Landes Nordrhein-Westfalen
OHG	Offene Handelsgesellschaft
OLG	Oberlandesgericht
Org.Aussch.	Organisationsausschuß
OVG	Oberverwaltungsgericht

OWiG.............................	Gesetz über Ordnungswidrigkeiten
POG..............................	Polizei- und Ordnungsbehördengesetz v. Rheinland-Pfalz
PolG.............................	Polizeigesetz für Nordrhein-Westfalen
Ref..............................	Referat
Rh-PfUAG....................	Landesgesetz über die Einsetzung und Verfahren von Untersuchungsausschüssen des Landes Rheinland-Pfalz
Rh-PfVerf.	Verfassung des Landes Rheinland-Pfalz
RiStBV..........................	Richtlinien für das Strafverfahren und das Bußgeldverfahren
Rn.	Randnummer, Randnummern
Rspr.	Rechtsprechung
RT................................	Reichstag, Reichstages
SächsUAG....................	Gesetz über die Einsetzung und Verfahren von Untersuchungsausschüssen des Sächsischen Landtages
SächsVerf.	Verfassung des Freistaates Sachsen
S-AUAG........................	Gesetz über die Einsetzung und Verfahren von Untersuchungsausschüssen des Landes Sachsen-Anhalt
S-AVerf.	Verfassung des Landes Sachsen-Anhalt
S-HVerf.	Verfassung des Landes Schleswig-Holstein
sog.	sogenannt, sogenannte
sten.-Berichte.................	stenographische Berichte
StGB.............................	Strafgesetzbuch
StPO.............................	Strafprozeßordnung
str.	streitig
StUG.............................	Stasi-Unterlagen-Gesetz
SUAG............................	Gesetz über den Landtag des Saarlandes
SVerf.	Verfassung des Saarlandes
SVGHG.........................	Saarländisches Verfassungsgerichtshofgesetz
ThüUAG........................	Landesgesetz über die Einsetzung und Verfahren von Untersuchungsausschüssen des Freistaates Thüringen
ThüVerf.	Verfassung des Freistaates Thüringen

u.a.	unter anderem
u.U.	unter Umständen
Verf.	Verfassung, Verfassungs
Verf.reform.....................	Verfassungsreform
VerfGHG.........................	Gesetz über den Verfassungsgerichtshof
Verh.	Verhandlung
VG..................................	Verwaltungsgericht
VGH...............................	Verwaltungsgerichtshof
Vor.	Vorbemerkung
VS-Sachen.......................	Verschluß-Sachen
VwGO.............................	Verwaltungsgerichtsordnung
WRV..............................	Weimarer Reichsverfassung
ZBR...............................	Zeitschrift für Beamtenrecht
Ziff.	Ziffer
zit.	zitiert
ZParl...............................	Zeitschrift für Parlamentsrecht
ZPO................................	Zivilprozeßordnung
ZRP................................	Zeitschrift für Rechtspolitik

Einführung

Der Begriff des „Betroffenen“ im parlamentarischen Untersuchungsverfahren hat sich nach Entstehung des Art. 44 GG für diejenigen Auskunftspersonen im Untersuchungsverfahren herausgebildet, die in einer besonders engen Beziehung zum Gegenstand der parlamentarischen Untersuchung stehen und deren verfahrensrechtliche Stellung deshalb von der des Zeugen abweichen soll.[1]
Seit dem Erlaß von Untersuchungsausschußgesetzen auf Länderebene und dem Einbringen verschiedener Gesetzesentwürfe auf Bundesebene findet man den Begriff „Betroffener“ zudem in gesetzlicher Form wieder.[2]

Vereinzelt war bereits vor Geltung des Art. 44 GG eine von der Verfahrensstellung des Zeugen abweichende Sonderstellung befürwortet worden.[3] Man hatte diesen Kreis der Auskunftspersonen[4] „unechte Zeugen“[5] oder „verdächtige Zeugen“ genannt[6].
Die Bezeichnung in der Zeit der WRV weist auf das Rechtsproblem hin: Sie meint eine Auskunftsperson, die aufgrund noch zu konkretisierender Verdachtsmomente in einer persönlichen Beziehung zum Untersuchungsgegenstand steht und deren Vernehmung als Zeuge, der lediglich Tatsachen zu bekunden und als Wissensvermittler zu fungieren hat,[7] unbillig erscheint.

Ein Blick auf die langjährige Praxis des Untersuchungsrechts und die verfassungsrechtliche Regelung der Beweiserhebungen parlamentarischer Untersuchungsausschüsse verdeutlicht die Situation.

---

[1] Partsch, Gutachten für den 45. DJT 1964, Bd. I.Teil 3, S.111; Wohlers in: NVwZ 1994, 40, 41; Hilf in: NVwZ 1987, 537, 541f.; bereits Nr. VII., 3a) LParl. v. 1961 unterscheidet zwischen dem Betroffenen und dem Zeugen, abgedr. in: ZParl 3, 433-436.

[2] Z.B. Art. 13 BayUAG; § 15 Rh-PfUAG; Ziff. VII., Nr. 3a) LParl. v. 1961 unterscheidet zwischen dem Betroffenen und dem Zeugen, abgedr. in: ZParl 3, 433-436; § 18 IPA-Entwurf, abgedr. BT-Drucks. V/4209.

[3] Schachtel S. 20ff.; Alsberg, Gutachten für den 34. DJT 1926, Bd. I., S. 28ff.; Kahn S. 40ff., Heck S. 55ff.

[4] Der Begriff „Auskunftsperson“ wird in dieser Arbeit als Oberbegriff für alle Personen benutzt werden, die vor dem parlamentarischen Untersuchungsausschuß auftreten.

[5] Kahn S. 40ff.

[6] Alsberg, Gutachten für den 34. DJT 1926, Bd. I., S. 28ff.

[7] Roxin, Strafverfahrensrecht; § 26 Rn. 1.

1925 beschloß der dritte Reichstag die Einsetzung des sog. „Barmat"-Untersuchungsausschusses, der überprüfen sollte, ob es im Zusammenhang mit der Gewährung von Krediten aus öffentlichen Mitteln an die Konzerne Kutisker, Barmat und Michael zu Unregelmäßigkeiten gekommen war und wer gegebenenfalls die Verantwortung dafür zu tragen hatte.[8] Im Verlauf des Untersuchungsverfahrens traten Auskunftspersonen als Zeugen auf und wurden unter Eid vernommen, die im Anschluß an das Untersuchungsverfahren strafrechtlich zur Verantwortung gezogen wurden.[9]

Speziell zum Fall Barmat führte Rosenberg bereits 1926 aus: „Bei solchem Rollenwechsel ergeben sich zuweilen Situationen, die geradezu grotesk sind. Personen, gegen die ein Strafverfahren schwebt, marschieren mit den Gerichtspersonen, die sie von Amts wegen verfolgen, in einer Reihe als Zeugen auf. Personen, die durch ihre Einwirkung auf Polizei und Justizverwaltung die Strafverfolgung herbeigeführt haben, sitzen als unbefangene, unparteiische Richter auf der Richterbank."[10]

Eine ähnliche Situation schilderte auch Bethmann-Hollweg für die Arbeit des 15. Ausschusses des Deutschen Reichstages: "Wir stehen in einem eigentümlichen Verfahren. Es wird hier mit meinem beeidigten Zeugnis ein Tatbestand festgestellt, aufgrund dessen ich vielleicht demnächst werde vor dem Staatsgerichtshof als Angeklagter zu erscheinen habe. Das ist eine für die juristische Auffassung unhaltbare Konstruktion."[11]

Diese Bemerkungen weisen auf einen Mißstand im Untersuchungsverfahren hin, der quasi bis heute unverändert fortbesteht. Ein Untersuchungsausschuß ist mit Politikern besetzt, welche im Rahmen der parlamentarischen Untersuchung politische Sachverhalte aufklären und dabei - siehe Art. 44 Abs. 2, S. 1 GG - wie ein Strafgericht auf die Befugnisnormen des Strafverfahrensrechts Zugriff nehmen.

Im Gegensatz zu Richtern im Strafverfahren sind Ausschußmitglieder allerdings nicht zur Objektivität verpflichtet und können daher auch nicht wegen Befangen-

---

[8] Steffani S. 169ff.

[9] Urteil des Schöffengerichts Berlin Mitte in der Strafsache gegen Barmat u. Genossen, Berlin 1929; zitiert nach Steffani, S. 184; Heck S. 65.

[10] Rosenberg, Gutachten für den 34. DJT 1926, Bd. I., S. 25f.

[11] Der 15. Ausschuß des Deutschen Reichstages, der am 20.8. 1919 eingesetzt wurde, hatte die Aufgabe, die Kriegsschuldfrage aufzuklären. Obwohl der Ausschuß auch die Frage zu prüfen hatte, ob sich hinreichendes Material für eine Anklage der Mitglieder der alten Regierung vor einem noch zu schaffenden Staatsgerichtshof ergeben würde, wurden die Personen über dieselben Vorgänge, die Gegenstand der Anklage sein konnten, eidlich vernommen und bei Aussageverweigerung mit Zwangsstrafen bedacht, vgl. zum Sachverhalt Heck S. 66.

heit abgelehnt werden.[12] Ein Ausschußmitglied kann - bspw. politisch motiviert zur Diskreditierung eines „Gegners" - einen im Untersuchungsverfahren zu vernehmenden Zeugen wegen des Verdachts einer Straftat bereits bei den Strafverfolgungsbehörden angezeigt haben, ihn dann aber im Untersuchungsverfahren dennoch zum strafrechtlich relevanten Sachverhalt vernehmen und als „Richter" das Verhalten des Zeugen im parlamentarischen Abschlussbericht werten, ohne vom Untersuchungsverfahren wegen Befangenheit ausgeschlossen zu sein.
Ein Teil der Rechtsproblematik gründet also darin, daß einerseits der Untersuchungsausschuß auf Vorschriften des Strafverfahrensrechtes zugreifen kann, er andererseits aber nicht in gleicher Weise wie ein Strafgericht den Beschränkungen aus dem Verfahrensrecht unterliegt.
Bei der Frage nach der Rechtsgrundlage für Beweiserhebungen parlamentarischer Untersuchungsausschüsse stößt man auf eine verfassungsrechtliche Regelung, die sich seit der WRV im Grundsatz nicht geändert hat: Für die Beweiserhebungen parlamentarischer Untersuchungsausschüsse erklären sowohl Art. 34 Abs. 3 WRV[13] als auch Art. 44 Abs. 2, S. 1 GG die Vorschriften über den Strafprozeß für sinngemäß anwendbar. Gerade auf Grund der Anwendung der strafverfahrensrechtlichen Vorschriften liegt es dann aber auch nahe, Auskunftspersonen, bei denen eine verfahrensrechtliche Stellung als Zeuge auf Grund strafrechtlicher oder sonstiger Vorwürfe unbillig erscheint, verfahrensrechtlich in die Nähe des strafrechtlich Beschuldigten zu rücken.

Eine Lösung der Betroffenenproblematik ist trotz langjähriger Praxis parlamentarischer Untersuchungsausschüsse, trotz einer Vielzahl an Gerichtsentscheidungen[14] und Lösungsansätzen in der Literatur[15] noch nicht erfolgt. Im Gegenteil, bis heute ergeben sich immer wieder Fälle, die eine Diskussion über die Verfahrensstellung des Betroffenen neu aufleben lassen.[16] Meist handelt es

---

[12] Vgl dazu D. III. 2) c) ee).

[13] Art. 34 Abs. 3 WRV verwies nur auf die Vorschriften der StPO.

[14] Zusammenstellung bei Engels in: Thaysen/Schüttemeyer, S. 285ff.

[15] Eine Annäherung an die Stellung des Beschuldigten wird seit der Zeit der WRV diskutiert. Vgl. für die Zeit der WRV: Kahn S. 40 ff; Alsberg, Gutachten zum 34. DJT 1926, Bd. II., S. 28ff; Schachtel S. 20ff. Für die Zeit des GG: Halstenberg S. 98ff.; Rinck in: DVBl 1964, 706, 709f.; Maunz in: Maunz/Dürig,, Art. 44 GG Rn. 54. Bereits Ziff. VII, Nr 3a) der LParl v 1961 bestimmt, daß der Betroffene nach Art eines Beschuldigten anzuhören ist, abgedr. in ZParl 3, 433-436. Für die UAGe der Länder z.B. Art. 13 BayUAG.

[16] Partsch, Gutachten für den 45. DJT 1964, Bd. I. Teil 3, S 209ff.; Gollwitzer in. FS für Dünnebier, 1982; 327, 335 ff.; Schröder, Gutachten für den 57. DJT 1988, Bd. I ,E 45ff.;

sich um Untersuchungsverfahren, die auf Grund ihrer politischen Brisanz in der Öffentlichkeit großes Aufsehen erregen. Insbesondere wenn es dabei um strafrechtlich relevantes Verhalten, um sonstige Normenverstöße (z.B. Dizi-plinarrecht), Ehrangriffe oder vermögensrechtliche Nachteile als Folge des Untersuchungsverfahrens geht, können für Betroffene Konfliktsituationen entstehen, die einen Vergleich mit der Situation des Beschuldigten im Strafverfahren zulassen. Zur Verdeutlichung sollen im Folgenden exemplarisch einige Konfliktsituationen der Auskunftspersonen aufgezeigt werden:

Der Bundestagsuntersuchungsausschuß „John" hatte unter Punkt 5 des Untersuchungsauftrages zu untersuchen, „[...] unter welchen Umständen sich der Übertritt Johns in die sowjetisch-besetzte Zone Deutschlands vollzogen hat." Otto John, der erste Präsident des Bundesamtes für Verfassungsschutz, hatte sich am 20.7.1954 heimlich nach Ost-Berlin abgesetzt. Nachdem er nach rund eineinhalb Jahren in die Bundesrepublik zurückgekehrt war, wurde er 1956 zu einer Freiheitsstrafe von vier Jahren verurteilt wegen landesverräterischer Fälschung in Tateinheit mit landesverräterischer Konspiration.
Im parlamentarischen Untersuchungsverfahren wurde dem Strafverteidiger des in einem Parallelverfahren Angeklagten John die Protokolleinsicht in die Unterlagen des Untersuchungsausschußes mit der Begründung verwehrt, daß der Untersuchungsausschuß keine strafrechtliche Instanz sei und John im Verfahren des Untersuchungsausschußes nicht als Angeklagter, sondern als Zeuge auftrete.[17]
Obwohl bereits nach dem Untersuchungsauftrag auch das strafrechtlich relevante Verhalten Johns zum Untersuchungsgegenstand erhoben wurde, verwies man ihn auf die Zeugenstellung.
Allerdings war im Unterschied zum Zeugen im Strafverfahren das strafbewehrte Verhalten Johns Gegenstand der Sachverhaltsaufklärung im Untersuchungsverfahren, wohingegen sich die Sachverhaltsaufklärung im Strafverfahren auf das strafrechtlich relevante Verhalten des Beschuldigten und eben nicht auf das Verhalten eines Zeugen konzentriert. Die sich aus den abweichenden Verfahrensstellungen ergebenden Konsequenzen sind erheblich. Als Zeuge muß John im

---

Gollwitzer in: BayVBl. 1982, 417ff; Beckendorf in: ZParl 20 (1989), 35ff.; Müller-Boysen, S. 20ff.; Buchholz S. 59ff.; Schulte in: v. Mangoldt/Klein, GG, Rn 124ff. zu Art. 44 GG; Schröder in: NJW 2000, 1455ff; Pabel in: NJW 2000, 788ff; Kölbel/Morlok in: ZRP 2000, 217ff.

[17] BT-Drucks. 2/3728; zu diesem Bsp. auch Kohlmann in: JA 1984, 670ff.; Partsch, Gutachten für den 45. DJT 1964, Bd. 1 Teil 3, S. 115f.

Untersuchungsverfahren nämlich zu den gleichen Fragen „Rede und Antwort stehen", die ihn im Strafverfahren zur Aussageverweigerung (§ 136 Abs. 1, S. 1 StPO) berechtigen. Kann weiter seine Aussage, die er vor dem Untersuchungsausschuß als Zeuge abgegeben hat, bspw. auf dem Wege des Urkundsbeweises oder durch Vernehmung der Ausschußmitglieder in das Strafverfahren eingeführt werden, kann dadurch das strafverfahrensrechtlich garantierte Aussageverweigerungsrecht ausgehebelt werden.
Gegen eine in der Konsequenz logische Gleichstellung mit dem strafrechtlich Beschuldigten führen einige Vertreter der Literatur eine erhöhte Rechtfertigungspflicht von Regierungsmitgliedern, Abgeordneten und sonstigen Amtsträgern für ihr Verhalten im Amt an.[18] Würde man diesen Auskunftspersonen ein Aussageverweigerungsrecht einräumen, könnte die Sachverhaltsaufklärung des Untersuchungsausschusses praktisch erschwert oder gar unmöglich gemacht werden. Insoweit wird auch zu untersuchen sein, ob die Vernehmung als Zeuge gerade im Interesse der Funktionalität des Untersuchungsverfahrens angebracht ist.

Andere Beispiele zeigen allerdings, daß von der parlamentarischen Untersuchung nicht nur Auskunftspersonen betroffen sein können, die als Regierungsmitglieder, Abgeordnete oder sonstige Amtsträger einer Rechtfertigungspflicht unterliegen.
Bspw. war die Aufgabenstellung des „Biag" Untersuchungsausschusses des Berliner Abgeordnetenhauses, die in der Presse erhobenen Vorwürfe gegen mehrere Baufirmen aufzuklären. Der Ausschuß führte u.a. umfangreiche Ermittlungen durch zum Betrieb der Firma Biag und zur Persönlichkeit des damaligen Vorstandsmitglieds und Hauptaktionärs Steffen Mendel. Obwohl parallel gegen ihn ein Ermittlungsverfahren wegen Betruges lief, wurde er durch den Untersuchungsausschuß als Zeuge geladen, sollte dann aber doch nur als Auskunftsperson gehört werden. Zur Person vernommen, berief er sich auf seine Zeugenstellung und verweigerte die Aussage, da er seiner Ansicht nach wie ein Angeklagter vernommen würde. Nach der darauf folgenden Eröffnung des Vorsitzenden, daß der Ausschuß nun doch beschlossen habe, ihn als Zeugen zu vernehmen, erklärte er sich nur mit Einschränkungen zur Aussage bereit. Auf den Hinweis des Vorsitzenden, daß er sich nicht auszusuchen habe, was er beantworten wolle, erläuterte Mendel (in allerdings anmaßendem Ton), warum er sich zur Auskunftsverweigerung für berechtigt hielte - worauf hin der Vorsitzende eine

---

[18] Müller-Boysen S. 123ff.; Quaas/Zuck in: NJW 1988; 1873; 1877; Schenke in: JZ 1988; 805; 815.

Ordnungsstrafe verhängte und ihn danach an seinen Anwalt verwies. Der Ausschuß beschloß Zeugniszwang und stellte dann selbst einen Haftbefehl aus. Dieser wurde von den Ausschußmitgliedern unterschrieben und mit dem Dienstsiegel des Präsidenten versehen. Bei der Verlesung des Haftbefehls wurde der Zeuge belehrt, daß der Beschluß des Untersuchungsausschusses der richterlichen Erörterung entzogen sei, Mendel allerdings beim Abgeordnetenhaus Beschwerde einlegen könne. Obwohl er unter Berufung auf Art. 104 Abs. 2 und Art. 103 Abs. 1 GG Beschwerde einlegte, wurde er ohne Einschaltung eines Gerichts in Haft genommen. Entlassen wurde er schließlich aus der Haft, da sein Zeugnis entbehrlich geworden sei. Auf seine Beschwerde hin wurde ihm beschieden, sie habe sich durch seine Freilassung erledigt.[19]

Im Untersuchungsausschuß „Neue Heimat" berief sich der Zeuge Alfons Lappas, Mitglied des Vorstands,[20] zur Begründung seines Zeugnisverweigerungsrechts auf die §§ 93, 404 AktG und 85 GmbHG. Daraufhin setzte der Ausschuß nach § 70 StPO gegen den Zeugen ein Ordnungsgeld in Höhe von DM 1000,- fest und beantragte beim Amtsgericht Bonn die Anordnung und Vollstreckung der Beugehaft gemäß § 70 Abs. 2 StPO.[21] Nachdem Lappas auf einem Gewerkschaftstag in Haft genommen wurde, machte ihn die Öffentlichkeit zunächst zum „Märtyrer" der Gewerkschaftsbewegung. Anschließend wurde dem Ausschuß ein Schreiben zugeleitet, in welchem behauptet wurde, Lappas habe als Gewerkschaftsvorsitzender beim Bau seines Hauses zu Lasten anderer Bauvorhaben der Neuen Heimat Leistungen erhalten und Preisvorteile in Anspruch genommen. Der daraufhin publik gemachte Vorwurf der persönlichen Bereicherung führte zur Schädigung des Ansehens von Lappas und letztendlich zum Verlust seiner Gewerkschaftsämter. Zwar wurde er in seiner zweiten Vernehmung zu diesen Vorwürfen befragt, doch seine Beantwortung mit Nichtwissen konnte offensichtlich den bestehenden Verdacht nicht aus der Welt schaffen. Im Abschlußbericht wurde nämlich - durch den Hinweis auf ein staatsanwaltliches Ermittlungsverfahren bestärkt - der Eindruck erweckt, Lappas habe einen begründeten Verdacht nicht ausräumen können.[22] Die Staatsanwaltschaft teilte später in einer kurzen Pressenotiz mit, daß sich der Verdacht der Untreue nicht bestätigt habe.[23]

---

[19] Bsp. nach Partsch, Gutachten für den 45. DJT 1964, Bd. I. Teil 3, S. 108; Köhler S. 59.

[20] BT-Drucks. 10/6779, S. 360.

[21] BT-Drucks. 10/6779, S. 25ff; vgl. BVerfG, 76 363ff.; auch abgedr. in NJW 88, 897ff.

[22] BT-Drucks. 10/6779, S. 82f.

[23] Bonner Generalanzeiger vom 4.2.1988.

Diese Beispiele lassen den Eindruck entstehen, daß die Mitglieder der Untersuchungsausschüsse oftmals mit einer sinngemäßen Anwendung der strafverfahrensrechtlichen Vorschriften überfordert sind. Kann ein Untersuchungsausschuß sämtliche Rechte für sich in Anspruch nehmen, die einem Strafgericht zustehen? Kann er freiheitsentziehende Maßnahmen - wie im Fall Mendel - selbst anordnen, oder müssen diese Maßnahmen bei einem Gericht beantragt werden?
Der Fall „Mendel" wie auch der Fall „Lappas" zeigen, daß es nicht allein um die Gefahr eines parallel oder anschließenden Strafverfahrens geht. Folgen einer parlamentarischen Untersuchung können auch - entweder durch den Verlauf des Verfahrens oder die Wertungen im Abschlußbericht - Ansehens- und Vermögensverluste sein. Dem wird man entgegenhalten können, daß auch der Zeuge im Strafverfahren mit solchen Konsequenzen rechnen muß. Im Unterschied zum Strafverfahren agieren im Untersuchungsverfahren allerdings Politiker. Sie verfügen in der Regel nicht über die Befähigung zum Richteramt, klären aber dennoch mittels strafprozessualer Eingriffsmöglichkeiten einen Sachverhalt auf und bestätigen im anschließenden Abschlußbericht eine vorgefaßte Meinung, indem sie bspw. wie im Fall „Lappas" behaupten, ein begründeter Verdacht habe nicht ausgeräumt werden können.[24]
Gegen den Abschlußbericht kann sich der Einzelne – anders als zum strafrechtlichen Urteil - nicht zur Wehr setzen (Art. 44 Abs. 4 GG). Meinungsäußerungen in dieser Form können im Strafverfahren nicht festgeschrieben werden. Das strafrechtliche Urteil beinhaltet nämlich allenfalls Erwägungen zur Glaubwürdigkeit eines Zeugen. Verdachtsmomente werden in einem sich anschließenden Ermittlungsverfahren gegen den dann Beschuldigten überprüft.
Auch ein Blick auf das parlamentarische Untersuchungsrecht der Bundesländer[25] zeigt, daß weder die Rechtsstellung des Betroffenen noch die Eingriffsbefugnisse parlamentarischer Untersuchungsausschüsse hinreichend geklärt sind.
13 Bundesländer haben bisher UAGe erlassen, die eine sinngemäße Anwendung der Vorschriften über den Strafprozeß konkretisieren.[26]

---

[24] BT-Drucks. 10/6779, S. 82f.

[25] Unterschiede zwischen Bundes- und Landesgesetzgebung, werden bei den Einzelproblemen behandelt, sofern sie sich auf die Betroffenenproblematik auswirken.

[26] Bayern; Saarland; Rheinland-Pfalz; Thüringen; Hamburg; Baden-Württemberg; Sachsen; Bremen; Nordrhein-Westfalen; Berlin; Brandenburg; Mecklenburg-Vorpommern; Sachsen-Anhalt. Das Land Mecklenburg-Vorpommern hat nur ein vorläufiges UAG v. 10. Juli 1990 erlaßen; dieses enthält nur eine Regelung des Verfahrens in § 1, eine Kostenregelung in § 2 und Schlußbestimmungen in § 3.

Von diesen 13 Untersuchungsausschußgesetzen treffen sieben eine Unterscheidung zwischen Zeugen und Betroffenen.[27] Die Vorschriften über die Beweiserhebungen der Ausschüsse orientieren sich an den Vorschriften des Strafverfahrensrechts.
Die Länder Schleswig-Holstein, Hessen und Niedersachsen haben bisher keine Untersuchungsausschußgesetze erlassen. Die Beweiserhebung findet daher in entsprechender Anwendung der Strafprozeßordnung statt.[28] Insoweit stimmt das Verfahren der Ausschüsse mit dem der parlamentarischen Untersuchungsausschüsse des Bundestages nach Art. 44 GG überein.
Die sich aus dieser uneinheitlichen Rechtslage ergebenden Folgen sind erheblich. Da innerhalb der Betroffenenregelungen der Länder wiederum unterschiedliche Personenkreise mit differierenden Rechten ausgestattet werden, ist es bspw. denkbar, daß in Bundesland A der Betroffene die Aussage insgesamt verweigern kann. Im Bundesland B aber entweder als Betroffener nur die Zeugenstellung und damit die Zeugnisverweigerungsrechte nach den §§ 52 ff. StPO für sich beanspruchen kann oder auch auf Grund einer anderen Betroffenendefinition erst gar nicht in den „schutzwürdigen" Personenkreis fällt.[29]

Eine Betrachtung der begrifflichen Unterschiede zwischen dem Betroffenen und dem Beschuldigten verdeutlicht, daß das Herausarbeiten einer Sonderstellung an der inhaltlichen Ausfüllung des Begriffs ansetzen muß.
Der Begriff des Betroffenen stammt nämlich aus dem Verwaltungsrecht, wo jeder Betroffener ist, der von einer behördlichen Maßnahme in seinem Rechtskreis berührt wird.[30] Spezieller im Ordnungswidrigkeitenrecht ist Betroffener jeder, gegen den sich das Verfahren richtet (§§ 50, 51, 55 , 94, 95 OWiG).[31]
Befürwortet man in Anlehnung an die Begriffsbestimmung des Betroffenen im Ordnungswidrigkeitenrecht eine ähnliche Definition des Betroffenen im Untersu-

---

[27] Vgl. Art. 13 BayUAG; § 54 SUAG; § 15 Rh-PfUAG; § 15 ThüUAG; § 19 HamUAG, § 19 B-WUAG; § 19 SächsUAG.

[28] Abgesehen von Schleswig-Holstein verweisen sämtliche Landesverfassungen nur auf die Strafprozeßordnung und nicht auf das Gerichtsverfassungsgesetz, mit der Folge, daß die Vorschriften über die Sitzungspolizei nach dem GVG keine Anwendung finden können.

[29] Vgl. z.B. die Betroffenendefintionen in Art. 13 Abs. 1 BayUAG und § 19 B-WUAG. In Bayern wird dem Betroffenen ein Aussageverweigerungsrecht eingeräumt, in Baden-Württemberg dagegen wird der Betroffene wie ein Zeuge vernommen werden.

[30] Creifelds, Rechtswörterbuch, s. „Betroffener", S. 202.

[31] Kleinknecht/Meyer-Goßner, Einl., Rn. 93.

chungsverfahren[32], stößt man auf eine Vielzahl an Rechtsproblemen, die sich aus der Eigenart des parlamentarischen Untersuchungsverfahrens ergeben. Das parlamentarische Untersuchungsverfahren richtet sich formal nicht zwangsläufig gegen eine bestimmte Person.[33] Der Bundestag hat nach Art. 44 Abs. 1 GG das Recht, unter bestimmten Voraussetzungen auch die Pflicht, einen Untersuchungsausschuß einzusetzen, der in öffentlicher Verhandlung die Beweise erhebt. Eine einzelne Person, gegen die sich das Verfahren ausschließlich richtet, ist - abgesehen von Untersuchungsverfahren zur Vorbereitung von Präsidentenanklagen nach Art. 61 GG, von Richteranklagen nach Art. 98 Abs. 2 GG und auf Landesebene zur Vorbereitung der Minister - und Abgeordnetenanklage -[34] in den wenigsten Fällen vorhanden und könnte auch durch Formulierungsgeschick innerhalb des Einsetzungsbeschlusses verschleiert werden.

Dagegen sind die Verfahrensrollen im Strafverfahren detailliert festgelegt. Das Strafprozeßrecht unterscheidet je nach Verfahrenstand zwischen dem Beschuldigten, dem Angeschuldigten und dem Angeklagten (§ 157 StPO). Beschuldigter ist der Tatverdächtige, gegen den polizeiliche oder staatsanwaltliche Ermittlungen wegen des Verdachts einer strafbaren Handlung durchgeführt werden, also nur der Tatverdächtige, gegen den das Verfahren als Beschuldigter betrieben wird.[35] Im parlamentarischen Untersuchungsverfahren werden aber keine polizeilichen oder staatsanwaltlichen Ermittlungen gegen eine bestimmte Person eingeleitet, so daß sich die Begriffsbestimmung des Betroffenen nicht ausschließlich an solch formalen Kriterien - gegen wen Ermittlungen geführt werden - orientieren kann.

---

[32] Ziff. VII. Nr. 3a) LParl. v. 1961 abgedr. in: ZParl 3 (1972) 433, 435; § 18 Abs. 1 IPA-Entwurf, abgedr. in: BT-Drucks. V/4209; § 20 Abs. 1 MusterG v. 1972, abgedr. in: ROP 231021; ähnlich auch § 15 Abs. 1 Interfr.Entw. 1985/86, abgedr. in: BT-Drucks. 10/6587; Art. 13 BayUAG; § 54 SUAG; Partsch, Gutachten für den 45. DJT 1964, Bd. I. Teil 3., S. 111ff., These 7, S. 220; Bickel; Ref. für den 57. DJT 1988, Bd. II., M 30f.; These 14, M 51; Wohlers in: NVwZ 1994, 40ff.; OVG Münster in: NVwZ 1987, 606, 607.

[33] Streng genommen richtet es sich gegen niemanden, da es immer nur zur Vorbereitung einer Beschlußfassung des Parlaments dienen kann. Vgl. Maunz in: Maunz/Dürig, Rn. 3, zu Art. 44 GG.

[34] Für die Abgeordnetenanklage vgl. Art. 61 BayVerf., Art. 85 SVerf., Art. 42 B-WVerf., Art. 17 NdsVerf., Art. 61 BbgVerf.. Für die Ministeranklage vgl. Art. 57 B-WVerf, Art. 59 BayVerf., Art. 111 BremVerf., Art. 115 HVerf, Art. 40 NdsVerf, Art. 63 N-WVerf., Art. 131 Rh-PfVerf, Art. 96 SVerf.

[35] BGH 10, 8 12; 34, 138, 140; Hanack in: Löwe-Rosenberg, Rn 4 zu § 136 StPO; Krehl in: Lemke, Heidelberger Komm., § 157, Rn. 1.

Das parlamentarische Untersuchungsverfahren ist nämlich, anders als das Straf- und Ordnungswidrigkeitenverfahren, nicht zwangsläufig personalisiert.
Andererseits zeigen die obigen Beispiele auch, daß nicht nur die Thematisierung strafbaren Verhaltens im Untersuchungsausschuß für die Diskussion einer Sonderstellung von Relevanz ist, sondern eben auch Verhaltensweisen, die keinen Normenverstoß gegen straf- oder ordnungswidrigkeitenrechtliche Vorschriften darstellen.
Will man aber die Sachverhaltsaufklärung nicht durch einen weiten Personenkreis von Betroffenen erschweren, muß neben der Quantität auch die Qualität des Verhaltens konkretisiert werden.

Folgendes Beispiel verdeutlicht, daß die Konkretisierung der Verfahrensstellung nicht nur die Befugnisse parlamentarischer Untersuchungsausschüsse nach Art. 44 Abs. 2, S. 1 GG[36] berücksichtigen muß, sondern auch rechtliche Kenntnisse und Motivationen seiner Mitglieder sowie die Folgen, die sich durch ein Anschlußverfahren ergeben können.
Im Untersuchungsausschuß „Wein" in Rheinland-Pfalz fragte der Ausschußvorsitzende einen Zeugen nicht nach Tatsachen, sondern nach Erklärungsversuchen. Der Zeuge nahm mehrere Deutungsversuche vor, indem er zunächst in seiner Person liegende Gründe, dann in der Organisation der Verfolgungsbehörde vorhandene erwog und wieder verwarf, bis aus seiner Sicht nur noch ein Deutungsversuch übrig blieb.
Aufgrund dieser Aussage vor dem Untersuchungsausschuß wurde der Zeuge im Anschluß an das Untersuchungsverfahren in erster und zweiter Instanz zu einer Freiheitsstrafe von neun Monaten auf Bewährung verurteilt. Erst im Revisionsverfahren wurde er freigesprochen, weil er keine falschen Tatsachen bekundet habe. Die Tatsachen, von denen man auszugehen hatte, waren nach Ansicht des Gerichts dem Untersuchungsausschuß allgemein bekannt und bedurften keiner weiteren Aufklärung. Nach Ansicht des Gerichts „gipfelte" die Anhörung des Angeklagten, die in diesem Zeitpunkt den Charakter einer Meinungsbefragung annahm, in der Äußerung des Angeklagten: Ich komme einfach zu der Vermutung, daß es für mich keine weitere Erklärung gibt."[37]

---

[36] Den Verweis auf die Strafprozeßordnung enthält erstmals Art. 34 Abs. 3 WRV, vgl. sten.-Berichte der Nationalversammlung, 45. Sitzung v. 3. Juli 1919, S. 1264 ; 46. Sitzung v. 4. Juli 1919, S. 1290; 70. Sitzung vom 3. Juli 1919, S. 2106.
[37] Bsp. nach Bickel, Ref. für den 57. DJT 1988, Bd. II., M 15f.

Ein Blick auf das Strafprozeßrecht weist auf ein weiteres Problem hin, das im Zusammenhang mit der Betroffenenproblematik relevant wird. Das Strafverfahren orientiert sich nämlich im Umfang seiner Sachverhaltsaufklärung an den materiellen Tatbeständen des Strafgesetzbuches und im prozessualen Teil an dem Tatbegriff des § 264 StPO.

Art. 44 Abs. 1 GG bestimmt dagegen nur, daß der Bundestag Untersuchungsausschüsse einsetzen kann und ihn auf Antrag eines Viertels seiner Mitglieder eine Einsetzungspflicht trifft. Eine Begrenzung der Reichweite des Untersuchungsrechts ist vom Wortlaut her offen. Fraglich ist deshalb, inwieweit sich ein Untersuchungsausschuß auch mit Themen befassen kann, die eine Sachverhaltsaufklärung im privatwirtschaftlichen Bereich bezwecken.[38] Erachtet man bspw. die Aufklärung von Mißständen innerhalb eines privaten Unternehmens durch einen parlamentarischen Untersuchungsausschuß für zulässig, stellt sich im Anschluss das Problem einer möglichen Sonderstellung juristischer Personen sowie die Frage der erhöhten Schutzbedürftigkeit privater Personen.

Aufgabenstellung ist aber nicht allein eine Begriffsbestimmung und die Herausarbeitung einer passiven Rechtsstellung des Betroffenen. Es geht also nicht nur um Zeugnis- (§§ 52ff. StPO) oder Aussageverweigerungsrecht (§ 136 Abs. 1, S. 2 StPO), sondern auch um die Möglichkeit der Einflußnahme auf die Sachverhaltsaufklärung.

Exemplarisch verdeutlicht der Fall „Orgaß" im Untersuchungsausschuß „Neue-Heimat" in Hamburg, daß die Frage nach der Rechtsstellung des Betroffenen auch die Diskussion um die Mitwirkungsrechte beinhaltet.

Gerhard Orgaß, Angestellter der Neuen-Heimat und Mitglied des Deutschen Bundestages sowie des Bundesvorstands der Christlich-Demokratischen-Arbeitnehmerschaft, erwarb 1970 ein Grundstück von der Neuen-Heimat zum Bau eines Eigenheims. Mit der Betreuung seines Bauvorhabens beauftragte er die Neue-Heimat und nahm die ihm als Mitarbeiter des Konzerns zustehende ermäßigte Betreuungsgebühr für sich in Anspruch. Darüber hinaus vermittelte ihm die Neue-Heimat ein Hypothekendarlehen.[39]

---

[38] Untersuchungsausschuß „Neue Heimat"; Einsetzungsantrag, vgl. BT-Drucks. 10/5575 und Plenarprotokoll 10/219, S. 16964 D. Bereits vorher hatten die Vorgänge um die Neue Heimat einen Untersuchungsausschuß beschäftigt in Hamburg und Bayern, Hamburgische Bürgerschaft, LT-Drucks. 11/ 153, 11/188 11/202, S. 249f.; Bay. Landtag, LT-Drucks. 10/ 545.

[39] Zum Fall „Orgaß" Frey, S. 232ff.; Steffani in: ZParl 20 (1989), 54ff.

Publik wurde der Fall durch einen „Spiegel"-Bericht vom 8.7.1985, in dem Orgaß vorgeworfen wurde, die Gewerkschaftsfirma habe ihm nach den Ermittlungen des Untersuchungsausschußes bei der Finanzierung durch Reduzierung des Disagio sowie der Hypothekenzinsen und bei der Betreuungsgebühr Einsparungen von rund DM 120.000,- vermittelt. Dieser und weitere Medienberichte bezogen sich vor allem auf Zeugenbefragungen, unter anderem der des Neue-Heimat-Nord Geschäftsführers Jaenicke. Ihm wurde durch die Ausschußmitglieder vorgehalten, Orgaß habe eine Reihe von Vergünstigungen und finanziellen Vorteilen erhalten bzw. eingesteckt.[40] Ohne Orgaß persönlich anzuhören, wiederholte der Ausschuß in öffentlicher Sitzung den Vorwurf, die Neue-Heimat hätte Orgaß Vergünstigungen eingeräumt, auf die er zum damaligen Zeitpunkt keinen Anspruch gehabt hätte.[41]
Um sich gegen diese seiner Überzeugung nach ungerechtfertigten Vorwürfe zu wehren, richtete Orgaß ein Schreiben an den Präsidenten der Hamburger Bürgerschaft, in welchem er darlegte, daß die Vorwürfe durch den Untersuchungsausschuß haltlos waren.[42] Er lieferte dem Ausschuß Material, demzufolge zwei Nachbarn, die in keinerlei Verbindung zur Neuen-Heimat standen, ihre Grundstücke aufgrund einer Zeitungsannonce der Neuen-Heimat ein Jahr nach ihm zum gleichen Preis erworben hatten, der von ihm gezahlt worden und in dieser Annonce ebenfalls angegeben war. Den gegen Orgaß erhobenen Vorwurf, er habe die ermäßigte Betreuungsgebühr zu Unrecht in Anspruch genommen, mußte der Ausschuß revidieren, da unzweifelhaft feststand, daß Orgaß zum Zeitpunkt der Inanspruchnahme sehr wohl Mitarbeiter der Neuen-Heimat gewesen war.[43]
Statt als Reaktion auf diese Feststellung Orgaß offiziell zu rehabilitieren, erhob der Ausschuß einen neuen Vorwurf: Orgaß hätte die ermäßigte Gebühr von vorne herein ablehnen müssen, da er schließlich zu fraglichem Zeitpunkt Abgeordneter des Deutschen Bundestages gewesen sei, und lediglich das - nach Aussage eines Ausschußmitgliedes - „unermessliche Geschick" besessen habe, den Umstand seiner Mitarbeiterschaft bei der Neuen-Heimat zu seiner Entlastung in der Öffentlichkeit zu gebrauchen. Obwohl auch der dritte Vorwurf, Orgaß habe sich durch die Vermittlung der Neuen-Heimat an verbilligten Kreditmitteln bereichert,

---

[40] Abgedr. in BT-Drucks. 10/6779, S. 440ff.
[41] Steffani in: ZParl 20 (1989), 54, 59.
[42] Schreiben vom 24.10.1985, abgedr. in BT-Drucks. 10/6779, S. 479ff.
[43] Memorandum und Schreiben von Orgaß, abgedr. in BT-Drucks. 10/6779, S. 440ff; Steffani in ZParl 20 (1989), 54ff.

durch die Landeszentralbank eindeutig widerlegt werden konnte[44], wurde er bis zum Abschluß des Verfahrens kein einziges Mal persönlich vom Untersuchungsausschuß gehört. Erst mit Hilfe eines Rechtsanwaltes und der Inanspruchnahme mehrerer Gerichte wurde ihm Protokolleinsicht gewährt, nachdem der Ausschuß zuvor seinen Antrag mangels berechtigtem Interesse abgelehnt hatte. Zur Begründung der Ablehnung führte der Vorsitzende aus, daß ein Untersuchungsausschuß auf die bloße Behauptung einer irgendwie erwähnten Person keine Möglichkeit besäße, deren berechtigtes Interesse zu beurteilen. Aus der Tatsache, daß der Vorsitzende noch einige Monate zuvor während einer Zeugenvernehmung von dem Fall „Orgaß" gesprochen hatte, auf den sich der Zeuge zu konzentrieren habe, lässt sich damit allerdings schließen, daß eine Auskunftsperson oder ein außenstehender Dritter einer Interesselage des Ausschußes zumindest teilweise ausgeliefert ist.

Im Fall „Orgaß" schlug auch der Versuch fehl, Rechtsschutz gegen den Abschlußbericht in Anspruch zu nehmen. Vom Gericht wurde der Antrag auf einstweilige Anordnung mit der Begründung abgelehnt, daß Beschlüsse der Untersuchungsausschüsse der richterlichen Erörterung entzogen seien (Art. 44 Abs. 4 GG).[45]

Ein weiteres Mal wurde der Fall „Orgaß" in der Bürgerschaftsdebatte erörtert. Bei dieser Gelegenheit erklärte der Vorsitzende des Ausschusses, daß nach den Ergebnissen des Abschlußberichtes die Schuld von Orgaß einwandfrei erwiesen sei. Obwohl Orgaß im Vorfeld nochmals einen umfangreichen Brief an den Präsidenten der Hamburger Bürgerschaft gerichtet hatte, der ebenso wie die vorangegangenen unbeantwortet blieb,[46] äußerte sich der Vorsitzende des Ausschusses in der Debatte folgendermaßen:"...daß es mich relativ entsetzt hat, daß eine seriöse Wochenzeitung[47] aus Hamburg von vorne herein, ohne inhaltlich zu prüfen, unterstellt, diesem Mann sei Unrecht geschehen; davon kann nicht die Rede sein. Das könnte man im einzelnen darlegen. Sie finden es im Bericht; ich schenke mir das hier heute, denn er kann sich nicht verteidigen."

---

[44] Schreiben der Landeszentralbank an Orgaß vom 28.2.1986, abgedr. in BT-Drucks. 10/6779, S. 440, 445.

[45] OVG Hamburg in: NVwZ 1987, 610ff.

[46] Schreiben vom 8.6.1986 abgedr. in BT-Drucks. 10/6779, S. 455ff.

[47] Bezieht sich auf einen Bericht der Zeit vom 28.3.1986 mit dem Titel „Um die Ehre gebracht...“; abgedr. in BT-Drucks. 10/6779, S. 446f.

Die voranstehenden Beispiele zeigen deutlich die Vielschichtigkeit der Betroffenenproblematik. In einem durch politische Auseinandersetzung geprägten Verfahren werden mit Mitteln des Strafprozeßrechts Sachverhalte beeinflusst, durch die Motivationen der Ausschußmitglieder vor den Augen der Öffentlichkeit aufgeklärt und Ergebnisse im Abschlußbericht festgehalten, die nicht durch eine weitere Instanz korrigiert werden können. Insbesondere Mitwirkungsrechte, wie z.B. ein Recht auf Stellungnahme, ein Fragerecht und ein Beweisantragsrecht, könnten nicht nur für den Betroffenen ein Gegengewicht zu unwahren Behauptungen darstellen, sondern sie könnten auch eine objektivere Sachverhaltsaufklärungen ermöglichen und so den Untersuchungsausschuß durch unnötige Beweiserhebungen vor Zeitverlusten schützen.

Die Begriffsbestimmung des Betroffenen, seine Verfahrensstellung und die Möglichkeit, seine Rechte auch tatsächlich gegenüber dem Untersuchungsausschuß durchzusetzen, orientieren sich neben der Reichweite des Untersuchungsrechts und den Befugnissen der Untersuchungsausschüsse an der Frage der Qualität der aufzuklärenden Verhaltensweise sowie der Intensität, mit der ein Untersuchungsausschuß die Aufklärung betreibt.
Es ist naheliegend, zur Lösung dieses Problems wegen der Verweisung in Art. 44 Abs. 2, S. 1 GG auf das Strafverfahrensrecht zuzugreifen. Durch die Verweisung auf die Vorschriften über den Strafprozeß wird den parlamentarischen Untersuchungsausschüssen nämlich ein Mittel an die Hand gegeben, die Beweiserhebung nach Maßgabe der Vorschriften, die auch die staatlichen Strafverfolgungsorgane für sich in Anspruch nehmen, durchzuführen.
Allerdings beeinhalten die Vorschriften über den Strafprozeß nicht nur befugnisbegründende Vorschriften zugunsten der Strafverfolgungsorgane, sondern eben auch befugnisbegrenzende Vorschriften zugunsten der am Verfahren beteiligten Personen. Bereits in den Beratungen zu Art. 44 GG wurde die Bezugnahme auf die Vorschriften des Strafprozesses unter anderem deshalb hervorgehoben, weil durch sie im Interesse der Rechtssicherheit auch für das Verfahren parlamentarischer Untersuchungsausschüsse bestimmte Grenzen gezogen werden.[48]

Der Aufbau dieser Arbeit ergibt sich aus den zentralen Fragestellungen der Betroffenenproblematik. Im ersten Teil der Arbeit werden mögliche Inhalte einer parlamentarischen Untersuchung beleuchtet. Die Auslegung der sinngemäßen

[48] Selbert in: Büttner/Wettengel (Bearb.), Org.Aussch., S. 189; Lehr in: Anl. zu den sten.-Berichten der Sitzung des Parlamentarischen Rates v. 6. Mai 1949, S. 23.

Verweisung auf die strafverfahrensrechtlichen Vorschriften als zentraler Punkt der Betroffenenproblematik führt über eine Gegenüberstellung der Aufgaben und Zielsetzungen des Straf- und Untersuchungsverfahrens zur Rechtsstellung des Betroffenen im Vergleich zum Beschuldigten. Nach Kenntnis der Rechtsstellung kann eine abschließende Begriffsbestimmung erfolgen und die Problematik der Sonderstellung des Betroffenen nach geltendem Bundes- und Landesrecht beurteilt werden.

A. Die Einsetzungskompetenz

Art. 44 GG legt fest, daß der Bundestag Untersuchungsausschüsse einsetzen kann, er auf Antrag eines Viertels seiner Mitglieder zur Einsetzung verpflichtet ist, welche Beweiserhebungsrechte die Ausschüsse haben und daß Gerichts- und Verwaltungsbehörden ihnen gegenüber zur Rechts- und Amtshilfe verpflichtet sind. In diesen Regelungen stimmen die Landesverfassungen bis auf teilweise modifizierte Einsetzungsverpflichtungen[1] und das Grundgesetz überein.
Über die Reichweite des Untersuchungsrechts sagt der Gesetzeswortlaut nichts aus. Offen bleibt, welche Sachverhalte zum Gegenstand parlamentarischer Untersuchungen erhoben werden können. Zur Bearbeitung der Betroffenenproblematik und der Anwendung der strafverfahrensrechtlichen Vorschriften ist allerdings die genaue Kenntnis der Sachverhalte erforderlich, welche ein Untersuchungsausschuß aufklären kann.
Im Strafprozeß ist der Gegenstand der Sachverhaltsaufklärung u.a. durch die sachliche Zuständigkeit in den §§ 6 StPO i.V.m 24ff. GVG detailliert geregelt. Das Strafverfahren bezeichnet das rechtlich geordnete Verfahren, mit dessen Hilfe das Vorliegen einer strafbaren Handlung, die sich unmittelbar aus dem StGB oder aus dem Nebenstrafrecht ergibt, ermittelt wird.[2] Innerhalb dieses, durch gesetzliche Vorschriften klar umrissenen Aufklärungsbereichs bewegen sich die beteiligten Personen. Deshalb läßt sich der Beschuldigtenbegriff relativ einfach[3] am Merkmal der strafbaren Handlung festmachen.
Der Aufklärungsbereich des parlamentarischen Untersuchungsrechts ist allerdings vorab noch zu bestimmen. Erst mit Kenntnis des Aufklärungsbereichs kann abgeschätzt werden, welchen Konfliktsituationen die Auskunftspersonen ausgesetzt sind, warum eine Unterscheidung zwischen Zeugen und Betroffenen erforderlich ist, an welchen Merkmalen der Betroffenenbegriff anknüpfen kann und für welche Sachverhaltsaufklärungen überhaupt das Strafverfahrensrecht Anwendung finden soll.

---

[1] Z.B. Art. 25 Abs. 1 BayVerf. der eine Einsetzungspflicht auf Antrag eines Fünftel der Mitglieder des Landtages vorsieht.
[2] Roxin, Strafverfahrensrecht, § 1, Rn. 1ff.; Pfeiffer in: KK, Einl. Rn. 1.
[3] Vgl. unten Teil D. V.

I. Untersuchungsgegenstände

In der Literatur werden begrifflich vier Enquetenarten[4] unterschieden, die den Aufklärungsbereich parlamentarischer Untersuchungsausschüsse konkretisieren.[5] Im einzelnen sind das die Gesetzgebungsenqueten, die Enqueten in Kollegialsachen, Kontrollenqueten und Skandal- bzw. Mißstandsuntersuchungen.[6]

1. Gesetzgebungsenqueten

Die Gesetzgebungsenquete hat die Aufgabe, dem Parlament Material zur Vorbereitung einer Gesetzesvorlage im Rahmen der Gesetzgebungskompetenz zu verschaffen.[7] Dabei werden durch den Untersuchungsausschuß umfangreiche Sachverhaltskomplexe aufgearbeitet und anschließend im Abschlußbericht Empfehlungen für eine Änderung oder den Erlaß gesetzlicher Bestimmungen abgegeben.[8]
Praktisch ist diese Form der Enquete heute abgelöst worden durch die Möglichkeit, Enqueten-Kommissionen nach § 56 GOBT einzusetzen. Dabei besteht der Vorteil der Enqueten-Kommissionen nach § 56 GOBT in der möglichen Beteiligung von Nichtparlamentariern, z.B. Sachverständigen.[9] Befugnisse des Strafverfahrensrechts über die Verweisung in Art. 44 Abs. 2, S. 1 GG stehen Enqueten-Kommissionen allerdings nicht zu.

---

[4] Im folgenden werden die Begriffe „Enquete“ und „Untersuchung“, wie allgemein verbreitet, synonym gebraucht. Eine begriffliche Trennung wegen der nach § 56 GOBT zulässigen „Enqueten-Kommissionen“ ist nicht notwendig, da sich die Unterscheidung bereits aus dem Begriff „Kommission“ ergibt, der lediglich für Ausschüsse nach § 56 GOBT angewendet wird.

[5] Böckeförde in: AÖR 103 (1978), 1, 10f.; Schulte in: v. Mangoldt/Klein, GG, Rn. 9 zu Art 44 GG; jeweils m.w.N.

[6] Diese Einteilung ist nicht verbindlich. Zur funktionalen Bestimmung werden auch andere Gruppierungen vorgenommen, z.B. solche, die sich an den Staatsfunktionen orientieren. Vgl. z.B. Maunz in: Maunz/Dürig, Rn. 23ff. zu Art. 44 GG; unterscheidet Enqueten im legislativen, exekutiven und judikativen Bereich; Schulte in: v. Mangoldt/Klein, GG, Rn. 10ff. zu Art. 44 GG, unterteilt darüber hinaus noch in Untersuchungen, die parlamentsinterne Angelegenheiten bzw. solche des öffentlichen Lebens betreffen.

[7] Maunz in: Maunz/Dürig, Rn. 23 zu Art. 44 GG.

[8] Im Rahmen seiner Beschlußfassungen ist das Parlament aber nicht an die Auffassung des Untersuchungsausschusses gebunden. Vgl. Schulte in: v. Mangoldt/Klein, GG, Rn. 102 zu Art. 44 GG.

[9] Magiera in Sachs, Rn. 5 zu Art. 44 GG.

Aus der Schaffung von Enqueten-Kommissionen wird in der Literatur vereinzelt gefolgert, daß sich der Bundestag im Wege der Selbstbindung dafür entschieden habe, zur Sachverhaltsaufklärung und Materialsammlung im Rahmen der Gesetzesvorbereitung nicht mehr auf das Untersuchungsrecht nach Art. 44 GG zurückzugreifen. Auf diese Weise würde vermieden, daß das Parlament zum Zwecke der Gesetzgebung auf „das scharfe Schwert" strafprozessualer Zwangsmittel Zugriff nehmen könne.[10]
Allerdings sind für diese Annahme einer Selbstverpflichtung des Parlaments weder im Wortlaut des § 56 GOBT noch in seiner Entstehungsgeschichte Anhaltspunkte vorhanden.[11] Außerdem kann durch Geschäftsordnungsrecht der Wille des Verfassungsgesetzgebers nicht durch den einfachen Gesetzgeber dahingehend eingeschränkt werden, daß eine Gesetzgebungsenquete nach Art. 44 GG unzulässig würde. Deshalb obliegt die rechtsformale Gestaltung der Informationsgewinnung zur Gesetzesvorbereitung letztlich der Entscheidungskompetenz des Bundestages. Bedient er sich zu gesetzgeberischen Zwecken der Enquete-Kommission nach § 56 GOBT, stehen dieser zur Informationsbeschaffung nicht die Eingriffsmöglichkeiten nach Art. 44 Abs. 2, S. 1 GG zur Verfügung. Wird aber eine Gesetzgebungsenquete nach Art. 44 GG eingesetzt, gehört diese gegenständlich zum Aufklärungsbereich parlamentarischer Untersuchungsausschüsse und ist in insoweit auch für die Problemstellung relevant.

2. Enqueten in Kollegialsachen

Kollegialenqueten befassen sich sachlich mit innerparlamentarischen Ordnungsfragen und dienen damit auch der Wahrung des Parlamentsansehens. Sie können sich auf die Vorbereitung parlamentarischer Beschlüsse, die Tätigkeit parlamentarischer Organe oder auch auf das Verhalten von Abgeordneten innerhalb oder außerhalb[12] des Parlaments beziehen. Der Abgeordnete ist hiervor nicht durch seine Indemnität und Immunität geschützt. Die Indemnität verhindert lediglich, daß er außerhalb des Parlaments und die Immunität, daß er ohne Genehmigung des Parlaments strafrechtlich zur Verantwortung gezogen wird (Art. 46 GG).
Die Entscheidung über die Aufhebung der Immunität wird in der Praxis durch den ständigen Ausschuß für Wahlprüfung, Immunität und Geschäftsordnung nach

---

[10] Zeh in : DÖV 1988, 701, 709f.

[11] Stern, Staatsrecht, § 26 II 3 c); Richter S. 37.

[12] Schulte in: v. Mangoldt/Klein, GG, Rn. 21 zu Art. 44 GG; Partsch, Gutachten für den 45. DJT 1964, Bd. I. Teil 3, S. 16f., Ehmke, Ref. für den 45. DJT 1964, Bd. II., S. 17.

§ 107 GOBT vorbereitet. Dieser Ausschuß hat dann wiederum nicht die Rechte eines parlamentarischen Untersuchungsausschusses nach Art. 44 Abs. 2, S. 1 GG.
In der Regel geben jedoch auch die von der Justizverwaltung vorgelegten Akten hinreichend Aufschluß über die dem Abgeordneten strafrechtlich zur Last gelegte Tat und machen so eine weitere Sachverhaltsaufklärung durch einen Untersuchungsausschuß entbehrlich. Selbst wenn doch ein Untersuchungsausschuß eingesetzt würde, könnte er nicht über die Berechtigung der Vorwürfe entscheiden, da der Grundsatz der Gewaltenteilung den Justizbehörden die Entscheidung über strafrechtlich relevantes Verhalten vorbehält.[13]

Im Rahmen der Einsetzung eines parlamentarischen Untersuchungsausschusses nach Art. 44 GG kann es zur Wahrung des Parlamentsansehens allerdings erforderlich werden, auch strafrechtliches Verhalten eines Abgeordneten aufzuklären. Die Aufhebung der Immunität, die - mit Ausnahme der Festnahme bei Begehung der Tat - Voraussetzung für strafrechtliche Ermittlungen ist, wird dann inzident mit der Einsetzung des Untersuchungsausschusses erteilt.[14]
Insofern sind auch ein Untersuchungsverfahren und ein Strafverfahren nebeneinander denkbar. Wie bereits für die Enqueten-Kommissionen nach § 56 GOBT dargelegt, muß auch hier die Einsetzung eines Untersuchungsausschusses nach Art. 44 GG zur Beschlußempfehlung hinsichtlich der Immunitätsaufhebung in die Entscheidungskompetenz des Parlaments gestellt werden.[15] Folglich schließt auch Art. 107 GOBT parlamentarische Untersuchungsausschüsse nach Art. 44 GG zur Entscheidung über die Immunitätsaufhebung nicht aus.

Als eine spezielle Form der Kollegialenquete wird zudem noch die Wahlenquete genannt. Sie ist aber durch die Einführung des Wahlprüfungsverfahrens nach Art. 41 GG und das Verfahren zur Einhaltung der Verhaltensregeln der Abgeordneten

[13] Schulte in: v. Mangoldt/Klein, GG, Rn. 46f. zu Art. 46 GG; Hammann/Lenz, GG, Anm. B 6 zu Art. 46 GG; Morlok in: Dreier (Hrsg.), GG-Komm., Rn. 25 zu Art. 44 GG.

[14] Zur Entscheidung über die Immunitätsaufhebung ausführlich Maunz in: Maunz/Dürig, Rn. 60. zu Art. 46 GG; Schulte in: v. Mangoldt/Klein, GG, Rn. 21 zu Art. 44 u. Rn. 46f. zu Art. 46 GG, Bücker in: Ritzel/Bücker, Komm. zur GOBT, II. zu § 107 GOBT.

[15] Halstenberg S. 43. A.A. Maunz in: Maunz/Dürig, Rn. 17 zu Art. 44 GG, der die Ansicht vertritt, die Einsetzung eines Ausschusses nach Art. 44 GG sei in den Fällen der Immunitätsaufhebung unzulässig, da sich das Parlament jeder materiellen Würdigung zu enthalten habe.

nach den §§ 44a AbgG, 18 i. V. m. Anlage 1 GOBT (Verhaltensregeln)[16] faktisch abgelöst worden und kann deshalb für die Betroffenenproblematik außen vor bleiben.

3. Enqueten zur Kontrolle von Justiz, Verwaltung und Regierung

Die Kontrollenquete hat die Aufgabe, ein bestimmtes Verhalten der Regierung und/oder der ihr nachgeordneten Exekutivorgane aufzuklären und zu bewerten. Grundsätzlich ist auch die – gegebenenfalls mit Kritik an der Justiztätigkeit verbundene - Kontrolle möglich.[17]
Die Kontrollenquete ist im demokratisch-politischen System die klassische Form der parlamentarischen Untersuchung.[18] Dabei ist zu beachten, daß ein Untersuchungsausschuß im Rahmen seiner Kontrollfunktion keine Maßnahmen treffen kann, die in den Zuständigkeitsbereich eines anderen Staatsorgans fallen, da anderenfalls der Grundsatz der Gewaltenteilung verletzt würde.[19] Eine Überprüfung von Urteilen oder Verwaltungsakten auf deren Recht- und Zweckmäßigkeit ist somit ausgeschlossen. Auch eine ständige bzw. begleitende Kontrolle der laufenden Verwaltung und Regierung ist wegen des Gewaltenteilungsgrundsatzes nicht möglich. Die Kontrolle bleibt auf eine nachträgliche Überprüfung beschränkt.[20]

Aus der Reihe der Anklageerhebungsbefugnisse, die Parlamente früherer Zeiten gegen Minister, Abgeordnete und Beamte innehatten[21], sind im Grundgesetz nur der Antrag und die Beschlußfassung auf Erhebung der Anklage gegen den Bundespräsidenten (Art. 61 Abs. 1 GG) und gegen Bundesrichter (Art. 98 Abs. 2 GG) verblieben. Dagegen sehen einige Verfassungen der Länder noch eine Ab-

---

[16] Rechenberg in: Bonner Komm., Rn. 2 zu Art. 44 GG; Schleich, S. 16.

[17] Zu den Einschränkungen Maunz in: Maunz/Dürig, Rn. 25ff. zu Art. 44 GG; so z.B. lässt die richterliche Unabhängigkeit keinen Eingriff in ein schwebendes Verfahren zu; vgl. Schulte in: v. Mangoldt/Klein, GG, Rn. 14ff. zu Art. 44 GG.

[18] Schulte in: v. Mangoldt/Klein, GG, Rn. 13 zu Art. 44 GG; Engels in: Jura 1990, 71ff.; Müller-Boysen S. 28f.

[19] Maunz in: Maunz/Dürig, Rn. 17 zu Art. 44 GG, Kästner in: NJW 1990, 2649, 2654, jeweils m. w. N.

[20] Schulte in: v. Mangoldt/Klein, GG, Rn. 59 zu Art. 44 GG; Maunz in: Maunz/Dürig, Rn. 24 zu Art. 44 GG; Magiera in: Sachs, Rn. 9 zu Art. 44 GG; Engels in: Jura 1990, 71ff.; Friedrich S. 83ff.

[21] Art. 59 WRV abgedr. in: Anschütz, Komm. zur WRV.

geordnetenanklage vor.[22] Außer in Berlin, Hamburg, Schleswig-Holstein und den neuen Bundesländern ist die Ministeranklage noch in allen Ländern möglich.[23] Derartige Anklageverfahren, zu deren Vorbereitung ein parlamentarischer Untersuchungsausschuß eingesetzt werden kann, zielen auf den Nachweis eines vorsätzlichen Normenverstoßes. Folge kann der Verlust des Amtes durch Gerichtspruch sein.[24]

Die Verfahren vor dem Bundesverfassungsgericht (für die Präsidenten- und Richteranklage) oder vor den Verfassungsgerichten der Länder (für die Abgeordneten- und Ministeranklage) sind verfassungsrechtliche und keine strafrechtlichen Verfahren. Da allerdings die Vorschriften des Strafprozeßrechtes zum Teil Anwendung finden, spricht man von einem quasi-strafrechtlichen Verfahren. Materiell rechtlich handelt es sich um die Würdigung einer politischen Handlung unter rechtlichen Gesichtspunkten. Voraussetzung der Anklage ist, daß die Verletzungshandlung von politischem Gewicht ist; demnach können zwar zu beanstandende, aber unpolitische Handlungen nicht die Grundlage einer Anklage bilden.[25]

Aufgrund der politischen Brisanz der normabweichenden Verhaltensweise sind die Vorbereitung solcher Anklageverfahren durch einen Untersuchungsausschuß von Relevanz.

---

[22] Die Abgeordnetenanklage gehört systematisch zu den Kollegialenqueten und wird nur aufgrund des Zusammenhangs hier mit behandelt; Art. 61 BayVerf., Art. 85 SVerf., Art. 42 B-WVerf., Art. 17 NdsVerf., Art. 61 BbgVerf.

[23] Vgl. Art. 57 B-WVerf, Art. 59 BayVerf., Art. 111 BremVerf., Art. 115 HVerf., Art. 40 NdsVerf., Art. 63 N-WVerf., Art. 131 Rh-PfVerf., Art. 96 SVerf.

[24] In Bayern wird durch den Verfassungsgerichtshof lediglich die vorsätzliche Verletzung der Verfassung oder eines näher zu bezeichnenden Gesetzes festgestellt, vgl. Art. 40 VerfGHG Bayern u. Art. 44 i.V.m. 40 VerfGHG Bayern für die Abgeordnetenanklage. Der Amtsverlust kann jedoch als Folge des Entzugs des Vertrauens eintreten. Für den Bund ist der Amtsverlust in Art. 62 Abs. 2 GG u. Art. 98 Abs. 2 GG (für Landesrichter gilt Art. 98 Abs. 5 GG) geregelt. Die Länder regeln den Amtsverlust entweder direkt in der Verfassung (z.B. Art. 85 Abs. 3 SVerf.) oder in den VerfGHGen (z.B. § 25 NdsStaatsGHG).

[25] Schmidt-Bleibtreu/Klein, Komm. zum GG; Rn. 3 zu Art. 61 GG; Maunz/Schmidt-Bleibtreu/Klein/Ulsamer, Rn. 46 zu § 13 u. Rn. 5 zu § 49 BVerfGG; Maunz/Zippelius, Deutsches Staatsrecht, § 41 IV. In den Fällen der Richteranklage kann auch eine Untersuchung der jurisdiktionellen Tätigkeit in Betracht kommen. Eine Verletzung des Gewaltenteilungsgrundsatzes kommt in diesen Fällen nicht in Betracht, da es um die Aufklärung des persönlichen Fehlverhaltens und nicht um die Korrektur eines Urteils geht. Zu den Besonderheiten der Richteranklage vgl. Maunz/Schmidt-Bleibtreu/Klein/Ulsamer, Rn. 108 zu § 13 BVerfGG, Halstenberg S. 42.

Festzuhalten ist, daß die Verfahrensstellung des Betroffenen in den späteren Anklageverfahren der des Angeklagten im Strafverfahren weitestgehend entspricht,[26] der Untersuchungsausschuß die Entscheidung über die Anklage lediglich vorbereitet und das Parlament über die Anklageerhebung aufgrund der Tatsachenfeststellungen und Würdigung des Untersuchungsausschusses im Abschlußbericht entscheidet. Die Folgen derartiger Anklageverfahren treten also nicht unmittelbar durch rechtsverbindliche Entscheidung des Untersuchungsausschusses ein. Erst das Gericht kann über den Amtsverlust rechtsverbindlich entscheiden.[27]

4. Skandal- und Mißstandsuntersuchungen

Diese Enquetenarten haben die Aufgabe, im Blickpunkt der Öffentlichkeit stehenden Mißstände oder Skandale zu untersuchen.[28] Als Skandal wird derjenige Mißstand bezeichnet, der in besonderem Maße Aufmerksamkeit und Interesse von Presse und Öffentlichkeit erlangt hat.[29] Da aber auch die voranstehend genannten Enquetenarten in besonderem Maße die Aufmerksamkeit der Öffentlichkeit erregen können, kommt der Skandal- und Mißstandsenquete im Bereich der Kollegial- oder Kontrollenquete keine eigenständige Bedeutung zu.
Sind dagegen hauptsächlich Vorgänge aus dem privaten Bereich Untersuchungsgegenstand, die Einordnung unter die vorgenannten Enqueten somit nicht möglich, bezeichnet man diese dann spezieller als privatgerichtete Skandalenquete.[30] Bedeutung erlangt die Mißstandsuntersuchung deshalb auch nur für letzteren Aufklärungsbereich.

In der parlamentarischen Praxis liegt der Schwerpunkt auf den Kontroll- und Mißstands- bzw. Skandaluntersuchungen[31], zumal sich diese Enquetenarten auf-

---

[26] Vgl. §§ 49ff. BVerfGG; für die Länder z.B. §§ 28ff. SVGHG.

[27] Daneben ist auch ein strafrechtliches oder zivilrechtliches Verfahren möglich. Schmidt-Bleibtreu/Klein, Komm. zum GG; Rn. 7 zu Art. 61 GG; Maunz/Schmidt-Bleibtreu/Klein/Ulsamer, Rn. 47 zu § 13u. Rn. 2f. zu § 49 BVerfGG.

[28] Teilweise werden sie auch als politisch-propagandistische Enqueten bezeichnet. Schleich S. 16; Rechenberg in: Bonner Komm., Rn. 2 zu Art. 44 GG.

[29] Müller-Boysen, S. 30.

[30] Studenroth, S. 41; Schulte in: v. Mangoldt/Klein, GG, Rn. 22 zu Art. 44 GG spricht von Enqueten, die Angelegenheiten des öffentlichen Lebens zum Gegenstand haben.

[31] Zu den Untersuchungsausschüssen des Bundestages vgl. Versteyl in: GG-Komm., Rn. 3ff zu Art. 44 GG; Ehmke, Ref. Für den 45. DJT 1964, Bd. II., E 1.; Engels in: Jura 1990, 71

grund der breiten öffentlichen Anteilnahme gleichzeitig auch immer zur propagandistischen Schwächung des politischen Gegners verwenden lassen.
Gerade durch die öffentliche Anteilnahme, gesteuert durch Medien und Presse und die politische Motivation der Sachverhaltsaufklärung, ergeben sich zahlreiche Probleme im Hinblick auf die Rechtsstellung der Personen, die durch den Untersuchungsausschuß vernommen oder deren persönliche Aufzeichnungen in das Verfahren eingeführt werden.
Im Strafverfahren beschränkt sich die Beweiserhebung ausschließlich auf Umstände, die unmittelbar oder mittelbar für die Tat- oder Täterbeurteilung relevant sind.[32] Im Gegensatz dazu können im Untersuchungsverfahren auch politische Motive den Beweiserhebungsumfang beeinflussen, da der Untersuchungsauftrag in der Regel sehr weit gefasst ist.[33] Mangels Vorermittlungen steht oft zu Anfang noch gar nicht fest, welches Beweismaterial tatsächlich zur Erfüllung des Untersuchungsauftrages erheblich ist. Die Auskunftsperson im parlamentarischen Untersuchungsverfahren kann damit nicht nur zur Tatsachenbekundung vom Ausschuß vernommen werden, sie riskiert auch, „Spielball" politischer Interessen zu werden.[34]

In letzter Zeit wird in Literatur und Rechtsprechung vermehrt die Zulässigkeit von parlamentarischen Untersuchungen im Privatbereich diskutiert.[35] Ausgangspunkt ist die unmittelbare oder mittelbare Befassung eines Untersuchungsausschusses mit Vorgängen, die sich zumindest nicht ausschließlich dem staatlichen Bereich zuordnen lassen. Von privaten Untersuchungsgegenständen spricht man demnach, wenn das Verhalten natürlicher Personen oder/und Vorgänge im gesellschaftlichen Bereich, die von juristischen Personen des Privatrechts geprägt werden, zum Gegenstand erhoben werden.[36]

---

[32] Julius in: Heidelberger Komm, Rn. 3 zu § 264 StPO.

[33] Vgl. zur Bestimmtheit des Untersuchungsauftrages Rechenberg in: Bonner Komm., Rn. 7ff. zu Art. 44 GG; Maunz in: Maunz/Dürig, Rn. 3 zu Art. 44 GG; Köhler in NVwZ 1995, 664, 665; Weingärtner in: ZRP 1991, 223.

[34] Z.B. der in der Einführung dargestellte „Fall" Orgaß im Neue-Heimat Untersuchungsausschuß.

[35] Di Fabio, S. 19ff.; Köhler S. 72ff.; Studenroth, S. 41; Richter S. 20 ff.; Masing in: Der Staat 27 (1988), 273, 275; Schulte in: v. Mangoldt/Klein, GG, Rn. 22 zu Art. 44 GG; Rosenberg, Gutachten für den 34. DJT 1926, Bd. I., S. 9; Heck S.40; Schröder, Gutachten für den 57. DJT 1988, Bd. I., E 15ff.; BVerfG 77, 1ff.; LG Bonn in: NJW 1987, 790, 791; LG Frankfurt in: NJW 1987, 787, 788.

[36] Di Fabio S. 19; Köhler S. 30.

Die Rechtsstellung des Betroffenen und die Frage nach der Zulässigkeit privatgerichteter Untersuchungen überschneiden sich. Falls nämlich durch die Aussage das Verhalten der Auskunftsperson am Rande zum Gegenstand der Aufklärung erhoben wird, diese sich aber hauptsächlich auf die Kontrolle der Verwaltung, Regierung oder Gesetzesvorhaben bezieht, liegt keine unmittelbar privatgerichtete Enquete vor. Trotzdem ist es denkbar, daß Auskunftspersonen so sehr in ihren Rechten tangiert werden, daß eine Betroffenenstellung erwogen werden muß.

Befaßt sich der Ausschuß umgekehrt hauptsächlich mit dem Verhalten von Privatpersonen, ist eine Einordnung als Betroffener in den meisten Fällen geboten. Zwingend ist eine solche aber nicht, da allein die Intensität des Grundrechtseingriffes und die sinngemäße Anwendung der Vorschriften über den Strafprozeß die Stellung der Auskunftsperson bestimmt und eben nicht die Tatsache, daß der Gegenstand der Sachverhaltsaufklärung allein dem privaten Bereich zuzuordnen ist.

Würde man allerdings die Aufklärung von Mißständen in Privatbereichen gänzlich aus dem Bereich parlamentarischer Untersuchungen ausschließen, wäre bereits eine äußere Grenze des Aufklärungsrechts parlamentarischer Untersuchungsausschüsse gefunden. Betroffene und die Anwendung der strafverfahrensrechtlichen Vorschriften wären dann nicht in die Untersuchung mit einzubeziehen.

5. Folgerungen

Eine Enquete läßt sich oftmals nicht ausschließlich einer Kategorie zuordnen. Eine Untersuchung kann nämlich gleichzeitig mehrere Ziele verfolgen, bspw. die Regierungskontrolle und Gesetzesvorbereitung.[37] Das Rechtsproblem des Betroffenen orientiert sich deshalb nicht allein an den Enquetenarten, sondern hat auch Überschneidungen zu berücksichtigen.

Die Frage der Sachverhaltsgrenzen ist bisher nur teilweise beantwortet. Die Einteilung in Kategorien legt die Zulässigkeitsgrenzen der Einsetzung eines Untersuchungsausschusses, der die Eingriffsbefugnisse nach den Vorschriften des

[37] Exemplarisch kann hier der Untersuchungsauftrag zum „Neue-Heimat“ Untersuchungsausschuß auf Bundesebene angeführt werden. IV. Einflussnahme auf Mitglieder der Bundesregierung, Untersuchungsaufträge, die sich aus II. u. III. ergeben werden jeweils durch den Passus ergänzt „und welche Folgerungen der Bundesgesetzgeber daraus ziehen sollte“; abgedr. in: BVerfG 77, 1, 4f.

Strafprozeßes markiert, nicht abschließend fest. Allein die Einordnung einer Enquete in den Exekutiv- oder Judikativbereich sagt zwar etwas über den aufzuklärenden Sachverhalt, aber noch nichts über die rechtliche Zulässigkeit einer solchen Untersuchung aus. Deshalb müssen zusätzlich verfassungsrechtliche Grundsätze in die Untersuchung mit einbezogen werden.[38]

II. Verfassungsrechtliche Funktion des Untersuchungsrechts

Mangels Einschränkungen im Wortlaut des Art. 44 GG[39] ist dieser, wie jede Verfassungsbestimmung, aus dem Gesamtzusammenhang des Grundgesetzes auszulegen. Daher ist der Aufklärungsbereich parlamentarischer Untersuchungsausschüsse auch anhand der verfassungsrechtlichen Funktion des Untersuchungsrechts einzugrenzen. Umfang und Grenzen parlamentarischer Untersuchungskompetenz können sich deshalb nur aus allgemeinen verfassungsrechtlichen und verfassungsstrukturellen Grundsätzen ergeben.[40]

1. Korollartheorie

Der Zuständigkeitsumfang des Parlaments begrenzt zugleich die Sachverhalte, die zum Gegenstand parlamentarischer Untersuchungen erhoben werden können, da Untersuchungsausschüsse als Hilfsorgane[41] des Parlaments tätig werden.

---

[38] Vgl. etwa zum Gewaltenteilungs- und Bundesstaatsprinzip, Maunz in: Maunz/Dürig, Rn 15ff. zu Art. 44 GG; Versteyl in: v. Münch, GG-Komm., Rn. 21 zu Art. 44 GG; Schulte in: v. Mangoldt/Klein, GG, Rn. 36ff. zu Art. 44 GG. Zur Frage inwieweit sich das Untersuchungsrecht des Bundes mittelbar auf Länderangelegenheiten (z.B. auf dem Umweg der Bundesaufsicht) erstrecken kann vgl. Arloth in: NJW 1987, 808, 809; Simons S. 129ff.

[39] Entsprechendes gilt für das gleichlautende Untersuchungsrecht der Länder vgl. Art. 92 Hverf., Art. 15 S-Hverf. u. Art. 27 NdsVerf. Die übrigen Bundesländer haben UAGe erlassen, die jeweils den Gegenstand der Untersuchung von der Zuständigkeit des Parlaments abhängig machen, vgl. z.B. § 1 BUAG.

[40] BVerfG 1, 14, 32f.; 30, 1, 19; 55, 274, 300; 77, 1, 44; Larenz, Methodenlehre der Rechtswissenschaft, Kapitel 4, 4 c); Mayer-Maly, Rechtswissenschaft, V.; F. Müller, Arbeitsmethoden, S. 123ff.; Böckeförde in: NJW 1976, 2089f.; Hesse, Grundzüge des Verfassungsrechts, § 2 III.

[41] Maunz in: Maunz/Dürig, Rn. 3 zu Art. 44 GG; Schmidt-Bleibtreu/Klein, Komm. zum GG, Rn. 1 zu Art. 44 GG; Rechenberg in: Bonner Komm., Rn. 10 zu Art. 44 GG. Vereinzelt werden sie aufgrund des eigenständigen Beweiserhebungsrechts und der damit verbundenen Zwangsbefugnis nicht lediglich als Hilfsorgan, sondern auch als Organteil, Teil-Verfassungsorgan bzw. Unterorgan bezeichnet, vgl. Scholz in: AÖR 105 (1980), 564, 590,

Die Bezeichnung als „Hilfsorgan" des Parlaments verdeutlicht, daß Untersuchungsausschüsse mit der Beweiserhebung keinen selbständigen Zweck verfolgen, sondern die Arbeit des Bundestages bzw. der Landtage fördern, indem sie Entscheidungen und Beschlüsse vorbereiten. Untersuchungsausschüsse werden von der Volksvertretung eingesetzt, sie sind an den von ihr formulierten Untersuchungsauftrag gebunden und sie legen das Ergebnis ihrer Arbeit dem Parlament vor.[42] Sie haben keinen vom Willen des Parlaments unabhängigen Wirkungskreis.[43] Daraus folgt die genaue Bezeichnung der zu untersuchenden Tatsachen in Form eines Beweisthemas im Einsetzungsbeschluß.[44] Eine Abänderung des Untersuchungsgegenstandes durch den Ausschuß ist nicht möglich.[45] Dieser von der Zuständigkeit des Parlaments abhängige Wirkungskreis ist heute allgemein anerkannt[46] und wird auf die von Egon Zweig 1913 begründete „Korollartheorie" zurückgeführt. Danach ist das parlamentarische Untersuchungsrecht ein „logisch oder juristisch notwendiges Korollar der der Volksvertretung zugewiesenen Tätigkeit"[47]. Das Untersuchungsrecht entspricht dem Zustän-

---

Stern in : AÖR 109 (1984), 199, 224f.; Schulte in: v. Mangoldt/Klein, GG, Rn. 78f. zu Art 44 GG.

[42] Maunz in: Maunz/Dürig, Rn. 3 zu Art. 11 GG; Schmidt-Bleibtreu/Klein, Komm. zum GG, Rn. 1 u. 3 zu Art. 44 GG.

[43] Rosenberg in: DJZ 1925, 635, 636; Heck S. 38ff.; Lammers, HdbDStR, Bd. 2, S. 465; Maunz in: Maunz/Dürig, Rn. 15 zu Art. 44 GG; Schulte in: v. Mangoldt/Klein, GG, Rn. 1ff. zu Art. 44 GG; Simons S. 80ff.

[44] Maunz in: Maunz/Dürig, Rn. 12 u. 31ff. zu Art. 44 GG; Schulte in: v. Mangoldt/Klein, GG, Rn. 30ff. zu Art. 44 GG.

[45] Rechenberg in: Bonner Komm., Rn. 7ff. zu Art. 44 GG; Maunz in: Maunz/Dürig, Rn. 3 zu Art. 44 GG.

[46] Rosenberg, Gutachten für den 34. DJT 1926, Bd. I., S. 12; Anschütz, Komm., Anm. 3. Zu Art. 34 WRV; Heck S. 38ff.; Lammers, HdbDStR, Bd. 2, S. 465; Böckeförde in: AÖR 103 (1978), 1, 6ff.; Maunz in: Maunz/Dürig, Rn. 15 zu Art. 44 GG; Schulte in: v. Mangoldt/Klein, GG, Rn. 2f. zu Art. 44 GG; Schmidt-Bleibtreu/Klein, Komm. zum GG, Rn. 3 zu Art. 44; Masing, Der Staat 27 (1988), 273, 275ff.; Kästner in: NJW 1990, 2649, 2651; Schleich S. 15ff.; Buchholz S. 20ff.; Di Fabio S. 24ff.; Richter S. 26ff.; Studenroth S. 44 ff.; für die Zeit der WRV a.A. vgl. Lewald, AÖR 44 (1923), 269, 285ff; Smend, Verfassung und Verfassungsrecht, S. 245; die aufgrund der Integrationsfunktion (Smend) und der Einordnung des Art. 34 WRV als materielle Zuständigkeitsnorm (Lewald) eine Erweiterung der Zuständigkeit des Parlaments durch das Untersuchungsrecht in Form einer Generalkompetenz annahmen, vgl. Lewald u. Smend a.a.O.

[47] Zweig in: ZRP, Bd. IV. 1913, 265, 267.

digkeitsbereich des Parlaments und zwar funktional bzgl. des Kontrollobjektes wie auch regional[48] auf Bund und Länder beschränkt.

Die Gleichsetzung der Befassungs- mit der Untersuchungskompetenz bedingt, daß das Parlament alle Vorgänge, welche es im Rahmen seiner Aufgaben beobachten und zur Grundlage von Beschlüssen machen kann, gleichzeitig auch dem mit Zwangsmitteln ausgestalteten Untersuchungsrecht zugänglich sind.
Die Reichweite der Sachverhaltsaufklärung variiert jedoch, da unter den Vertretern der Korollartheorie wiederum der parlamentarische Kompetenzrahmen umstritten ist.[49] Trotz zahlreicher, differierender Standpunkte ist eine Einteilung in zwei Hauptgruppen möglich.

a) Zur Vorbereitung rechtsverbindlicher Beschlüsse

Teilweise wird eine Beschränkung der Untersuchungskompetenz auf die Vorbereitung rechtsverbindlicher Parlamentsentscheidungen befürwortet.[50] Dazu zählen Gesetzesbeschlüsse, Präsidenten-, Richter-, Minister- oder Abgeordnetenanklagen und Mißtrauensvoten. Ausgeschlossen wären danach Untersuchungen, die allein der Vorbereitung schlichter Parlamentsbeschlüsse dienen, d.h. politischen Absichts- oder Meinungserklärungen, durch die keine unmittelbare Rechtsfolge herbeigeführt wird.[51]
Die Reichweite parlamentarischer Untersuchungskompetenz ergibt sich nach dieser Auffassung aus einer Betrachtung der Hauptfunktionen des Parlaments. Im personellen Bereich zählen dazu bspw. die Präsidentenanklage (Art. 61 GG), die Richteranklage (Art. 98 Abs. 2 GG) und die Immunitätsaufhebung (Art. 46 GG). Mangels förmlicher Bundestagszuständigkeit bestehe jedoch keine Untersuchungsbefugnis im privaten Bereich. Das Parlament sei zwar befugt, alle Gegenstände des öffentlichen Lebens zu diskutieren. Es dürfe sich aber zur Materialsammlung nicht des Rechtszwanges gegen den Bürger durch Art. 44 Abs. 2, S.1 GG bedienen, da in diesem Fall das rechtlich anerkannte Interesse[52] und die rechtsstaatlichen Absicherungen innerhalb des Verfahrens fehle, welche

[48] A.A. Kölbe in: DVBl. 1964, 701, 702f.
[49] Maunz in: Maunz/Dürig, Rn. 15 zu Art. 44 GG; Schulte in: v. Mangoldt/Klein, GG, Rn. 4ff. zu Art. 44 GG; BVerfG 76, 363, 381; 77,1, 44; jeweils m.w.N.
[50] Halstenberg, S. 34ff.; H.Wagner in: GA 1976, 257, 262ff.
[51] Stern, Staatsrecht, § 26 II. 2.
[52] Halstenberg S. 34ff.

allein die weitgehenden Befugnisse innerhalb des Beweiserhebungsverfahrens rechtfertigten.[53] Parlamentarische Untersuchungen seien deshalb nur zulässig, um im Rahmen der verfassungsmäßigen Zuständigkeit des Parlaments liegende, mit Rechtsverbindlichkeit ausgestaltete „Hoheitsakte" des Parlaments, durch Ermittlung der dabei relevanten Tatsachen vorzubereiten.[54]
Folglich reicht nach dieser Auffassung die Befassungskompetenz des Parlaments weiter als die Kompetenz zur parlamentarischen Untersuchung.

b) Zur Vorbereitung schlichter Parlamentsbeschlüsse

Ausgehend von der Repräsentationsfunktion des Parlaments und seiner Teilhabe an der politischen Gestaltung des Gemeinwesens,[55] wird eine erweiterte Bestimmung des parlamentarischen Zuständigkeitsbereiches befürwortet. Danach können Untersuchungsausschüsse auch zur Vorbereitung schlichter politischer Beschlüsse, die keine Rechtswirkung entfalten[56], eingesetzt werden.[57]
Dieser Auffassung schließen sich auch diejenigen Bundesländer an, die eigene UAGe erlaßen haben. Mit Ausnahme des Saarlandes und Hamburg bestimmen nämlich alle UAGe, daß eine Untersuchung nur zulässig ist, wenn sie geeignet ist, dem Parlament eine Grundlage für eine Beschlußfassung im Rahmen der verfassungsmäßigen Zuständigkeit zu vermitteln.[58] Damit ist vom Wortlaut her jegliche Beschlußfassung - und eben nicht nur die rechtsverbindliche - gemeint.

c) Kritische Würdigung

Gegen die erste Auffassung, die Beschränkung der Untersuchungskompetenz auf die Vorbereitung rechtsverbindlicher Beschlußfassung durch das Parlament, spricht, daß ihr eine Vorstellung von Parlamentszuständigkeit zugrunde liegt, wie sie im Verfassungssystem der konstitutionellen Monarchie gegeben war. Die Parlamentsfunktion beschränkte sich darauf, die Ausübung von Staatsgewalt

---

[53] H.Wagner in: GA 1976, 257, 263f.

[54] Halstenberg S. 34ff.; H.Wagner in: GA 1976, 257, 262ff.; HessStGH in: DÖV 1967, 51, 55.

[55] Böckeförde in: AÖR 103 (1978), 1, 8ff. m.w.N.

[56] Zum Begriff des schlichten Parlamentsbeschlußes vgl. Stern, Staatsrecht, § 26 II. 2.

[57] Maunz in: Maunz/Dürig, Rn. 4 u. 14 zu Art. 44 GG; Masing in: Der Staat 27 (1988), 273, 277; Böckeförde in: AÖR 103 (1978), 1, 8ff; Schenke in: JZ 1988, 805, 808; Hilf in. NVwZ 1987, 537, 538; BVerfG 77, 1, 44.

[58] In Berlin „zur Vorbereitung von Entscheidungen des Abgeordnetenhauses", vgl. § 1 BUAG, in Bremen heißt es statt „Beschlußfassung" Beratung, vgl. § 1 Abs. 2 BremUAG.

durch den Monarchen zu begrenzen, soweit die Verfassung dafür Kompetenzen einräumte.[59]

Im Gegensatz dazu erhält die Repräsentationsfunktion des Parlaments in der Verfassungsordnung des Grundgesetzes einen besonderen Stellenwert. Dem Parlament steht als einzigem unmittelbar demokratisch legitimiertem Verfassungsorgan ein Bereich ungeschriebener politischer Zuständigkeit zu, der ihm das Recht verleiht, zu jeder politischen Frage durch Entschließungen, Empfehlungen oder Mißbilligung zwar rechtlich unverbindlich, doch mit erheblich politischer Bedeutung Stellung zu nehmen.[60]

Außerdem hat das Parlament gerade im Bereich der Informationssammlung gegenüber der Exekutive durch deren administrativen Apparat ein erhebliches Informationsdefizit. Zwar nehmen Mandatsträger auch an Kabinettssitzungen teil und umgekehrt wirken Regierungsvertreter ebenfalls in Ausschüssen;[61] eine politischen Abhängigkeit des Parlaments vom Regierungsapparat lässt sich aber nicht leugnen. Diese Abhängigkeit ergibt sich schon aus Informationsvorsprüngen aufgrund eines spezialisierten Sachverstandes und langfristiger Planung der Ministerialbürokratie.[62] Wenn man dem Parlament darüber hinaus im Bereich seiner ungeschriebenen Zuständigkeit zusätzlich noch das Untersuchungsrecht verwehrt, erschwert man die Aufgabe der Regierungs- und Verwaltungskontrolle.[63] Nicht zuletzt kommt der Kontrollfunktion ein besonderer Stellenwert zu, da angesichts der Aktionseinheit von Regierung und Parlamentsmehrheit die Kritik- und Kontrollfunktion weitgehend der Minderheit obliegt. Der Minderheit, der aus der Natur der Sache heraus hierzu nur begrenzt Mittel zur Verfügung stehen, wird

---

[59] Böckeförde in: AÖR 103 (1978), 1, 6ff; Schulte in: v. Mangoldt/Klein, GG, Rn. 5 zu Art. 44 GG; Masing, Der Staat 27 (1988), 273, 281; Buchholz S. 32; Studenroth S. 52; Seibert in: NJW 1984, 1001, 1002; Kästner in: NJW 1990, 2649, 2654; zur Eigenart und Wirkungsweise des parlamentarischen Systems vgl. Benda/Maihofer/Vogel, Handbuch des Verfassungsrechts, 3. Kapitel, 2. I. 1.

[60] Stern, Staatsrecht, § 26 II. 2; Hesse, Grundzüge des Verfassungsrechts der Bundesrepublik Deutschland, § 15 I. Rn. 572ff.; Maunz/Zippelius, Deutsches Staatsrecht, § 30 I., Badura, Staatsrecht, 2 E, Rn. 2; Benda/Maihofer/Vogel, Handbuch des Verfassungsrechts, 3. Kapitel, 2. II. 1 a) u. II. 2.; Schenke in: JZ 1988, 805, 808; Masing in: Der Staat 27 (1988), 273, 276; Böckeförde in: AÖR 103 (1978), 1, 7; Studenroth S. 52.

[61] Umfassend, insbesondere zur Arbeit der ständigen Ausschüsse vgl. Ismayr, Der Deutsche Bundestag, S. 207ff.

[62] Benda/Maihofer/Vogel, Handbuch des Verfassungsrechts, 3. Kapitel, 2. I. 1. c); Kästner in: NJW 1990, 2649, 2654.

[63] Schenke in: JZ 1988, 805, 808; Böckeförde in: AÖR 103 (1978), 1, 8ff. m. w. N.

aber aufgrund der verfassungsrechtlichen Ausgestaltung des Untersuchungsrecht als Minderheitenrecht ein besonderer Stellenwert eingeräumt.[64] Diesen Bereich aus der Untersuchungskompetenz auszuschließen würde deshalb auch eine Verkürzung des Minderheitenrechts bedeuten.[65]

Den rechtsstaatlichen Bedenken, die gegen die Ausdehnung des Untersuchungsrechts erhoben werden[66] ist entgegenzuhalten, daß eine Einschränkung der Untersuchungsgegenstände auf die Vorbereitung rechtsverbindlicher Parlamentsentscheidungen die Rechtsstaatlichkeit des Verfahrens auch nicht garantiert. Durch die Einschränkung wird nämlich lediglich der Personenkreis verkleinert, der von der parlamentarischen Untersuchung betroffen sein kann, jedoch nicht die Rechtsstaatlichkeit des Verfahrens hergestellt. Verfassungsmäßig geboten ist es aber vielmehr, die rechtsstaatlichen Garantien auch im parlamentarischen Untersuchungsverfahren zu gewährleisten.

Würde man der ersten Auffassung folgen, erreichte man zudem faktisch keine Einschränkung der Reichweite parlamentarischer Untersuchungen. Der Einsetzungsbeschluß kann nämlich immer so formuliert werden, daß die Untersuchung scheinbar der Vorbereitung rechtsverbindlicher Parlamentsentscheidungen dient. Im Bereich der Exekutivkontrolle wäre jede Enquete als Vorbereitung eines Mißtrauensvotums aufzufassen. Im Bereich der Gesetzesenquete wäre mit den im Sozialstaat weiten Zugriffsmöglichkeiten keine Begrenzung erreicht.[67] Will das Parlament bspw. eine Untersuchung gegen einen Beamten des öffentlichen Dienstes führen, so würde es genügen, als Untersuchungsziel die beabsichtigte Änderung des BeamtenG anzugeben.[68] Zwar könnte der Untersuchungsausschuß dann keine Feststellungen bzgl. Personen treffen, die außerhalb der Parlamentszuständigkeit und damit des Untersuchungsziels stehen (wie im Bsp. der Beamte), aber Grundrechtsbeeinträchtigungen aufgrund des Verfahrens wären weiterhin möglich. Politisch motivierte Attacken und Fragen der Ausschußmitglieder, die das Ansehen der Auskunftsperson beeinträchtigen, die Untersuchung strafrechtlich relevanten Verhaltens oder sonstiger Normenverstöße werden so nicht

---

[64] Benda/Maihofer/Vogel, Handbuch des Verfassungsrechts, 3. Kapitel, 2. , II. 2. a).
[65] Hilf in: NVwZ 1987, 537, 538; Böckeförde in: AÖR 103 (1978), 1, 10.
[66] H.Wagner in: GA 1976, 257, 263f.; Halstenberg S. 47.
[67] Masing in: Der Staat 27 (1988), 273, 281.
[68] Bsp. nach Studenroth S. 36.

ausgeschlossen. Nicht zuletzt wird sich die Rechtsverbindlichkeit auch immer erst am Ende des Verfahrens herausstellen.
Praktisch unwahrscheinlich ist auch eine parlamentarische Untersuchung, die im Rahmen der Sachverhaltsaufklärung nur Personen berücksichtigt, denen gegenüber dem Parlament eine rechtsverbindliche Entscheidungskompetenz zukommt, denn an einem Skandal sind in der Regel mehrere Personen beteiligt.

Zuletzt fordert auch die historische Entwicklung keine Beschränkung des Untersuchungsrechts auf die Vorbereitung rechtsverbindlicher Parlamentsbeschlüsse. Weder in den Beratungen zu Art. 34 WRV und noch im weitgehend gleichlautenden Art. 44 GG[69] finden sich Anhaltspunkte für diese Auslegung. Der Vorschlag, das Untersuchungsrecht auf die Überprüfung der Gesetzlichkeit oder Lauterkeit von Regierungs- oder Verwaltungsmaßnahmen zu beschränken,[70] wurde für Art. 34 WRV lediglich der mißverständlichen Formulierung wegen abgelehnt. Es sollte vermieden werden, daß die Einsetzung eines Untersuchungsausschusses als Mißtrauensvotum gegen die Regierung aufgefaßt werden könnte.[71] Ein ähnlich lautender Vorschlag wurde in den Beratungen zu Art. 44 GG als Minderheitenansicht verworfen.[72]

d) Folgerungen

Aufgrund des erweiterten Zuständigkeitsbereiches des Parlaments können also auch Untersuchungsausschüsse eingesetzt werden, die Vorgänge im öffentlichen Leben und Vorkommnisse im gesellschaftlichen Bereich zum Gegenstand haben. Bisher kann sowohl privat(wirtschaftlich)es Verhalten als auch sonst jedweder Sachverhalt aus dem persönlichen Bereich Gegenstand einer parlamentarischen

---

[69] Zu den Änderungen gegenüber Art. 34 WRV Maunz in: Maunz/Dürig, Rn. 2 zu Art. 44 GG.

[70] So lautete § 52 Abs. 1, S. 1 des ersten Entwurfs der WRV, vgl. Anschütz, Komm., Anm. 1 zu Art. 34 WRV; Rosenberg, Gutachten für den 34. DJT 1926, Bd. I., S. 8f.

[71] Verhandlungen der verfassunggebenden Deutschen Nationalversammlung, Bd. 336; Nr. 391, Anl. zu den sten.-Berichten, S. 264f.; Rosenberg, Gutachten für den 34. DJT 1926, Bd. I., S. 8f..

[72] Abgedr. bei Wernicke, Der Verfassungskonvent auf Herrenchiemsee, S. 416 u. S. 539, da die Sachlichkeit aufgrund der anteiligen Besetzung parlamentarischer Untersuchungsausschüsse nicht immer gewährleistet erschien, andererseits aber die in einem „gerichtsähnlichen Verfahren" getroffenen Feststellungen für die Betroffenen erhebliche Wirkung entfalten können, wollte man eine Rechtskontrolle einführen.

Untersuchung sein. Zur Verdeutlichung der hieraus folgenden Konsequenzen für die Auskunftspersonen dienen nachstehende Fragen:
Können terroristische Gewalttaten und deren gesellschaftlicher Umkreis - mögliche Sympathisanten, deren Motive - zum Gegenstand einer parlamentarischen Untersuchung gemacht werden?
Kann das Parlament zur Änderung der Sozialgesetzgebung zwanghaftes Verhalten und die psychischen Strukturen von Bürgern ohne Wohnsitz erforschen?
Können Wirtschaftsunternehmen, Fußballvereine oder private Theaterwerkstätten mit der Begründung einer Entscheidung über bereitzustellende Subventionsmittel zur Offenlegung ihrer Finanzen, Geschäfte und Beziehungen im Rahmen der Beweiserhebung gezwungen werden?[73]

Bei diesen Untersuchungsgegenständen stehen erhebliche Rechtspositionen des Bürgers zur Debatte, die grundrechtlich geschützt sind (Geschäfts-, Betriebs-, Berufs-, Steuergeheimnis, informationelle Selbstbestimmung, allgemeines Persönlichkeitsrecht).
Aus dem Grundsatz, daß die Untersuchung geeignet sein muß, dem Parlament Grundlagen für eine Beschlußfassung zu vermitteln, ergeben sich für die vorgenannten Beispiele keine Beschränkungen. In allen Fällen ist zumindest ein schlichter Parlamentsbeschluß möglich, und die angesprochenen Bereiche fallen des erweiterten Kompetenzbereichs des Parlaments wegen (als politisches Repräsentationsorgan und Kraft seiner Teilhabe an der politischen Leitungsgewalt) auch in dessen Zuständigkeitsbereich.

Offen ist deshalb, ob ein Untersuchungsausschuß privat(wirtschaftlich)es Verhalten unmittelbar oder als Teilgegenstand zum Inhalt der Sachverhaltsaufklärung erheben kann. Die Sachverhaltsaufklärung im privat(wirtschaftlich)en Bereich wäre dann alleiniges oder - neben der Kontrolle der Exekutive oder der Gesetzgebungsfunktion - übergeordnetes Untersuchungsziel. Den Interessen des Untersuchungsausschusses an der Sachverhaltsaufklärung stehen dann die grundrechtlich geschützten Interessen des Bürgers gegenüber. Da aber dem Parlament dem Bürger gegenüber keine Entscheidungsbefugnis zukommt, ist für die Ausforschung des Privatbereichs ein öffentlich-rechtlicher Anknüpfungspunkt erforderlich.[74]

---

[73] Bsp. nach Masing in: Der Staat 27 (1988), 273, 280.

[74] Über das Erfordernis des öffentlichen Interesses an der parlamentarischen Untersuchung bestand bereits im Zeitpunkt der Entstehung des Art. 34 WRV Einigkeit. Im Verfassungs-

2. Öffentliches Interesse

Überwiegend[75] wird aus genannten Gründen eine Beschränkung des Untersuchungsrechts auf Angelegenheiten von öffentlichem Interesse befürwortet.[76] Diese Voraussetzung ergibt sich bereits aus dem Rechtsstaatsprinzip des Art. 20 Abs. 3 GG, das staatliche Eingriffe in Rechte des Bürgers nur aus übergeordneten, d.h. den privaten Interessen vorgehenden Gesichtspunkten zulässt.[77] Aus der Anbindung der Untersuchungsausschüsse an das Parlament[78] resultiert wiederum, daß diese, wie das Parlament als Gesetzgeber auch, nach Art. 1 Abs. 3 GG an die Grundrechte und an Art. 20 Abs. 3 GGgebunden sind.[79]

Die Begrenzung des Untersuchungsrechts auf Angelegenheiten von öffentlichem Interesse bezweckt den Schutz der Privatpersonen, ohne Anlaß in Untersuchungen und Ermittlungen einbezogen zu werden, welche ihre Privatsphäre berühren. Die Kontrolle privaten Verhaltens ist primär, sofern eine Eingriffsermächtigung existiert, Aufgabe der Verwaltung, der Staatsanwaltschaft und der Gerichte. Wird privates Verhalten aber unmittelbar zum Gegenstand einer parlamentarischen Untersuchung gemacht, bedarf dies einer besonderen Rechtfertigung in Form eines übergeordneten öffentlichen Interesses. Ansonsten würde nämlich der ausforschende Eingriff ohne den Bezugspunkt des öffentlichen Interesses zum

---

ausschuß der Nationalversammlung wurde ein Antrag, die Ermittlungen der Untersuchungsausschüsse auf Tatsachen zu beschränken, die das öffentliche Interesse berühren, wegen Selbstverständlichkeit abgelehnt. Vgl. Rosenberg, Gutachten für den 34. DJT 1926, Bd I., S. 9 m. w. N.

[75] Maunz in: Maunz/Dürig, Rn. 19 zu Art. 44 GG; Masing in: Der Staat 27 (1988), 273, 278; Böckeförde in: AÖR 103 (1978), 1, 14f; Schenke in: JZ 1988, 805, 810; Hilf in: NVwZ 1987, 537, 539; Partsch, Gutachten für den 45. DJT 1964, Bd. I. Teil 3, S. 16; Müller-Boysen, S. 121; Scholz in: AÖR 105 (1980), 564, 594; Ouaas/Zuck in: NJW 1988, 1873, 1874; BVerfG 77, 1, 44; a.A. Zeh in: DÖV 1988, 701, 704.

[76] Das Merkmal des öffentlichen Interesses findet sich außer im BUAG in allen UAGen der Länder und zudem in Art. 27 NdsVerf. u. Art. 15 S-HVerf.

[77] Das Rechtsstaatsprinzip ist nicht ausdrücklich in Art. 20 Abs. 3 GG erwähnt, sondern beinhaltet lediglich einzelne Ausprägungen dieses Prinzips vgl. Schmidt-Bleibtreu/Klein, Komm. zum GG, Rn. 9ff. zu Art. 20 GG; Magiera in Sachs, GG-Komm., Rn. 10 zu Art. 44 GG; Schleich S. 31; Friedrich S. 79 u. 99.

[78] Untersuchungsausschüsse üben als Hilfsorgane des Parlaments öffentliche Gewalt aus, vgl Morlok in: Dreier (Hrsg.), GG-Komm., Rn. 14 zu Art. 44 GG.

[79] Maunz in: Maunz/Dürig, Rn. 17 zu Art. 44 GG, Schleich S. 31; zur Herleitung des Rechtstaatsprinzips vgl. Schulze-Fielitz in: Dreier (Hrsg.), GG-Komm., Rn. 36 zu Art. 20 GG.

Selbstzweck der Untersuchung. Er würde dann allenfalls die Grundlage für eine mögliche, noch völlig unbestimmte staatliche Reaktion bilden.[80]
Besteht über die Voraussetzung eines öffentlichen Interesses noch weitgehend Einigkeit, sind die inhaltlichen Anforderungen für die Begriffsbestimmung umstritten.

a) Faktisches öffentliches Interesse

Vereinzelt wird in der Literatur auf ein tatsächlich vorhandenes, sog. faktisches öffentliches Interesse am Gegenstand der Untersuchung abgestellt. Ein Untersuchungsausschuß sei nicht nur zulässig, wenn er sich auf „als solche bestimmte und anerkannte öffentliche Angelegenheiten" beziehe, sondern auch schon dann, wenn irgendwelche Angelegenheiten tatsächlich das überwiegende Interesse und die Aufmerksamkeit bereits einer begrenzten Allgemeinheit erregten.[81]
Tatsächlich wird aber mit dieser Auslegung keine Begrenzung der Untersuchungskompetenz im privaten Bereich erreicht. Wenn nämlich all das, was die Öffentlichkeit tatsächlich interessiert, auch zum Gegenstand parlamentarischer Untersuchungen werden kann, dient das Untersuchungsrecht nicht mehr der Information des Parlaments, sondern dem Informationsverlangen der Bevölkerung bzw. der Medien.[82] Dem Parlament würden nach dieser Auffassung letztlich nur Sachverhalte verschlossen bleiben, die die Öffentlichkeit nicht oder zumindest nicht überwiegend interessieren.
Unklar ist zudem, welche Voraussetzungen erfüllt sein müssen, damit ein Sachverhalt tatsächlich das Interesse der Allgemeinheit erregt. Soll allein die Berichterstattung in den Medien ein öffentliches Interesse begründen? Genügt es, wenn nur einmal in den Medien berichtet wird, oder müssen es mehrere Berichte über einen längeren Zeitraum sein? Wie groß muß die Personengruppe sein, damit sie die Allgemeinheit repräsentieren kann? Folglich könnte jeder Journalist entsprechend seiner politischen Ausrichtung dem Parlament ein öffentliches Interesse vorgeben, da das Interesse der Allgemeinheit an gesellschaftlichen Ereignissen wesentlich durch die Berichterstattung in den Medien geprägt wird.

---

[80] Masing in: Der Staat 29 (1988), 273, 280.
[81] Böckeförde in: AÖR 103 (1978), 1, 15; Di Fabio S. 42f.
[82] Friedrich S. 108.

b) Objektive Bestimmung des öffentlichen Interesses

Vorzuziehen ist deshalb eine objektive Bestimmung des öffentlichen Interesses. Der Untersuchungsgegenstand bzw. die Aufklärung muß nach objektiven Kriterien für Staat und Gesellschaft von Bedeutung sein bzw. einen maßgebenden Zurechnungspunkt zur staatlichen Sphäre aufweisen.[83] Ein öffentliches Interesse liegt nur dann vor, wenn sich der Untersuchungsgegenstand auf eine Angelegenheit bezieht oder mit ihr in einem Zusammenhang steht, der eine Bedeutung für konkretes staatliches Handeln oder der Arbeit staatlicher Institutionen zukommt.[84]
Private Materie kann demzufolge kein öffentliches Interesse begründen. Wegen des grundrechtlich ausgeformten Freiheitsschutzes beinhaltet sie nämlich gerade keinen staatlichen Zurechnungspunkt. Allerdings kann ein Verhalten, das sich prima facie als reine Privatangelegenheit darstellt, daneben auch von öffentlichem Interesse sein und somit zum tauglichen Untersuchungsgegenstand werden. So kann bei privatem Handeln ein Staatsbezug vorliegen, wenn dieses im Rahmen staatlicher Genehmigung, Verpflichtung oder Begünstigung verläuft.[85]

Keine Geltung beanspruchen kann der Einwand, der staatliche Bezugspunkt könne immer nur nach politischen und nicht nach rechtlichen Kriterien beurteilt werden.[86] Für die Bestimmung des Vorliegens eines öffentlichen Interesses dienen nämlich gesetzliche Verpflichtungen als Anknüpfungspunkt. Nur der begründete Verdacht der Verletzung einer öffentlich-rechtlichen Norm kann eine Mißstandsuntersuchung im Bereich von Privatpersonen begründen.[87]
Insbesondere der gesetzlichen Verpflichtung zu gemeinnützigem Handeln (§§ 7, 9, 12, 13 BGemeinnützigkeitsG) wird entgegengehalten, daß diese besondere rechtliche Bindung in der Praxis relativ oft vorzufinden sei.[88] Allein die Schaffung

---

[83] Friedrich S. 106.

[84] Schulte in: v. Mangoldt/Klein, GG, Rn. 24 zu Art. 44 GG; Magiera in Sachs, GG-Komm., Rn. 10 zu Art. 44 GG; Maunz in: Maunz/Dürig, Rn. 19 zu Art. 44 GG; Versteyl in: v. Münch, GG-Komm.; Rn. 21 zu Art. 44 GG; Schneider/Zeh, Parlamentsrecht und Parlamentspraxis,§46 Rn. 24; BVerfG 77, 1, 44; Schenke in: JZ 1988, 805, 810; Buchholz S. 26, Schleich S. 32.

[85] BVerfG 77, 1, 45; LG Bonn in: NJW 1987, 790, 791; LG Frankfurt in: NJW 1987, 787, 788; BayVGH in: NVwZ 1995, 681ff..

[86] Masing in: Der Staat 27 (1988), 273, 278; Köhler in: NVwZ 1995, 664, 665.

[87] Richter S. 42; ähnlich auch Engels in: Thaysen/Schüttemeyer S. 212.

[88] Vgl. zur kritischen Auseinandersetzung mit der Entscheidung des BVerfG 77, 1, 39ff, Richter S. 42f.

und Erhaltung von Arbeitsplätzen könne als „gemeinnützig" im weitesten Sinne verstanden werden. Das öffentliche Interesse könne immer bejaht werden, wenn die Gesetzmäßigkeit privater Vorgänge untersucht werden soll, da privates Verhalten stets nach Art. 2 Abs. 1 GG unter der staatlichen Verpflichtung zu nicht gesetzwidriger Handlungsweise stehe.[89]
Dem ist entgegenzuhalten, daß bei Unternehmen, die sich als gemeinnützig bezeichnen und daher staatliche Hilfe in Anspruch nehmen, im Gegensatz zu Unternehmen, die eben nicht diese Gemeinnützigkeit in Form einer gesetzlichen Bindung aufweisen, tatsächlich ein Staatsbezug hergestellt ist. Dagegen steht bspw. die Geschäftspolitik eines Unternehmens nicht in öffentlichem Interesse; in diesem Fall würde der staatliche Bezug fehlen. Massenentlassungen beschäftigen zwar die Allgemeinheit, sie stellen aber aufgrund der fehlenden rechtlichen Bindung keinen Sachverhalt von öffentlichem Interesse dar, der Gegenstand eines Untersuchungsverfahrens sein könnte. Demnach sind Untersuchungen, die allein dem Bereich der Privatsphäre zuzuordnen sind, aus dem Anwendungsbereich ausgeschlossen.

Gerade in Bezug auf die Betroffenenproblematik ergeben sich aber Bedenken aus der nur eingeschränkten gerichtlichen Überprüfungsmöglichkeit des öffentlichen Interesses. In der Praxis wird ein geschickter Antragsteller den staatlichen Bezug immer herstellen können, indem die Kontrolle der Verwaltung bzw. Regierung oder beabsichtigte gesetzliche Änderungen in Bereichen, die auch der Privatsphäre zuzuordnen sind, quasi vorgeschoben werden. Kann ein Gericht auf Veranlassung einer Privatperson nicht auch die tatsächlichen Motive des Parlaments bei der Einsetzung überprüfen, verlöre das öffentliche Interesse zur Eingrenzung der Sachverhaltsaufklärung erheblich an Bedeutung.

[89] Studenroth S. 71.

c) Justiziabilität

Fraglich ist schon im Vorfeld der Justiziabilität der Zulässigkeitsvoraussetzung des öffentlichen Interesses, ob eine behauptete Grundrechtsverletzung durch den Untersuchungsauftrag die gerichtliche Überprüfung zulässt.[90]
Man könnte nämlich auch die Auffassung vertreten, der Beschluß des Plenums, einen Untersuchungsausschuß einzusetzen, greife noch nicht in die Rechtssphäre des Betroffenen ein. Eine mögliche Rechtsverletzung ist nach dieser Auffassung bereits ausgeschlossen.[91] Folge wäre, daß sich die voranstehende Frage nicht stellt. Das öffentliche Interesse als Eingrenzungsmerkmal wäre hinfällig.

Selbst bei Inbetrachtziehen einer möglichen Rechtsverletzung verbleibt aber ein „politischer Entscheidungsfreiraum", der sich einer gerichtlichen Kontrolle entzöge.[92] Das „öffentliche Interesse" ist nämlich als unbestimmter Rechtsbegriff[93] konkretisierungsbedürftig.
In begrifflicher Anlehnung an das Verwaltungsrecht[94] hat das Parlament bei der Entscheidung über das Vorliegen eines öffentlichen Interesses einen „Beurtei-

---

[90] Ablehnend HessStGH in: DÖV 1972, 568ff.; Richter S. 123 anders bei unmittelbar privatgerichteten Untersuchungen S.45; Di Fabio S. 85ff. wegen Art. 44 Abs. 4 GG; zweifelnd Schröder, Gutachten für den 57. DJT 1988, Bd. I., E 33; dafür Morlok in: Dreier (Hrsg.), GG-Komm., Rn. 13 zu Art. 44 GG.

[91] HessStGH in: DÖV 1972, 568ff; Richter S. 123.

[92] Böckeförde in: AÖR 103 (1978), 1, 15f.; Di Fabio S. 137; Schröder, Gutachten für den 57. DJT 1988, Bd. I., E 22; Studenroth S. 64; Friedrich S. 109, Weitergehend noch Köhler in: NVwZ 1995, 664, 665 unter Bezugnahme auf Schneider in: AK, Rn. 11 zu Art. 44 GG, der in dem Begriff des öffentlichen Interesses eine nicht justiziable nähere Umschreibung der Untersuchungsaufgabe sieht.

[93] Schulte in: v. Mangoldt/Klein, GG, Rn. 26 zu Art. 44 GG; Schenke in: JZ 1988, 805, 810; Di Fabio S. 134ff.

[94] Teilweise wird auch von einem „politischen Ermessensspielraum" gesprochen, vgl. Schenke in: JZ 1988, 805, 810; Studenroth S. 64, Di Fabio S. 135. Schulte in: v. Mangoldt/Klein, GG, Rn. 26 zu Art. 44 GG bezeichnet das öffentliche Interesse als „konkretisierungsbedürftigen, unbestimmten Rechtsbegriff". Der Begriff Ermessensentscheidung ist in diesem Zusammenhang nicht mit dem verwaltungsrechtlichen Ermessensbegriff gleichzusetzen. Das Verwaltungsermessen ist immer in einer dem Sinn und Zweck der Ermächtigung entsprechenden Weise auf Rechtsfolgenseite auszuüben. Die gerichtliche Überprüfung findet im Hinblick auf Ermessensfehler statt. Ermessensfehler liegen vor, wenn die Verwaltung den vom Gesetz festgelegten Ermessensrahmen überschreitet (Ermessensüberschreitung) oder ihre Entscheidung aufgrund gesetzwidriger Erwägungen (Ermessensmißbrauch) trifft. Bei der

lungsspielraum". Dieser politische Entscheidungsfreiraum kann, im Unterschied zum verwaltungsrechtlichen Beurteilungsspielraum, nicht in rechtlichen Maßstäben gemessen werden, da das Parlament in anderer Form als die Verwaltung oder die Gerichte an die bestehende Gesetzgebung gebunden ist. Die Verwaltung führt lediglich bereits bestehende Gesetze im Rahmen der verfassungsmäßigen Ordnung aus, wohingegen dem Parlament - als eine seiner ureigensten Aufgaben - gerade Gesetzesaufhebung, -änderung oder -erlaß zukommt. Deshalb ist der parlamentarische Beurteilungsspielraum notwendigerweise größer, da er den verwaltungsrechtlichen Beurteilungsspielraum erst vorgibt.
Dennoch müssen auch dem parlamentarischen Beurteilungsspielraum Grenzen gesetzt sein, da die effektive Verwirklichung der Gewaltenteilung eine gerichtlich Überprüfung fordert. Diese äußere Grenze des Beurteilungsspielraumes gibt nach Art. 20 Abs. 3 GG die Verfassung selbst vor. Allerdings läge eine Überschreitung nur vor, wenn die Untersuchung den privaten oder gesellschaftlichen Bereich eindeutig ohne sachlich-politischen Bezug zum Gegenstand hätte oder die Untersuchung in den absolut geschützten Kernbereich des Art. 1 Abs. 1, 2 Abs. 1 und Art. 20 Abs. 3 GG eingreifen würde.[95] Solange aber dem Untersuchungsauftrag die Behauptung zugrunde liegt, daß durch näher bezeichnetes Verhalten ein Mißstand oder Skandal zutage getreten sei, der die Aufklärung und Konsequenz im staatlichen Bereich verlange, ist die Grenze der Willkür nicht überschritten.[96]

d) Folgerungen

Soll die Relevanz der Untersuchung für die Öffentlichkeit und Allgemeinheit durch die Voraussetzung des öffentlichen Interesses belegt und somit reine Privatangelegenheiten aus dem Bereich parlamentarischer Untersuchungen ausgeschlossen werden, ist die Schutzwirkung dieser Voraussetzung für die Aus-

---

Entscheidung des Parlaments über das Vorliegen eines öffentlichen Interesses handelt es sich keinesfalls um eine Entscheidung auf Rechtsfolgenseite im verwaltungsrechtlichen Sinne. Gemeint ist hier nur, daß dem Parlament ein „Beurteilungsspielraum" einzuräumen ist. Ähnlich wie im Verwaltungsrecht, wo unbestimmte Rechtsbegriffe bei Einräumung eines Beurteilungsspielraumes nur auf Fehlerhaftigkeit infolge unrichtiger Ausgangspunkte oder nicht sachgerechter oder willkürlicher Erwägungen überprüfbar sind, soll der Einsetzungsbeschluß nur auf die Einhaltung der äußersten Grenzen gerichtlich überprüfbar sein.

[95] Di Fabio S. 137.

[96] Schröder, Gutachten für den 57. DJT 1988, Bd. I., E 22.

kunftsperson gering, da dem Begriff ein nur eingeschränkt justiziabler parlamentarischer Beurteilungsspielraum zugeordnet ist.[97]

3. Parlamentarisches Untersuchungsrecht als Kontrollrecht

Vereinzelt wird das parlamentarische Untersuchungsrecht als reines Kontrollmittel des Parlamentes gegenüber der Exekutive interpretiert. Danach ist das Untersuchungsrecht nicht mehr Aufklärungsinstrument im Rahmen der parlamentarischen Zuständigkeit, sondern spezifisches Instrument parlamentarischer Kontrolle.[98] Untersuchungsausschüsse nach Art. 44 GG sollen danach nur zulässig sein, wenn die Untersuchung die Offenlegung staatlicher Verhältnisse oder die Aufklärung unmittelbar staatlichen Verhaltens beabsichtigt.[99]
Folgerichtig sind nach dieser Auffassung Untersuchungen zur Gesetzesvorbereitung und zur Aufdeckung von Mißständen ohne den Bezug zu einer möglichen staatlichen Kontrolle unzulässig.[100]

Diese Ansicht kann sich in ihrem Begründungsansatz nicht mehr auf die Korollartheorie berufen. Nicht mehr die allgemeine Zuständigkeit des Parlamentes bestimmt die Reichweite des Untersuchungsrechtes, sondern die Auslegung des Art. 44 GG in seiner Funktion als besondere Form des Enquetenrechts, die allein der Kontrolle staatlichen Handelns dient.
Der Ausgangspunkt dieser Auffassung stimmt im wesentlichen mit den Argumentationsansätzen die zur Begründung des Öffentlichen Interesses herangezogen werden, überein.[101] Fehlende allgemeine Rechenschaftspflichten des Bürgers gegenüber dem Parlament, die Zwangsbefugnisse im Rahmen der Beweiserhebungen nach Art. 44 Abs. 2, S. 1 GG, die Ausgestaltung des Untersuchungsrechtes als Minderheitenrecht und das Öffentlichkeitsprinzip des Art. 44

---

[97] Dieser politische Entscheidungsfreiraum gilt nicht nur für die fragliche Überprüfung des Untersuchungsauftrages, sondern auch bei Maßnahmen des Untersuchungsausschusses innerhalb der Beweiserhebung, die durch Zielrichtung oder Mittel in Grundrechte des Bürgers eingreifen. Vgl. dazu Schulte in: v. Mangoldt/Klein, GG, Rn. 189 zu Art. 44 GG; Maunz in: Maunz/Dürig, Rn. 63 zu Art. 44 GG, LG Bonn in: NJW 1987, 790, 791; LG Frankfurt in: NJW 1987, 787, 788.

[98] Masing in: Der Staat 27 (1988), 273, 277ff., Masing S. 306ff., ähnlich Schröder in Thaysen/Schüttemeyer S. 41.

[99] Masing S. 307ff.

[100] Masing S. 306.

[101] Vgl. A II. 2) d).

Abs. 1 GG wiesen das Untersuchungsrecht als Kontrollinstrument aus und forderten eine Begrenzung bereits im Rahmen der Einsetzungsbefugnisse des Parlaments.[102]

Obwohl diese Auffassung konsequent die Sachverhalte die einer parlamentarischen Untersuchung zugrunde gelegt werden können einschränkt, ist sie für die Frage des Betroffenenschutzes im parlamentarischen Untersuchungsverfahren nicht in allen Punkten überzeugend.

Inhalt, dogmatische Grundlagen und die Ausformung der parlamentarischen Kontrolle sind nämlich nicht eindeutig.[103] Die Kontrollfunktion des Parlaments bleibt insoweit abstrakt, als sie die Legitimation durch das Volk zum Bezugspunkt staatlicher Verantwortung erhebt. Sie erfaßt danach die Wahrnehmung der dem Staat zukommenden bzw. von ihm tatsächlich in Anspruch genommenen Aufgaben. Zulässige Untersuchungsgegenstände sind danach solche, für die eine rechtliche Verantwortung vor dem Volk besteht.[104]

Die Vieldeutigkeit und Unbestimmtheit des Begriffes „Kontrolle" erkennt auch die hier diskutierte Ansicht an. Da der Anknüpfungspunkt für die Zulässigkeit allerdings nicht eine allgemeine Kontrollkompetenz des Parlamentes sondern der unmittelbare Gegenstandsbereich der Untersuchung selbst sein soll und Art. 44 GG zudem nur eine ganz bestimmte und beschränkte Kontrollfunktion des Parlamentes anerkenne, werde der Begriff „Kontrolle" eindeutig und eine Auflösung vermieden.[105]

Eine Übertragung unmittelbar auf das Rechtsproblem des Betroffenen zeigt, daß auch die hier in Rede stehende Begrenzung der Reichweite parlamentarischer Untersuchung die Frage nach der Sonderstellung nicht hinfällig werden läßt.

Der in dieser Arbeit bereits angesprochene und im Vordergrund stehende Sachverhalt strafrechtlicher oder sonstiger Verhaltensweisen, deren Aufklärung ein staatlich sanktioniertes Anschlußverfahren auslösen können, wird nämlich nicht ausgenommen. Soll bspw. die Beeinflussung von Regierungshandeln durch den strafrechtlichen Vorwurf der Bestechlichkeit (§ 332 StGB) aufgeklärt werden, ist nicht nur allein der politisch Verantwortliche Mittelpunkt der Untersuchung sondern auch der Bürger, gegenüber dem der Vorwurf der Bestechung (§ 332 StGB) erhoben wird.

---

[102] Masing in: Der Staat 27 (1988), 273, 284 ff., Masing S. 167ff.

[103] Peitsch/ Polzin in: NVwZ 2000, 387, 388.

[104] Masing S. 316f.

[105] Masing S. 307ff.

Zudem bleiben einer parlamentarischen Untersuchung auch nach dieser Auffassung private Tätigkeiten die gesetzlich mit einer staatsähnlichen allgemeinen Rechenschaftspflicht belegt sind nicht verschlossen.[106]

Vor dem Hintergrund der bestreitbaren Justiziabilität des Einsetzungsbeschlusses, des jeweiligen Formulierungsgeschickes des Antragstellers welches die Kontrolle nur scheinbar als Untersuchungsziel vorgeben kann[107] und einer für die praktische Handhabung konturlosen Beschränkung auf die mittelbare Einbeziehung Privater in den Aufklärungsbereich parlamentarischer Untersuchungen[108] ist es angezeigt, die Rechtsstellung des Betroffenen im Rahmen der sinngemäßen Verweisung auf die Vorschriften des Strafverfahrens zu untersuchen und ggf. zu stärken.

Die verfahrensrechtliche Stellung des Betroffenen, der nicht allein als Zeuge zur Aufklärung anderweitig interessierender Sachverhalte herangezogen wird, sondern unmittelbar von der Untersuchung betroffen ist, wird nämlich auch nach der dargestellten Auffassung nicht aus dem Untersuchungsverfahren ausgeschlossen,[109] so daß die Diskussion der Sonderstellung im Rahmen der Verweisung nach Art. 44 Abs. 2, S. 1 GG weiterhin aktuell ist.

III. Zusammenfassung

Nach den bisherigen Ergebnissen sind Untersuchungsausschüsse vom Bundestag oder den Landtagen mit hoheitlichen Befugnissen ausgestattete Gremien aus mehreren Abgeordneten, welche die Aufgabe haben, im Rahmen der allgemeinen Zuständigkeit des Bundes- oder der Landtage durch Beweiserhebung und ggf. durch Wertung des Beweismaterials Beschlüsse vorzubereiten.[110]

Sie werden ad-hoc und nur aus besonderen Anlässen eingesetzt.[111] Die Aufklärung der Sachverhalte muß von öffentlichem Interesse sein, welches nur vorliegt, wenn sich der Untersuchungsgegenstand auf eine Angelegenheit bezieht oder mit ihr in einem Zusammenhang steht, der eine Bedeutung für konkretes staatliches

---

[106] Masing S. 319. So wird dann bspw. auch für die Frage nach der Untersuchungskompetenz gegenüber gemeinwirtschaftlichen Unternehmen bejaht, indem die „Beherrschung" des Unternehmens durch die öffentliche Hand als staatlich verantwortetes Engagement aufgefaßt und insoweit der parlamentarischen Kontrolle unterstellt wird. Ders. a.a.O S. 251 u. 327f.

[107] Vgl. oben Teil A II. 2.

[108] Vgl. auch Teil D III. 1 c) dd).

[109] Masing 264ff. u. 314; ders. in: ZRP 2001, 36, 41.

[110] Maunz in: Maunz/Dürig, Rn. 27 zu Art. 44 GG.

[111] Morlok in: Dreier (Hrsg.), GG-Komm., Rn. 15 zu Art. 44 GG.

Handeln oder der Arbeit staatlicher Institutionen zukommt.[112] Bei der Beurteilung des Vorliegens eines öffentlichen Interesses hat das Parlament einen Beurteilungsspielraum, der nur begrenzt justiziabel ist.

Innerhalb dieser Grenzen bewegen sich die Auskunftspersonen. Im Unterschied zum Strafverfahrensrecht ist der vom Untersuchungsausschuß aufklärbare Sachverhalt weiter. Der Untersuchungsausschuß kann nicht nur strafbares, sondern auch jedes andere normabweichende oder ehrenrührige Verhalten innerhalb der Parlamentszuständigkeit aufklären, sofern ein öffentliches Interesse bzw. ein staatlicher Bezugspunkt vorliegt.

Die Betroffenenproblematik resultiert aber nicht nur aus der Kompetenz des Parlaments, die geschilderten Sachverhalte zum Gegenstand parlamentarischer Untersuchungen zu erheben, sondern in Verbindung damit insbesondere aus den Mitteln, mit denen ein Ausschuß diese Sachverhalte aufklären kann. Er ist nämlich nach Art. 44 Abs. 2, S. 1 GG befugt nach den Vorschriften über den Strafprozeß die erforderlichen Beweise zu erheben. Ihm werden also Mittel an die Hand gegeben, die normalerweise der Judikative bzw. der Exekutive zugewiesen sind.
Im Anschluß soll untersucht werden, warum der Verfassungsgeber für das parlamentarische Untersuchungsrecht diesen Weg gewählt hat und welche Folgerungen sich daraus in Bezug auf den Betroffenen ergeben.

[112] Schulte in: v. Mangoldt/Klein, GG, Rn. 24 zu Art. 44 GG; Magiera in Sachs, GG-Komm., Rn. 10 zu Art. 44 GG; Maunz in: Maunz/Dürig, Rn. 19 zu Art. 44 GG; Versteyl in: v. Münch, GG-Komm.; Rn. 21 zu Art. 44 GG; Schneider/Zeh, Parlamentsrecht und Parlamentspraxis, § 46 Rn. 24; BVerfG 77, 1, 44; Schenke in: JZ 1988, 805, 810; Buchholz S. 26, Schleich S. 32.

B. Der Betroffene im parlamentarischen Untersuchungsverfahren

Im Voranstehenden war die Reichweite parlamentarischer Untersuchungen bestimmt worden, im folgenden soll nun der Personenkreis des Betroffenen vor dem Hintergrund der Verweisung auf die strafverfahrensrechtlichen Vorschriften beleuchtet werden. Anhaltspunkte zur Bestimmung des „betroffenen Personenkreises" liefern die historische Entwicklung des parlamentarischen Untersuchungsrechts, insbesondere die Entwicklung des Art. 44 Abs. 2, S. 1 GG in Bezug auf den Betroffenen, der Meinungsstand der Literatur und Rechtsprechung sowie die Gesetzesentwürfe, Empfehlungen und LUAGe.

I. Historische Entwicklung

Im Zusammenhang mit der Frage, ob es einen Betroffenen des parlamentarischen Untersuchungsverfahrens gibt und wenn ja, wie dieser zu definieren ist, steht unmittelbar die Frage nach dem historischen Hintergrund, der Verweisung auf die Strafprozeßordnung. Konkret geht es um die Frage, warum die Gesetzesväter einem parlamentarischen Untersuchungsausschuß zur Sachverhaltsaufklärung die Mittel des Strafverfahrensrechts zur Verfügung gestellt haben, ob sie bereits einen „Betroffenen" des parlamentarischen Untersuchungsverfahrens in ihre Überlegungen mit einbezogen haben und, falls das der Fall war, wie diese Erkenntnisse in den Verfassungstext eingeflossen sind.

1. Weimarer Reichsverfassung

Vor der Entstehung der Weimarer Reichsverfassung 1918 sahen zwar vereinzelt die Verfassungen der Länder, § 99 der geplanten Reichsverfassung vom 28.3.1849 und Art. 82 Preußische Verfassung vom 31.1.1850, ein Untersuchungsrecht der Parlamente vor, Beweiserhebungen in entsprechender Anwendung der Vorschriften über den Strafprozeß waren jedoch nicht gesetzlich geregelt.[1] § 24 der Geschäftsordnung der Frankfurter Nationalversammlung von 1848

---

[1] Für die Länder z.B. § 91 der Verfassung von Sachsen-Weimar-Eisenach, § 93 der Kurhessischen Verfassung, abgedr. in: Friedrich S. 196. Zu § 99 der Reichsverfassung von 1849 und Art. 82 der Preußischen Verfassung vgl. ders. a.a.O. S. 18 u. 197; zur Entwicklung des Untersuchungsrechts auch Friedrich S. 14ff.; Stern, Staatsrecht, § 26 II. 3 c, Lammers, HdbDStR, Bd. 2, S. 455ff.

enthielt allerdings das Recht der Ausschüsse, Zeugen und Sachverständige „vorzufordern".[2]
Eine entscheidende Wende in der Entwicklung des parlamentarischen Untersuchungsrechtes kam mit den Beratungen zur Weimarer Reichsverfassung.[3] Erst zu diesem Zeitpunkt wurde das parlamentarische Untersuchungsrecht durch Art. 34 WRV geltendes deutsches Verfassungsrecht, das den Ausschüssen die Befugnis zugestand, die Beweiserhebungen auch zwangsweise nach den Vorschriften der Strafprozeßordnung durchzusetzen.

a) Beratungen im Verfassungsausschuß der Nationalversammlung

Als geistiger Vater des Untersuchungsrechts in Deutschland wird der Jurist, Soziologe und Nationalökonom Max Weber betrachtet.[4] In Zusammenarbeit mit Hugo Preuß arbeitete er die erste Fassung eines Enquetenrechts aus.[5] Diese, als Art. 52 in den Staatenausschuß der Länder eingebrachte Regelung sah ebensowenig wie der im Staatenausschuß verabschiedete Art. 55 eine Verweisung auf die Strafprozeßordnung vor.[6]
Erst im Verfassungsausschuß der Nationalversammlung im Jahre 1919 wurde Art. 55 erweitert; hier wurde erstmals in Bezug auf das parlamentarische Untersuchungsrecht[7] der Vorschlag gemacht, die Bestimmungen der Strafprozeßord-

---

[2] Abgedr. in: Friedrich S. 196.

[3] Die Verfassung des Norddeutschen Bundes von 1867 und die Verfassung des Deutschen Reichs von 1871 enthielten kein parlamentarisches Untersuchungsrecht, vgl. Lammers, HdbDStR, Bd. 2, S. 456f.

[4] Stern, AÖR Bd. 109, S. 205; Anschütz, Die Verfassung des dt. Reichs, Anm. 2 zu Art. 34 WRV; Friedrich S. 25f.

[5] Abgedr. in: Max Weber, Gesamtausgabe, Zur Neuordnung Deutschlands, Schriften und Reden, Bd. 16, S. 150f.; Max Weber und die Deutsche Politik, S. 183ff.; Stern, AÖR Bd. 109 (1983), S. 205; Anschütz, Die Verfassung des dt. Reichs, Anm. 2 zu Art. 34 WRV.

[6] Art. 52 abgedr. in Friedrich S. 26, Änderungen des Staatenausschusses abgedr. in: ders. a.a.O. S. 26.

[7] Bereits der 1917 eingesetzte 28. Ausschuß (Verfassungsausschuß), der sich mit dem Wahlprüfungsrecht des Reichstages beschäftigte, verwies hinsichtlich der Zeugenvernehmung auf die Strafprozeßordnung. Er schlug als ersten Abs. des Art. 27 der alten Reichsverfassung vor: "Der Reichstag prüft das Mitgliedschaftsrecht seiner Mitglieder und entscheidet darüber. Er ist befugt, zu diesem Zwecke von den Staatsbehörden unmittelbar Auskunft zu verlangen und die Amtsgerichte um Zeugenvernehmung, auch eidliche, zu ersuchen. Auf die Zeugenvernehmung finden die Vorschriften der Strafprozeßordnung sinngemäß Anwendung." Erst nach der Novemberrevolution wurde im März 1919 ein Antrag Neumann-Hofer angenommen (Drucks.

nung auf die Beweisaufnahme der Untersuchungsausschüsse für entsprechend anwendbar zu erklären. Hintergrund dieses Vorschlags war das Rechtsproblem der Zeugenvernehmung und -beeidigung unmittelbar durch den Untersuchungsausschuß. Durch die entsprechende Anwendung der Vorschriften der Strafprozeßordnung sollte dem Ausschuß ein Mittel an die Hand gegeben werden, das Erscheinen der Zeugen ggf. zwangsweise durchsetzen und diese auch selbst, ohne die Gerichte in Anspruch zu nehmen, beeidigen zu können[8]
Der Antrag, „auf die Erhebung der Ausschüsse und der von Ihnen ersuchten Behörden" die Vorschriften der Strafprozeßordnung für sinngemäß anwendbar zu erklären, wurde ohne weitere Diskussion angenommen.[9]

Nachdem auch die Nationalversammlung im weiteren Verlauf die Vorschrift des Art. 55 ohne sachliche Änderung und Diskussion (abgesehen von der Frage des quantitativen Umfangs des Minderheitenrechts) als Art. 34 WRV angenommen hatte,[10] wurde diese Bestimmung auf Reichsebene erstmals geltendes deutsches Verfassungsrecht.

Art. 34 WRV lautete:
„Der Reichstag hat das Recht, und auf Antrag von einem Fünftel seiner Mitglieder die Pflicht, Untersuchungsausschüsse einzusetzen. Die Ausschüsse erheben in öffentlicher Verhandlung Beweise, die sie oder die Antragsteller für erforderlich erachten. Die Öffentlichkeit kann vom Untersuchungsausschuß mit Zweidrittelmehrheit ausgeschlossen werden. Die Geschäftsordnung regelt das Verfahren des Ausschusses und bestimmt die Zahl seiner Mitglieder.
Die Gerichte und Verwaltungsbehörden sind verpflichtet, dem Ersuchen der Ausschüsse um Beweiserhebung Folge zu leisten; die Akten der Behörden sind ihnen auf Verlangen vorzulegen.

Nr. 84), der den Wahlprüfungskommissionen der Nationalversammlung das Recht direkter Beweiserhebung gab; zit.: nach Steffani, S.75, Anm. 2.

[8] Verhandlungen der verfassunggebenden Deutschen Nationalversammlung, Anl. zu den sten.-Berichten, Bd. 336, Aktenstück 391, S. 266.

[9] Art. 55 Abs. 3 lautete: „Auf die Erhebung der Ausschüsse und der von Ihnen ersuchten Behörden finden die Vorschriften der Strafprozeßordnung sinngemäß Anwendung. Die Vorschriften über die Wahrung des Post-, Telegraphen- und Fernsprechgeheimnis werden hierdurch nicht berührt." Vgl. Verhandlungen der verfassunggebenden Deutschen Nationalversammlung, Anl. zu den sten.-Berichten, Bd. 336, Aktenstück 391, S. 266.

[10] Sten.-Berichte der Nationalversammlung, 45. Sitzung v. 3. Juli 1919, S. 1264 ;46. Sitzung v. 4. Juli 1919, S. 1290; 70. Sitzung v. 3. Juli 1919, S. 2106.

Auf die Erhebung der Ausschüsse und der von Ihnen ersuchten Behörden finden die Vorschriften der Strafprozeßordnung sinngemäß Anwendung; doch bleibt das Brief-, Post-, Telegraphen- und Fernsprechgeheimnis unberührt."[11]

Zur Beweiserhebung nach der Strafprozeßordnung wurde lediglich folgende Bemerkung gemacht: „Danach wird ihnen [den Untersuchungsausschüssen] also das Recht zustehen, Zeugen vorzuladen, diese Zeugen auch eidlich zu vernehmen. Alle Rechte, die einem Strafgericht in dieser Hinsicht zustehen, werden diesen Ausschüssen übertragen."[12]
Abgesehen von dieser rechtlichen Schlußfolgerung kann angesichts des Ausbleibens bzw. der Kürze der Diskussion angenommen werden, daß man sich kaum der Tragweite und der Konsequenzen der Übernahme der Vorschriften der Strafprozeßordnung bewußt war. Ein Personenkreis, der vom Zeugen zu unterscheiden und eine weitergehende Rechtsstellung erhalten sollte, war nicht als zu erörternder Punkt Thema einer Diskussion geworden.

b) Ausführungen der Literatur zu Art. 34 Abs. 3 WRV

In der Literatur spiegelt sich eine von Anfang an skeptische Haltung der Verweisung wider. Im Hinblick auf die Auskunftspersonen im parlamentarischen Untersuchungsverfahren lassen sich zwei Tendenzen erkennnen.
Zum einen die Aussetzung des Untersuchungsverfahrens im Falle eines anhängigen Strafverfahrens zum selben Sachverhaltskomplex,[13] zum anderen die Einräumung eines Aussageverweigerungsrechts (§ 136 Abs. 1, S. 2 StPO) sowie eines Vereidigungsverbotes für Personen, gegen die sich die Untersuchung unmittelbar richtete.
In diesen Fällen erschienen die Auskunftspersonen nämlich als „Untersuchungsobjekte",[14] die ohne Aussageverweigerungsrecht im Zweifelsfall lügen oder Tatbestände verschleiern würden, um sich nicht selbst zu belasten.[15] Diese Situation war nach den in der Literatur vertretenen Auffassungen bei Untersuchungen gegeben, die der Vorbereitung der Entscheidung über die verfassungsrechtliche An-

[11] Abgedr. in: Anschütz, Die Verfassung des dt. Reichs.
[12] Sten.-Berichte der Nationalversammlung, 45. Sitzung v. 3.7. 1919, S.1264.
[13] Rosenberg in DJZ 1925, 636, 638f; Rosenberg, Gutachten zum 34. DJT 1926, Bd. 1, S. 28.
[14] Kahn S. 40ff.
[15] Rosenberg in: DJZ 1925, 636, 638f.

klage des Reichspräsidenten oder der Reichsminister dienten[16] und bei dem in einem Parallelverfahren strafrechtlich Beschuldigten.[17]

c) Art. 34 WRV in der Praxis

Bereits 1932 bemerkte Lammers zur Verweisung auf die Strafprozeßordnung: „Eine wenig glückliche Fassung, die den Keim von Zweifeln und Streitfragen von vornherein in sich trägt und in der praktischen Handhabung des Untersuchungsrechts die größten Schwierigkeiten bietet."[18] Obwohl erst kurze Zeit geltendes deutsches Verfassungsrecht, bewahrheitete sich dieses Zitat im sog. „Roggenuntersuchungsausschuß".[19]
In der Fünften Wahlperiode 1930 setzte der Reichstag einen Ausschuß ein zur Untersuchung der Politik der Stützung und Stabilisierung der Getreidepreise, die die Reichsregierung durch Bereitstellung öffentlicher Gelder 1929 verfolgte sowie der Exportpolitik, vor allem der Vereinbarungen mit Polen über den Roggenexport.[20] Der Ausschuß beschuldigte den Reichskommissar Baade, unwahre Angaben in der Untersuchung gemacht und die Reichsregierung über die Höhe seiner Bezüge nicht informiert zu haben; außerdem habe er sich erhöhte Bezüge anweisen lassen.[21] Die einzige Chance, sich gegen diese Vorwürfe zu wehren, war für Baade die Beantragung eines Disziplinarverfahrens gegen sich selbst. Auf dem Verfassungskonvent Herrenchiemsee 1948/49 kritisierte er die Rechtslage, indem er die Möglichkeit anprangerte, Zeugen eidlich zu vernehmen, im Anschluß reinen politischen Kritik zu üben ohne ihnen die Gelegenheit einer Revision in einem ordentlichen Verfahren einzuräumen.[22]

---

[16] Kahn S. 40; Schachtel S. 20f; Heck S. 55ff.

[17] Alsberg, Gutachten für den 34. DJT 1926, Bd. 1, S. 376f. Gegen eine Sonderstellung Steffani S. 100.

[18] Lammers, HdbDStR, S.470. Zur unterschiedlichen Handhabung der sinngemäßen Anwendung der Vorschriften der Strafprozeßordnung vgl. auch die Bsp. in: Rosenberg, Gutachten für den 34. DJT 1926, Bd. 1, S. 26f.

[19] Ein weiters Bsp. ist der „Barmat"–Untersuchungsausschuß, auf den bereits in der Einführung eingegangen wurde.

[20] Sten.-Berichte des RT V/ 448 Nr. 360 V/ 449 Nr. 409.

[21] Sten.-Bericht des RT V/ 451 Nr. 1080, S. 10f.

[22] Wernicke, Der Verfassungskonvent auf Herrenchiemsee, S. 396.

2. Das Bonner Grundgesetz von 1949

Die Länderverfassungen schlossen sich nach dem Zusammenbruch des nationalsozialistischen Regimes und nach Genehmigung durch die Militärregierung im wesentlichen[23] an die Formulierung des Art. 34 WRV an.

a) Die Beratungen im Herrenchiemsee Konvent

Grundlage der Beratungen des Herrenchiemsee Konvent war Art. 23 des Bayerischen Entwurfes eines Grundgesetzes,[24] der sich wiederum an Art. 34 WRV anlehnte. Der zur Diskussion gestellte Art. 43 HCHE, später Art. 57 HCHE, sah demnach ebenfalls die Verweisung auf die Strafprozeßordnung vor. Lediglich das Wort „sinngemäß" war durch „entsprechend" ersetzt worden.[25]
Ausgehend von den Erfahrungen des ehemaligen Reichskommissar Baade im Roggen-Untersuchungsausschuß[26] wurde auch die Stellung der Auskunftspersonen im Hinblick auf eine abschließende Rechtskontrolle diskutiert. Baade kritisierte, daß durch einen Untersuchungsausschuß ein Votum mit gerichtsähnlichem Charakter erstellt werde, gegen das sich der einzelne nicht verteidigen könne, und daß diese Lücke im Rechtsschutz geschlossen werden müsse.[27]

---

[23] Die BayVerf. enthielt z.B. nicht mehr die „sinngemäße", sondern die „entsprechende" Anwendung der StPO. Sie verlieh den Untersuchungsausschüssen das Recht, „alle erforderlichen Beweise zu erheben, insbesondere auch Zeugen und Sachverständige vorzuladen, zu vernehmen, zu vereidigen und das Zeugniszwangsverfahren gegen sie durchzuführen". Der 1946 geschaffene Art. 25 der BayVerf. stimmte fast wörtlich mit den Verfassungen der Länder Württemberg-Baden (Art. 62), Hessen (Art. 92), Württemberg-Hohenzollern (Art. 35), Baden (Art. 75), Rheinland-Pfalz (Art. 91), Brandenburg (Art. 19), Mecklenburg-Vorpommern (Art. 34), Sachsen (Art. 38), Sachsen-Anhalt (Art. 36) und Thüringen (Art. 17) überein.

[24] Abgedr. bei Wernicke, Der Verfassungskonvent auf Herrenchiemsee, S. 63f.

[25] Art. 43 Abs. 2 und der identische 57 Abs. 2 HCHE lauteten: „Der Untersuchungsausschuß und die von ihm ersuchten Behörden können in entsprechender Anwendung der Strafprozeßordnung die erforderlichen Beweise erheben, auch Zeugen und Sachverständige vorladen, vernehmen, beeidigen und das Zwangsverfahren gegen sie durchführen. Das Postgeheimnis bleibt unberührt. Die Gerichts- und Verwaltungsbehörden sind verpflichtet, einem Ersuchen des Ausschusses um Beweiserhebung, Beweissicherung, Auskunft und Aktenvorlage Folge zu leisten. Abgedr. bei Wernicke, Der Verfassungskonvent auf Herrenchiemsee, S. 314 u. S. 519.

[26] Zum Fall siehe oben Teil B I. 1. c).

[27] Baade in: Wernicke, Der Verfassungskonvent auf Herrenchiemsee, S. 396.

Ebenfalls Gegenstand der Beratungen war eine Kompetenzbegrenzung der Untersuchungsausschüsse auf Gesetzgebungsaufgaben sowie die Überprüfung der Gesetzlichkeit bzw. Sauberkeit von Verwaltungsmaßnahmen.[28]
Die Konventsmehrheit sprach sich letztlich für eine Rechtskontrolle im Sinne Baades aus.[29] Zur Begründung wurden der Schutz gegen Willkürurteile der Untersuchungsausschüsse und die Wiederherstellung der Ehre des „Betroffenen" angeführt.[30]

In Art. 57 Abs. 5 HCHE wurde die Rechtskontrolle wie folgt aufgenommen:
„Wer durch die Feststellungen des Ausschusses in seiner Ehre betroffen ist, kann das Bundesverfassungsgericht anrufen, wenn er die Mindestgrundsätze eines geordneten Verfahrens, namentlich sein Recht auf Gehör, verletzt glaubt. Ist die Beschwerde begründet, so erkennt das Gericht, daß die Feststellungen des Ausschusses nicht nach Vorschrift der Gesetze getroffen sind."[31]

b) Die Beratungen im Organisationsausschuß

Im Organisationsausschuß des Parlamentarischen Rates erfolgte die wesentliche Beratung des heutigen Art. 44 GG.[32]
Neben der Problematik des Zeugniszwanges stand ebenfalls die Aussetzung des Untersuchungsverfahrens neben dem Strafverfahren zur Diskussion. Im Ergebnis entschied sich der Ausschuß gegen eine Regelung der Aussetzungsproblematik und überließ diese dem Ermessen des Untersuchungsausschusses.[33]
Nicht angenommen wurde der Vorschlag, die Verweisung auf die Strafprozeßordnung gänzlich zu streichen.[34] Wie bereits in den Beratungen zu Art. 34 Abs. 3 WRV hielt man die Verweisung als Mittel zur zwangsweisen Durchsetzung der Zeugnispflichten für unbedingt erforderlich.[35] Daneben wurden auch Gründe der Rechtssicherheit angeführt: Zum einen könne der Untersuchungsausschuß nämlich kein freies Beweiserhebungsverfahren erfinden und bedürfe deshalb des Zu-

[28] Brill in: Wernicke, Der Verfassungskonvent auf Herrenchiemsee, S. 400.
[29] Wernicke, Der Verfassungskonvent auf Herrenchiemsee, S. 539.
[30] Süsterhenn in: Wernicke, Der Verfassungskonvent auf Herrenchiemsee, S. 401.
[31] Abgedr. in: Wernicke, Der Verfassungskonvent auf Herrenchiemsee, S. 591.
[32] Abgesehen von der Verweisungsnorm wurde vor allem die Frage der Öffentlichkeit im Untersuchungsverfahren diskutiert, vgl. Büttner/Wettengel (Bearb.), Org.Aussch., S. 187ff.
[33] Vgl. Büttner/Wettengel (Bearb.), Org.Aussch., S. 190ff.
[34] Löwenthal in: Büttner/Wettengel (Bearb.), Org.Aussch., S. 187f.
[35] Katz in: Büttner/Wettengel (Bearb.), Org.Aussch., S. 187f..

griffs auf die strafverfahrensrechtlichen Vorschriften, zum anderen würden seiner Tätigkeit durch die Verweisung auf die Strafprozeßordnung auch Grenzen gezogen.[36]

Der Ausschluß der Öffentlichkeit wurde im Hinblick auf den Schutz der Auskunftsperson thematisiert. Für den Ausschluß während des Untersuchungsverfahrens wurde ein Beispiel aus der Praxis angeführt: „Wir haben in Stuttgart in den letzten Jahren 2 oder 3 Untersuchungsausschüsse gehabt. Da sitzt die ganze Presse. Die Freiheit, sich zu äußern, ist stark eingeschränkt, insbesondere bei Personen, die nicht so redegewandt sind, Leute mit einfacher Bildung genieren sich zu sprechen. Wenn die Öffentlichkeit ausgeschlossen würde in diesem Ausschuß, kämen mehr Dinge ans Licht. Außerdem kommen doch oft Dinge vor, die im Interesse aller Beteiligten eigentlich nicht in der Öffentlichkeit herumgezogen werden sollten."[37]

Eine grundsätzliche Nichtöffentlichkeit des Verfahrens wurde letztlich mit dem Hinweis auf die demokratische Bedeutung derselben und der Stärkung des Vertrauens in das Parlament, abgelehnt.[38]

Art. 57 Abs. 2 HCHE ging nach dieser umfangreichen Diskussion aus der 20. Sitzung des Organisationsausschusses mit folgendem Text hervor:

„Der Untersuchungsausschuß kann in entsprechender Anwendung der Strafprozeßordnung alle Anordnungen treffen, die er zum Zwecke der Beweiserhebung und Beweissicherung für erforderlich hält. Das Postgeheimnis bleibt unberührt. Alle Gerichts- und Verwaltungsbehörden sind verpflichtet, einem Ersuchen des Ausschusses um Aktenvorlage und Rechtshilfe Folge zu leisten."[39]

c) Die Beratungen im Hauptausschuß

Der Hauptausschuß des Parlamentarischen Rates ging in seiner ersten Lesung vom 11.11.1948 von der Fassung des Allgemeinen Redaktionsausschusses aus.[40] Ausgangspunkt der Beratungen war folgende Fassung der Verweisungsnorm:

---

[36] Selbert in: Büttner/Wettengel (Bearb.), Org.Aussch., S. 189.

[37] Walter in : Büttner/Wettengel (Bearb.), Org.Aussch., S. 198.

[38] Büttner/Wettengel (Bearb.), Org.Aussch., S. 191ff.

[39] Büttner/Wettengel (Bearb.), Org.Aussch., S. 202.

[40] Die Beratungen des Redaktionsausschusses sind nicht protokolliert. Die Fassung ergibt sich aus den Protokollen des Parlamentarischen Rates. Plenarsitzung v. 11.11.1948: Parlamentarischer Rat, Verhandlungen des Hauptausschusses, 1948/49, S. 1ff.

„Auf die Erhebungen des Ausschusses und der von ihm ersuchten Behörden finden die Vorschriften der Strafprozeßordnung sinngemäß Anwendung. Das Brief-Fernsprech- und Postgeheimnis bleibt unberührt."[41]

In den Beratungen wurde ausgeführt, daß die Erfahrungen Baades im Roggenausschuß Veranlassung waren, die vom Organisationsausschuß gestrichene Rechtskontrolle (Art. 57 Abs. 5 HCHE) im Redaktionsausschuß wieder aufzunehmen.[42]
Die durch Art. 57 Abs. 5 HCHE vorgesehene Rechtskontrolle der Feststellungen des Untersuchungsausschusses wurde dann allerdings im Verlauf vom Hauptausschuß fallen gelassen mit dem Argument, daß das höchste Gericht ansonsten überflüssig in Anspruch genommen würde und es sich bei den hier genannten Fällen allenfalls um Ausnahmen handele.[43]

Der Hauptausschuß änderte außerdem die „sinngemäße Anwendung der Strafprozeßordnung" in „sinngemäße Anwendung der Vorschriften über den Strafprozeß".[44] Damit waren dann auch die Regelungen des Gerichtsverfassungsgesetzes, insbesondere die Vorschriften über die Sitzungspolizei, in den Anwendungsbereich mit aufgenommen.

3. Folgerungen

In der Entstehungsgeschichte des Art. 34 WRV ist lediglich die Beweiserhebungsmöglichkeit des Untersuchungsausschusses problematisiert worden. Ein bestimmter Personenkreis, der als Betroffener eine vom Zeugen abweichende Rechtsstellung zugebilligt bekommen sollte, stand nicht zur Diskussion. Dies mag auf die fehlende praktische Erfahrung der parlamentarischen Untersuchung mit Zwangsbefugnissen der Ausschüsse zurückzuführen sein.
Obwohl kein konkreter Definitionsversuch unternommen wurde, lassen sich für die Betroffenenstellung in der Literatur zwei Ansatzpunkte erkennen. Die Zuer-

---

[41] Plenarsitzung v. 11.11.1948: Parlamentarischer Rat, Verhandlungen des Hauptausschusses, 1948/1949, S. 15.

[42] Plenarsitzung v. 11.11.1948: Parlamentarischer Rat, Verhandlungen des Hauptausschusses, 1948/49, S. 18

[43] Plenarsitzung v. 11.11.1948: Parlamentarischer Rat, Verhandlungen des Hauptausschusses, 1948/49, 1948, S. 19.

[44] Plenarsitzung v. 11.11.1948, Parlamentarischer Rat, Verhandlungen des Hauptausschusses, 1948/49, S. 15.

kennung einer Sonderstellung des in einem Parallelverfahren strafrechtlich Beschuldigten[45] und des Reichspräsidenten oder der Reichsminister in einem Untersuchungsverfahren, das mittelbar auf die Entscheidung über die Anklageerhebung gerichtet ist.[46]

In der Entstehungsgeschichte des Art. 44 GG fällt auf, daß ebenso wie bei Art. 34 WRV die Verweisung auf die Strafprozeßordnung als wesentlich für die Durchsetzung der Zeugnispflicht angesehen wurde. Der Vorschlag,[47] auf die Verweisung doch gänzlich zu verzichten war, wie erläutert, eben nicht angenommen worden.
Anders als in den Beratungen zu Art. 34 WRV muß man sich aber ansatzweise der Konsequenzen einer Anwendung strafrechtlicher Vorschriften im Untersuchungsverfahren bewußt gewesen sein - zumindest wurde die Gefahr von Ehrverletzungen mit Blick auf eine Rechtskontrolle des Abschlußberichts und die Konfliktlage des gleichzeitig strafrechtlich Beschuldigten nun thematisiert.[48]

Fehlende gesetzliche Regelungen einer Sonderstellung ziehen jedoch nicht zwingend die Schlußfolgerung nach sich, daß alle Auskunftspersonen verfahrensrechtliche eine Zeugenstellung einnehmen sollten, da die Verweisung auch als Begrenzung der Beweiserhebungen angesehen und selbst Rechtsverletzungen durch die Feststellungen im Abschlußbericht nicht ausgeschlossen wurden. Insbesondere gilt es festzuhalten, daß die Rechtskontrolle bei Verletzung des Gehöranspruchs nicht gestrichen wurde, weil man diesen Anspruch nicht anerkannte, sondern weil man die Inanspruchnahme des BVerfG aufgrund der geringen Anzahl der erwarteten Fälle als überflüssig ansah.
Eine Sonderstellung des Betroffenen kann deshalb nicht als gegen den eindeutigen Willen des Verfassungsgebers bezeichnet werden. Folgern ließe sich allenfalls, daß der Verfassungsgeber noch keinen Betroffenenstatus ins Auge gefaßt hatte, diesen umgekehrt aber auch nicht völlig ausschließen wollte.

---

[45] Rosenberg in DJZ 1925, 636, 638f.
[46] Kahn, S. 40; Schachtel, S. 20f.
[47] Löwenthal in: Büttner/Wettengel (Bearb.), Org.Aussch., S. 188; wobei es Löwenthal offensichtlich nicht um die Konsequenzen ging, die aus der Verweisung resultieren. Er hielt die Verweisung lediglich für überflüssig.
[48] Vgl. oben Teil B I. 2. a) u. b).

II. Der Meinungsstand in Literatur und Rechtsprechung

In der Literatur ist die Diskussion um die Sonderstellung des Betroffenen seit der Weimarer Zeit nicht abgebrochen. Vertreten wird die Ablehnung einer Betroffenenstellung, verbunden mit einer erweiterten Rechtsstellung für sämtliche Auskunftspersonen; aber auch die Einräumung einer Sonderstellung für Betroffene des parlamentarischen Untersuchungsverfahrens.
Da eine chronologische Entwicklung „hin zur Betroffenenstellung" nicht auszumachen ist, wird zur Darstellung im folgenden eine sachliche Aufgliederung gewählt.

1. Ablehnung einer Sonderstellung in der Literatur

In der Literatur wird eine ablehnende Haltung einer Sonderstellung der von der Untersuchung „betroffenen" Auskunftsperson unter anderem mit unterschiedlichen Aufgaben des Untersuchungs- und Strafverfahrens begründet.[49]
Die aus dem Strafverfahren stammende Unterscheidung zwischen Zeugen und Beschuldigten könne nicht auf das Untersuchungsverfahren übertragen werden, da dieses politischen Aufgaben diene und auch nach solchen Gesichtspunkten geführt werde. Auskunftspersonen hätten weder mit einer Bestrafung durch den Untersuchungsausschuß noch mit sonstigen unmittelbaren Rechtsfolgen zu rechnen.[50]
Außerdem sei das parlamentarische Untersuchungsverfahren ein Instrument zur Selbstreinigung. Die Anerkennung eines Betroffenenstatus mit der Einräumung individueller Schutzrechte könne die Effektivität dieses Instrumentes behindern.[51] Die mit einer Sonderstellung verbundenen Aussageverweigerung- und Mitwirkungsrechte bedeuteten in letzter Konsequenz, den Sinn parlamentarischer Untersuchungen aufzuheben. Die Sachverhaltsaufklärung sei dann allenfalls noch

---

[49] Achterberg, Parlamentsrecht, S. 704, Kleinert in: Thaysen/Schüttemeyer S. 72; Zeh in: DÖV 1988, 701, 705f.; Jekewitz in: FS für Partsch 1989, 403, 414ff; Schneider in: Ref. für den 57. DJT 1988, Bd. II., M 63ff.; Schröder in: Gut. für den 57. DJT 1988, Bd. I.; E 43; Köhler S. 225.

[50] Rechenberg in: Komm. zum Bonner-GG, Rn. 25 zu Art. 44 GG; Köhler S. 225; Kleinert in: Thaysen/Schüttemeyer S. 72.

[51] Arndt in: Verh. 57. DJT 1988, Bd. II., M183; ähnlich Schröder, der darauf hinweist, daß die Einräumung von Mitwirkungsrechten die Untersuchung erschweren oder verzögern könnte, vgl. ders. in Gutachten für den 57. DJT 1988, Bd. I., E 48.

durch Randfiguren möglich, da bei Untersuchungen „gegen" die Regierung deren Vertreter immer den Betroffenenstatus beanspruchen könnten.[52]

Allerdings wird auch eingeräumt, daß Auskunftspersonen im Untersuchungsverfahren vereinzelt rechtsstaatlich schlechter stehen als vor Gericht. Eine Sonderstellung für Betroffene würde jedoch die Gleichsetzung des Untersuchungsverfahrens mit dem Strafverfahren in den Augen der Öffentlichkeit noch bekräftigen.[53] Der aus dem Ordnungswidrigkeitenrecht stammende Begriff des Betroffenen und eine Übernahme einer „Quasi-Beschuldigten-Stellung" würde das Untersuchungsverfahren in die Nähe des Strafrechts rücken.[54] Beschuldigtenrechten aus dem Strafverfahren vermittelten aber gerade in der Öffentlichkeit den Eindruck, man sitze über die betroffene Person zu Gericht.[55]
Problematisch sei daneben auch die politische Mehrheitsentscheidung über den Betroffenenstatus: Die Mehrheit könne so bestimmte Auskunftspersonen durch die Einräumung eines Betroffenenstatus vor Auskunftspflichten schützen, insbesondere weil sich Untersuchungsausschüsse in der Regel immer gegen die Regierung, zur Kontrolle administrativen Fehlverhaltens oder zur politischen Kontrolle richteten. Dem Ausschußvorsitzenden könne diese Entscheidung, selbst wenn man ihm das Stimmrecht entzöge, nicht überlassen werden, da er nach wie vor auf der Seite seiner Partei agiere.[56]

In der Konsequenz soll eine Abkehr von den Vorschriften über das Strafverfahren, verbunden mit einer gegenüber dem Strafverfahren erweiterten Zeugenstellung[57] die rechtsstaatliche Stellung aller Auskunftspersonen verbessern und so eine Betroffenenstatus hinfällig werden lassen.[58]

---

[52] Zeh in: DÖV 1988, 701, 705.
[53] Zeh in: DÖV 1988, 701, 705; Schneider, Ref. für den 57. DJT 1988, Bd. II., M 85.
[54] Jekewitz in: Verh. 57. DJT 1988, Bd. II., M180.
[55] Schneider, Ref. für den 57. DJT 1988, Bd. II., M 85.
[56] Zeh in: DÖV 1988, 701, 705f.
[57] Achterberg, Parlamentsrecht, S. 703; Jekewitz in: Verh. 57. DJT 1988, Bd. II., M180; Zeh in: DÖV 1988, 701, 705f.; Langner in: Thaysen/Schüttemeyer, S. 56ff.; Schneider, Ref. für den 57. DJT 1988, Bd. II., M 81.
[58] Dazu auch Teil F.

2. *Befürwortung einer Sonderstellung in der Literatur*

Im überwiegenden Teil der Literatur wird eine Sonderstellung des Betroffenen befürwortet.[59] Die Ansätze sind vielfältig und nicht zwangsläufig mit einer Rechtsstellung verbunden, die der des Beschuldigten angenähert ist. Die verschiedenen Auffassungen gelangen, je nach Reichweite der Einsetzungskompetenz, Sichtweise der Aufgaben und Ziele des Untersuchungsverfahrens und der Auslegung der Verweisung in Art. 44 Abs. 2, S. 1 GG, zu einem in seiner Reichweite divergierenden betroffenen Personenkreis.

a) Personell-bestimmte Untersuchungen

Zur Konkretisierung des betroffenen Personenkreises wird teilweise eine Unterscheidung zwischen Enqueten mit generell-bestimmten Ermittlungszwecken und Enqueten mit personell-bestimmten Ermittlungszwecken befürwortet.[60]
Betroffene sind danach Präsidenten, Richter und Abgeordnete innerhalb der Anklageverfahren, die den personell-bestimmten Enquetenarten zugeordnet werden. In diesen Fällen müsse der parlamentarisch beschuldigte Präsident, Richter oder Abgeordnete mit einer gegenwärtig rechtlich erheblichen Entscheidung rechnen. Das Untersuchungsverfahren sei insofern ein vorbereitendes Verfahren. Durch eine Aussagepflicht könnte ein Schweigerecht im sich anschließenden Hauptverfahren ausgehebelt werden.[61]

---

[59] Halstenberg S. 201f.; ders. in: Verh. 57. DJT 1988, Bd. II., M 180ff.; Gollwitzer in: BayVBl. 1982, 417, 418ff.; ders. in: FS für Dünnebier 1982; 327, 335ff.; Damkowski in: Thaysen/Schüttemeyer, S. 146; W. Wagner in: NJW 1960, 1936, 1937f.; Morlock in: Dreier (Hrsg.), GG-Komm., Rn. 45 zu Art. 44 GG; H. Wagner in: GA 1976, 257, 263ff.; Verh. des 57. DJT 1988, Bd. II., Beschluß 18-21, S. M 248f.; Bickel; Ref. für den 57. DJT 1988, Bd. II., M 29ff.; Wohlers in: NVwZ 1994, 40, 41f.; Schröder, Gutachten für den 57. DJT 1988, Bd. I., E 52ff.; ders. in: Thaysen/Schüttemeyer, S. 46ff.; Kohlmann in: JA 1984, 670, 672f.; Partsch, Gutachten für den 45. DJT 1964, Bd. I. Teil 3, S. 209ff.; Verh. des 45. DJT 1964, Bd. II., Beschluß 8, S. E 160; Müller-Boysen S. 170; Beckendorf in: ZParl 20 (1989), 35, 42ff.; Schleich S. 46ff.; Rink in: DVBl. 1964, 706, 708ff.; Quaas/Zuck in: NJW 1988, 1873, 1877f.; Buchholz S. 76ff.; Di Fabio S. 48f.; Maunz in: Maunz/Dürig, Rn. 54 zu Art. 44 GG; Schenke in: JZ 1988, 805, 814ff.; Friedrich S. 166ff.; Schneider/Zeh, Parlamentsrecht und Parlamentspraxis, § 46 Rn. 38; Schneider in: AK-GG, Rn. 15 zu Art. 44 GG; Redecker in: Thaysen/Schüttemeyer, S. 181; Meyer in: Verh. 57. DJT 1988, Bd. II.; M 175ff.; Schaefer in: NJW 1998, 435, 436; Schulte in: v. Mangoldt/Klein, GG, Rn. 124ff. zu Art. 44 GG.

[60] Halstenberg S. 38ff.; H. Wagner in: GA 1976, 257, 262ff.; Schleich S. 47.

[61] Halstenberg S. 100f.

Obwohl diese Begründung auf die Umgehung der Rechte im Anschlußverfahren abstellt, soll dem parallel zum Untersuchungsverfahren strafrechtlich Beschuldigten keine Sonderstellung zustehen, da diese Fallkonstellation auch in anderen Verfahren (Zivilprozeß, Verwaltungsverfahren) auftrete, in denen der Auskunftsperson ebenfalls keine Sonderstellung zugebilligt werde.[62]

Vertreten wird allerdings auch, daß bei personell-bestimmten Enqueten die Ausrichtung gegen eine bestimmte Person oder Personengruppe, deren (Fehl-)Verhalten durch den Untersuchungsausschuß thematisiert wird, diese so in den Mittelpunkt des Verfahrens rücke, daß sie angesichts des starken öffentlichen Interesses an parlamentarischen Untersuchungen harten persönlichen Belastungen ausgesetzt seinen und schon deshalb eine Sonderstellung erwogen werden müsse.[63]

Auffällig ist, daß sich die Vertreter dieser Ansicht, in Bezug auf den zu schützenden Personenkreis unterscheiden, obwohl der Begründungsantsatz gleich ist. Ohne an dieser Stelle bereits kritischeAnmerkungen zu einer Unterscheidung in personelle und generelle Enquete zu machen,[64] soll den Abweichungen der Reichweite des zu schützenden Personenkreises nachgegangen werden.
Neben den einzelnen Argumenten, die für oder gegen eine Sonderstellung in einer bestimmten Konfliktsituation sprechen, liegt die Ursache auch in der (u.a. deshalb auch im voranstehenden Teil erörterten) Einsetzungskompetenz des Parlaments.[65] Die Vertreter die eine Betroffenenstellung nur im Rahmen der verfassungsrechtlichen Anklageverfahren befürworten, sind zugleich auch der Auffassung, das Parlament könne Untersuchungsausschüsse stets nur zur Vorbereitung rechtsverbindlicher Beschlüsse einsetzen.[66] Eine personell-bestimmte Untersuchung ist somit außerhalb von verfassungsrechtlichen Anklageverfahren nicht möglich. Generell-bestimmte Ermittlungszwecke können nämlich selbst in der Form der Vorbereitung eines Mißtrauensvotums (Art. 67 GG) nie die Aufklärung eines individuellen Fehlverhaltens bezwecken, da sich dieses gegen die Spitze und Repräsentanten der Bundesregierung richtete[67].

[62] Halstenberg S. 102f., 200; a.A. H. Wagner in: GA 1976, 257, 270f.
[63] Schleich S. 46.
[64] Vgl. unten Teil D V. 1. b) cc).
[65] Vgl. Teil A II. 1. a).
[66] Halstenberg S. 28ff.; H. Wagner in: GA 1976, 257, 262f.
[67] Halstenberg S. 41.

Gerade deshalb ist aber auch eine Mittelpunktstellung[68] über die verfassungsrechtlichen Anklageverfahren hinausgehend nur bei Annahme einer Einsetzungskompetenz auch zur Vorbereitung schlichter Parlamentsbeschlüsse (z.B. bei Kontrollenqueten) überhaupt möglich.[69] Bei Ablehnung einer Einsetzungskompetenz zur Vorbereitung schlichter Parlamentbeschlüsse entsteht deshalb auch keine Konfliktsituation, die eine Sonderstellung rechtfertigen könnte.

b) Sonderstellung aufgrund verfassungsrechtlicher Erwägungen

Ein weiterer Kreis von Autoren verzichtet auf eine abstrakte Definition im Vorfeld und untersucht den betroffenen Personenkreis anhand verfassungsrechtlicher Einzelrechte.[70]

Ein Aussageverweigerungsrecht als Ausdruck des in der Verfassung verankerten nemo-tenetur-se-ipse-accusare-Prinzips (Art. 2 Abs. 1 i.V.m. 1 Abs. 1 GG)[71] wird in der Regel in den Fällen der verfassungsrechtlichen Anklageverfahren eingeräumt.[72]

Vereinzelt wird zudem den Betroffenen, die sich bei jeder Aussage der Gefahr aussetzen würden, ein Strafverfahren gegen sich selbst auszulösen oder sich im Hinblick auf ein paralleles Strafverfahren selbst zu belasten, ein Schweigerecht zugestanden. Im Untersuchungsverfahren bestünde diese Gefahr immer dann, wenn sich die Untersuchung von Anfang an oder im Verlauf gegen eine oder mehrere Personen richte, deren mögliches Fehlverhalten den Tatbestand einer Straftat oder Ordnungswidrigkeit erfülle.[73]

---

[68] Schleich S. 46.

[69] Schleich S. 15ff.

[70] Müller-Boysen S. 170; Beckendorf in: ZParl 20 (1989), 35, 49; Schleich S. 53; Rink in: DVBl. 1964, 706, 709; Quaas/Zuck in: NJW 1988, 1873, 1877; Buchholz S. 92ff.; Di Fabio S. 48f.; Damkowski in: Thaysen/Schüttemeyer, S. 146.

[71] Zur Herleitung des nemo-tenetur-Prinzips und dessen Anwendung im parlamentarischen Untersuchungsverfahren vgl. ausführlich Buchholz S. 78ff.; Beckendorf in: ZParl 20 (1989), 35, 48f.; jeweils m.w.N.

[72] Damkowski in: Thaysen/Schüttemeyer, S. 146;; Müller-Boysen S. 170; Beckendorf in: ZParl 20 (1989), 35, 49; Schleich S. 53; Rink in: DVBl. 1964, 706, 709.; Quaas/Zuck in: NJW 1988, 1873, 1877; Buchholz S. 92ff.; Di Fabio S. 48f.

[73] Beckendorf in: ZParl 20 (1989), 35, 49; Schleich S. 53; Rink in: DVBl. 1964, 706, 709 nur für den Tatbestand einer Straftat; Quaas/Zuck in: NJW 1988, 1873, 1877; Friedrich S. 169f.; Buchholz S. 92ff.

Noch weitergehend wird, unter Berufung auf die dem nemo-tenetur-Prinzip zugrunde liegenden Konfliktlage zwischen Wahrheitspflicht und Selbstverteidigungsrecht, die Betroffenenstellung ausgedehnt auf Fälle, in denen der Untersuchungsausschuß die Aufklärung eines Fehlverhaltens bezweckt, welches weitere rechtliche Sanktionen auslösen kann (Disziplinar- oder Ehrengerichtsverfahren).[74] Vereinzelt wird eine Sonderstellung dann auch noch bei Untersuchungen befürwortet, die sich mit sonstigem unehrenhaften Verhalten befassen.[75]

c) Sonderstellung aufgrund des Schutzbedürfnisses im Vergleich zum Beschuldigten

Ein anderer Ansatzpunkt für eine Sonderstellung ist die Frage nach ihrem „inneren Grund". Eine Sonderstellung sei nur zu rechtfertigen durch einen Interessenskonflikt zwischen Wahrheitspflicht und Selbstverteidigungsrecht, dem auch der Beschuldigte ohne ein Aussageverweigerungsrecht ausgesetzt wäre.
Ein vergleichbarer Interessenskonflikt läge bei allen Enqueten vor, die schwerpunktmäßig die Aufklärung eines Fehlverhaltens bezwecken, welches geeignet sei, gegen die Auskunftsperson rechtliche Sanktionen des Staates auszulösen. Insoweit sei dem gleichzeitig in einem parallelen Strafverfahren Beschuldigten eine Sonderstellung einzuräumen, ebenso wie allen Personen, deren strafbare und in gerichtlichen bzw. vergleichbaren Verfahren sanktionierten Handlungen im Untersuchungsauftrag genannt werden.[76] Das Gebot der Verfahrensgerechtigkeit fordere nämlich, daß das Recht, im späteren oder bereits anhängigen Verfahren jede Einlassung zu verweigern, nicht durch die Sachverhaltsaufklärungen eines Untersuchungsausschusses im Vorfeld eines Straf-, Bußgeld- oder Disziplinarverfahrens, entwertet werde. Der Untersuchungsausschuß sei für solche Aufklä-

[74] Schleich S. 53; Quaas/Zuck in: NJW 1988, 1873, 1877; Buchholz S. 156ff.

[75] Buchholz S. 186; allerdings lehnt er gleichfalls ein dem Beschuldigten vergleichbares Aussageverweigerungsrecht ab. Ein umfassendes Schweigerecht ergäbe sich aus einem verdichteten Auskunftsverweigerungsrecht, weil der Betroffene keine Aussage machen könne, ohne sich selbst dabei zu belasten. Der Betroffene unterliege auch nicht der strafbewehrten Wahrheitspflicht, da sich aus dem nemo-tenetur-Prinzip, dem Recht auf rechtliches Gehör und dem Prinzip des fairen Verfahrens eine verfahrensrechtliche Funktion Betroffener ergäbe, die mit der des Zeugen unvereinbar sei. Vgl. ders. a.a.O. S. 156ff.

[76] Gollwitzer in: BayVBl. 1982, 417, 419; ders. in: FS für Dünnebier 1982, 327, 338; W. Wagner in: NJW 1960, 1936, 1937.

rungen nicht die dafür normalerweise zuständigen Stelle, sondern nur ausnahmsweise aufklärungsberechtigt wegen des besonderen öffentlichen Interesses.[77]
Aus dem Gebot der Verfahrensklarheit folge außerdem, daß die Rechtsstellung des Betroffenen für das ganze Verfahren gelte. Müßte der Betroffene andernfalls hinsichtlich einzelner Verfahrensgegenstände als Zeuge aussagen, unterläge er den Darlegungspflichten im Rahmen des Auskunftsverweigerungsrechtes und partiell einer Wahrheitspflicht. Die mit dem Auskunftsverweigerungsrecht verbundene „Wohltat", ohne Erklärungen schweigen zu dürfen, würde so aber entwertet und die Zeugen- und Beschuldigtenrollen würden vermischt.[78]
Im Vergleich zu den oben dargestellten Ansichten wird auch eine in der Personengruppe wesentlich weitergehende Betroffenenstellung befürwortet. Eine Betroffenenstellung sei danach im Wege „anerkennenswerter" Schutzbedürfnisse zu ermitteln, die insbesondere durch eine verfahrensrechtliche Stellung als Zeuge nicht mehr abgedeckt würden. Solche Schutzbedürfnisse lägen bei parallelen, mit dem Untersuchungsthema zusammenhängende Ermittlungs- und Strafverfahren und bei Personen die durch eine Untersuchung ins öffentliche Zwielicht geraten können, vor.[79]
Der Definitionsvorschlag umfasst dann konsequenterweise alle Auskunftspersonen, gegen die sich die Untersuchung offensichtlich richtet und gegen die im Untersuchungsauftrag Vorwürfe erhoben werden, welche geeignet sind, das Ansehen in der Öffentlichkeit zu beschädigen. Allerdings entbinde dies Regierungsmitglieder und andere Amtsträger nicht von der Verpflichtung, auf sachliche Vorwürfe gegen ihre Amtsführung Rede und Antwort zu stehen.[80]
Mit dieser Definition wird nicht mehr auf die Folgen eines parlamentarischen Untersuchungsverfahrens abgestellt; auch Auskunftspersonen, die nicht mit einem

---

[77] Gollwitzer in: BayVBl. 1982, 417, 420; ders. in: FS für Dünnebier 1982, 327, 338.

[78] Gollwitzer in: BayVBl. 1982, 417, 420f. Ähnlich auch der 57. DJT, der aber Mitglieder einer Regierung oder Angehörige des öffentlichen Dienstes, die mit dem Untersuchungsgegenstand amtlich befaßt waren, von der Sonderstellung ausschließt. Vgl. Verh. des 57. DJT 1988, Bd. II., Beschluß 19, M 248f.

[79] Mit Ausnahme der Vorbereitung der Anklageverfahren und Verfahren, die der Be- oder Entlastung eines Abgeordneten oder Regierungsmitgliedes dienen, vgl. Schröder, Gutachten für den 57. DJT 1988, Bd. I., E 46.

[80] Partsch, Gutachten für den 45. DJT 1964, Bd. I. Teil 3., S. 111ff., These 7, S. 220. Dieser Definition hat sich auch der 45. DJT im wesentlichen angeschlossen, vgl. Verh. des 45. DJT 1964, Bd. II., Beschluß 8, S. E 160; ähnlich auch Bickel; Ref. für den 57. DJT 1988, Bd. II., M 30f.; These 14, M 51.

sanktionierten Anschlußverfahren zu rechnen haben, können den Betroffenenstatus beanspruchen.

d) Die Bestimmung des betroffenen Personenkreises anhand der Verweisung in Art. 44 Abs. 2, S. 1 GG

Vereinzelt wird die Rechtsstellung des Betroffenen anhand der sinngemäßen Auslegung der Vorschriften über das Strafverfahren bestimmt.[81]
Die Definition der Betroffenen unterscheiden sich im wesentlichen nicht von den bereits genannten. Zur Begründung der Sonderstellung wird allerdings ausdrücklich auf die in der Verweisung angeordnete Anwendung der strafverfahrensrechtlichen Vorschriften Bezug genommen und im Ergebnis eine dem Beschuldigten angenäherte Rechtsstellung befürwortet.
Das parlamentarische Untersuchungsverfahren und das Strafverfahren seien nicht nur in den Folgen, sondern auch in den Grundstrukturen vergleichbar. Die Ausschußmitglieder müssten im Vergleich zu den beteiligten Personen des Strafverfahrens die dreifache Rolle des Inquirenten als Ankläger, Verteidiger und Urteiler angemessen ausfüllen und der Betroffene habe keine Rechtsschutzmöglichkeiten gegen den Abschlußbericht. Folglich sei so das Bedürfnis einer eigenständigen „Subjektrolle" sogar höher als im Strafverfahren zu veranschlagen.[82] Daher sollten alle Auskunftspersonen, deren (mögliches) Fehlverhalten ausschließlich oder doch überwiegend Gegenstand der Untersuchung ist, eine Sonderstellung in Anspruch nehmen können.[83]

---

[81] Wohlers in: NVwZ 1994, 40ff.; Schaefer in: NJW 1998, 434f.; Schenke in: JZ 1988, 805ff.; Morlock in: Dreier (Hrsg.), GG-Komm., Rn. 45 zu Art. 44 GG; Maunz in: Maunz/Dürig, Rn. 54 zu Art. 44 GG, der allerdings nur bestreitet, daß allein die Anwendung der Zeugenschutzbestimmungen noch „sinngemäß" sei.
[82] Wohlers in: NVwZ 1994, 40, 42; Schaefer in: NJW 1998, 434f.
[83] Wohlers in: NVwZ 1994, 40ff.

3. Die Stellungnahmen der Rechtsprechung

Im Zusammenhang mit dem Spielbankenuntersuchungsausschuß des bayerischen Landtages und dem sich daran anschließender Meineidsverfahren hatte sich der BGH mit der Vernehmung von Zeugen auseinanderzusetzen.[84]
Die Angeklagten machten geltend, sie seien in die vom Ausschuß zu untersuchenden Vorgänge in einer Weise verstrickt, daß sie sich durch ihre Aussage vor dem Ausschuß der Gefahr einer Abgeordneten- oder Ministeranklage aussetzen würden.
Der BGH entschied, daß dies ihrer Zeugeneigenschaft nicht entgegengestanden habe. Die Vernehmungen in der Verfahrensrolle des Zeugen seien zulässig gewesen, da dem Ausschuß nicht die Aufgabe oblegen hatte, das vielleicht strafbare oder auch nur ehrenrührige Verhalten bestimmter namentlich bezeichneter Personen (der Angeklagten) zu untersuchen, sondern allein die Vorgänge um die Erteilung der Spielbankenkonzessionen zu überprüfen.
Die Unterscheidung zwischen Zeugen und Beschuldigtem ergäbe sich nicht aus der Beziehung zu einer bestimmten Straftat, sondern allein aus der Rolle, die der Auskunftsperson nach Aufgabe und Eigenart des Verfahrens zugewiesen werde. Da keine Anhaltspunkte dafür vorlägen, daß der Auftrag die Untersuchung eines strafbaren oder ehrenrührigen Verhaltens der Angeklagten fordere und auch die Strafprozeßordnung, wie sich aus den §§ 55, 60 Nr. 3 StPO[85] ergäbe, die Vernehmung einer Person, die einer Straftat verdächtig sei, als Zeuge zuließe, unterlägen die Angeklagten im Untersuchungsverfahren der Wahrheitspflicht.[86]
Mit dieser Argumentation unterscheidet der BGH offensichtlich zwischen generellen und personenbezogenen Enqueten. Zwar geht das Gericht im vorliegenden Fall von einer generellen Enquete aus. Die weiteren Ausführungen, ob nicht vielleicht der Landtag aus sachfremden Erwägungen den Untersuchungsauftrag so formuliert habe, um die einer strafbaren- oder mindestens ehrenrührigen Handlungen verdächtigen Personen dem Aussage und Eideszwang auszusetzen,[87] läßt jedoch erkennen, daß er bejahendenfalls eine Unterscheidung zwischen den Auskunftspersonen erwägen würde.

---

[84] BGHSt 17, 128ff.
[85] Heute § 60 Nr. 2 StPO.
[86] BGHSt 17, 128, 129f.
[87] BGHSt 17, 128, 129ff.

Auch das OLG Köln unterscheidet im Anschluß an die oben ausgeführte Entscheidung zwischen generellen- und personenbezogenen Enqueten.[88] Mangels „Verstrickung“ bei Untersuchungen mit generell-bestimmten Ermittlungszwecken sei eine beschuldigtenähnliche Stellung aber zu verneinen, so daß der Zeuge vor dem parlamentarischen Untersuchungsausschuß der Wahrheitspflicht unterläge.
Eine beschuldigtenähnliche Stellung sei allein in zwei Fällen zu erwägen. Einmal, wenn die Ermittlungen des Tatrichters ergäben, daß die Untersuchung nur unter dem Deckmantel eines der äußeren Form nach sachbezogenen Auftrages in Wirklichkeit personenbezogen geführt worden seien. Zum anderen, wenn die Untersuchung im Rahmen des Untersuchungsauftrages auch mit dem Ziel geführt wurde, den Verdacht einer Straftat oder eines Dienstvergehens aufzudecken. Dann müsse erörtert werden, ob die Auskunftsperson einem Be-schuldigten, dessen falsche Aussage sanktionslos bleibe, gleichgestellt werden könne.[89]
Das OVG Münster beschäftigt sich in einer seiner Entscheidungen mit den Mitwirkungsrechten für Betroffene nach § 18 der IPA-Regeln.[90] Zwar kommt das Gericht in seiner Entscheidung zu dem Ergebnis, daß die IPA-Regeln keine subjektiv-öffentlichen Rechte Dritter auf Zuerkennung der dort festgelegten Sonderstellung begründen, da sie weder als Gesetz verabschiedet wurden, noch gewohnheitsrechtliche Geltung entfalten. Letztlich spricht sich aber auch das OVG für eine Betroffenenstellung aus. Natürliche und juristische Personen, gegen die sich ein parlamentarisches Untersuchungsverfahren ausschließlich oder ganz überwiegend richte, könnten nämlich in ihren Grundrechten beeinträchtigt werden und deshalb ein Mindestmaß an Gehörsrechten für sich in Anspruch nehmen.[91]

Auch das OVG Hamburg räumt eine Betroffenheit bestimmter Auskunftspersonen ein. Sind die Grundrechtsverletzungen gegenüber Betroffenen von solchem Gewicht, daß sie dem des parlamentarischen Kontrollrechts zumindest gleichkämen, erkennt das Gericht eine Rechtskontrolle des Abschlußberichts trotz der Regelung in Art. 44 Abs. 4 GG an. Eine solche sei bei Grundrechtsverletzungen durch Nichtgewährung des rechtlichen Gehörs (Art. 1 Abs. 1 GG) und bei rechts-

---

[88] OLG Köln in: NJW 1988, 2485ff.

[89] OLG Köln in: NJW 1988, 2485, 2487; so auch OVG Berlin in: DVBl. 1970 293f.

[90] Abgedr. BT-Drucks. V/4209.

[91] OVG Münster in: NVwZ 1987, 606, 607.

staatswidrigen Eingriffen in das Persönlichkeitsrecht (Art. 2 Abs. 1 GG) anzunehmen.[92]

4. Zusammenfassung

In der Literatur überwiegt eine Sonderstellung des Betroffenen befürwortende Haltung. Zur Konkretisierung des Personenkreises, dem eine Sonderstellung zustehen soll, werden unterschiedliche Fallkonstellationen angeführt.
So bspw. in den Fällen der Untersuchungsverfahren zur Vorbereitung einer Präsidenten-, Richter-, Minister- oder Abgeordnetenanklage. Dann in den Fällen, in denen die Auskunftsperson parallel in einem Strafverfahren Beschuldigter ist und zudem in den Fällen in denen Auskunftspersonen, durch das Untersuchungsverfahren mit einem sanktionierten Anschlußverfahren oder mit Ansehensverlusten durch das Bekanntwerden unehrenhafter Verhaltensweisen zu rechnen haben.

Den Entscheidungen der Rechtsprechung kann entnommen werden, daß eine Betroffenenstellung zumindest nicht ausgeschlossen wird. Allerdings sind für eine Beurteilung, welcher Personenkreis eine Sonderstellung beanspruchen können soll, die Entscheidungen zu spezifisch auf Einzelprobleme gerichtet.

III. Gesetzesentwürfe, Empfehlungen und LUAGe

Diejenigen Gesetzesentwürfe und Empfehlungen[93], die von einer Betroffenenstellung abraten, verweisen in der Regel nicht auf die Vorschriften des Strafver-

---

[92] OVG Hamburg in: NJW 1987, 610ff.

[93] Exemplarisch sind im folgenden nur einige herausgegriffen, die den Argumentations- und Lösungsweg verdeutlichen. Weitere Entwürfe enthalten ebenfalls keine Differenzierung zwischen Zeugen und Betroffenen. Den Zeugen werden in der Regel lediglich die Zeugnisverweigerungsrechte entsprechend des § 55 StPO eingeräumt. Die Zeugen können v. Ausschuß vereidigt werden. Oft ist jedoch bei dem Verdacht der Beteiligung an einer strafbaren Handlung von der Vereidigung abzusehen. Vgl. SPD-Fraktion, Entwurf eines Gesetzes zur Regelung des Rechts parlamentarischer Untersuchungsausschüsse 1988, BT-Drucks. 11/2025 u. Entwurf eines UAG des BT-Ausschusses für Wahlprüfung, Immunität und GeschO 1990, BT-Drucks. 11/8085. Mit der Besonderheit, daß letzterer eine Vereidigung nicht vorsieht und dem Zeugen das Protokoll über seine Vernehmung nach § 21 Abs. 1 zuzustellen ist. Nach § 27 hat der Zeuge einen Anspruch auf rechtliches Gehör. § 55 ist insofern erweitert, als das die Gefahr bestehen muß, daß sich der Zeuge bei Beantwortung der Frage einer Untersuchung nach einem gesetzlich geregelten Verfahren aussetzen würde. Vgl. im übrigen auch das Gesetz zur

fahrensrechts, sondern ermächtigen den Gesetzgeber zum Erlaß eines Ausführungsgesetzes. Für Art. 44 GG wäre eine Abkehr von den strafverfahrensrechtlichen Vorschriften nur durch Verfassungsänderung zu erreichen. Eine dem Beschuldigten ähnliche Sonderstellung des Betroffenen aufgrund der sinngemäßen Anwendung der strafverfahrensrechtlichen Vorschriften scheidet aus.
Von den Bundesländern haben 13 Untersuchungsausschußgesetze erlassen, welche das Verfahren parlamentarischer Untersuchungsausschüsse regeln.[94]
Von diesen wiederum unterscheiden sieben zwischen Zeugen und Betroffenen.[95]
Die Länder Schleswig-Holstein, Hessen und Niedersachsen haben bisher keine Untersuchungsausschußgesetze erlassen. Die Beweiserhebung findet in entsprechender Anwendung der Strafprozeßordnung statt.[96] Insoweit stimmt das Verfahren mit dem parlamentarischer Untersuchungsausschüsse des deutschen Bundestages nach Art. 44 GG überein.

Die Länder, die für Auskunftspersonen nur die Zeugenstellung in ihren LUAGe vorsehen, verweisen in der Regel nicht mehr auf die strafverfahrensrechtlichen Vorschriften, sondern enthalten eine Ermächtigung zum Erlaß eines Verfahrensgesetzes.[97] Insofern liegt ihre Bedeutung im Rahmen dieser Arbeit zwar nicht

---

Regelung des Rechts parlamentarischer Untersuchungsausschüsse 1991, BT-Drucks. 12/1436 u. das Gesetz zur Regelung des Rechts der Untersuchungsausschüsse des Deutschen Bundestages 1991, BT-Drucks. 12/418 sowie die allgemeinen Überlegungen der Gem.VerfKom. zur Stärkung der Minderheitenrechte und Antrag der SPD-Fraktion betr. die Vorlage ggf. verfassungswidriger Beweisthemen an das BVerfG, Kom. Drucks. 57, BT-Drucks. 12/6000.

[94] Bayern; Saarland; Rheinland-Pfalz; Thüringen; Hamburg; Baden-Württemberg; Sachsen; Bremen; Nordrhein-Westfalen; Berlin; Brandenburg; Mecklenburg-Vorpommern; Sachsen-Anhalt. Das Land Mecklenburg-Vorpommern hat nur ein vorläufiges UAG v. 10. Juli 1990 erlassen. Dieses enthält nur eine Regelung des Verfahrens in § 1, eine Kostenregelung in § 2 und Schlußbestimmungen in § 3; insofern findet aufgrund der Verweisung in Art. 34 Abs. 5 M-VVerf. die Vorschriften über den Strafprozeß Anwendung. Die Ausführungen zu den Ländern, die noch kein LUAGe erlassen haben, gelten deshalb entsprechend.

[95] Vgl. Art. 13 BayUAG; § 54 SUAG; § 15 Rh-PfUAG; § 15 ThüUAG; § 19 HamUAG; § 19 B-WUAG; § 19 SächsUAG.

[96] Abgesehen von Schleswig-Holstein verweisen sämtliche Landesverfassungen nur auf die Strafprozeßordnung und nicht auf das Gerichtsverfassungsgesetz, mit der Folge, daß die Vorschriften über die Sitzungspolizei nach dem GVG keine Anwendung finden können. Im übrigen finden die GeschO der Parlamente Anwendung.

[97] Art. 41 N-WVerf.; Art. 72 BbgVer.; Art. 48 BVerf.; Art. 54 S-AVerf. Art. 105 BremVerf. verweist daneben zusätzlich noch auf die Vorschriften der Strafprozeßordnung.

mehr in der Frage der Betroffenenstellung aufgrund der Verweisung auf die strafverfahrensrechtlichen Vorschriften; sie bleiben aber für die Frage des Verzichts einer Sonderstellung aufgrund verminderter Eingriffsbefugnisse und einer erweiterten Zeugenstellung relevant. Letzteres gilt entsprechend für die oben angesprochenen Gesetzesentwürfe und Empfehlungen.

1. Gesetzesentwürfe, Empfehlungen[98] und LUAGe, die von einer Unterscheidung zwischen Zeugen und Betroffenen abraten

Die Enquete-Kommission Verfassungsreform von 1976[99] gab die Empfehlung, von einer Unterscheidung zwischen Zeugen und Betroffenen abzusehen, da die aus dem Strafprozeß stammende Differenzierung nicht in das System des parlamentarischen Untersuchungsverfahrens übertragbar sei. Im Untersuchungsverfahren gehe es nämlich, anders als im Strafverfahren, um die Aufklärung eines Sachverhaltes unter politischen Gesichtspunkten und nicht um die Aufklärung der Verwirklichung eines fest umrissenen Tatbestandes hinsichtlich der persönliche Schuld eines Menschen.

Eine sachliche Trennung zwischen Zeugen und Betroffenen führe in der Praxis des Untersuchungsverfahrens lediglich zu unfruchtbaren Auseinandersetzungen und Differenzen in der Zuerkennung der Verfahrensstellungen.

Zugunsten der Betroffenen - die erstaunlicherweise dann doch als solche und nicht neutral als Auskunftspersonen oder gar Zeugen bezeichnet werden - soll die Vereidigungsmöglichkeit ganz abgeschafft oder zumindest in einem besonderen Verfahren geregelt werden. Begründet wird das damit, daß Ausschußmitglieder gerade nicht die Unbefangenheit der Strafrichter besäßen, sondern vielmehr immer als befangen im Sinne der parteipolitischen Interessenbindung anzusehen seien und man den Betroffenen gerade nicht in der besonderen Atmosphäre der Ausschußverhandlung mit ihrer Turbulenz und ihren vielfältigen politischen Spannungen zur Eidesleistung zwingen dürfe.[100]

---

[98] Enquete-Kommission Verf.reform 1972 u. 1976, BT-Drucks. 6/3839 u. 7/5924; GEntw. CDU/CSU 1977, BT-Drucks. 8/1181; LParl. v. 1989, abgedr. in: ZParl 22 (1991), 406ff.

[99] BT-Drucks. 7/5924; so bereits auch die Enquete-Kommission Verf.reform 1972, vgl. BT-Drucks. 6/3829.

[100] BT-Drucks. 7/5924, S. 54 f.

Der Gesetzesentwurf der CDU/CSU von 1977[101] baut auf dem Abschlußbericht der Enquete-Kommission Verfassungsreform auf. Weitergehend soll hinsichtlich der Auskunftsverweigerungsrechte nach § 15 des Entwurfes die Zivilprozeßordnung Anwendung finden. Anders als in § 55 StPO besteht die Möglichkeit der Zeugnisverweigerung bei Fragen, die dem Zeugen oder einem Angehörigen einen unmittelbaren vermögensrechtlichen Schaden verursachen (§ 384 Nr. 1 ZPO), oder zur Unehre gereichen könnten (§ 384 Nr. 2 1. Hs. ZPO) und in deren Rahmen er ein Kunst- oder Gewerbegeheimnis offenbaren müßte (§ 384 Nr. 3 ZPO). Außerdem soll der Zeuge nach § 15 Abs. 2 auch die Aussage verweigern können, wenn er sich bei Beantwortung der Fragen der Gefahr einer Abgeordneten- oder Ministeranklage aussetzen würde.
Erstaunlich ist, daß nach § 17 Abs. 3 der Vorsitzende auf Antrag von zwei Ausschußmitgliedern den Zeugen gestatten kann, Beweisanträge und Fragen zu stellen sowie einen Beistand hinzuzuziehen. Diese Rechte werden in anderen Gesetzesentwürfen allenfalls den Betroffenen und nicht den Zeugen zugebilligt.
Eine Vereidigung ist nicht vorgesehen. Gegenüber § 153 StGB wird das Strafmaß für die Falschaussage vor dem Untersuchungsausschuß in § 16 Abs. 3 noch angehoben, indem in schweren Fällen eine Freiheitsstrafe nicht unter einem Jahr verhängt werden muß (nach § 153 StGB eine Mindeststrafe von drei Monaten).

In der Konferenz der Präsidentinnen und Präsidenten der deutschen Länderparlamente von 1989 wurde im Abschlußbericht ebenfalls von einer Unterscheidung zwischen Zeugen und Betroffenen abgeraten.[102]
Ähnlich wie die Enquete-Kommission Verfassungsreform 1976 wird fehlender Bedarf für eine Differenzierung angeführt. Die durch den Betroffenenstatus beabsichtigte bessere Rechtsstellung würde das schon schwerfällige Untersuchungsverfahren aufgrund von Abgrenzungsschwierigkeiten zusätzlich belasten. Dafür soll aber eine dem § 68 a StPO (Fragen nach entehrenden Tatsachen und Vorstrafen) entsprechende Regelung als Muß-Vorschrift formuliert werden.
Außerdem wird die Protokolleinsicht für Zeugen und die Möglichkeit der Gegendarstellung empfohlen und darüber hinaus dem Zeugen auch die Hinzuziehung eines Rechtsbeistandes gestattet.[103]

---

[101] BT-Drucks. 8/1181 u. BT-Drucks. 8/1180.
[102] Abgedr. in: ZParl 22 (1991), 406, 410.
[103] Abgedr. in: ZParl 22 (1991), 406, 410ff.

Die Länder Bremen, Nordrhein-Westfalen, Berlin, Mecklenburg-Vorpommern, Sachsen-Anhalt und Brandenburg haben zwar eigene Untersuchungsausschußgesetze erlassen, diese enthalten jedoch keine Unterscheidung zwischen Zeugen und Betroffenen.
Erstaunlich ist allerdings die Regelung in § 13 Abs. 1 BbgUAG. Dieser bestimmt, daß „Zeugen, Sachverständige, Betroffene,... sofern sie den Aufforderungen des Vorsitzenden nicht Folge leisten", aus dem Sitzungssaal entfernt werden können. Aus der Aufzählung, die auch den Betroffenen einschließt, geht hervor, daß das BbgUAG offensichtlich nicht nur die Zeugenstellung vor dem Untersuchungsausschuß kennt. Aus der Tatsache, daß weitere Regelungen fehlen, kann man schließen, daß auch Betroffene verfahrensrechtlich wie Zeugen behandelt werden sollen.
Abweichend von der Zeugenstellung im Strafprozeß sieht § 18 Abs. 2 S-AUAG ein Auskunftsverweigerungsrecht bei Fragen vor, deren Beantwortung bloßstellend wären, schwerwiegende Nachteile brächten oder den höchstpersönlichen Lebensbereich betreffen.
§ 12 Abs. 2 BUAG gewährt ein Verweigerungsrecht bei Fragen, die dem Zeugen zur Unehre gereichen oder ihm schwerwiegende Nachteile bringen. Die Untersuchungsausschußgesetze der Länder Nordrhein-Westfalen und Brandenburg bestimmen darüber hinaus, daß der Zeuge Fragen nicht beantworten muß, bei deren Beantwortung er sich der Gefahr einer Ministeranklage aussetzt.[104] Die Vereidigung ist im Gegensatz zu § 59 StPO die Ausnahme.[105] Nach § 23 S-AUAG können sich Zeugen eines Zeugenbeistandes bedienen. Ein Beweisanregungsrecht wird beiden eingeräumt.

2. Gesetzesentwürfe, Empfehlungen und LUAGe, die eine Betroffenenstellung vorsehen

Die Gesetzesentwürfe, Empfehlungen und LUAGe, die zwischen Zeugen und Betroffenen unterscheiden, knüpfen in der Regel nicht an ein normabweichendes Verhalten an, sondern definieren den Betroffenen nach der Untersuchungsrichtung.

---

[104] § 19 Abs. 2 BbgUAG; § 17 Abs. 2 N-WUAG.

[105] So z. B. § 20 N-WUAG; § 14 BremUAG, wenn der Untersuchungsausschuß die Vereidigung wegen der Bedeutung der Aussage oder zur Herbeiführung einer wahrheitsgemäßen Aussage für erforderlich hält.

An dieser Stelle sei vorweggenommen, daß aus einer Betroffenenstellung nicht zwangsläufig auch eine beschuldigtenähnliche Stellung resultiert, da die sinngemäße Anwendung der strafverfahrensrechtlichen Vorschriften einen Auslegungsspielraum eröffnet.[106] Es wird im Verlauf dieser Arbeit noch zu untersuchen sein, inwieweit sich die Regelungen in den LUAGen noch innerhalb dieses Auslegungsspielraumes bewegen.[107]

a) Die Empfehlungen der Konferenz der Präsidentinnen und Präsidenten der deutschen Länderparlamente von 1961[108] und Art. 13 BayUAG

Ziff. VII. 3. der Empfehlungen und Art. 13 Bay UAG lauten:
Auch die von der parlamentarischen Untersuchung betroffene Person ist grundsätzlich als Zeuge zu vernehmen. Geht aus dem Untersuchungsauftrag allerdings eindeutig hervor, daß sich die Untersuchung ausschließlich oder ganz überwiegend gegen eine bestimmte Person richtet, so darf diese Person nicht als Zeuge vernommen werden. Ob diese Voraussetzung vorliegt, hat der Untersuchungsausschuß in jedem Einzelfall zu prüfen; sie ist insbesondere gegeben, wenn die Untersuchung mit dem Ziele eingeleitet ist, die Beschlußfassung des Parlaments über eine Minister-, Abgeordneten- oder Richteranklage im Sinne der jeweiligen Verfassung gegen den Betroffenen vorzubereiten.
Stellt der Untersuchungsausschuß fest, daß eine Person hiernach nicht als Zeuge vernommen werden darf, so ist sie nach Art eines Beschuldigten anzuhören.

b) Entwurf eines Gesetzes über Einsetzung und Verfahren von Untersuchungsausschüssen des Bundestages von 1969[109] und § 54 Abs. 1 SUAG

Betroffene sind
- der Bundespräsident im Falle eines Untersuchungsausschusses zur Vorbereitung einer Präsidentenanklage,

---

[106] Vgl. insb. Zur Rechtsnatur der Verweisung Teil E.

[107] Art. 25 Abs. 2 HamVerf.; Art. 79 Abs. 4 SVerf.; Art. 64 Abs. 3 ThüVerf.; Art. 25 Abs. 2 BayVerf.; Art. 91 Abs. 3 Rh-PfVerf. enthalten einen Verweis. Art. 35 B-WVerf.; Art. 54 SächsVerf. haben den Verweis durch eine Ermächtigung an den Gesetzgeber zum Erlaß eines Verfahrensgesetzes gestrichen. Zu den Folgerungen im Hinblick auf die Verfahrensstellung der Betroffenen vgl. unten Teil D VI.

[108] Abgedr. in: ZParl 3 (1972), 433-436.

[109] IPA-Entwurf, BT-Drucks. V/4209.

- Abgeordnete und Regierungsmitglieder in Untersuchungsverfahren, die ihre Belastung oder Entlastung zum Ziele haben,
- Richter im Falle eines Untersuchungsausschusses zur Vorbereitung einer Richteranklage,
- Personen, bei denen sich aus dem Untersuchungsauftrag oder aus dem Verlauf der Untersuchung ergibt, daß die Untersuchung sich ausschließlich oder ganz überwiegend gegen sie richtet.

In Übereinstimmung mit den Empfehlungen der Konferenz der Deutschen Länderparlamente v. 1961 und Art. 13 BayUAG stellt auch der Untersuchungsausschuß fest, wer Betroffener ist.

Gegenüber den Empfehlungen der Konferenz der deutschen Länderparlamente von 1961 und dem BayUAG ist die Betroffenenstellung erweitert worden, da sie sich nicht nur aus dem Untersuchungsauftrag, sondern auch aus dem Verlauf der Untersuchung ergeben kann.

Die Vorbereitung der Anklageverfahren ist ausdrücklich in die Definition mit aufgenommen - woraus aber nicht folgt, daß diese Definition einen größeren Personenkreis umfaßt: Auch nach der Definition der Konferenz der Länderparlamente von 1961 und dem BayUAG sind der Bundespräsident, Richter und Abgeordnete im Falle der Vorbereitung einer Entscheidung über die Anklageerhebung einbezogen, da sich dann bereits aus dem Einsetzungsantrag ergibt, daß sich die Untersuchung zumindest ganz überwiegend gegen diese richtet.

Gleiches gilt für Untersuchungsverfahren, die eine Be- oder Entlastung eines Abgeordneten oder Regierungsmitgliedes zum Gegenstand haben. Demnach ist gesetzestechnisch eine gesonderte Aufzählung dieser Personengruppen überflüssig.

c) Der Mustergesetzentwurf der Präsidentinnen und Präsidenten der deutschen Landesparlamente von 1972[110]

Der Mustergesetzentwurf der Präsidentinnen und Präsidenten der deutschen Länderparlamente sieht in § 20 Abs. 1 eine erweiterte Betroffenendefinition vor. Betroffene sind danach „Personen, bei denen sich aus dem Sinn des Untersuchungsauftrages oder aus dem Verlauf der Untersuchung ergibt, daß die Untersuchung sich ausschließlich oder ganz überwiegend gegen sie richtet. Der Untersuchungsausschuß entscheidet im Einzelfall, ob diese Voraussetzungen vorliegen."

---

[110] Abgedr. in: ROP 231021 u. ZParl 3 (1972), 427-433.

Weitergehend kann sich im Vergleich zu den voranstehenden Definitionen eine Betroffenenstellung aus dem Sinn des Untersuchungsauftrages ergeben. In der Konsequenz ist der Auslegungsspielraum des Ausschusses größer, da Anknüpfungspunkt nicht der Untersuchungsauftrag an sich, sondern nur dessen sinngemäße Auslegung ist.

d) Interfraktioneller Entwurf eines Gesetzes über Einsetzung und Verfahren von Untersuchungsausschüssen des Deutschen Bundestages von 1985/86[111]

§ 15 Abs. 1 des Entwurfes knüpft wiederum an den Untersuchungsauftrag an. Mit der Ausnahme, daß sich der Betroffenenstatus nicht aus dem Verlauf der Untersuchung ergeben kann, stimmt die Definition mit dem IPA-Entwurf und § 54 Abs. 1 SUAG überein.[112]
Nach Abs. 2 ist weitergehend die Möglichkeit vorgesehen, daß der Untersuchungsausschuß jederzeit auf Vorschlag des Vorsitzenden mit einer Mehrheit von zwei Dritteln seiner stimmberechtigten Mitglieder feststellen kann, wer Betroffener ist. Der nach § 5 Abs. 2 nicht stimmberechtigte Vorsitzende hat das Vorschlagsrecht und nach § 15 Abs. 2 zeigt die betroffene Person ihren Betroffenenstatus dem Vorsitzenden an.

e) Rh-PfUAG und ThüUAG

Das Rh-PfUAG (identisch mit dem ThüUAG) sieht in § 15 folgende Regelung zur Rechtsstellung des Betroffenen vor: Nach Abs. 1, S.1 sind Betroffene:
Natürliche und juristische Personen, gegen die sich nach dem Sinn des Untersuchungsauftrages die Untersuchung richtet. Der Untersuchungsausschuß stellt auf Antrag eines Mitgliedes oder der Landesregierung mit der Mehrheit von zwei Dritteln seiner Mitglieder fest, wer Betroffener ist. Antragsberechtigt sind daneben auch natürliche und juristische Personen, die geltend machen, daß bei ihnen die Voraussetzungen des Satzes 1 vorliegen (§15 Abs. 1, S. 2 Rh-PfUAG).
Wie bereits im MusterG v. 1972 wird der Sinn des Untersuchungsauftrages zum ausschlaggebenden Definitionskriterium erhoben.
Im Unterschied zu den zuvor genannten Definitionen ist nicht Voraussetzung, daß sich die Untersuchung ausschließlich oder ganz überwiegend gegen eine Person

[111] BT-Drucks. 10/6587, wegen Diskontinuitätsgrundsatzes wörtliche Übernahme als BT-Drucks. 11/1896.
[112] Allerdings wird hier nicht der Begriff ganz überwiegend, sondern teilweise benutzt.

richtet. Außerdem werden ausdrücklich auch juristische Personen in den Kreis der Betroffenen mit einbezogen.

f) B-WUAG und SächsUAG

Neu an der Definition in § 19 B-WUAG (identisch mit dem SächsUAG) ist die Einbeziehung aller Personen, über die der Untersuchungsausschuß im Bericht eine Äußerung abgeben will, ob eine persönliche Verfehlung vorliegt.
Definitionskriterium ist also weder der Untersuchungsauftrag noch der Verlauf des Verfahrens, sondern der Abschlußbericht. Folglich können auch Personen, die nur am Rande in das Verfahren mit einbezogen werden, den Betroffenenstatus für sich beanspruchen, da dafür nicht mehr Voraussetzung ist, daß sich die Untersuchung überwiegend gegen eine Person richtet.
Dieser relativ große Personenkreis wird durch die Voraussetzung der Meinungskundgabe des Ausschusses hinsichtlich persönlicher Verfehlungen wiederum eingeschränkt.

Mit dem Begriff „persönliche Verfehlung" wird zwar erstmals das (Fehl-) Verhalten des Betroffenen angesprochen; nicht beantwortet wird jedoch die Frage, wie der Begriff zu verstehen sei. Ohne weitergehende Konkretisierung bleibt die Definition subjektiv und eröffnet deshalb auch einen Mißbrauchsspielraum, der angesichts der politischen Komponente im Untersuchungsverfahren beliebig ausgedehnt oder eingeengt werden kann.

g) HamUAG

Noch weiter ist die Definition in § 19 Abs. 1 HamUAG. Betroffene sind natürliche Personen, über die der Untersuchungsausschuß in seinem Bericht eine wertende Äußerung abgeben will.
Nach Abs. 2 stellt wiederum der Ausschuß den Betroffenenstatus fest. Antragsberechtigt sind neben Ausschußmitgliedern auch alle Personen, die geltend machen, daß die Voraussetzungen des Abs. 1 in ihrem Fall vorliegen.
Die im Hinblick auf den Begriff „persönliche Verfehlungen" vorgebrachten Bedenken werden bei dieser Definition noch verstärkt, da allein eine wertende Meinungskundgabe zur Festlegung des Betroffenenstatus genügen soll.

3. Zusammenfassung

Die Einräumung einer Sonderstellung ist von der Sichtweise der Aufgaben und Ziele des parlamentarischen Untersuchungsverfahrens im Vergleich zum Strafverfahren abhängig. Werden die Schwerpunkte auf die politische Sachverhaltsaufklärung gelegt und eine mögliche Schuldzuweisung abgesprochen, wird keine Sonderstellung eingeräumt. Allerdings wird dann die Rechtsstellung der Zeugen gegenüber der des Strafprozesses erweitert und die Eingriffsbefugnisse der Untersuchungsausschüsse werden eingeschränkt.[113]

Wird eine Betroffenenstellung eingeräumt, soll sich nach den Gesetzesentwürfen und Empfehlungen die Untersuchung ausschließlich oder ganz überwiegend gegen eine bestimmte Person richten, damit sie als Betroffene eingestuft werden kann. Ob sich das Verfahren gegen eine Person richtet, kann sich dabei aus dem Untersuchungsauftrag oder weitergehend aus dem Verfahrensverlauf ergeben.
Die Vorbereitung verfassungsrechtlicher Anklageverfahren ist übereinstimmend Grund für die Gewähr einer Sonderstellung. Unklar ist daneben, welche Verhaltensweisen weitergehend einen Betroffenenstatus begründen sollen, weil allein die Angriffsrichtung zum ausschließlich ausschlaggebenden Kriterium erhoben wird. Auf jeden Fall kann sich die Sachverhaltsaufklärung auf strafrechtlich relevantes, sonstiges normabweichendes oder auch unehrenhaftes Verhalten beziehen.
Die Entscheidung über den Betroffenenstatus obliegt den Ausschüssen. Allein im interfraktionellen Entwurf ist geregelt, daß der Vorsitzende ein Vorschlagsrecht hat und der Betroffene seinen Status selbst dem Ausschuß anzeigen kann.

Die Länderbestimmungen, die eine Betroffenenstellung vorsehen, unterscheiden sich im wesentlichen nicht von den Vorschlägen in den Gesetzesentwürfen und Empfehlungen. Im Vergleich enthalten nur das Ba-WüUAG, das SächsUAG und das HamUAG Abweichungen. Es soll nämlich nicht mehr auf die Beziehung zum Untersuchungsgegenstand ankommen, weil sich die Untersuchung nicht mehr gegen eine Person richten muß; Ausgangspunkt ist vielmehr die wertende Äußerung im Abschlußbericht.

---

113 Enqueten-Kommissionen Verf.reform 1972 u.1976; GEntw. CDU/CSU 1977; LParl. v. 1989; SUAG; BUAG; S-AUAG.

„Dreh- und Angelpunkt“ einer Sonderstellung für Betroffene sind die Aufgaben und Ziele des parlamentarischen Untersuchungsverfahren im Vergleich zum Strafverfahren.
Eine Sonderstellung ablehnenende Autoren führen an, daß im Untersuchungsverfahren nicht die persönliche Schuld eines Menschen erforscht werde.[114] Die angeführten Beispiele zeigen aber gerade, daß dieses Argument fehlgeht:[115] Insbesondere Kontrollenquete, die Mißstände aufdecken sollen, müssen zwangsläufig auch ein Fehlverhalten einer oder mehrerer Personen untersuchen, da ohne ein solches Fehlverhalten im Zweifel kein „Mißstand“ vorliegen würde.
Die gezielte Aufdeckung von Fehlverhaltensweisen und die Zuweisung persönlicher Schuld eignet sich aber gerade auch dazu, den politischen Gegner unglaubwürdig zu machen. Die Sachverhaltsaufklärung unter politischen Gesichtspunkten durch Politiker in einem unparitätisch besetzten Untersuchungsausschuß erhebt die Schuldzuweisung gerade zum Ziel der Aufdeckung. Eine Schuldzuweisung kann deshalb auch nur für eine Sonderstellung und den Schutz Betroffener angeführt werden.
Noch offensichtlicher tritt dies zutage in Untersuchungsausschüssen, die der Vorbereitung einer verfassungsrechtlichen Anklage dienen. Untersucht wird dort zwangsläufig die persönliche Schuld oder Unschuld einer Person. Wenn sich der Verdacht dann bestätigt, wird der Ausschuß in seinem Abschlußbericht die Empfehlung geben, Anklage zu erheben.

Argument gegen eine Betroffenenstellung könnte allenfalls die Qualität des Fehlverhaltens sein, wenn man darauf abstellt, daß es im Unterschied zum Strafverfahren nicht um die Zuweisung strafrechtlich relevanter Verhaltensweisen geht. Bereits die Diskussion um die Aussetzung des Untersuchungsverfahrens neben dem Strafverfahren zeigt jedoch, daß ein solches Argument fehlgeht.[116] Wenn nämlich strafrechtlich relevante Verhaltensweisen im Untersuchungsverfahren nicht thematisiert werden könnten, wäre eben auch keine Umgehung der Be-

---

[114] Enquete-Kommission Verf.reform BT-Drucks. 7/5924 S.54f.; Rechenberg in: Komm. zum Bonner-GG, Rn. 25 zu Art. 44 GG; Köhler S. 225; Kleinert in: Thaysen/Schüttemeyer S. 72.

[115] Vgl. in der Einführung die Untersuchungsausschüsse „Barmat“,„John“, „Biag“, „Neue-Heimat“.

[116] Rosenberg in DJZ 1925, 636, 638f; ders., Gutachten zum 34. DJT 1926, Bd. 1, S. 28.

schuldigtenrechte oder die Behinderung des Straf- neben dem Untersuchungsverfahren denkbar.

Ohne eine detaillierte Gegenüberstellung der Aufgaben und Ziele des Straf- und Untersuchungsverfahrens würde aber die Behauptung, beide Verfahren seien im Hinblick auf die Schuldzuweisung vergleichbar, an der Oberfläche verbleiben. Eine abschließende Stellungnahme erfolgt deshalb auch erst im Anschluß an den nächsten Teil dieser Arbeit.

Festgehalten werden kann bereits, daß die weiteren Argumente einer schwierigen Abgrenzung zwischen Zeugen und Betroffenen[117] und eines als Folge einer Betroffenenstellung entstehenden negativen Eindrucks in der Öffentlichkeit[118] keine Geltung beanspruchen können.
Wenn nämlich dem Betroffenen aufgrund der Verweisung in Art. 44 Abs. 2, S. 1 GG eine beschuldigtenähnliche Stellung zugebilligt werden muß oder ihm bereits aus der Verfassung unmittelbar bestimmte Rechte zustehen die der Zeuge nicht für sich beanspruchen kann, können dem dann Betroffenen diese Rechte nicht verweigert werden.
Es ist anzuzweifeln, ob in der Folge auch befürwortete rechtsstaatliche Verbesserungen der Stellung aller Auskunftspersonen dem Schutzbedürfnis der Betroffenen hinreichend Rechnung tragen. Bspw. berührt die Abschaffung der Vereidigungsmöglichkeit nicht die strafbewehrte Wahrheitspflicht nach § 153 StGB. Deshalb wäre dieser Lösungsweg auch nicht geeignet, mögliche Konfliktsituationen zwischen Wahrheitspflicht und Selbstverteidigungsrecht zu beseitigen.

Außerdem ist eine Ausweitung der Auskunftsverweigerungsrechte in Anlehnung an die ZPO nicht nur vor dem Hintergrund der Glaubhaftmachung der zur Auskunftsverweigerung berechtigenden Gründe bedenklich,[119] sondern insbesondere wegen der dadurch möglichen Beschränkungen der Sachverhaltsaufklärung. Gerade im Untersuchungsverfahren geht es oftmals um Sachverhalte, die Fragen beinhalten, deren Beantwortung vermögensrechtliche Nachteile begründen (§ 384 Nr. 1 ZPO) oder dem Einzelnen zur Unehre (§ 384 Nr. 2, 1. Hs. ZPO) gereichen

---

[117] Enquete-Kommission Verf.reform 1976, BT-Drucks. 6/5924 S. 55.

[118] Zeh in: DÖV 1988, 701, 705; Schneider, Ref. für den 57. DJT 1988, Bd. II., M 85.

[119] Aus strukturellen Erwägungen wird dieser Problemkeis im Zusammenhang mit den Einzelrechten beleuchtet werden. Vgl. unten Teil D III. 1. c) aa).

können.[120] Nimmt man diese Fragen aber für alle Auskunftspersonen aus dem Aufklärungsbereich der Ausschüsse aus, werden praktisch wenige Tatsachen übrig bleiben, über die ein Ausschuß Beweise erheben könnte.

Erschwernisse im Rahmen der Sachverhaltsaufklärung als Folge einer Betroffenenstellung und die Funktionalität des Untersuchungsverfahrens[121] sprechen nur dann gegen eine Sonderstellung, wenn dem parlamentarischen Untersuchungsausschuß dadurch seine verfassungsmäßig zugewiesene Aufgabe unmöglich würde. Andernfalls kann sinngemäße Anwendung in Bezug auf die Funktionalität des Untersuchungsverfahrens aber auch nicht bedeuten, daß die Vorschriften des Strafverfahrensrechts nur bei Bedarf in Anspruch genommen und im übrigen dem Strafverfahrensrecht immanente Verfahrensprinzipien außen vor gelassen oder gar beliebig angewendet werden.[122]

Betrachtet man weiter die Definitionen des Personenkreises, der eine Sonderstellung einnehmen soll, zeigt sich, daß unterschiedlichste Ansatzpunkte für eine Konkretisierung gewählt werden. Ausschlaggebend soll die Untersuchungsrichtung, der Verlauf, der Einsetzungsantrag, der Abschlußbericht oder das Fehlverhalten sein.

Allen Ansatzpunkten ist gemein, daß die Aufgaben- und Ziele parlamentarischer Untersuchungsverfahren nicht nur bei der Frage relevant werden, ob es einen Betroffenen des Untersuchungsverfahrens geben soll, sondern auch bei der konkreten Definition. Untersuchungsrichtung, Abschlußbericht oder auch Anknüpfung an ein Fehlverhalten sind nämlich Kriterien, die sich in der Beschuldigtendefinition und in den Aufgaben und Zielen des Strafverfahrens widerspiegeln.

Als Orientierungspunkt für eine im Verlauf der Arbeit zu konkretisierende Betroffenendefinition und Rechtsstellung werden die bisher herausgearbeiteten Definitionskriterien zugrunde gelegt. Ausgehend von der weitesten Definitionsmöglichkeit wird der Personenkreis der Betroffenen anhand der Rechtsstellung eingeengt werden.

---

[120] Vgl. in der Einführung die Untersuchungsausschüsse „„John“, „Biag“, „Neue-Heimat“.

[121] Enquete-Kommission Verf.reform BT-Drucks. 7/5924 S. 54f.; Zeh in: DÖV 1988, 701, 705.

[122] Schaefer in: NJW 1998, 434f.

Nach dem bisher Besprochenen können Betroffene zum einen Personen sein, gegen die sich die Untersuchung ganz überwiegend richtet, zum anderen aber auch Personen, deren normabweichendes oder unehrenhaftes Verhalten zum Untersuchungsgegenstand erhoben wird. Die Betroffenheit kann sich aus dem Untersuchungsauftrag, dem Verfahrensverlauf oder dem Abschlußbericht ergeben.

Im folgenden soll die Rechtsgrundlage für Beweiserhebungen parlamentarischer Untersuchungsausschüsse beleuchtet werden.
Ein Vergleich mit der Beschuldigtenstellung im Strafverfahren ist gerade deshalb zu untersuchen, da dem Ausschuß durch Art. 44 Abs. 2, S. 1 GG Rechte eingeräumt werden, die auch die Strafgerichtsbarkeit und die Staatsanwaltschaft zur Durchführung ihres Verfahrens für sich in Anspruch nehmen.

C. Die sinngemäße Verweisung auf die Vorschriften über den Strafprozeß

Das Recht parlamentarischer Untersuchungsausschüsse, Beweise zu erheben, ergibt sich bereits aus dem Wortlaut des Art. 44 Abs. 1, S. 1 GG, nach dem der Untersuchungsausschuß die „erforderlichen Beweise" zu erheben hat. Zur weiteren Konkretisierung dieses Beweiserhebungsrechts bedient sich Art. 44 Abs. 2, S. 1 GG des Mittels der Gesetzesverweisung, indem er die Vorschriften über den Strafprozeß für sinngemäß anwendbar erklärt.[1] Der Zusatz „sinngemäß" will dabei nicht sachgerechte Gleichsetzungen mit der in Bezug genommenen Rechtssetzungsnorm verhindern.[2]

Welche Vorschriften dies sind und wie die Begriffe „Beweiserhebung" und „sinngemäß" auszulegen sind, war von Beginn der Geltung des Art. 34 WRV umstritten und ist es bis zum heutigen Tag geblieben.[3] Für die Betroffenenproblematik ist die Frage, welche Vorschriften übertragen werden können, unter zwei Gesichtspunkten bedeutsam: Zum einen, um die Intensität der Eingriffsbefugnisse parlamentarischer Untersuchungsausschüsse im Rahmen einer Verhältnismäßigkeitsprüfung mit der grundrechtlich geschützten Freiheits- und Rechtssphäre des Bürgers abzuwägen.[4] Zum anderen, um eine grundsätzliche Übertragungsmöglichkeit von Beschuldigtenrechten unmittelbar aus dem Strafverfahrensrecht einer Bewertung zuzuführen.

---

[1] Vgl. zur Rechtsnatur der Verweisung Teil E.

[2] Karpen, S. 79; Larenz, Methodenlehre 1983, S. 197ff.; v. Münch, Staatsrecht, Rn. 543.

[3] Schachtel S. 13ff.; Rosenberg in: DJZ 1925, 635, 637f.; Anschütz, Die Verfassung des dt. Reichs, Anm. 8 zu Art. 34 WRV. Für Art. 44 GG Wagner in: GA 1976, 257, 268; Halstenberg S. 67ff.; Gollwitzer in: FS für Dünnebier 1982, 327, 334ff.; Stern in : AÖR 109 (1983), 199, 243ff.; Schulte in: v. Mangoldt/Klein, GG, Rn. 117ff. zu Art. 44 GG; Wohlers in: NJW 1994, 40, 41; Schleich S. 20ff.; Di Fabio S. 56ff.; Richter S. 52ff.; Friedrich S. 144ff.; Hölz S. 80ff.; zur Rspr. vgl. Engels in: Thyasen/Schüttemeyer, S. 217ff.. De lege ferenda wird immer wieder die Abwendung von der Verweisung auf die Vorschriften über den Strafprozeß gefordert, Maunz in: Maunz/Dürig, Rn. 49 zu Art. 44 GG; Versteyl in: v. Münch, GG-Komm., Rn. 28 zu Art. 44; Rechenberg in: Komm. zum Bonner-GG, Rn. 34 zu Art. 44 GG; Partsch, Gutachten für den 45. DJT 1964, Bd. 1 Teil 3, Bd. 1 Teil 3, S. 220; Schröder, Gutachten für den 57. DJT; Bd. I., 1988, E 174; Müller-Boysen S. 166;

[4] Ausführlich Schulze-Fielitz in: Dreier (Hrsg.), GG-Komm., Rn. 167ff. zu Art. 20 GG (Rechtsstaat); Morlock in: Dreier (Hrsg.), GG-Komm. Rn. 28 zu Art. 44 GG; Magiera in: Sachs, GG-Komm., Rn. 10 zu Art. 44 GG; Schmidt-Bleibtreu/Klein, Komm. zum GG, Rn. 13 zu Art. 20 GG; Studenroth S. 80; Friedrich S. 99.

Während Art. 44 Abs. 2, S.1 GG auf die Vorschriften über den Strafprozeß verweist,[5] sehen die Länder überwiegend - falls sie die Verweisung nicht ganz gestrichen und durch eine Ermächtigung zum Erlaß eines UAG ersetzt haben[6] - in ihren Verfassungen lediglich die Verweisung auf die Strafprozeßordnung vor.[7] Im Gegensatz zur bundesgesetzlichen Regelung, die vom Wortlaut bereits die Vorschriften der Strafprozeßordnung, des Gerichtsverfassungsgesetzes und ggf. anderer strafprozessualer Vorschriften einschließt,[8] ist den Ländern damit der Zugriff auf die Vorschriften des Gerichtsverfassungsgesetzes verwehrt.[9]

Von vorne herein aus dem Verweisungsbereich ausgenommen ist das interne Verfahren der Ausschüsse, da die Vorschriften über den Strafprozeß schon nach dem Wortlaut nur bezüglich der Beweiserhebung Anwendung finden. Die Ver-

---

[5] Vgl. die Diskussion im parlamentarischen Rat zu Art. 44 GG. Da man nämlich auch die Vorschriften über die Sitzungspolizei einbeziehen wollte, die zukünftige Geschäftsordnung des Bundestages aber keine materiellen Rechtsnormen enthalten werde, schlug v. Brentano vor, die Vorschriften über den Strafprozeß (anstatt nur die Strafprozeßordnung) für sinngemäß anwendbar zu erklären. Plenarsitzung v. 11.11.1948, Parlamentarischer Rat, Verhandlungen des Hauptausschusses, S. 15.

[6] Art. 35 B-WVerf; Art. 54 SächsVerf; Art. 41 N-WVerf.; Art. 48 BVerf.; Art. 54 S-AVerf.; Art. 72 BbgVerf.; dazu gehören nicht die Länder, die zwar UAGe erlassen haben, aber in den Verfassungen immer noch die StPO für anwendbar erklären, sofern keine spezielleren Regeln vorhanden sind. Vgl. nachstehende Fn.

[7] Art. 25 Abs. 2, S. 1 BayVerf.; Art. 79 Abs. 4 SVerf.; Art. 64 Abs. 3, S. 2 ThüVerf. (soweit gesetzlich nichts anders bestimmt ist); Art. 91 Abs. 3 Rh-PfVerf.; Art. 92 Abs. 3 HVerf.(zusätzlich noch in Abs. 4 „das Gesetz und die GO bestimmen das Nähere"); Art. 105 BremVerf.; Art. 25 Abs. 2 HamVerf. Ausnahme, d.h. Verweisung auf die Vorschriften über den Strafprozeß Art. 34 Abs. 5 M-VVerf.; Art. 27 Abs. 6 NdsVerf. (allerdings nur insoweit das UAG nichts anderes vorsieht); Art. 15 Abs. 2 S-HVerf. erklärt neben der StPO das GVG für ausdrücklich anwendbar.

[8] Maunz in: Maunz/Dürig, Rn. 49 zu Art. 44 GG; Rechenberg in: Komm. zum Bonner-GG, Rn. 22 zu Art. 44 GG; Schleich S. 21; Strafprozeßrecht wird ergänzt durch die Vorschriften über das Steuerstrafverfahrensrecht (§§ 385-408) der AO, das OWiG u.a. vgl. Deutsches Rechtslexikon, Bd. 3, Stichwort: Strafverfahren S. 553, ferner gehören die Vorschriften der AO dem öffentlichen Recht an; § 30 AO findet aber über § 96 StPO Anwendung vgl. BVerfG 67, 100, 133.

[9] Folge ist, daß die Vorschriften über die Sitzungspolizei nach den §§ 176ff. GVG (z.B. Ordnungsmittel wegen Ungebühr nach § 178 GVG) keine Anwendung finden.

fahrens- und Verhaltensregeln, die Ausschußmitglieder in den Bereichen zu beachten haben, die nicht wie die Beweiserhebung nach außen wirken, werden durch Parlamentsrecht geregelt. Für das interne Verfahren der Ausschüsse (z.B. Zusammensetzung, Vorsitz etc.) sind die Geschäftsordnungen heranzuziehen,[10] sofern die Länder in den jeweiligen LUAGen[11] keine Sonderregelungen getroffen haben.
Auf Bundesebene wird vorwiegend aufgrund der sog. IPA-Regeln[12] gearbeitet, indem fast alle Untersuchungsausschüsse des Bundestages die IPA-Regeln als Geschäftsordnung wählen. Da die IPA-Regeln weder als Gesetz verabschiedet wurden, noch gewohnheitsrechtlich Geltung entfalten, zählen sie zum internen Verfahrensrecht. Außenwirkung gegenüber anderen Staatsorganen oder dem Bürger können die Vorschriften der Geschäftsordnungen des Gesetzesvorbehaltes des Art. 20 Abs. 3 GG wegen nicht entfalten. Sie sind keine Gesetze, sondern interne Organsatzungen, weshalb eine Berufung des Einzelnen auf die dort vorhandenen Vorschriften nicht möglich ist. Insbesondere die Vorschrift über die Rechtsstellung des Betroffenen (§ 18 IPA-Regeln) kann deshalb keine Geltung beanspruchen.[13]

Zu trennen sind die Beweiserhebungen nach den Vorschriften über den Strafprozeß von der Rechts- und Amtshilfe[14] nach Art. 44 Abs. 3 GG.[15] Hiernach

---

[10] Versteyl in: v. Münch, GG-Komm., Rn. 22. zu Art. 44; Rechenberg in: Komm. zum Bonner-GG, Rn. 16 zu Art. 44 GG; Gollwitzer in: FS für Dünnebier 1982, 327, 329; BVerfG 96, 264; 267ff.

[11] Z.B. Art. 3ff. BayUAG; §§ 4ff. B-WUAG; §§ 4ff. SächsUAG.

[12] Vgl B. III. 2. b).

[13] Vgl. Schneider/Zeh, Parlamentsrecht und Parlamentspraxis, § 46 Rn. 24; Stern, Staatsrecht, § 26 III. 6 d); Stern in AÖR 109 (1983), 199, 230; Maunz/Zippelius, Deutsches Staatsrecht, § 12 III. 4.; OVG Münster, NVwZ 1987, 606, 607.

[14] Die Zuordnung des Aktenvorlagerechts zum Beweiserhebungsrecht nach Art. 44 Abs. 1 GG reduziert in der Praxis die Bedeutung der Amtshilfe auf die Kooperation mit der gleichzeitig ermittelnden Staatsanwaltschaft und anderen Untersuchungsausschüssen oder Behörden, die nicht unmittelbar von der Untersuchung betroffen sind, vgl. BVerfG 67, 100, 127ff.

[15] Für die Länder ergibt sich der Anspruch auf Rechts- bzw. Amtshilfe über die eigenen Hoheitsgrenzen hinaus aus Art. 35 GG, da parlamentarischen Untersuchungsausschüssen überwiegend Behördenqualität zugesprochen wird. Vgl. BVerwG in: NJW 2000, 160, 163; Maunz in: Maunz/Dürig, Rn. 27 zu Art. 44 GG; Rechenberg in: Komm. zum Bonner-GG, Rn. 24 zu Art. 44 GG; Versteyl in: v. Münch, GG-Komm., Rn. 35 zu Art. 44; Partsch, Gutachten für den 45. DJT 1964, Bd. 1 Teil 3, Gollwitzer in. FS für Dünnebier 1982, 327, 329; Friedrich S. 45ff;

haben die parlamentarischen Untersuchungsausschüsse die Befugnis, die Rechts- bzw. Amtshilfe[16] aller Gerichte und Behörden des Bundes, der Länder und der ihnen unterstehenden juristischen Personen des öffentlichen Rechts in Anspruch zu nehmen.

Eigene Befugnisse der Untersuchungsausschüsse können also durch andere Organe im Rahmen deren Zuständigkeit wahrgenommen werden.[17] Der Kompetenzbereich der Ausschüsse wird deshalb aber nicht durch Art. 44 Abs. 3 GG erweitert. Untersuchungsausschüsse können lediglich nach eigenem Ermessen bestimmen, ob sie die Beweiserhebungen selbst nach Art. 44 Abs. 2, S. 1 GG durchführen, oder ob sie sich das notwendige Tatsachenmaterial mittelbar im Wege der Amts- oder Rechtshilfe verschaffen.[18]

1. Zur Begriffsbestimmung: „erforderlich"

Bereits aus dem Wortlaut des Art. 44 Abs. 1, S. 1 GG[19] ergibt sich eine Begrenzung des Beweiserhebungsrechts, insofern, als ein Untersuchungsausschuß nur die „erforderlichen" Beweise erheben kann.

Der Begriff „erforderlich" orientiert sich an der im Beweisthema des Einsetzungsbeschlusses gestellten Aufgabe. Welche Beweise im einzelnen zu erheben sind, um den Untersuchungsauftrag zu erfüllen, entscheidet der Untersuchungs-

---

Stern in: AÖR 109 (1983), 199, 231; a.A. OVG Lüneburg in: NVwZ 1986, 845, 846; BayVGH in: BayVBl. 1981, 209, 211.

[16] Zum Begriff der Rechts- und Amtshilfe vgl. Schulte in: v. Mangoldt/Klein, GG, Rn. 184 zu Art. 44 GG; Rechenberg in: Komm. zum Bonner-GG, Rn. 24 zu Art. 44 GG; Stern in: AÖR 109 (1983), 199, 231ff.

[17] Maunz in: Maunz/Dürig, Rn. 47 zu Art. 44 GG; Schleich S. 29; Arloth in: NJW 1987, 808, 809.

[18] Maunz in: Maunz/Dürig, Rn. 47 zu Art. 44 GG; Schulte in: v. Mangoldt/Klein, GG, Rn. 185 zu Art. 44 GG ;Versteyl in: v. Münch, GG-Komm., Rn. 35 zu Art. 44.

[19] Ebenso in den Ländern bis auf folgende Abweichungen: Art. 25 Abs. 1 HamVerf. spricht nicht von erforderlich, allerdings sind auf Verlangen von ¼ der Ausschußmitglieder die Beweise zu erheben; Art. 27 Abs. 2, S. 2 NdsVerf. u. Art. 64 Abs. 3, S. 1 ThüVerf. Beweise sind zu erheben, wenn 1/5 der Mitglieder sie für erforderlich halten; Art. 79 Abs. 2 SVerf enthält ebenfalls keine Beschränkung auf die erforderlichen Beweise; Art. 54 Abs. 2, S. 1 SächsVerf., wenn die Antragsteller Beweiserhebungen für erforderlich halten; Art. 54 Abs. 2, S. 1 S-AVerf. spricht von Beweisen, die ¼ der Mitglieder oder die Antragsteller für sachdienlich halten; Art. 72 Abs. 3, S. 2 BbgVerf. u. Art. 48 Abs. 2 S. 3 BVerf. beschränken die Beweiserhebung auf Beweise, die im Rahmen des Untersuchungsauftrages liegen.

ausschuß mehrheitlich selbst, sofern nicht das Plenum im Einsetzungsantrag bestimmte Beweiserhebungen vorschreibt.[20]
Eine weite Auslegung des Begriffes „erforderlich“ ist geboten, da am Anfang der Untersuchung der Umfang der vom Untersuchungausschuß aufzuklärenden Materie nicht überschaubar ist.[21] Im Unterschied zum Strafverfahren fehlt es nämlich im Untersuchungsverfahren an vorausgehenden Ermittlungen durch die Staatsanwaltschaft. Das Material im Untersuchungsverfahren ist in der Regel noch nicht aufgearbeitet,[22] so daß sich in der Folge Beweiserhebungen auch erst im Verlauf auf das Verhalten einer Person konzentrieren können.[23]

2. Zur Begriffsbestimmung: „Beweiserhebung“

Die Beweiserhebungen sollen nach dem Gesetzeswortlaut in entsprechender Anwendung der Vorschriften über den Strafprozeß erfolgen. In einigen LUAGen (z.B. Art. 91 Rh-PfVerf.) findet sich der Begriff „Erhebungen“ statt „Beweiserhebung“. Beide Begriffe sind in ihrer Auslegung deckungsgleich; die Änderung erfolgte in der Entstehung des Art. 44 GG lediglich zur Vermeidung von Mißverständnissen, wobei man den gewählten Begriff letztlich für deutlicher hielt.[24]
Es ist dagegen unklar, welche strafverfahrensrechtlichen Vorschriften Anwendung finden sollen, da im Vorfeld schon die Auslegung umstritten ist.

---

[20] Versteyl in: v. Münch, GG-Komm., Rn. 16 zu Art. 44; Gollwitzer in: FS für Dünnebier 1982, 327, 344; Scholz in AÖR 105 (1980), 565, 606; Friedrich S. 113.

[21] BVerfG 49, 70, 77ff.; 67, 100, 128; Versteyl in: v. Münch, GG-Komm., Rn. 27 zu Art. 44

[22] Vgl. Einsetzungsbeschluß des Neue-Heimat Untersuchungsausschusses des Bundes, abgedr. in BVerfG 77, 1, 4ff.

[23] Allerdings darf die Berufung auf die Erhebung der „erforderlichen“ Beweise andererseits nicht dazu führen, daß das Beweisthema seinem Inhalt nach abgeändert wird. Vgl. Versteyl in: v. Münch, GG-Komm., Rn. 27 zu Art. 44; davon zu unterscheiden ist die höchst umstrittene Frage, ob die Erweiterung des Untersuchungsauftrages durch Zusatzfragen oder eine Änderung durch die Parlamentsmehrheit bei Minderheitsanträgen möglich ist; vgl. zum Streitstand Schulte in: v. Mangoldt/Klein, GG, Rn. 90ff. zu Art. 44 GG m.w.N.

[24] Vgl. Büttner/Wettengel (Bearb.), Org.Aussch. S. 187ff; Maunz in: Maunz/Dürig, Rn. 2 zu Art. 44 GG.

a) Enge Auslegung

In der Literatur[25] wird eine Ansicht vertreten, die den Begriff Beweiserhebung nach dem Sprachgebrauch synonym zum Begriff der Beweisaufnahme im Strafprozeßrecht auslegt (§ 246 StPO[26]). Die beiden Begriffe stimmten inhaltlich überein, da die Vorschrift des § 246 StPO zu den Vorschriften über die Beweisaufnahme nach den §§ 244ff. StPO zählt. Weiter sind für die Beweisaufnahme im Strafverfahrensrecht aber nur die §§ 244ff StPO maßgeblich. Beweiserhebungen außerhalb der Hauptverhandlung fallen nicht mehr darunter[27]. Folglich finden nach dieser Ansicht keine Vorschriften der Beweissicherung (z.B. die Beschlagnahme und Durchsuchung nach den §§ 94ff. StPO) Anwendung.
Zur Begründung wird angeführt, das materiell rechtliche Anliegen eines Untersuchungsausschusses sei rein politischer Art. Die Beweissicherung aber diene der Überführung eines Täters durch einen gezielten Urteilsspruch, beinhalte also typische strafrechtliche Zwecke. Eine enge Deutung sei erforderlich, entsprechend dem allgemeinen Gebot der restriktiven Auslegung von Ausnahmevorschriften, da im Untersuchungsverfahren ein Organ der Legislative mit Rechten der Judikative ausgestattet werde.[28]
Dieses Ergebnis bestätige ein Blick auf die historische Entwicklung. Der Entwurf zum Grundgesetz enthielt nämlich ebenfalls noch den Begriff „Erhebungen" und wurde erst durch den Hauptausschuß des Parlamentarischen Rates in den Begriff „Beweiserhebung" abgeändert. In Anlehnung an die Terminologie der Strafprozeßordnung sollte damit auf die §§ 244ff. StPO hingewiesen und die Bezugnahme auf die Vorschriften der Beschlagnahme und Durchsuchung inzident abgelehnt werden.[29]

b) Weite Auslegung

Überwiegend gehen Literatur und Rechtsprechung aber davon aus, daß der Begriff der „Beweiserhebung" den gesamten Prozeß der Beweisverschaffung und der Beweissicherung beinhalte. Vom Wortlaut her seien diejenigen Vorschriften

---

[25] Pfander in: NJW 1970, 314f.

[26] Nach § 246 Abs. 1 StPO darf eine „Beweiserhebung" nicht abgelehnt werden, weil das Beweismittel oder die zu beweisende Tatsache zu spät vorgebracht worden sind.

[27] BVerfG in: NStZ 1991, 93; Julius in: Heidelberger-Komm., Rn. 4 zu § 244 StPO.

[28] Pfander in: NJW 1970, 314, 315.

[29] Pfander in: NJW 1970, 314f.; Rosenberg, Gutachten für den 34. DJT 1926, Bd. I, S. 19.

in Bezug genommen, in denen die den Strafverfolgungsorganen zustehenden Befugnisse zur Aufklärung des Sachverhaltes und deren Grenzen umschrieben sind.[30]

Diese Auslegung ist vorzuziehen, da ein mehrdeutiger Wortlaut den Rückgriff auf den Sinn der Verweisung fordert. Dieser kann aber nur darin liegen, dem Untersuchungsausschuß für den Zeitraum der Tatsachenermittlung Verhaltensmaßstäbe an die Hand zu geben, damit er die im Untersuchungsauftrag festgelegten Aufgaben erfüllen kann. Unter dem Begriff der Beweiserhebung ist demnach der gesamte Prozeß der Beweisverschaffung sowie der Beweissicherung zu verstehen, da dieses Begriffsverständnis auch den §§ 201 Abs. 1; 202 S. 1; 244 Abs. 3, S. 1 StPO zugrunde liegt.[31]

§ 201 Abs. 1 StPO regelt das Recht des Angeklagten, einzelne Beweiserhebungen vor der Entscheidung über die Eröffnung der Hauptverhandlung zu beantragen. § 202, S. 1 StPO räumt dem Gericht die Möglichkeit ein, Beweiserhebungen vor der Entscheidung über die Eröffnung der Hauptverhandlung anzuordnen und § 244 Abs. 3, S. 1 StPO sieht die Ablehnung eines Beweisantrages vor, wenn die Beweiserhebung unzulässig ist.

Daraus ergibt sich aber, daß der Begriff der Beweiserhebung eben nicht synonym zum Begriff der Beweisaufnahme nach § 244 StPO verwendet wird,[32] denn auch die voranstehend genannten Vorschriften außerhalb der Hauptverhandlung enthalten den Begriff "Beweiserhebungen".

Zusätzlich spricht auch folgende Überlegung für eine weite Auslegung: Würde man den engeren Begriff der Beweisaufnahme (§ 244 StPO) zugrunde legen, wäre der Ausschuß auf die freiwillige Mitarbeit Dritter angewiesen,[33] da Zeugniszwang unmöglich wäre. Falls diese die Zusammenarbeit verweigern, wäre ein Untersuchungsausschuß nicht in der Lage, die ihm gestellte Aufgabe zu erfüllen. Art. 44 GG liefe dann leer.

Würde man allein die Vorschriften der Beweisaufnahme nach den §§ 244ff. StPO zugrunde legen, widerspräche dies aber auch dem gesetzgeberischen Willen, da

[30] Maunz in: Maunz/Dürig, Rn. 53 zu Art. 44 GG; Schulte in: v. Mangoldt/Klein, GG, Rn. 122. zu Art. 44 GG; Versteyl in: v. Münch, GG-Komm., Rn. 27 zu Art. 44; Magiera in Sachs, GG-Komm., Rn. 22 zu Art. 44 GG; Gollwitzer in: FS für Dünnebier 1982, 327, 328f.; Stern in: AÖR 109 (1983), 199, 233; Hilf in: NVwZ 1987, 537, 540; Schenke in: JZ 1988, 805, 813; Di Fabio S. 55ff.; Friedrich S. 144; Schleich S. 21; BVerfG 67, 100, 133; 77, 1, 49.

[31] BVerfG 67, 100, 133; 77, 1, 49.

[32] So aber Pfander in: NJW 1970, 314f.

[33] Eine Auskunftspflicht besteht, nur für Regierungsmitglieder, vgl. Art. 43 Abs. 1 GG u. Achterberg, Parlamentsrecht, S.687.

gerade die Befugnis der Ausschüssen zur Ladung von Zeugen, zum Zeugniszwang und zur Beeidigung, die eben nicht zu den §§ 244ff. StPO gehören, als wesentlich für die Durchführung des Untersuchungsverfahrens hervorgehoben wurden.[34]
Zudem erfolgte die Änderung des Begriffs „Erhebung" in „Beweiserhebung" in Art. 44 Abs. 2, S. 1 GG, um Mißverständnisse zu vermeiden und nicht, wie als Gegenargument vorgebracht, weil man über die Verweisung lediglich die §§ 244ff. StPO in Bezug nehmen wollte unter Ausschluß der Vorschriften über die Beweissicherung.[35]

3. Zur Begriffsbestimmung: „sinngemäß"

Die verschiedenen Auslegungen des Begriffs „sinngemäß" in Literatur[36] und Rechtsprechung[37] lassen sich im wesentlichen auf einen gemeinsamen Ausgangspunkt zurückführen. Allen Auffassungen gemein ist, daß sie die Struktur, Aufgaben und Ziele des Untersuchungsverfahrens im Vergleich zum Strafverfahren betrachten und daraus die Befugnisse und Befugnisbegrenzungen im Rahmen der Beweiserhebungen ableiten.

---

[34] Vgl. Büttner/Wettengel (Bearb.), Org.Aussch., S. 190ff.; Plenarsitzung v. 11.11.1948, Parlamentarischer Rat, Verhandlungen des Hauptausschusses, S. 15; so bereits auch bei Art. 34 WRV vgl. Verhandlungen der verfassunggebenden Deutschen Nationalversammlung, Anl. zu den sten.-Berichten, Bd. 336, Aktenstück 391, S. 266.

[35] Vgl. Büttner/Wettengel (Bearb.), Org.Aussch., S. 187ff; Maunz in: Maunz/Dürig, Rn. 2 zu Art. 44 GG.

[36] Scholz in: AÖR 105 (1980), 565, 608ff.; Seibert in: NJW 1984, 1001, 1006; Rechenberg in: Komm. zum Bonner-GG, Rn. 22 zu Art. 44 GG; Schulte in: v. Mangoldt/Klein, GG, Rn. 119f. zu Art. 44 GG; Lässig in: DÖV 1976, 727, 728; Quaas/Zuck in: NJW 1988, 1873, 1875f.; Schleich S. 20f.; Studenroth S. 80ff.; Halstenberg S. 66ff.; Gollwitzer in FS für Dünnebier 1982, 327, 332; Friedrich S. 146ff.; Schaefer in: NJW 1998, 434f.; Wohlers in: NVwZ 1994, 40, 41f.

[37] BVerfG 67, 100, 128; 76, 363, 387; 77, 1, 48ff.

a) Parlamentarische Kontrollfunktion

Eine „extreme“ Auffassung betont die parlamentarische Kontrollfunktion des Untersuchungsrechts und räumt insoweit hauptsächlich dem Untersuchungsausschuß Rechte ein.[38]
Im Zusammenhang mit der Diskussion um die Anwendbarkeit der §§ 54, 96 StPO im Untersuchungsverfahren weisen die Vertreter dieser Auffassung darauf hin, daß die Kontrollkompetenzen des Parlaments gegenüber der Regierung nicht durch die Verweisung - also auch nicht durch die §§ 54, 96 StPO - eingeschränkt werden könne. Sie betreffe nämlich nicht das „Was“ der Beweiserhebung, deshalb bestimme auch allein der Untersuchungsausschuß, welche Beweise zu erheben seien.[39]
Lediglich gegenüber bestimmten Privatinteressen des Bürgers könnten sich für den Ausschuß aufgrund des Verhältnismäßigkeitsprinzips die Pflicht ergeben, grundrechtlich geschützte Geheimnisse zu hüten und auf andere Beweismittel auszuweichen.[40]

b) Funktionale Betrachtung

Eine weitere Auffassung stellt auf die verfassungsrechtliche Funktion des Untersuchungsrechts ab.[41] „Sinngemäß“ bedeute danach, daß die Vorschriften des Strafverfahrensrechts insoweit heranzuziehen sind, wie sie eine wirkungsvolle Erfüllung des Untersuchungsauftrages ermöglichen.[42]
Damit sind die den Strafverfolgungsorganen zustehenden Befugnisse zur Aufklärung von Sachverhalten und deren Grenzen gemeint, die sich aus den Grundrechten ergeben können.[43] Einschränkende Rechte werden aufgrund der Wesensverschiedenheiten beider Verfahren allenfalls aus der Verfassung selbst und nicht unmittelbar aus dem Strafverfahrensrecht abgeleitet.

---

[38] Scholz in: AÖR 105 (1980), 565, 608ff.; Seibert in: NJW 1984, 1001, 1006, die ihre Ausführungen in der Hauptsache auf die Anwendung der §§ 54, 96 StPO beschränken und im Ergebnis eine Anwendung derselben im Untersuchungsverfahren ablehnen.

[39] Seibert in: NJW 1984, 1001, 1006; ähnlich auch Scholz in: AÖR 105 (1980), 565, 609

[40] Scholz in: AÖR 105 (1980), 565, 609f.; Seibert in: NJW 1984, 1001, 1006ff.

[41] Quaas/Zuck in: NJW 1988, 1873, 1875f.; Schulte in: v. Mangoldt/Klein, GG, Rn. 119ff. zu Art. 44 GG; Schleich S. 20f.; Studenroth S. 80ff.; Friedrich S. 146ff.

[42] Hilf in: NVwZ 1987, 537, 540.

[43] Hilf in: NVwZ 1987, 537, 540; Lässig in: DÖV 1976, 727, 728.

Zur Begründung wird angeführt, das Untersuchungsverfahren könne nicht mit dem Strafverfahren verglichen werden, da letzteres von einer dualen Struktur gekennzeichnet sei. Das parlamentarische Untersuchungsverfahren führe nicht zur Verhängung strafrechtlicher Sanktionen, so daß diejenigen Vorschriften, die auf den Zweck des Strafverfahrens, einen Angeschuldigten zu verurteilen oder freizusprechen zugeschnitten sind, nicht übertragen werden könnten.[44]

c) Sinn und Zweck der Vorschrift

Eine weitere Gruppe schließlich trägt zwar den Strukturunterschieden beider Verfahren Rechnung, indem die Vorschriften aus dem Strafverfahrensrecht nicht unbesehen übernommen, aber zumindest beschränkende Vorschriften unmittelbar aus dem Strafverfahrensrecht übertragen werden.[45]
Begründet wird die Auslegung, daß eine sinngemäße Anwendung nicht bedeuten könne, daß die Vorschriften aus dem Strafverfahrensrecht nur bei Bedarf in Anspruch genommen und im übrigen dem Strafprozeßrecht immanente Verfahrensprinzipien beliebig angewandt oder auch nicht angewandt würden.[46] Zu fragen sei deshalb, ob der Sinn, Zweck und innere Rechtfertigungsgrund der jeweiligen Vorschrift auch im parlamentarischen Untersuchungsverfahren eine Anwendung derselben rechtfertige. Für jede einzelne Vorschrift sei zu prüfen, ob sie im parlamentarischen Untersuchungsverfahren, ggf. leicht abgeändert, übernommen werden kann bzw. muß.[47]
Je nach Interpretation der Aufgaben, Ziele und Konfliktsituationen der Auskunftspersonen im parlamentarischen Verfahren im Vergleich zum Strafverfahren, gelangen die Vertreter dieser Gruppe zur Anwendung einer mehr[48] oder weniger[49] großen Anzahl von Rechten.

---

[44] Rechenberg in: Komm. zum Bonner-GG, Rn. 24f. zu Art. 44 GG; Hilf in: NVwZ 1987, 537, 540; Stern in: AÖR 109 (1984), 199, 234f.

[45] Halstenberg S. 66ff.; Gollwitzer in. FS für Dünnebier 1982, 327, 332; Schaefer in: NJW 1998, 434f.; Wohlers in: NVwZ 1994, 40, 41f.; BVerfG 76, 383, 387; 67, 100, 128; 77, 1, 48.

[46] Schaefer in: NJW 1998, 434f.

[47] Halstenberg S. 66ff.; Gollwitzer in. FS für Dünnebier 1982, 327, 332ff.

[48] Wohlers bezieht ausdrücklich auch die Mitwirkungsrechte des Beschuldigten mit ein. Vgl. ders. in: NVwZ 1994, 40, 41f.

[49] Halstenberg S. 66ff.; Gollwitzer in: FS für Dünnebier 1982, 327, 332ff. setzen den Schwerpunkt im Aussageverweigerungsrecht des Angeklagten und räumen Mitwirkungsrechte nur in abgeschwächter Form ein.

d) Kritische Würdigung

Offenkundig kann der Begriff „sinngemäß“ je nach Ansatzpunkt sehr unterschiedlich ausgelegt werden, wobei augenscheinlich Interpretationen überwiegen, die von verfassungsrechtlichen Überlegungen geprägt werden. Betrachtet man diese Auslegungsansätze im Hinblick auf ihre Tauglichkeit zur Beantwortung der Frage nach der Sonderstellung des Betroffenen, reduzieren sie sich letztlich auf einen Ansatzpunkt. Er setzt bei der Frage an, ob Betroffenenrechte unmittelbar aufgrund der Verweisung auf die Vorschriften des Strafverfahrensrechts übernommen werden können.

Eine Sonderstellung des Betroffenen ist nach keiner der oben dargelegten Ansichten ausgeschlossen. Selbst bei einer „extremen Auffassung“, die sich allein mit der Anwendung des Geheimschutzes im Untersuchungsverfahren auseinandersetzt, wird zumindest eine verfassungsrechtlich befugnisbegrenzende Wirkung eingeräumt.[50]
Mit Ausnahme der Auffassung die auf den Sinn und Zweck abstellt, kann aber eine Sonderstellung immer nur unmittelbar aus verfassungsrechtlichen Anforderungen folgen, da die grundgesetzliche Bindung der Untersuchungsausschüsse (Art. 1 Abs. 3 GG) die Auslegung im Rahmen der Beweiserhebung begrenzt.[51] Der Untersuchungsausschuß kann nämlich keine Beweiserhebungen anordnen, wenn Grundrechte dies verbieten.
Allerdings sind auch nach dem Grundgesetz die Grundrechte nicht absolut und ohne jede Einschränkung. Eingriffe im Rahmen sowohl der in der Verfassung selbst vorgesehenen als auch der immanenten Schranken sind deshalb möglich.[52] Bei Eingriffen gegenüber dem Bürger gelangt allerdings das Verhältnismäßigkeitsprinzip zur Anwendung. Die Übertragung einer befugnisbegründenden Norm orientiert sich also auch am Untersuchungsziel im Vergleich zum Grundrechtseingriff. Bei Grundrechtseingriffen scheiden Beweiserhebungen aus, die zur Erreichung des vom Untersuchungsausschuß erstrebten Zwecks nicht geeignet, nicht erforderlich oder nicht angemessen sind.[53] So kann bspw. das Interesse der betroffenen Privatperson an der Geheimhaltung seiner Verhältnisse

---

[50] Vgl. oben Teil C. I. 3. a).

[51] Schleich S. 20; Friedrich S. 147.

[52] Arloth in: NJW 1987, 808, 810 m.w.N.

[53] Schulze-Fielitz in: Dreier (Hrsg.), GG-Komm., Rn. 167ff. zu Art. 20 GG (Rechtsstaat); Wendt in: AÖR 104 (1979), 414, 416f.; BVerfG 30, 292, 316f.; 67, 157, 173.

das öffentliche Interesse an privater Sachverhaltsaufklärung überwiegen, weil dem privaten Verhalten gesellschaftliche, politische oder staatliche Anhaltspunkte fehlen. Grundrechtstangierende Maßnahmen müssen dann als unverhältnismäßig im engeren Sinne abgelehnt werden.[54]
Außerdem kann auch aus dem Gebot zur Herstellung praktischer Konkordanz[55] die Übertragung von Rechten in das Untersuchungsverfahren oder auch die Ablehnung von grundrechtstangierenden Maßnahmen durch den Ausschuß folgen. Das parlamentarische Aufklärungsinteresse und der effektive Grundrechtsschutz müssen nämlich derart abgewogen werden, daß beide Interessen optimal ihre Wirkung entfalten können. Stellt sich die Anwendung einer Vorschrift danach als unverhältnismäßig zum Sinn und Zweck des Untersuchungsverfahrens heraus, kann die Anwendung derselben im parlamentarischen Untersuchungsverfahren folglich nicht mehr als sinngemäß angesehen werden. Umgekehrt können Rechte, die einer Person bereits unmittelbar aus der Verfassung zustehen, nicht aus dem Anwendungsbereich parlamentarischer Untersuchungen ausgeschlossen werden (Art. 1 Abs. 3 GG).

Damit ist allerdings noch nicht die Antwort auf die Frage gegeben, ob daneben einzelne Rechte unmittelbar aus der Verweisung, also aus dem Strafverfahrensrecht, übertragen werden können.
Für ein solche Auslegung spricht die Rechtsnatur der Verweisung als gesetzestechnische Vereinfachung. Sinn derselben ist es gerade, bestimmte Gesetze oder Teile desselben über die Verweisung für anwendbar zu erklären, um Wiederholungen zu vermeiden.[56]
Dabei bezieht sich Art. 44 Abs. 2, S. 1 GG auf die gesamte Beweiserhebung. Wollte man aber nur dem Untersuchungsausschuß Rechte einräumen, würde man Teile aus einem in sich geschlossenen Gesetz (dem Strafverfahrensrecht) nach Belieben übertragen. Vom Sinn einer Verweisung her wäre eine solche Verfahrensweise alles andere als eine gesetzestechnische Vereinfachung. Im

---

[54] BVerfG 77, 1, 44; Di Fabio S. 137, Friedrich S, 106ff.; Köhler S. 194ff.; Scholz in: AÖR 105 (1980), 564, 604ff.; zum Grundsatz der Verhältnismäßigkeit vgl. Schulze-Fielitz in: Dreier (Hrsg.), GG-Komm., Rn. 167ff. zu Art. 20 GG.

[55] Zur Anwendung im Untersuchungsverfahren vgl. BVerfG 67, 100, 143, in Bezug auf die positive Verpflichtung zur Abwägung reicht dieses Prinzip noch über das Verhältnismäßigkeitsprinzip hinaus, vgl. Hesse, Grundzüge des Verfassungsrechts der Bundesrepublik Deutschland, Rn. 317.

[56] Baaden in NJW 1979, 623, 625; Ossenbühl in: DVBl. 1967, 401, 402f.; Arndt in: JuS 1979, 784, 785. Vgl. auch Teil E.

Gegenteil würden die Grenzen mißachtet, die auch den Strafverfolgungsorganen nach dem Strafverfahrensrecht gesetzt sind.
Zudem kann es auch von der Wertigkeit der in Bezug genommenen Vorschriften keinen Unterschied machen, ob man auch befugnisbegrenzende Vorschriften aus dem Strafverfahrensrecht überträgt.[57] Denn die Verweisung in Art. 44 Abs. 2, S. 1 GG gehört, ebenso wie grundrechtliche Befugnisbegrenzungen, dem Verfassungsrecht an, und die Schutznormen des Strafverfahrensrechts sind letztendlich auch realisiertes Verfassungsrecht.[58].
Bestätigt wird diese Auslegung durch den Gesetzgeber. Dieser sah die Verweisung auf das Strafverfahrensrecht allgemein als notwendig an und lehnte eine gesonderte Aufzählung der Einzelmaßnahmen ab[59], da der Untersuchungsausschuß ein freies Beweiserhebungsverfahren nicht erfinden könne und im Interesse der Rechtssicherheit bestimmte Grenzen gezogen werden müßten.[60] Dem ist zu entnehmen, daß über die sinngemäße Verweisung eben nicht nur dem Untersuchungsausschuß Rechte eingeräumt werden sollten, sondern auch eine Begrenzung der Eingriffsbefugnisse gewollt war.

Sinngemäße Anwendung kann daher nur bedeuten, daß die entsprechende Norm des Strafverfahrensrechts nach ihrem Sinn, Zweck und inneren Rechtfertigungsgrund so mit den Besonderheiten bzw. Unterschieden des parlamentarischen Untersuchungsverfahrens in Einklang gebracht werden kann, daß ihre Funktion gewährleistet bleibt. Dabei müssen nicht alle Vorschriften unverändert und in allen Einzelheiten übernommen werden, da die entsprechende Anwendung einer Vorschrift in einem anderen Verfahren nicht davon abhängig ist, daß alle äußeren Voraussetzungen, an welche das Gesetz die Anwendung knüpft, auch in diesem Verfahren gegeben sind.[61]

---

[57] Ähnlich auch die Anmerkung von Di Fabio, der die Anwendung befugnisbegrenzender Vorschriften aus dem Strafverfahrensrecht als „naheliegend“ bezeichnet, vgl. ders. a.a.O. S. 65.

[58] BVerfG 36, 373, 383 Krehl in: Lemke: Heidelberger-Komm., Einl. Rn. 19; Müller, Rechtsstaat und Strafverfahren S. 7.

[59] Löwenthal in: Büttner/Wettengel (Bearb.), Org.Aussch S. 187. Obwohl bereits die Literatur in der Weimarer Zeit darauf hinwies, daß es sinnvoller sei, die einzelnen Vorschriften, die im Rahmen einer sinngemäßen Verweisung zur Anwendung gelangen sollen, näher auszuführen. Vgl. Verh. des 34. DJT 1926, Bd. 2, Beschluß Nr. 3; S. 192.

[60] Selbert in: Büttner/Wettengel (Bearb.), Org.Aussch. S. 189.

[61] BGHSt 17, 128, 132.

4. *Folgerungen*

Im Rahmen der erforderlichen Beweiserhebung kann sich ein Untersuchungsausschuß für den gesamten Prozeß der Beweisbeschaffung und -sicherung der strafverfahrensrechtlichen Vorschriften bedienen. Die konkrete Übertragung der einzelnen Vorschriften hängt wiederum ab von der Aufgaben- und Zielsetzung des Untersuchungsverfahrens.

Eine Sonderstellung des Betroffenen durch die Einräumung von Verfahrensrechten ist durch eine - wie es Art. 44 Abs. 2, S. 1 GG vorschreibt - nur sinngemäße Anwendung der Vorschriften über den Strafprozeß nicht ausgeschlossen.

Für die Konkretisierung der Betroffenenstellung ist neben der verfassungsrechtlichen Funktion des Untersuchungsrechts, welche bereits im ersten Teil dieser Arbeit behandelt wurde, ein im folgenden vorgenommener Aufgaben- und Zielvergleich mit dem Strafverfahrensrecht erforderlich, da die Vorschriften aus dem Strafverfahrensrecht weder in ihren Befugniserteilungen noch in ihren - Begrenzungen auf das Untersuchungsverfahren zugeschnitten sind.

II. Aufgaben und Ziele im Vergleich zum Strafverfahren[62]

Im bisherigen Verlauf dieser Arbeit wurde für das Untersuchungsverfahren bewußt die Bezeichnung „Sachverhaltsaufklärung“ und nicht „Wahrheitserforschung“ gewählt, da der Untersuchungsausschuß sich mit Sachverhalten befaßt die immer einen politischen Bezug aufweisen. Dieser Sachverhalt ist im Untersuchungsauftrag umschrieben und wird allein durch die verfassungsrechtliche

[62] Im folgenden werden nur die Aufgaben und Ziele berücksichtigt, die sich auf die Beweiserhebung konzentrieren, denn die Vorschriften über den Strafprozeß finden allein auf die Beweiserhebungen der Untersuchungsausschüsse Anwendung.
Die Frage, ob der Schutz der Minderheit im parlamentarischen Verfahren durch ein Beweiserzwingungsrecht (der antragstellenden Minderheit) erhöht werden kann, steht zwar auch mit einem Ziel des Untersuchungsverfahrens in Zusammenhang, nämlich der politischen Kontrolle der Regierung. Hier geht es jedoch nicht um die Befugniszuweisung nach Art. 44 Abs. 2, S. 1 GG, sondern um die Auslegung des Art. 44 Abs. 1 GG. Für die Rechtsstellung des Betroffenen spielt diese Frage keine Rolle, da es sich hier nicht um die Auslegung des Art. 44 Abs. 2, S. 1 GG handelt. Allenfalls de lege ferenda stellt sich die Frage, ob ein Beweiserzwingungsrecht der Minderheit dem verfahrensrechtlichen Schutz des Betroffenen dienen kann. Vgl. dazu Schulte in: v. Mangoldt/Klein, GG, Rn. 158ff. zu Art. 44 GG; Gollwitzer in. FS für Dünnebier 1982, 327, 344ff.; Schenke in: JZ 1988, 805, 812f.

Funktion des Untersuchungsrechts sowie weiterer verfassungsrechtlichen Anforderungen begrenzt.[63]
Betrachtet man demgegenüber die Aufgabe des Strafverfahrens[64], die materiell[65] richtige, prozeßordnungsgemäß zustande gekommene und Rechtsfrieden schaffende Entscheidung über die Strafbarkeit des Beschuldigten zu gewährleisten,[66] ist der Konflikt augenfällig:
Im Untersuchungsverfahren fehlt ein materielles Strafrecht, an dem sich das Verfahren und die Aufklärung orientieren könnte. Die Aufklärung unter politischen Gesichtspunkten und die politische Besetzung im Ausschuß kollidiert mit der Aufgabe, eine materiell richtige Entscheidung zu treffen. Entsinnt man sich der am Anfang dieser Arbeit dargestellten Beispiele entsteht vielmehr der Eindruck, das parlamentarische Untersuchungsverfahren diene lediglich der Auseinandersetzung politischer Parteien und sei deshalb nicht geeignet, im Sinne einer Rechtsfrieden schaffenden Entscheidung das Interesse der Öffentlichkeit an einer objektiven Aufklärung zu verbürgen.
Außerdem wird nicht allein das Vorliegen einer strafbaren Handlung ermittelt und individuell zugerechnet. Je nach Untersuchungsauftrag und -verlauf kann ein normabweichendes Verhalten einer bzw. mehrerer Person in den Mittelpunkt gestellt oder nur ein Sachverhalt allgemein ohne personellen Bezugspunkt aufgeklärt werden.

Es stellt sich die Frage, ob die strafverfahrensrechtlichen Vorschriften so angepaßt werden können, daß ihre Funktion im Untersuchungsverfahren erhalten bleibt und sie wie im Strafverfahren, dann ein rechtlich geordnetes Verfahren gewährleisten und den verfassungsrechtlichen Anforderungen zum Schutz des Einzelnen genügen können.

---

[63] Vgl. Teil A II.

[64] Das Strafverfahren umfaßt das Erkenntnisverfahren und das Vollstreckungsverfahren, vgl. zu den Begriffen im einzelnen Roxin, Strafverfahrensrecht, § 1 Rn. 9. Für die vorliegende Arbeit ist jedoch nur das Erkenntnisverfahren von Relevanz.

[65] Im Gegensatz dazu bezeichnet das Strafprozeßrecht den Komplex des Verfahrensrechts; vgl. zu den Quellen des Strafverfahrensrechts Roxin, Strafverfahrensrecht, § 3 Rn. 1 ff.

[66] Roxin, Strafverfahrensrecht, § 1 Rn. 3.

1. Die Wahrheitserforschung

Im Strafverfahren besteht für die Staatsanwaltschaft und das Gericht die Pflicht, den Sachverhalt von Amts wegen (§§ 152 Abs. 1, 244 Abs. 2 StPO) umfassend zu erforschen.[67] Die Verpflichtung, den wahren Sachverhalt aufzuklären, sichert die Gerechtigkeit des Verfahrens und der Entscheidung. Abgesichert wird dieser Grundsatz zum einen durch eine zur Objektivität verpflichtete Anklagebehörde, die auch entlastende Umstände zu ermitteln hat[68] zum anderen durch die Rechte des Beschuldigten, sich aktiv am Prozeß zu beteiligen.[69]
Die Sachverhaltsaufklärung im Strafverfahren bezieht sich auf Tatsachen, die einer justizförmigen Feststellung zugänglich sind (sog. justizförmige Wahrheit).[70] Demnach bewegt sie sich also nur in den Grenzen der zulässigen Beweis- und Zwangsmittel der Strafprozeßordnung. Das Ziel der materiellen Gerechtigkeit des Urteils wird damit der Beachtung der die Menschenwürde wahrenden Schranken untergeordnet[71] und gerade nicht der Anspruch erhoben eine inhaltlich vollständigen objektive Wahrheit zu ermitteln.

Bisher stimmen das Strafverfahren und das parlamentarische Untersuchungsverfahren in ihren Aufgabe insoweit überein, als Staatsorganen zur Durchsetzung öffentlicher Interessen die Aufgabe und die Befugnis eingeräumt wird, einen bestimmten vorgegebenen und in der Vergangenheit[72] liegenden Sachverhalt von sich aus zu erforschen und die Ergebnisse zusammenfassend zu würdigen.[73]

---

[67] Offizialprinzip vgl. Pfeiffer in: KK, Einl. Rn. 4.

[68] § 160 StPO; entsprechend für das Gericht §§ 155 Abs. 2, 244 Abs. 2 StPO. Ermittlungsgrundsatz vgl. Pfeiffer in: KK, Einl. Rn. 7; Meyer-Großner in: Löwe-Rosenberg, Rn. 2ff. zu § 160; Kramer , Grundbegriffe des Strafverfahrensrechts, Rn. 13; Eisenberg, Beweisrecht, Rn. 1ff.

[69] Z.B. § 240 StPO Fragerecht, § 244 Abs. 3-6 StPO Beweisantragsrecht.

[70] Vgl. auch zum Begriff der „materiellen Wahrheit" Hassemer S. 147ff.; Pfeiffer in: KK., Krauß in FS für Schaffstein 1975, 411ff.; Käßer S. 3ff.

[71] Roxin, Strafverfahrensrecht, § 1 Rn. 4.

[72] Nicht ausforschbarer Initiativ- Beratungs- und Handlungsbereich der Regierung vgl. dazu ausführlich Hilf in NVwZ 1987, 537, 539; Friedrich S. 86f.; Eylmann in: Thaysen/Schüttemeyer S. 191; Engels in: Jura 1990, 71, 74ff.; BVerfG 67, 1, 139.

[73] Gollwitzer in: FS für Dünnebier 1982, 327, 332.

Fraglich ist aber, ob deshalb auch die oben ausgeführten Grundsätze der Wahrheitserforschung und deren Grenzen in das parlamentarische Untersuchungsverfahren übertragbar sind.

a) Sachverhaltsaufklärung parlamentarischer Untersuchungsausschüsse unter politischen Gesichtspunkten

Angezweifelt wird in der Literatur, daß gerade das Strafverfahrensrecht, als ein Instrument, das auf eine objektive Sachverhaltsaufklärung ausgerichtet ist, Auskunftspersonen im Untersuchungsverfahren vor parteipolitischen Auseinandersetzungen schützen kann. Eine Änderung der Beweislage im Verfahrensverlauf könne, so die Skeptiker, Parteien in Versuchung führen, die Beweisaufnahme im Sinne ihrer politischen Interessen zu funktionalisieren.[74]
Solche Zweifel sind angebracht, denn der Untersuchungsausschuß wird von Parlamentariern beantragt, eingesetzt und ist auch im Verlauf mit Abgeordneten (entsprechend den Mehrheitsverhältnissen im Parlament) besetzt[75], welche parteipolitischen und fraktionellen Erwartungshaltungen ausgesetzt sind.[76] Nicht nur der Abschlußbericht enthält politische Wertungen. Naturgemäß wird auch die Sachverhaltsaufklärung im Laufe des Verfahrens von den Motiven seiner gerade nicht zur Objektivität verpflichteteten Mitglieder beeinflußt.

Die Problematik der Sachverhaltsaufklärung unter politischen Gesichtspunkten läßt sich nicht leugnen. Andererseits schließt sie aber eine Übertragung der Grundsätze der materiellen Wahrheitserforschung in das Untersuchungsverfahren nicht von vorne herein aus.
Die Sachverhaltsaufklärung unter politischen Gesichtspunkten kann nämlich durchaus den Anforderungen einer wahren Sachverhaltsermittlung gerecht werden. Ein Untersuchungsverfahren wird im Interesse der Öffentlichkeit eingesetzt, um bspw. Mißstände in der Regierung aufzudecken. Gerade im Interesse der Öffentlichkeit muß aber die Wahrheit angestrebt werden - und nicht die politisch vorteilhafte, aber unvollständige oder sogar falsche, weil einseitige Sachverhaltsaufklärung.[77]

---

[74] Hilf in: NVwZ 1987, 537, 538; Quaas/Zuck in: NJW 1988, 1873, 1878; Di Fabio S. 40
[75] Zur Zusammensetzung vgl. Rechenberg in: Komm. zum Bonner-GG, Rn. 16f. zu Art. 44; Schneider in: AK-GG, Rn. 13 zu Art. 44 GG
[76] Quaas/Zuck in: NJW 1988, 1873, 1878.
[77] Vgl. auch Glauben in: DRiZ 1992, 395.

Ergänzt man die Behauptung politischer Sachverhaltsaufklärung im Untersuchungsverfahren, kollidiert diese nicht mehr mit dem Ziel der Wahrheitserforschung. Man kann nämlich als Aufgabe des Untersuchungsverfahrens auch die Wahrheitserforschung zwecks fachlicher, politischer oder rechtlicher Wertung verstehen, und dazu eignen sich gerade Vorschriften, die auf eine objektive Wahrheitsermittlung ausgerichtet sind.

Die in der Literatur angeführten parteipolitischen Interessensbindungen und die daraus resultierenden Gefahren für die Auskunftspersonen sind deshalb viel eher ein Argument dafür, die Grenzen der Wahrheitserforschung im Untersuchungsverfahren noch enger zu ziehen als im Strafverfahren und dafür, die Verfahrensbeteiligungen der Betroffenen zu verstärken, sofern diese gerade im Interesse der Wahrheitserforschung liegen.

b) Untersuchungsausschüsse als politisches Kontrollorgan

Ähnlich verhält es sich auch beim Einwand, Untersuchungsausschüsse seien in erster Linie politisches Kontroll- bzw. Kampfinstrument und kein „Wahrheitsfindungsorgan".[78] Die Ausgestaltung des Untersuchungsrechts als Minderheitenrecht legt eine solche Behauptung nahe. Auch die Minderheit im Parlament kann die Einsetzung eines Untersuchungsausschusses erzwingen und hat so die Möglichkeit, sich insbesondere vor der Öffentlichkeit Gehör zu verschaffen. Die Aufdeckung von Mißständen kann deshalb – im übrigen auch für die Mehrheit - zugleich die Fortsetzung des politischen Kampfes durch das Mittel des Untersuchungsrechts bedeuten.

Gegen die Reduktion des Untersuchungsausschusses auf ein Kontrollorgan spricht jedoch bereits die im ersten Teil dieser Arbeit dargestellte Reichweite des Untersuchungsrechts. Neben der Kontrollfunktion sind nämlich noch weitere Untersuchungsziele möglich. Genannt sei nur die Informationssammlung im Rahmen von Gesetzesvorhaben.
Eine in der Praxis vorhandene Dominanz der Kontrollenquete[79] kann nicht als Begründung für die Außerachtlassung jeglicher rechtsstaatlicher Grenzen, die

[78] Meyer in: Verh. 57. DJT 1988, Bd. II., M 114; Meyer in Thaysen/Schüttemeyer, S. 192; Masing in: Der Staat 27 (1988), 273, 281ff.; Quaas/Zuck in: NJW 1988, 1873, 1875; Di Fabio S. 67f.; Güther/Seiler in: NStZ 1993, 305, 306.
[79] Engels in: Jura 1990, 71.

dem Strafverfahren immanent sind, angeführt werden. Denn auch die Ausübung politischer Kontrolle kann einen Träger hoheitlicher Gewalt nicht davon entbinden, bei Eingriffen in die Rechtssphäre des Bürgers rechtsstaatliche Grundsätze zu wahren.
Außerdem würde mit dem Ausschluß von Gegenrechten aus dem Anwendungsbereich des Art. 44 Abs. 2, S. 1 GG den Untersuchungsausschüssen mehr an Eingriffsbefugnissen eingeräumt, als den Strafverfolgungsorganen durch das Strafverfahrensrecht zugesprochen werden. Schon wegen der Bindung an die Grundrechte und die Rechtsstaatlichkeit des Verfahrens müssen deshalb den Eingriffsbefugnissen der Untersuchungsausschüsse grundsätzlich auch Abwehrrechte des Bürgers gegenüberstehen.
Zudem könnte allein der politische Meinungskampf im Untersuchungsverfahren keine gerichtsförmige Beweiserhebung legitimieren.[80] Dies gebietet bereits die Auslegung des Begriffs „Öffentliches Interesse". Ein öffentliches Interesse an politischer Auseinandersetzung kann weder die Einsetzung noch die Eingriffe in grundrechtlich geschützte Bereiche nach Art. 44 Abs. 2, S. 1 GG rechtfertigen.[81] Außerdem ist das Mittel der politischen Auseinandersetzung die Debatte[82] und nicht das Untersuchungsverfahren mit seiner nach den Vorschriften des Strafprozesses ausgestalteten Beweiserhebung.
Diese Ansicht wird auch durch die Historie bestätigt, da mit dem parlamentarischen Untersuchungsrecht in erster Linie ein Instrument zur Aufklärung und zur Kontrolle geschaffen werden sollte.[83] Im Zusammenhang mit den Beratungen über den Ausschluß der Öffentlichkeit wurde im Organisationsausschuß des Parlamentarischen Rates der Sinn der Untersuchungsausschüsse darin gesehen, daß sie vor dem Volke klären, was politisch oder auch kriminalistisch unerlaubt gewesen ist.[84] Gewollt war demnach die Aufklärung von Sachverhalten und nicht der politische Kampf.

Darüber hinaus übersieht der Einwand, ein Untersuchungsausschuß sei im Gegensatz zur Strafgerichtsbarkeit kein Wahrheitsfindungsorgan, daß auch die

[80] Buchholz S. 140.
[81] Vgl. oben Teil A II. 2.
[82] Achterberg, Parlamentsrecht, S. 564 u. 577ff.
[83] Rechenberg in: Komm. zum Bonner-GG, Rn. 1 zu Art. 44 GG; Meyer in: Verh. 57. DJT, Bd. II., M 112; Buchholz S. 140.
[84] Löbe in: Büttner/Wettengel (Bearb.), Org.Aussch. S. 200.

Strafgerichtsbarkeit nicht als solches bezeichnet werden kann, da im Strafverfahren allein die materielle Wahrheit ermittelt wird.
Wahrheitsermittlung kann es in einem Rechtsstaat nicht um jeden Preis geben, und die Wahrheitserforschung ist auch kein „absoluter Wert", sondern der Strafprozeß ist selbst in die sittlichen und rechtlichen Rangordnungen des Staates eingebettet.[85] Der Wahrheitserforschung steht auch im Strafverfahren immer ein Abwehrinteresse des Beschuldigten gegenüber.
Folglich wird auch im Strafverfahren der Sachverhalt nicht unter allen Umständen so ermittelt, wie er sich tatsächlich abgespielt hat. Einen Grundsatz, daß die Wahrheit um jeden Preis erforscht werden muß, gibt es nämlich gerade nicht.[86]

c) Folgerungen

Die Wahrheitserforschung ist ebenfalls Aufgabenstellung eines Untersuchungsausschusses. Insofern ist auch die Geltung der Offizialmaxime und des Ermittlungsgrundsatzes im Untersuchungsverfahren zu bejahen.[87] Der Untersuchungsausschuß hat folglich, ebenso wie die Staatsanwaltschaft und das Gericht, im Rahmen des Einsetzungsbeschlusses die Pflicht, den Sachverhalt von sich aus vollständig zu ermitteln.[88] Vollständige Ermittlung bedeutet dabei insbesondere, daß der Untersuchungsausschuß im Falle persönlicher Vorwürfe auch entlastende Tatsachen aufzuklären hat.

Der Untersuchungsausschuß ist aufgrund seiner Stellung als Hilfsorgan des Parlaments an die im Einsetzungsbeschluß genannten Beweiserhebungen gebun-

---

[85] BGHSt 14, 358, 364f.; BGHSt 38, 215; Krehl in: Lemke, Heidelberger-Komm., Einl. Rn. 1; Roxin, Strafverfahrensrecht, § 24 Rn. 16.
[86] BGHSt 14, 358, 365.
[87] Rechenberg in: Komm. zum Bonner-GG, Rn. 23 zu Art. 44 GG; Maunz in: Maunz/Dürig, Rn. 50 zu Art. 44 GG; Halstenberg S. 75, Friedrich S. 150; Schachtel S. 18.
[88] Der Begriff der Tatsache ist weit zu verstehen. Er umfaßt ebenso wie im Strafverfahren auch psychologische Tatsachen. Maunz in: Maunz/Dürig, Rn. 20 zu Art. 44 GG. Für das Strafverfahren vgl. Julius in: Heidelberger-Komm., Rn. 7 zu § 244 StPO.

den.[89] In allen übrigen Fällen entscheidet er mehrheitlich, welche Beweise zu erheben sind.[90]
Strafverfahrensrechtliche Vorschriften, die Eingriffsmöglichkeiten der Strafverfolgungsbehörden begrenzen und deshalb auch der Wahrheitsforschung nicht nur entgegen stehen, sondern diese gerade verhindern (z.B. § 136 Abs. 1, S. 2 StPO; die Beweiserhebungs- und Beweisverwertungsverbote[91]), sind grundsätzlich auch im Untersuchungsverfahren zu beachten.
Sinngemäße Anwendung kann somit nicht bedeuten, daß allein dem Untersuchungsausschuß befugnisbegründende Rechte eingeräumt werden. Sinngemäße Anwendung kann aber auch nicht die Grenzen der Wahrheitserforschung, außer acht lassen, die das Strafverfahrensrecht über die verfassungsrechtlichen Grenzen hinausgehend vorsieht, denn dann würden dem Untersuchungsausschuß mehr Rechte als den Strafverfolgungsorganen zugestanden.
Für die sinngemäße Anwendung der Vorschriften über das Strafverfahren ergeben sich bisher folgende Konsequenzen:
Die politische Kontrollfunktion sowie die politische Auseinandersetzung im Verfahren stehen der Übertragung der strafrechtlichen Grundsätze der Wahrheitserforschung nicht entgegen. Überträgt man einzelne Vorschriften aus dem Strafverfahren, ist die politische Komponente des Untersuchungsverfahrens zu berücksichtigen.[92]

[89] Ähnlich ist aber auch das Gericht an den Prozeßgegenstand gebunden, da die Sachverhaltsaufklärung nur die „in der Anklage bezeichnete Tat" der angeklagten Personen betrifft (§§ 155 Abs. 1, 264 Abs. 1 StPO).

[90] Soweit bei Minderheitsenqueten diese auch im Einsetzungsantrag die Beweiserhebungen bestimmen kann, ist der Ausschuß hieran gebunden vgl. Maunz in: Maunz/Dürig, Rn. 50 zu Art. 44 GG ; Schneider in: AK-GG; Rn. 5 zu Art. 44 GG; Gollwitzer in: FS für Dünnebier 1982, 327, 344; Schröder in: Thaysen/ Schüttemeyer S. 44. Teilweise sehen die LUAGe eine Besonderheit vor, indem sie bestimmen, daß die Beweiserhebung auch auf Antrag einer Minderheit im Ausschuß zu erfolgen hat, vgl. z.B. § 10 Abs. 2 BUAG; § 47 Abs. 2 SUAG; § 13 Abs. 2 B-WUAG. Diese Abweichung gegenüber Art. 44 GG ändert jedoch nichts an der Verpflichtung des Untersuchungsausschusses zur umfassenden Sachverhaltsaufklärung, sondern regelt nur im Einzelfall (dem Minderheitenantrag), welche Beweise zwingend zu erheben sind, ohne daß die Mehrheit im Ausschuß anders entscheiden könnte.

[91] Roxin, Strafverfahrensrecht, § 24 Rn. 13ff.; Beulke, Strafprozeßrecht, Rn. 454ff.; Kleinknecht/Meyer-Großner, Rn. 20f. zu § 136 StPO.

[92] Ähnlich auch Hölz S. 273, da auch politische Sanktionen schwer wiegen können, konzentriert sich die Frage der Meßbarkeit der Leistung parlamentarischer Untersuchungsausschüsse auf die entscheidende Aufgabe der selbständigen Tatsachenermittlung.

Die aufgrund politischer Motivation vorhandene Mißbrauchsmöglichkeit von Eingriffsbefugnissen können durch Schutzvorschriften zugunsten der Betroffenen kompensiert werden.

2. Grenzen des Beweiserhebungsrechts

Das Beweiserhebungsrecht als Mittel der Wahrheitserforschung unterliegt aus rechtsstaatlichen Grundsätzen auch im Strafverfahren Einschränkungen.[93] Im Rahmen der Beweiserhebung können die Verfahrensbeteiligten (der Beschuldigte, sein Verteidiger, die Staatsanwaltschaft, das Gericht und der Verletzte) durch formal abgesicherte Rechtspositionen ihre Verfahrensinteressen wahrnehmen. Der Beschuldigte ist mit selbständigen aktiven und passiven Verfahrensrechten ausgestattet. Diese sind Ausdruck einer rechtsstaatlichen Grundhaltung, der auf dem Leitgedanken der Achtung der Menschenwürde beruht.[94]

Daß auch im Untersuchungsverfahren die Wahrheitserforschung und damit das Beweiserhebungsrecht nicht unbeschränkt gelten kann, wurde bereits festgestellt. Offen ist dagegen noch, ob diese Beschränkungen konkret ebenfalls aus der Übertragung passiver und aktiver Verfahrensrechte des Beschuldigten folgen.

a) Das Untersuchungsverfahren als „Inquisitionsverfahren"

In Literatur und Rechtsprechung wird insbesondere die Übertragung aktiver Beteiligungsrechte aus dem Strafverfahrensrecht abgelehnt, weil die Interessen des Untersuchungsausschusses, anders als im Strafverfahren, nicht den Interessen der Auskunftsperson gegenüberstünden.[95] Das Untersuchungsverfahren sei ein reines „Inquisitionsverfahren". Die Mitwirkungsrechte der Verfahrensbeteiligten im Strafverfahren beruhten dahingegen auf dessen kontradiktorischer Ausgestaltung.[96]

---

[93] Roxin, Strafverfahrensrecht, § 1 Rn. 3ff. u. § 24 Rn. 16ff.; Schröder, Strafprozeßrecht, Rn. 112ff.

[94] BGHSt, 14, 358, 364f.; Roxin, Strafverfahrensrecht, § 18 Rn. 1ff.

[95] Gollwitzer in: BayVBl. 1982, 417; Di Fabio S. 66, Hölz S. 60; Quaas/Zuck in: NJW 1988, 1873, 1877; Beckendorf in ZParl 20 (1989), 35, 42; Schleich S. 74f.; OVG Münster in: NVwZ 1987, 606ff.

[96] Gollwitzer in: BayVBl. 1982, 417f.; Quaas/Zuck in: NJW 1988, 1873, 1875; Di Fabio S. 66, Hölz S. 60.

Dem ist entgegenzuhalten, daß auch der Strafprozeß Züge des Inquisitionsprozesses beinhaltet und die Mitwirkungsrechte im Strafverfahren gerade nicht auf einer kontradiktorischen Verfahrensgestaltung beruhen. Mitwirkungsrechte haben vielmehr die Funktion, den Verfahrensbeteiligten die Möglichkeit zu eröffnen, auf die Verfahrensführung und die Sachverhaltsaufklärung Einfluß zu nehmen.[97]
Im Inquisitionsprozeß liegt die Wahrheitserforschung allein in der Hand des Richters. Einer Anklagebehörde bedarf es nicht, da der Richter von Anfang an das Beweismaterial sammelt, den Beschuldigten vernimmt, die Verhandlung leitet und das Urteil spricht.[98]
Dagegen werden im sog. Anklageverfahren die staatlichen Verfolgungsinteressen vom Vertreter der Anklage wahrgenommen, und die Belange des Beschuldigten werden vom Verteidiger vertreten. Die Parteien üben weitgehend die Verfahrensherrschaft aus und verfügen über den Prozeßgegenstand. Der Richter trägt nicht durch eigene Untersuchungshandlungen zur Sachverhaltsaufklärung bei, sondern leitet die Verhandlung „als eine Art neutraler Schiedsrichter".[99]

Der deutsche Strafprozeß verbindet Prinzipien des Inquisitionsprozesses mit denen des reinen Anklageverfahrens.[100]
Es sind insofern Prinzipien des Anklageverfahrens als die Strafverfolgungstätigkeit auf die Staatsanwaltschaft und die Urteilstätigkeit auf das Gericht verlagert ist; somit also zwei voneinander unabhängige Behörden. Außerdem ist die Eröffnung der gerichtlichen Untersuchung von einer Anklage abhängig, das erkennende Gericht ist von dem vorbereitenden Verfahren ausgeschlossen und trägt demnach nicht zur Sachverhaltsaufklärung bei. Prinzipien des Inquisitionsverfahrens, da im Zwischen- und Hauptverfahren allein das Gericht verfahrenstragendes Organ ist. Andere Verfahrensbeteiligte sind darauf beschränkt, durch Anträge und Beanstandungen darauf einzuwirken, daß das Gericht die ihrer Ansicht nach gebotenen Verfahrens- und Ermittlungs-

---

[97] Pfeiffer in: KK., Einl. Rn. 86f.; Roxin, Strafverfahrensrecht, § 18 Rn. 1; Wohlers in: NVwZ 1994, 40, 41f.; BVerfG 45, 187, 228; 63, 380, 390; BGHSt 14, 358, 364.
[98] Roxin, Strafverfahrensrecht, § 17 Rn. 3; Schroeder, Strafprozeßrecht, Rn. 30.
[99] Roxin, Strafverfahrensrecht, § 17 Rn. 4.
[100] Roxin, Strafverfahrensrecht, § 17 Rn. 5; Schoreit in: KK., Rn. 8 zu § 155 StPO; Wache in: KK., Rn. 3 zu § 160 StPO. Ziel einer solchen Ausgestaltung des reformierten Strafverfahrens war das Bestreben, eine inquisitorische Verfahrensstruktur mit der Befreiung des Beschuldigten aus der Rolle des Verfahrensobjektes zu verbinden. Vgl. Roxin, Strafverfahrensrecht, § 18 Rn. 1; Schroeder, Strafprozeßrecht, Rn. 35.

handlungen vornimmt. Selbst wenn Verteidigung und Staatsanwaltschaft bestimmte Ermittlungshandlungen übereinstimmend befürworten, können sie diese nicht gegen den Willen des Gerichts durchsetzen.[101] Der Amtsermittlungsgrundsatz schließt von vorne herein aus, daß die Staatsanwaltschaft und die Verteidigung über den Prozeßstoff verfügen.[102]
Steht das Untersuchungsverfahren im Hinblick auf seine inquisitorische Struktur also gerade nicht im Gegensatz zum Strafverfahren und kann damit weiter nicht der Ausschluß von Mitwirkungsrechten begründet werden, beruhen diese daneben auch nicht auf einer kontradiktorischen Ausgestaltung des Strafverfahrens.
Das Strafverfahren ist kein kontradiktorisches Parteiverfahren, da es keine „Parteien" gibt, die den Prozeß in den entscheidenden Stadien beherrschen. Außerdem ist die Staatsanwaltschaft eben nicht auf die Rolle des Anklägers beschränkt, sondern sie ist vielmehr auch zur Ermittlung entlastender Umstände und zur Unparteilichkeit verpflichtet (§ 160 Abs. 2 StPO). Die Mitwirkungsbefugnisse im Strafverfahren sind deshalb nicht Folge einer kontradiktorischen Struktur, sondern haben die Funktion, bereits während des Verfahrens eine Einflußnahme auf das allein verfahrenstragende Gericht zu ermöglichen.[103]
Die Einräumung von Beteiligungsrechten für den Betroffenen kann im Ergebnis nicht mit dem Argument unterschiedlicher Verfahrensstrukturen abgelehnt werden.

b) Vorschriften, die eine Sachverhaltsaufklärung beschränken

Gegen die Übernahme von Beteiligungsrechten spricht auch die Annahme, sinngemäße Anwendung der Vorschriften über den Strafprozeß beinhalte allein Vorschriften, die eine Sachverhaltsaufklärung beschränken. Solche seien aber keinesfalls Beteiligungsrechte, da diese nicht beschränkend wirkten.[104]

Zur Entkräftung dieser Auffassung soll im folgenden dem Ursprung dieser Aussage nachgegangen werden.

---

[101] Vgl. z.B. das Beweisantragsrecht, §§ 244 Abs. 3-6, 245 StPO.
[102] Vg. § 244 Abs. 2 StPO; ausführlich auch Roxin, Strafverfahrensrecht, § 17.
[103] Wohlers in: NVwZ 1994, 40, 41f.
[104] Quaas/Zuck in: NJW 1988, 1873, 1877 im Anschluß an OVG Münster in: NVwZ 1987, 606, 607.

Das OVG Münster befaßte sich in einer seiner Entscheidungen mit den Beteiligungsrechten im Untersuchungsverfahren.[105]
Fraglich war, ob dem Betroffenen aufgrund der Verweisung nach Art. 44 Abs. 2, S. 1 GG die Rechte auf Anwesenheit, Sachdarstellung, ein Fragerecht und ein Beweisantragsrecht eingeräumt werden können. Unter Bezugnahme auf die Entscheidung des Bundesverfassungsgerichts zur Flick-Spendenaffäre[106] stellt das Gericht fest, daß die Verweisung nur Vorschriften umfasse, in denen die den Strafverfolgungsorganen zustehenden Befugnisse zur Aufklärung des Sachverhalts und deren Grenzen umschrieben werden. Nicht in Bezug genommen seien Vorschriften, die dem vom Verfahren Betroffenen bei der Erforschung des Sachverhalts bestimmte Beteiligungs- und Mitwirkungsrechte gewähren.[107]
Erstaunlich ist, daß gerade das Bundesverfassungsgericht in der angeführten Entscheidung allein festgestellt hat, daß die Verweisung nicht befugnisbegründende, sondern auch befugnisbegrenzende Regelungen der Strafprozeßordnung erfasse.[108] Allerdings betraf die Entscheidung lediglich die sinngemäße Anwendung des § 96 StPO. Das Bundesverfassungsgericht führte also im Einzelnen nicht aus, welche Vorschriften als befugnisbegrenzende (- mit Ausnahme des § 96 StPO -) anzuwenden sind; in der Sache bleibt offen warum das OVG daraus den Schluß zieht, daß nur die Sachverhaltsaufklärung beschränkende Vorschriften Anwendung finden sollen.[109]
Geht man vom Begriff der Sachverhaltsbeschränkung aus, gehört das Aussageverweigerungsrecht des Beschuldigten (§ 136 Abs. 1, S. 2 StPO) sicherlich mit zu den Vorschriften, die Wahrheitserforschungen beschränken. Der Beschuldigte muß nämlich zu den ihm gemachten Vorwürfen keine Stellung nehmen. Da er die Aussage insgesamt verweigern kann, kann die Sachverhaltsaufklärung nicht an seiner Aussage ansetzen.
Auch Mitwirkungsrechte können die Sachverhaltsaufklärung beschränken. Hat der Beschuldigte bpsw. Zweifel an der Zulässigkeit einer Frage eines Beisitzers

---

[105] Die voranstehend im Zusammenhang mit der Sonderstellung des Betroffenen schon angesprochen wurde vgl. Teil B II. 3.

[106] BVerfG 67, 100, 133.

[107] OVG Münster in: NVwZ 1987, 606, 607.

[108] BVerfG 67, 100, 133

[109] So dann auch Quaas/Zuck in: NJW 1988, 1873, 1877 im Anschluß an OVG Münster in: NVwZ 1987, 606, 607.

(§§ 240 Abs. 1 , 242 StPO), entscheidet das Gericht.[110] Sollte dieses die Frage nicht zulassen, kann eine beschränkende Wirkung nicht abgestritten werden. Entscheidet bspw. der Vorsitzende, daß sich ein Zeuge nicht auf das Auskunftsverweigerungsrecht nach § 55 StPO berufen können soll, und entscheidet dann weiter das Gericht auf eine Beanstandung des Beschuldigten nach § 283 Abs. 2 StPO,[111] daß der Zeuge die Frage aufgrund der Einschlägigkeit des § 55 StPO nicht beantworten muß, wird ebenfalls die Sachverhaltsaufklärung beschränkt. Diese Beispiele verdeutlichen, daß der Begriff Sachverhaltsbeschränkung nicht alle aktiven Beteiligungsrechte auszuschließen vermag. Die Folgerung des OVG, daß keine Beteiligungsrechte unmittelbar aus dem Strafverfahrensrecht Anwendung fänden, ist somit widerlegt.

Ein weiterer Gedanke bestärkt die Auffassung, daß auch aktive Beteiligungsrechte aus dem Strafverfahrensrecht grundsätzlich übertragbar sind. Ersetzt man den Begriff „Beschränkung" durch „Beeinflussung", sind sämtliche Beteiligungsrechte anwendbar, denn ein Beweisantragsrecht, ein Fragerecht und ein Recht auf Stellungnahme beeinflussen die Sachverhaltsaufklärung.
Diese Beeinflussung kann eine Beschränkung sein, wenn z.B. ein Beweisantrag abgelehnt wird. Es kann aber auch eine Erweiterung sein, wenn umgekehrt einem Beweisantrag stattgegeben wird.
Die Ausführung verdeutlicht, daß die Entscheidung des OVG Münster nicht zur Begründung der Ablehnung aktiver Rechte herangezogen werden kann, da die Verwendung des Begriffs „Beschränkung" mehrdeutig und in verschiedene Richtungen auslegungsfähig ist.

3. Die individuelle Zurechnung

Als einer der wichtigsten Unterschiede zum Strafverfahren wird die fehlende individuelle Zurechnung im Untersuchungsverfahren angeführt. Der Beschuldigte, um den sich das Strafverfahrensrecht, insbesondere die Eingriffsbefugnisse zentrieren, sei dem parlamentarischen Untersuchungsverfahren unbekannt. Das Strafverfahren richte sich gegen eine bestimmte Person, den Beschuldigten. Das

---

[110] Da eine Frage des Beisitzers nicht nach § 241 Abs. 2 zurückgewiesen werden kann und deshalb keine sachleitende Anordnung des Vorsitzenden ergeht, findet § 238 Abs. 2 StPO keine Anwendung. Vgl. Tolksdorf in: KK., Rn. 1 zu § 242 StPO.
[111] BGHSt 10, 104, 105.

Untersuchungsverfahren richte sich gegen niemanden, folglich seien auch Verfahrensrechte des Betroffenen nicht erforderlich. [112]

Bereits eine Betrachtung der Vorbereitung verfassungsrechtlicher Anklageverfahren zeigt, daß auch im Untersuchungsverfahren eine individuelle Zurechnung erfolgt und die Argumentation insoweit fehlgeht.
Die Schuldzuweisung ergibt sich in der Regel bereits aus dem Einsetzungsantrag, der sich konkret auf die Aufklärung eines normwidrigen (Fehl)Verhaltens einer Person bezieht. Ebenso wie im Strafverfahren kann es hierbei auch um ein Verhalten gehen, das den Tatbestand einer strafrechtlichen Norm erfüllt. Aber auch wenn es um sonstiges (Fehl-) Verhalten geht, das z.B. den Tatbestand einer Ordnungswidrigkeit erfüllt oder ggf. disziplinarrechtliche Konsequenzen nach sich ziehen kann, ist die individuelle Zurechnung Untersuchungsziel. Ein Unterschied zum Strafverfahren besteht dann möglicherweise in der Schwere der Rechtsfolgen, aber nicht in einer anders gelagerten Angriffsrichtung.
Konzentriert sich das Strafverfahren auf die individuelle Zurechnung, um die Bestrafungsvoraussetzungen aufzuklären, indem der sich aus dem materiellen Strafrecht ergebende Verdacht einer strafbaren Handlung gegenüber dem Einzelnen unter justizförmigen Voraussetzungen geprüft wird;[113] konzentriert sich das Untersuchungsverfahren zur Vorbereitung einer verfassungsrechtlichen Anklage auf die individuelle Zurechnung eines vorsätzlichen Normenverstoßes, um die Voraussetzungen einer späteren Anklageerhebung aufzuklären.
Fordert die Entscheidung über Schuld oder Unschuld des Beschuldigten und die damit verbundene verbindliche Festsetzung einer im Gesetz festgelegten Rechtsfolge besondere rechtsstaatlichen Garantien, die dem Beschuldigten eine hinreichende Möglichkeit der Verteidigung durch rechtlich abgesicherte Einwirkungsmöglichkeiten auf den Verfahrensgang ermöglichen;[114] fordert die

---

[112] Rechenberg in: Komm. zum Bonner-GG, Rn. 25 zu Art. 44 GG; Maunz in: Maunz/Dürig, Rn. 54 zu Art. 44 GG; Schröder in Thaysen/Schüttemeyer, S. 46; Wagner in: GA 1976, 257, 265; Quaas/Zuck in: NJW 1988, 1873, 1875; Di Fabio S. 66; Gollwitzer in: BayVBl. 1982, 417; Buchholz S. 86; Hölz S. 60; BGHSt 17, 128, 133.

[113] Roxin, Strafverfahrensrecht, § 1, Rn. 3; Pfeiffer in: KK, Einl. Rn. 1; Krehl in: Lemke, Heidelberger-Komm.; Einf. Rn. 1.

[114] Solche Verfahrensgarantien sind: Der Anspruch auf rechtliches Gehör (§§ 33 Abs. 1 u. Abs. 3, 136 Abs. 1; 201 Abs. 1, 243 Abs. 4, 257 Abs. 1; 258 Abs. 1 u. Abs. 2; 265 StPO), das Recht auf Verteidigung (§§ 137 Abs. 1, S. 1; 140ff. StPO), Anwesenheitsrechte (§ 230 Abs. 1 StPO), Beweisantragsrechte (§§ 244, 245; 163a Abs. 2, 166 Abs. 1 StPO), Fragerecht (§§ 240 Abs. 2 i. V. m. Abs. 1) und das Schweigerecht (§§ 136 Abs. 1, S. 2, 163a StPO).

Zuweisung von Schuld im Untersuchungsverfahren konsequenterweise ebenfalls rechtsstaatliche Garantien.[115]

Zudem sind ebenfalls in Untersuchungsverfahren, die nicht in die Kategorie der verfassungsrechtlichen Anklageverfahren eingeordnet werden können, zahlreiche Fälle aufgetreten, in denen zumindest auch die Zuweisung von Schuld (sowohl in politischem als auch in strafrechtlichem Sinn) oder der Nachweis persönlichen Fehlverhaltens im Vordergrund standen.[116] Aus der Praxis wurde bereits darauf hingewiesen, daß die Zeugenbank in zunehmendem Maße zur Anklagebank werde.[117]

Würde man die Anwendung bestimmter Gegenrechte im Untersuchungsverfahren leugnen, weil es dort nicht darum ginge, persönliche Vorwürfe gegen eine Einzelperson zu erheben, würde man die Rechtsstellung des Betroffenen aufgrund eines ggf. durch einen geschickten Antragsteller vorgetäuschten Verfahrenszwecks bestimmen. Dies kann in einem Rechtsstaat keine Geltung erlangen, denn auch im Untersuchungsverfahren geht es um die Verhinderung der Objekthaftigkeit des Einzelnen,[118] so daß nur tatsächliche Eingriffe innerhalb des Verfahrens und nicht formale Unterschiede - die zudem wie aufgezeigt auch nicht vorliegen - für die Einräumung bestimmter Rechte ausschlaggebend sind.

Die Argumentation der Literatur und Rechtsprechung könnte allenfalls dann Geltung beanspruchen, wenn die Möglichkeit einer individuellen Zurechnung im Untersuchungsverfahren ausgeschlossen werden könnte. Die im ersten Teil dieser Arbeit untersuchte Reichweite der Untersuchungskompetenz zeigt jedoch schon, daß ein Ausschuß strafbares oder sonstiges (Fehl-) Verhalten einer Person aufklären und im Abschlußbericht werten kann. Deshalb kann auch nicht behauptet werden, ein Untersuchungsverfahren richte sich grundsätzlich nicht gegen eine Person.

Zutreffender ist die Feststellung, daß sich ein Untersuchungsverfahren nicht zwangsläufig gegen eine Person richtet und sich nicht immer auf eine individuelle Zurechnung konzentriert. Dieser Unterschied zum Strafverfahren, das sich immer

---

[115] Schröder in: Thaysen/Schüttemeyer, S. 46; Partsch, Gutachten für den 45. DJT 1964, Bd. 1 Teil 3, S. 113ff.

[116] Vgl. die Bsp. in der Einführung, Untersuchungsausschüsse „Wein" in Rheinland-Pfalz u. „Biag" des Berliner Abgeordnetenhauses; zudem der „Fall Barzel" im Flick Untersuchungsausschuß, vgl. zum Sachverhalt BVerfG 67, 100ff., Jekewitz in: FS für Partsch, 402, 410f.; weitere Bsp. Partsch, Gutachten für den 45. DJT 1964, Bd. 1 Teil 3, S. 116.

[117] Eylmann in: Thaysen/Schüttemeyer, S. 192.

[118] Müller-Boysen S. 68ff.

gegen den Beschuldigten richtet, kann nicht gegen die Einräumung von Verfahrensrechten angeführt werden, sondern ist vielmehr im Bereich der konkreten Definition des Betroffenen anzusiedeln.

4. Der Abschlußbericht

Insbesondere gegen die Einräumung aktiver Beteiligungsrechte wird eingewendet, daß dem Betroffenen im Unterschied zum Beschuldigten im Strafverfahren kein Urteil drohe. Der Abschlußbericht des Ausschusses vermöge die rechtliche Stellung der betroffenen Personen nicht unmittelbar zu verschlechtern[119] und die parlamentarischen Konsequenzen beinhalteten keine belastenden Maßnahmen im Sinne des Strafrechts, da sowohl dem Untersuchungsausschuß als auch dem Parlament judikative Befugnisse fehlen.[120]
Die drohenden Nachteile durch den Abschlußbericht könnten zwar erheblich sein, aber keinesfalls so einschneidende Maßnahmen beinhalten, wie sie durch das strafrechtliche Urteil ausgesprochen werden. Sie seien lediglich mittelbar und nichts anderes als Reaktionen der Umwelt, mit denen jeder, insbesondere jeder mit größerem Bekanntheitsgrad, zu rechnen hätte.[121]

Zutreffend ist, daß der Untersuchungsausschuß weder Geld- oder Freiheitsstrafe verhängen noch Maßregeln der Besserung und Sicherung anordnen kann. Daraus folgt aber nicht gleichzeitig, daß der Abschlußbericht keine unmittelbare Verschlechterung der Rechtslage des Einzelnen dergestalt auslösen kann, daß die Einräumung von Beteiligungsrechten nicht trotzdem gerechtfertigt wäre. Für eine Beurteilung der Eingriffsqualität des Abschlußberichtes ist es vorab sinnvoll, die Systematik der Strafe genauer zu betrachten.

---

[119] Quaas/Zuck in: NJW 1988, 1873, 1875; Schleich S. 50; Müller-Boysen S. 150; Di Fabio S. 66f.

[120] Müller-Boysen S. 108ff.; ähnlich Friedrich S. 88; Di Fabio S. 66.

[121] Müller-Boysen S. 108ff., dies gilt allerdings nicht für die Vorbereitung einer Richter-, Präsidenten-, Minister- oder Abgeordnetenanklage, vgl. ders. a.a.O. S. 108.

a) Nebenstrafe und Nebenfolge

Das Strafrecht unterteilt die Strafen in Haupt- und Nebenstrafen. Hauptstrafen sind die Freiheitsstrafe und die Geldstrafe.[122] Als einzig ausdrücklich bezeichnete Nebenstrafe nennt das Strafgesetzbuch das Fahrverbot (§ 44 StGB).
Sog. Nebenfolgen (- sie können wie die Nebenstrafe auch nur neben der Hauptstrafe verhängt werden -) sind Rechtsfolgen der Straftat, die einen aus verschiedenen Elementen zusammengesetzten Rechtscharakter aufweisen. Das repressive Element ist zwar vorhanden, es bestimmt aber nicht eindeutig ihren Charakter.[123]

Als Nebenfolge kennt das Strafrecht bspw. auch die Bekanntgabe der Verurteilung (§§ 103 Abs. 2, 165, 200 StGB). Überwiegend wird dieser ein Nebenstrafcharakter zugesprochen, da sie den Verurteilten in der Öffentlichkeit auch bloßstellen soll und nicht nur der Genugtuung des Verletzten dient.[124] Selbst von Vertretern der strafrechtlichen Literatur, die den Nebenstrafcharakter ablehnen und deshalb den Sinn der Bloßstellung als unmittelbaren Zweck verwerfen, wird eingeräumt, daß eine solche Wirkung, wenn auch nicht vom Gesetz beabsichtigt, eintreten kann.[125]
Als Wesen der Strafe wird deshalb auch der Ausspruch eines öffentlichen sozialethischen Unwerturteils über den Täter wegen der von ihm schuldhaft begangenen Rechtsverletzung angeführt.[126] Insoweit wird sie dann auch als strafähnliche Nebenfolge oder „Prangerstrafe" bezeichnet.[127]
Gleichgültig, ob man die Bekanntgabe der Verurteilung nun als echte Nebenstrafe oder als strafähnliche Nebenfolge bezeichnet, trägt sie immer einen negativen Aspekt in sich und hat insofern stets auch den Charakter eines Übels. Zudem

---

[122] Tröndle in : LK, Rn. 21 zu Vor. § 38 StGB; Stree in: Schönke/Schröder, Rn. 28 zu Vor. 38ff. StGB.

[123] Stree in: Schönke/Schröder, Rn. 30 zu Vor. 38ff. StGB; Tröndle in : LK, Rn. 36 zu Vor. § 38 StGB.

[124] Jeschek, Strafrecht Allgemeiner Teil, § 75 II.; RGSt 73, 24, 26; BGHSt 10, 306, 311.

[125] Lenckner in: Schönke/Schröder, Rn. 1 zu § 165 StGB u. Rn. 31 zu Vor. §§ 38ff. StGB, Herdgen in: LK Rn. 1 zu § 200 StGB; Tröndle in: LK, Rn. 28 zu Vor. 38ff. StGB.

[126] Jeschek, Strafrecht Allgemeiner Teil, § 8 I. 2. b). Vom Wesen der Strafe zu trennen ist die Rechtfertigung der Strafe zur Aufrechterhaltung der Rechtsordnung und als Grundbedingung für das Zusammenleben der Menschen in der Gemeinschaft. Ders. a.a.O. § 8 I. 2. a); Vgl. zu den verschiedenen Straftheorien ders. a.a.O. § 8 III. ff.

[127] Herdgen in: LK Rn. 1 zu § 200 StGB. Kritisch zum Aspekt der „Prangerstrafe" im modernen Konzept des Strafrechts Jeschek, Strafrecht Allgemeiner Teil, § 75 II.

dürfte es für den „Betroffenen" keinen Unterschied machen, ob man sich nun auf den Standpunkt stellt, die Bloßstellung sei Zweck der Bekanntgabe oder „nur" unbeabsichtigte Wirkung.[128]

b) Der Abschlußbericht als Sanktion

Das Untersuchungsverfahren kann ein normwidriges oder unehrenhaftes Verhalten des Betroffenen ausforschen und dieses im Abschlußbericht rechtlich[129] oder politisch würdigen. Im Abschlußbericht kann bspw. festgehalten werden, der Verdacht der Untreue (§ 266 StGB) habe nicht ausgeräumt werden können, oder auch der Verdacht der Untreue habe sich bestätigt. Im Abschlußbericht des Barschel-Pfeiffer Ausschusses heißt es auch über Mitglieder und Mitarbeiter der Landesregierung, daß sie durch ihre Willfähigkeit, Bedenkenlosigkeit und Kritiklosigkeit als Werkzeuge der Machterhaltung den Boden für politisch-kriminelle Machenschaften geebnet hätten. Dann werden Personen namentlich benannt und Beispiele für ihr Verhalten gegeben.[130] Der Bericht des Ausschusses wurde in Buchform veröffentlicht und verbreitet.

In der Literatur wird behauptet, daß solche Feststellungen nicht mit strafrechtlichen Sanktionsformen vergleichbar seien.[131] Selbst wenn man in Übertragung der voranstehend ausgeführten Gedanken zum Wesen der Nebenstrafe ausschließt, daß der Untersuchungsausschuß bestimmtes Fehlverhalten nur deshalb im Abschlußbericht festhält, um den Betroffenen anzuprangern und ihm damit ein beabsichtigtes Übel zuzufügen, bleibt die Wirkung beim Betroffenen dieselbe, wie bei einer Bekanntgabe der Verurteilung als strafrechtliche Sanktion (§§ 103 Abs. 2, 165, 200 StGB). Der Abschlußbericht spricht faktisch ebenso wie die strafrechtliche Nebenfolge ein sozialethisches Unwerturteil über den Betroffenen aus.

Unberücksichtigt bleiben darf auch nicht, daß solche von der Literatur als mittelbar eingestufte Folgen erheblich in die Rechtssphäre des einzelnen eingreifen. Dies gilt um so mehr, da inzwischen anerkannt ist, daß auch faktische und/oder

---

[128] Buchholz S. 82ff.

[129] Anschütz, Komm., Anm. 6 zu Art. 34 WRV; Maunz in: Maunz/Dürig, Rn. 21 zu Art. 44 GG. A.a. Halstenberg S. 176.

[130] Bsp. nach Buchholz S. 82.

[131] Quaas/Zuck in: NJW 1988, 1873, 1875; Schleich S. 50; Müller-Boysen S. 150; Di Fabio S. 66f. Unter dem Begriff Sanktion ist allgemein die mit einer rechtlichen Regelung verbundene Rechtsfolge zu verstehen, die der jeweiligen Norm zu rechtlicher Geltung verhelfen soll. Vgl. Creifelds S. 991.

mittelbare Grundrechtsbeeinträchtigungen (im Sinne von ungezielten, mittelbaren, nicht rechtlich regelnden staatlichen Maßnahmen, insbesondere durch Information der Öffentlichkeit) Grundrechte beeinträchtigen können.[132]
Gerade für den Fall der Richter-, Präsidenten-, Minister- oder Abgeordnetenanklage[133] wird deutlich, daß eine Ähnlichkeit mit den Sanktionen des Strafverfahrens nicht mit dem Argument bloßer mittelbarer Nachteile abgelehnt werden kann. Der Untersuchungsausschuß bereitet die Entscheidung über die Erhebung einer Anklage vor und gibt ein entsprechendes Votum ab.
Auch die Staatsanwaltschaft bereitet im Ermittlungsverfahren nur die Anklage vor, dennoch sind aus rechtsstaatlichen Erwägungen Rechte des Beschuldigten abgesichert. Eine Übertragung auf das Untersuchungsverfahren kann aber nichts anderes ergeben. Ferner kann man auch nicht behaupten, die Staatsanwaltschaft verurteile ja noch nicht und deshalb seien Nachteile lediglich mittelbar.

Zudem muß in die Überlegungen auch die Gerichtsfreiheit des Abschlußberichtes nach Art. 44 Abs. 4 GG mit einbezogen werden. Im Unterschied zum Strafverfahren, in dem jede belastende Entscheidung gerichtlich überprüfbar ist, kann sich der Einzelne gegen die Behauptungen des Abschlußberichtes nicht zur Wehr setzen.[134]
Stellt zum Beispiel ein Untersuchungsausschuß fest, daß an der Katastrophe in der Stadt X das schlechte Baumaterial der Firma Z schuld sei oder ein Privatunternehmen durch betrügerische Machenschaften eine Vielzahl von Personen geschädigt habe, sind diese Feststellungen kreditgefährdend und eine unmittelbare Übelszufügung.[135] Selbst wenn die Staatsanwaltschaft keinen für die Erhebung

---

[132] Vgl. Schulze-Fielitz in: Dreier (Hrsg.), GG-Komm. Rn. 105 zu Art. 20 GG (Rechtsstaatsprinzip) m.w.N.

[133] In diesen Fällen räumt die Literatur zumindest ein Schweigerecht ein, da die Konfliktlage vergleichbar sei, vgl. Gollwitzer in: FS für Dünnebier 1982, 327, 338; Schenke in. JZ 1988, 805; Müller-Boysen S. 108; Buchholz S. 92ff.; Schleich S. 53.

[134] Rechenberg in: Komm. zum Bonner-GG, Rn. 32 zu Art. 44 GG; Maunz in: Maunz/Dürig, Rn. 65 zu Art. 44 GG; Schneider in: AK-GG, Rn. 17 zu Art. 44 GG; Friedrich S. 88; Di Fabio S. 92ff.; Buchholz S. 85; Wagner in: GA 1976, 257, 263, Wagner in: NJW 1960, 1936, 1937; LG Kiel in: NJW 1989, 1094, 1095; VG Hamburg in: DVBl. 1986, 1017ff. hat offengelassen, ob zumindest im Fall intensiver und nachhaltiger Rechtsverstöße ausnahmsweise eine Überprüfung erfolgen kann.

[135] Bsp. nach Maunz in: Maunz/Dürig, Rn. 65 zu Art. 44 GG; weitere Beispiele vgl. Wagner in: GA 1976, 257, 263, Jekewitz, Verh. 57. DJT 1988, M 156ff.

der öffentlichen Klage hinreichenden Verdacht feststellt, bleibt der Verdächtigte rechtsschutzlos.
Gerade wegen des breiten öffentlichen Interesses am Verfahren und den Feststellungen parlamentarischer Untersuchungsausschüsse können die Folgen einem Strafurteil faktisch gleichkommen oder sogar noch darüber hinausgehen.[136]

Auch das in der Literatut vertretene Argument, daß es sich bei den Nachteilen allenfalls um Reaktionen der Umwelt handele, mit denen jeder zu rechnen habe,[137] kann nicht zum Ausschluß von Beteiligungsrechten führen.
Im Verlauf des Untersuchungsverfahrens kann es, wie im Verlauf eines Strafverfahrens auch, zu Presseberichten kommen, die unter Umständen das Ansehen einer Person schädigen. Im hier behandelten Fall geht es allerdings nicht um Medienberichte im allgemeinen, sondern um den Bericht des Untersuchungsausschusses als staatliches Organ. Das Gewicht solcher Äußerungen in der Öffentlichkeit ist höher zu bewerten. Nicht zuletzt deshalb wird im Zusammenhang mit den Abschlußberichten parlamentarischer Untersuchungsausschüsse auch von einer „Prangerstrafe" gesprochen.[138]

Zugunsten des Betroffenen ist weiter zu berücksichtigen, daß er daneben auch durch den Verfahrensablauf mit Eingriffen in seine Rechtssphäre zu rechnen hat. Faktisch macht es für den einzelnen keinen Unterschied, ob der Untersuchungsausschuß im Verlauf der Verhandlung behauptet, gegen seine Person X bestünde der Verdacht einer Straftat Y, oder ob er diese Feststellung zudem noch im Abschlußbericht trifft. Solche Behauptungen können nämlich in beiden Fällen als Anhaltspunkte für staatsanwaltliche Ermittlung dienen oder ggf. in einem anschließenden Strafverfahren durch Verlesung als Urkundsbeweis oder Vernehmung der im Untersuchungsverfahren anwesenden Zeugen bzw. der Ausschußmitglieder eingeführt werden.[139]
Außerdem ergeben sich auch die Belastungen und Beeinträchtigungen des Beschuldigten im Strafverfahren nicht nur aus der Möglichkeit der Verurteilung und Bestrafung, sondern durch den gesamten Ablauf des Strafverfahrens. Die Durchführung von Ermittlungen, Vernehmungen und die Verhängung von

[136] Gollwitzer in: BayVBl. 1982, 417, 423; Wohlers in: NVwZ 1994, 40, 41.

[137] C. II. 4.

[138] Wagner in: GA 1976, 257, 263.

[139] Verneint für das protokollierte Geständnis eines beamteten Zeugen im Disziplinar-verfahren Vetter in ZBR: 1991, 225, 228

Zwangsmaßnahmen sind aus rechtsstaatlichen Gründen in ihren Grenzen und Verhältnismäßigkeit so detailliert wie möglich gesetzlich festgeschrieben (z.B. für die Untersuchungshaft in den §§ 112ff. StPO).
Das strafrechtliche Urteil ist selbstverständlich von seinen Folgen her nicht mit dem Abschlußbericht parlamentarischer Untersuchungsausschüsse gleichzusetzen. Lediglich die Sanktionswirkungen sind mit der strafrechtlichen Nebenfolge zumindest dergestalt vergleichbar, daß die Einräumung von aktiven Beteiligungsrechten unmittelbar aus dem Strafverfahrensrecht, nicht aus dem Anwendungsbereich der Verweisung ausgeschlossen werden kann.[140]
Andererseits darf bei der Einräumung einzelner Rechte dann auch nicht übersehen werden, daß der Beschuldigte den hier als unmittelbare Sanktion aufgezeigten Folgen des Abschlußberichts im Strafverfahren zusätzlich ausgesetzt ist. Ihn treffen nämlich - neben den im Gesetz vorgesehenen Hauptstrafen – Nebenstrafen, Nebenfolgen oder schlichte Ansehensverluste auch ohne Bekanntmachung des Urteils. Der Beschuldigte hat folglich immer, unabhängig vom letztendlich ausgesprochenen Urteil, mit einer erheblichen Rechtsgutbeeinträchtigung zu rechnen.

5. Zusammenfassung

Das Strafverfahren und das parlamentarische Untersuchungsverfahren stimmen in ihren Aufgaben insoweit überein, als Staatsorganen zur Durchsetzung öffentlicher Interessen die Aufgabe und die Befugnis eingeräumt wird, einen bestimmten vorgegebenen und in der Vergangenheit[141] liegenden Sachverhalt von sich aus zu erforschen und die Ergebnisse zusammenfassend zu würdigen.[142]
Die Wahrheitserforschung obliegt auch dem Untersuchungsausschuß, und die Grenzen der Wahrheitserforschung, die das Strafverfahrensrecht festlegt, gelten auch im Untersuchungsverfahren. Die Sonderstellung des Betroffenen, verbunden mit der Einräumung passiver und aktiver Rechte, ist eine Grenzen im vorgenannten Sinne.

---

[140] Wohlers in: NVwZ 1994, 40, 41; Buchholz S. 82ff.; Schenke in: JZ 1988, 805, 814; Gollwitzer in: BayVBl 1082, 417, 423.

[141] Nicht ausforschbarer Initiativ- Beratungs- und Handlungsbereich der Regierung vgl. dazu ausführlich Hilf in: NVwZ 1987, 537, 539; Friedrich S. 86f.; Eylmann in: Thaysen/Schüttemeyer S. 191; Engels in: Jura 1990, 71, 76; BVerfG 67, 1, 139.

[142] Gollwitzer in: FS für Dünnebier 1982, 327, 332.

In die Übertragung konkreter Rechte aus dem Strafverfahren sind die politischen Komponenten der Sachverhaltsaufklärung im Untersuchungsverfahren mit einzubeziehen, außerdem judikative Befugnisse der Ausschüsse sowie Unterschiede in dem Schweregrad der Rechtsgutbeeinträchtigungen durch den Anschlußbericht und den Verfahrensablauf.

III. Verfahrensunterschiede

Nach den bisherigen Untersuchungen bedeutet sinngemäße Anwendung der strafverfahrensrechtlichen Vorschriften nicht, daß sämtliche Regelungen in unveränderter Form in das Untersuchungsverfahren übernommen werden müssen.
Ihre Funktion kann die jeweilige strafverfahrensrechtliche Vorschrift nämlich nur erfüllen, wenn sie mit den Besonderheiten bzw. Unterschieden des parlamentarischen Untersuchungsverfahrens in Einklang gebracht wird. Relevant sind also nicht nur Unterschiede in Aufgaben- und Zielsetzungen, sondern auch Strukturunterschiede im Zusammenhang mit den Verfahrensbeteiligten und den Verfahrensabläufen.

1. Die Einteilung in Verfahrensabschnitte

Im Gegensatz zum Untersuchungsverfahren ist das Strafverfahren in Verfahrensabschnitte eingeteilt.
Geprüft wird im Strafverfahren der hinreichende Verdacht einer strafbaren Handlung, und zwar im Ermittlungsverfahren von der Staatsanwaltschaft (§ 170 Abs. 1 StPO) sowie im Zwischen- und Hauptverfahren (§§ 203, 261 StPO) vom Gericht jeweils unabhängig und unter Ausschluß der Öffentlichkeit. Diese Unterteilung dient der Sammlung und Auswertung des für die Verhandlung relevanten Beweismaterials und dem Rechtsschutz des Beschuldigten[143].
Der Untersuchungsausschuß dagegen kann zu Beginn seiner Arbeit nur auf den Einsetzungsbeschluß zugreifen, in welchem das Thema, teilweise auch einzelne Beweisanträge und allenfalls einzelne Beweismittel genannt sind.[144] Damit sich der Untersuchungsausschuß nicht in seiner ersten Sitzung völlig unvorbereitet an

---

[143] Im Zwischenverfahren wird nämlich die Zulässigkeit und Notwendigkeit einer weiteren Strafverfolgung von einem unabhängigen Richter nochmals überprüft, sog. negative Kontrollfunktion, vgl. Roxin, Strafverfahrensrecht, § 40 Rn. 2.

[144] Vgl. Einsetzungsbeschluß des Neue-Heimat Untersuchungsausschusses des Bundes, abgedr. in BVerfG 77, 1, 4ff.

die Arbeit begeben muß, hat die parlamentarische Praxis Formen der Vorbereitung entwickelt. Die Unterrichtung des Untersuchungsausschusses, welche Tatsachen bereits ermittelt worden sind (durch Verwaltungsbehörden oder Gerichte), die Materialsichtung, welche Beweise noch erhoben werden müssen und welche Zeugen dafür in Betracht kommen, wird entweder durch den Vorsitzenden oder auch durch Berichterstatter vorgenommen.[145]

In den LUAGen ist vereinzelt vorgesehen, daß sich der Untersuchungsausschuß für diese Arbeit eines Unterausschusses bedienen kann.[146] Aber auch auf Bundesebene und in den Ländern, die bisher noch kein UAGe erlassen haben, werden aufgrund der Geschäftsordnungen oder des Einsetzungsbeschlusses Unterausschüsse eingesetzt.[147]

Ein Vergleich mit dem strafrechtlichen Ermittlungsverfahren oder dem Zwischenverfahren scheidet aus, da weder Unterausschüsse auf Bundes- noch auf Landesebene Zeugen förmlich vernehmen, Zwangsmittel einsetzen und eine Entscheidung über die „Eröffnung“ des Untersuchungsverfahrens treffen können.[148] Eine vorermittelnde Stelle existiert im Untersuchungsverfahren also nicht.

Für den Betroffenen hat dies erhebliche Konsequenzen, da sein (Fehl-) Verhalten nämlich nicht zunächst unter Ausschluß der Öffentlichkeit auf den Wahrheitsgehalt und seine Relevanz für das Verfahren überprüft, sondern quasi sofort vor den Augen der Öffentlichkeit ausgebreitet wird.

---

[145] Bsp. in Partsch, Gutachten für den 45. DJT 1964, Bd. 1 Teil 3, S. 71; Ismayr, Der Deutsche Bundestag, S. 203ff.; diesen wiederum stehen bei der Materialbewältigung die wissenschaftlichen Dienste der Landtage oder des Bundestages zur Seite.

[146] Z.B. § 9 Rh-PfUAG; § 7 BayUAG; § 9 ThüUAG.

[147] Die Delegation des Beweiserhebungsrechts an Unterausschüsse, d.h. die Übertragung des Beweiserhebungsrechts an Unterausschüsse z.B. in Form der Zeugenvernehmung, erscheint trotz gegenteiliger Praxis bedenklich, da dieses aufgrund des Art. 44 GG dem Untersuchungsausschuß in seiner Gesamtheit anvertraut ist und nicht einzelnen Mitgliedern; Bsp. in Partsch, Gutachten für den 45. DJT 1964, Bd. 1 Teil 3, S. 71ff.; Kastendiek in: Thaysen/Schüttemeyer, S. 126.

[148] Für das Strafverfahren vgl. §§ 161a , 202, 203 StPO.

2. Der Sachverhaltsumfang

Der Sachverhalt, an dem sich die Beweiserhebungen der Ausschüsse orientieren, ist im Untersuchungsverfahren wesentlich umfangreicher als im Strafverfahren, und es fehlen Vorschriften, an denen sich Eingriffsbefugnisse und Gegenrechte klar bestimmen lassen.

Ursache ist zum einen die zu Anfang dieser Arbeit untersuchte Reichweite der Einsetzungskompetenzen.[149] Zum anderen kennt das Untersuchungsverfahren keine in einer Anklage bezeichnete Tat, die den Umfang der Aufklärung festlegen könnte (§ 264 Abs. 1 StPO) und es fehlt insbesondere an einem für die Ausforschung eines Sachverhaltes erforderlichen konkreten Anfangsverdacht (§ 152 Abs. 2 StPO).

Vereinzelt wird für die Einsetzung eines parlamentarischen Untersuchungsausschusses ein „Anfangsverdacht" verlangt,[150] um so auch den Betroffenen vor haltlosen Ausforschungen mit den Zwangsmitteln des Strafverfahrensrechts im privaten Bereich zu schützten.[151] Zur Begründung dieses „Anfangsverdachtes" wird auf eine sinngemäße Anwendung des § 152 Abs. 2 StPO, auf den Wortlaut des Art. 45a Abs. 2 GG und die Entstehungsgeschichte des Art. 34 WRV verwiesen.[152]

Im Ergebnis weist diese Auffassung den richtigen Weg, indem sie versucht, den Betroffenenschutz so früh wie möglich einsetzen zu lassen. Allerdings kann eine Verdachtsakzessorietät nicht auf eine sinngemäße Anwendung des § 152 Abs. 2 StPO gestützt werden.

Art. 44 Abs. 2, S. 1 GG erklärt nämlich die Vorschriften über den Strafprozeß nur für die Beweiserhebung anwendbar, die Einsetzung des Untersuchungsausschusses erfolgt dagegen aufgrund des Art. 44 Abs. 1 GG. § 152 Abs. 2 StPO kann folglich nicht sinngemäß übertragen werden.

---

[149] Vgl. Teil A

[150] LG Frankfurt in: NJW 1987, 787, 789; BezirksG Schwerin in: DVBl. 92, 789f.; Depenheuer/Winands in: ZRP 1988, S. 258, 262, f.; Schröder, Gutachten für den 57. DJT 1988, Bd. I., E 24ff.; Friedrich S. 111.

[151] BezirksG Schwerin in: DVBl. 1992, 789f. Im Strafverfahren müssen den Strafverfolgungsbehörden konkrete Tatsachen bekannt sein, die es nach kriminalistischer Erfahrung möglich erscheinen lassen, daß eine verfolgbare Straftat vorliegt, Krehl in: Lemke, StPO, Rn. 7 u. 8 zu § 152 StPO; Schoreit in: KK., Rn. 28 zu § 152 StPO

[152] Depenheuer/Winands in: ZRP 1988, S. 258, 262f.; BezirksG Schwerin in: DVBl. 1992, 789f. stützt seine Auffassung nur auf § 152 Abs. 2 StPO.

Darüber hinaus ist auch die weitere Argumentation bedenklich. Aus dem Begriff „Angelegenheiten“ in Art. 45a Abs. 2, S. 2 GG (Verteidigungsausschuß) wird gefolgert, daß nur ein Vorkommnis tatsächlicher Art aufgrund seiner politischen Bedeutsamkeit zum Gegenstand der Untersuchung erhoben werden könne.[153] Dieser Ansatzpunkt übersieht, daß der Verteidigungsausschuß als ständiger Ausschuß eingesetzt wird. Es bedarf deshalb gerade keines besonderen Anlasses, um einen Ausschuß nach Art. 45a GG einzusetzen. Der Verteidigungsausschuß hat zwar auf Antrag eines Viertels seiner Mitglieder eine Angelegenheit zum Gegenstand seiner Untersuchung zu machen, dies bedeutet aber umgekehrt nicht, daß er selbst immer nur bei Vorliegen eines bestimmten Ereignisses eingesetzt werden kann. Dies würde nämlich seiner Konzipierung als ständigem Ausschuß widersprechen.[154]
Auch aus der Entstehungsgeschichte läßt sich ein notwendiger Anfangsverdacht für die Einsetzung eines parlamentarischen Untersuchungsausschusses nicht herleiten. Daß die Einsetzung nur bei bestimmten tatsachengestützten Anhaltspunkten möglich sein sollte[155] kann den Verhandlungen der verfassunggebenden Deutschen Nationalversammlung nicht entnommen werden. Der Passus, wonach das Untersuchungsrecht auf die Überprüfung der Gesetzlichkeit oder Lauterkeit von Regierungs- oder Verwaltungsmaßnahmen beschränkt werden sollte, wurde nämlich aus formalen Gründen gestrichen - und nicht, weil man davon ausging, es bedürfe grundsätzlich, auch ohne diesen Passus, immer eines konkreten Anfangsverdachts für die Einsetzung eines Untersuchungsausschusses.[156]

Außerdem ist fraglich, ob ein konkreter Anfangsverdacht den Betroffenen überhaupt in der beabsichtigten Weise zu schützen vermag, da hinsichtlich der Justiziabilität dieselben Bedenken vorzubringen sind, die bereits im Zusammenhang mit der Voraussetzung eines öffentlichen Interesses geltend gemacht wurden.[157]

---

[153] Depenheuer/Winands in: ZRP 1988, S. 258, 262.

[154] Schmidt-Bleibtreu/Klein, Komm. zum GG, Rn. 1 zu Art. 45a GG; im Ergebnis so auch Weingärtner in: ZRP 1991, 232.

[155] So aber Depenheuer/Winands in: ZRP 1988, S. 258, 262f.; Friedrich S. 111.

[156] Vgl. oben Teil A II. 1. c).

[157] Vgl. Oben Teil A II. 2. c).

Abgesehen von der Nichtanwendbarkeit des § 152 StPO ist zudem der Sachverhaltsumfang im Untersuchungsverfahren weiter, da eine dem § 264 Abs. 1 StPO[158] entsprechende Regelung fehlt.
Im Untersuchungsverfahren bestimmt der Einsetzungsbeschluß den Umfang der Sachverhaltsaufklärung. Der Sachverhalt wird, anders als im gerichtlichen Verfahren, nicht auf die Subsumierbarkeit unter bestimmten Rechtsregeln untersucht, und der Einsetzungsbeschluß selbst fordert oftmals schon politische Wertungen, so daß im Verlauf dann auch die Aufklärung unter den Gesichtspunkten möglicher politischer Stellungnahmen und Entscheidungen erfolgt.[159]
Der Vernehmungsgegenstand wird durch den Beweisbeschluß des Untersuchungsausschusses festgelegt. Ergänzungen durch Fragen und Vorhalte der einzelnen Ausschußmitglieder sind zulässig, sofern sie in einem Sachzusammenhang mit dem Untersuchungsauftrag stehen.[160]
Letztendlich hat dies für die Auskunftsperson zur Folge, daß der Vernehmungsgegenstand wesentlich weiter gefaßt werden kann, als dies vergleichsweise im Strafverfahren der Fall ist, da sich diese im Vorfeld an einem konkreten Anfangsverdacht und im Verlauf an der angeklagten Tat orientiert.

3. Die Verfahrensbeteiligten

Anders als im Strafverfahren, in dem das Verhältnis zwischen den Verfahrensbeteiligten[161] durch die Ausstattung mit eigenen Befugnissen ins Gleichgewicht gebracht ist, agieren im Untersuchungsverfahren Abgeordnete verschiedener Parteien, die in der Regel nicht die Befähigung zum Richteramt vorweisen können und deshalb mit dem System des Strafverfahrensrechtes nicht vertraut sind.

---

[158] Zu dem in der Anklage umschriebenen Geschehensablauf gehört das gesamte Verhalten des Angeklagten, soweit es mit dem durch die Anklage bezeichneten geschichtlichen Vorkommnis nach der allgemeinen Lebensauffassung einen einheitlichen Vorgang bildet, der bei getrennter Würdigung und Aburteilung unnatürlich aufgespalten würde. Ausführlich zum Prozeßgegenstand Roxin, Strafverfahrensrecht, § 20; Julius in: Heidelberger-Komm., Rn. 2 zu § 264 StPO.

[159] Partsch, Gutachten für den 45. DJT 1964, Bd. 1 Teil 3, S. 162f.; ähnlich Meyer, Verh. 57. DJT 1988, Bd. II., M 113. Vgl. auch Vgl. zur Bestimmtheit des Untersuchungsauftrages Rechenberg in: Bonner Komm., Rn. 7ff. zu Art. 44 GG; Maunz in: Maunz/Dürig, Rn. 3 zu Art. 44 GG; Köhler in NVwZ 1995, 664, 665; Weingärtner in: ZRP 1991, 223.

[160] BGH in: NJW 1979, 266, 267, AG Bonn in: NJW 1989, 1101f.

[161] Staatsanwaltschaft, Gericht, Beschuldigter, ggf. Nebenkläger und Verteidigung.

Die Einräumung von Verfahrensbefugnissen und Gegenrechten aus dem Strafverfahrensrecht stößt somit nicht nur auf Auslegungsschwierigkeiten im Rahmen der Verweisung in Art. 44 Abs. 2, S. 1 GG, sondern auch auf praktische Probleme in der Umsetzung derselben.

Die Zeugenbefragung geht nicht selten über die reine Tatsachenermittlung zur Wahrheitserforschung hinaus. Aufforderungen der Ausschußmitglieder, auch politische, moralische oder rechtliche Bewertungen vorzunehmen, sind, anders als im Strafverfahren, keine Seltenheit.[162]
Die Zeugenvernehmung des Neue-Heimat - Geschäftsführers Jaenecke zeigt exemplarisch[163], unter welchem Druck Auskunftspersonen im Untersuchungsverfahren stehen. Die Befragung bezog sich auf den Vorwurf, Gerhard Orgaß[164] sei zum Zeitpunkt seines Hausbaus kein Mitarbeiter der Neuen Heimat gewesen und hätte deshalb auch keine ermäßigte Betreuungsgebühr in Anspruch nehmen dürfen.
Im Verlauf der Befragung bestätigte sich der Eindruck, daß es nicht lediglich um die Bekundung von Tatsachen durch den Zeugen, sondern vielmehr darum ging, die vorgefaßte Meinung des Ausschusses über das angebliche Fehlverhalten von Orgaß bestätigt zu bekommen. Der Vorsitzende stellte mehrmals die Behauptung auf, Orgaß sei nicht Mitarbeiter der Neuen Heimat gewesen. Bezüglich der Finanzierung des Eigenheims entstand der Eindruck, daß der Zeuge in die Enge gedrängt werden sollte. Nachdem er mehrmals erklärt hatte, daß die Neue-Heimat Orgaß keinen Vorteil gewährt habe, bekam er zur Antwort: „Ja, das machen Sie doch für ‚Lieschen Müller‘ auch nicht!“[165]
Verdeutlicht wird die in der Praxis anzutreffende Abweichung von den strafverfahrensrechtlichen Vorschriften auch durch ein Schreiben des Vorsitzenden der Geschäftsführung der Neuen Heimat an den Präsidenten der Bürgerschaft. Als Beispiele von Ungehörigkeiten, die sich nicht einmal ein Angeklagter gefallen

---

[162] Für das Strafverfahren vgl. Dahs in: Löwe-Rosenberg, Rn. 2f. zu Vor. § 48 StPO. Für das Untersuchungsverfahren vgl. Kastendiek in Thaysen/Schüttemeyer S. 122ff; Partsch, Gutachten für den 45. DJT 1964, Bd. 1 Teil 3, S. 92f.

[163] Im Bundestags-Untersuchungsausschuß „Bundeshauptstadt“ (1950) stellte z.B. ein Mitglied die Frage, ob der Zeuge einem anderen Zeugen die Äußerung zutraue, im Kampfe gegen eine politische Gruppe wäre ihm jedes Mittel recht. Vgl. Partsch, Gutachten für den 45. DJT 1964, Bd. 1 Teil 3, S. 88. Vgl. auch das Beispiel des „Wein-Untersuchungsausschusses“ in der Einführung.

[164] Dessen Fall bereits auch in der Einführung aufgezeigt wurde.

[165] Zeugenvernehmung insg. abgedr. in: BT-Drucks. 10/6779 449f.

lassen müsse, führt er an: „Ein Ausschußmitglied habe eine Aussage des Zeugen mit der Erklärung kommentiert: „Sie haben sich doch wider besseren Wissens bewußt doof gestellt." Die Antwort eines Zeugen sei durch den Ausschußvorsitzenden mit der Erklärung kommentiert worden: „Bravo, Treffer! Tippen Sie mal weiter." Die Aussage eines Zeugen angezweifelt worden, ob man sich sein Schweigen erkauft habe, ein anderer sei als „Märchenerzähler" bezeichnet worden. Außerdem sei ein Zeuge durch den Ausschußvorsitzenden mit der Bemerkung unter Druck gesetzt worden, „die Luft könne noch eisenhaltiger werden", wenn er nicht kooperiere. Nicht zuletzt sei seine eigene Aussage durch ein Ausschußmitglied als „Hoffmanns Erzählungen" bezeichnet worden."[166]

Nicht nur die Art und Weise einer Zeugenvernehmung, sondern auch die Belastungen im Vorfeld einer anstehenden Vernehmung bestätigen den Verdacht, daß Auskunftspersonen im Untersuchungsverfahren einem höheren gesellschaftspolitischen Druck ausgesetzt sind als vergleichsweise Auskunftspersonen im Strafverfahren.[167]
Im Strafverfahren dringen im Vorfeld der Hauptverhandlung nur die Informationen über den Sachverhalt und den Beschuldigten an die Öffentlichkeit, die das Gerichtsverfassungsgesetzes in seinen engen Grenzen vorgibt. Dies trägt erheblich dazu bei, die Unvoreingenommenheit der Zeugen sicherzustellen.
Im Untersuchungsverfahren dagegen erfolgt die Benennung der Zeugen oft aus dem Untersuchungsausschuß heraus über die Presse. Der Zeuge erfährt in diesen Fällen also aus den Medien und nicht durch die Ladung des Untersuchungsausschusses, daß seine Vernehmung demnächst ansteht.[168] Auch im Anschluß an die Vernehmung, wird die Zeugenaussage teilweise direkt vor der Presse politisch gewürdigt, ggf. unter Anbringung von Zweifeln am Wahrheitsgehalt der Aussage.[169]
Deshalb ist der Aussage beizupflichten, im Untersuchungsverfahren handelten Politiker und keine unbefangenen, sich der Ethik des Rechts unterworfen fühlende Richter.[170]

---

[166] Abgedr. BT-Drucks. 10/6779, S. 452ff.

[167] Vgl. dazu auch Güther/Seiler in: NStZ 1993, 305, 306.

[168] Jekewitz, Verh. 57. DJT 1988, Bd. II., M 157; Dahs, Verh. 57. DJT 1988, Bd. II., M 117; Wagner in: GA 1976, 257, 263.

[169] Bsp. in: Kastendiek in: Thaysen/Schüttemeyer, S. 126 u. Zeugenaussage des ehemaligen Bundeskanzlers vor dem Plutoniumuntersuchungsausschuß des Deutschen Bundestages und Wertung in Form von Zweifeln an der Glaubhaftigkeit, vgl. Schaefer in: NJW 1998, 434.

[170] Halstenberg, Verh. 57. DJT 1988; Bd. II., M 121.

4. Die Öffentlichkeit

Ein weiteres Argument für einen besonderen Schutz des Betroffenen durch die Einräumung einer Sonderstellung ist die Art und Weise der Öffentlichkeit im Untersuchungsverfahren.

Im Gegensatz zum Strafverfahren (§ 169 S. 2 GVG) bedeutet nämlich Öffentlichkeit im Untersuchungsverfahren, daß Publikum und Presse Zutritt haben und ggf. Film-, Rundfunk- und Tonaufnahmen zugelassen sind.[171]

Deshalb ist auch die Behauptung richtig, die Beschädigungen im Untersuchungsverfahren seien nicht punktuell wie im Strafverfahren, sondern dauerhaft:[172] Zunächst durch die Erwähnung der anstehenden Befragung gegenüber der Presse, während der Befragungen und im Anschluß durch Würdigung der Aussage während bzw. unmittelbar nach der Aussage und ggf. nochmals durch Wertungen im Abschlußbericht.

Fragt man nach dem Hintergrund dieser gravierenden Abweichungen zum Strafverfahren, stößt man auf den bereits durch Art. 44 Abs. 1, S. 1 GG normierten Grundsatz der Öffentlichkeit der Ausschußsitzungen.[173] Nach Maßgabe des folgenden Satzes kann die Öffentlichkeit mit einfacher Mehrheit ausgeschlossen werden. Neben Parlamentsrecht finden für den Ausschluß der Öffentlichkeit aber auch die §§ 171 b ff. GVG Anwendung, denn die Verweisung des Art. 44 Abs. 2, S. 1 GG bezieht die Vorschriften des Gerichtsverfassungsgesetz mit ein.[174]

Das in Art. 44 Abs. 1 GG normierte Beweiserhebungsrecht kann auch durch die Vorschriften des GVG eingeschränkt werden. Allerdings finden die Vorschriften nur in angepaßter Form Anwendung. Da Art. 44 Abs. 1, S. 2 GG für die Entscheidung nur die einfache Mehrheit vorsieht, kann das GVG, das die Entscheidung des Gerichts insgesamt, nicht nur die des Vorsitzenden verlangt, diesbezüglich nicht einschränkend herangezogen werden.

---

[171] Schneider/Zeh, § 46 Rn. 30; Quaas, Disk, 57. DJT 1988, Bd. II., M 200ff.; für das Strafverfahren vgl. Kleinknecht/Meyer-Großner, StPO, Rn. 8ff. zu § 169 GVG, Sonderregelungen der LUAGe z.B. § 9 Abs. 1 N-WUAG verbietet Aufnahmen.

[172] Jekewitz in: Verh. 57. DJT 1988, Bd. II., M 157; Jekewitz in FS für Partsch 1989; 403, 415; Dahs in: Verh. 57. DJT 1988, Bd. II., M 117.

[173] Für die Länder vgl. z.B. § 7 BremUAG; Art. 41 Abs. 1, S. 2 N-WVerf. U. § 9 N-WUAG; § 7 BUAG.

[174] BVerfG 77, 1, 47; Scholz in: AÖR 105 (1980), 564, 589; Richter S. 100ff. a.A. Gollwitzer in: FS für Dünnebier 1982, 327, 331 der die Auffassung vertritt, die Vorschriften über den Öffentlichkeitsausschluß dienten beim Fehlen abschließender Regelungen nur als Anhaltspunkte.

Für die Hinzuziehung der Vorschriften des GVG spricht insbesondere, daß allein die Anwendung internen Parlamentsrechts (GSO-BT u. § 69 Abs. 2 GOBT) nicht zwangsläufig auf den Schutz privater Geheimnisse ausgedehnt werden kann.[175] Die GSO-BT wurde auch nicht zu diesem Zweck geschaffen, sie ist vielmehr die auf die Bedürfnisse des Parlaments zugeschnittene Parallele zu der Verschlußsachenanweisung für Bundesbehörden.[176]
Da aber die Vorschriften des GVG auch die grundrechtlich geschützten Interessen an der Geheimhaltung der Privat- und Intimssphäre konkretisieren[177] ist kein Grund ersichtlich, die §§ 171 b ff. GVG nicht im parlamentarischen Untersuchungsverfahren anzuwenden. Trotzdem können aber die voranstehend geschilderten dauerhaften Beschädigungen nicht gänzlich ausgeschlossen werden, da die Vorschriften des GVG eben nur sekundär Anwendung finden.

IV. Folgerungen

Die Argumente, die gegen eine Sonderstellung des Betroffenen angeführt werden, sind in diesem Teil der Arbeit entkräftet, sowie die für eine Sonderstellung sprechenden untersucht und erweitert worden. Nach diesen Untersuchungen kann die im vorangegangenen Teil dieser Arbeit gestellte Frage nach dem Vorhandensein eines Betroffenen bejaht werden.

Eine abschließende Definition des Betroffenen ist an dieser Stelle der Arbeit noch nicht möglich. Aufgrund der bereits aufgezeigten Schwierigkeiten,[178] genau diejenigen Auskunftspersonen zu beschreiben, denen eine Sonderstellung zuerkannt werden soll, ist zunächst eine Festlegung der Rechte notwendig, um sich über diesen Weg einer Eingrenzung zu nähern.

Für die Übertragung der einzelnen Vorschriften aus dem Strafverfahrensrecht in das parlamentarische Untersuchungsverfahren ist die Konfliktlage des Betroffenen im Vergleich zum strafverfahrensrechtlichen Zeugen und dem Beschuldigten maßgebend.

---

[175] Vgl. ausführlich Richter S. 100ff. in Auseinandersetzung mit der Entscheidung des BVerfG 67, 100, 127ff.

[176] Richter S. 109.

[177] Diemer in: KK.; Rn. 3 zu § 171 b GVG; Richter S. 105.

[178] Vgl. oben Teil B IV.

Die Unterschiede und Gemeinsamkeiten beider Verfahren sind bei der Übertragung einzelner Vorschriften zu berücksichtigen.

D. Die Rechtsstellung des Betroffenen

Nach den bisherigen Untersuchungen sind Betroffene Personen, gegen die sich die Untersuchung überwiegend richtet oder deren sanktionsbewehrtes sowie unehrenhaftes Verhalten zum Untersuchungsgegenstand erhoben wird. Die Betroffenheit ergibt sich aus dem Untersuchungsauftrag, dem Verfahrensverlauf oder dem Abschlußbericht.
Aktive und passive Rechte, die aus dem Strafverfahrensrecht im Wege der sinngemäßen Verweisung in das Untersuchungsverfahren übertragen werden, führen zu einer Konkretisierung des betroffenen Personenkreises, so daß die Definition im Verlauf der nachfolgenden Untersuchungen weiter eingeengt, erforderlichenfalls aber auch ausgeweitet werden kann.

Nimmt man als Ausgangspunkt für die Konkretisierung der Betroffenenstellung die Rechtsstellung des Beschuldigten im Strafprozeß, fällt auf, daß diese detailliert durch einzelne, im Kräfteverhältnis austarierte aktive und passive Rechte, abgesichert ist.
Der Beschuldigte ist zwar einerseits Objekt staatlichen Zwangs und muß insoweit eine Reihe massiver Eingriffe in seine persönliche Freiheit oder die körperliche Integrität hinnehmen (z.B. die Untersuchungshaft nach den §§ 112ff. StPO).[1] Andererseits ist er aber als Prozeßsubjekt mit selbständigen Verfahrensrechten ausgestattet und kann so am Zustandekommen der staatlichen, ihn betreffenden Entscheidung mitwirken.[2]
Der Beschuldigte kann auf der einen Seite Gegenstand des Augenscheinbeweises sein (§§ 86ff. StPO),[3] er kann aber auch als Aussageperson zur Sachverhaltsaufklärung beitragen (§ 136 Abs. 1, S. 2 StPO)[4]; ihn treffen eine Reihe von

---

[1] Roxin, Strafverfahrensrecht, § 18 Rn. 1; Peters, Strafprozeß, § 28 III. 1.

[2] Peters, Strafprozeß, § 28 III.; Krehl in: Lemke: Heidelberger-Komm., Rn. 1 zu § 157 StPO; Kleinknecht/Meyer-Großner, StPO, Rn. 4 zu § 157 StPO.

[3] Der Beschuldigte kann auf seinen körperlichen oder psychischen Zustand untersucht werden, es können Lichtbilder auf- und Fingerabdrücke abgenommen werden (§§ 81ff. StPO). Insoweit ist er Beweismittel im technischen Sinn, vgl. Pfeiffer in: KK; Einl. Rn. 90; Roxin Strafverfahrensrecht; § 25, Rn. 2.

[4] Er ist aber kein Beweismittel im formellen, sondern im weiteren Sinne, da sich aus § 244 Abs. 1 StPO ergibt, daß die Vernehmung des Beschuldigten nicht unmittelbar zur Beweisaufnahme zählt. Ausführlich Kleinknecht/Meyer-Großner, StPO, Einl. Rn. 49 u. Rn. 2 zu § 244 StPO; Rogall S. 31f.; Roxin, Strafverfahrensrecht § 25 Rn. 1ff.; Peters, Strafprozeß, § 29 II. 2.

Pflichten (z.B. §§ 58 Abs. 2;[5] 230 StPO[6]), die mit den Mittel des Strafverfahrensrechts gegen seinen Willen durchgesetzt werden können.[7] Auf der anderen Seite ist er in keiner Weise verpflichtet, an seiner Überführung aktiv mitzuwirken (vgl. § 136 Abs. 1, S. 2 StPO).[8] Er soll in jeder Lage des Verfahrens als Persönlichkeit, die über sich selbst verfügen und sein Schicksal eigenverantwortlich gestalten kann, Herr seiner Entschlüsse sein. Aus rechtsstaatlichen Gründen hat er Gelegenheit, auf den Gang und das Ergebnis des Verfahrens Einfluß zu nehmen.[9] Deshalb räumen ihm sowohl die Verfassung als auch das Strafverfahrensrecht eine Vielzahl an Rechten ein, die ihm diese Stellung als Prozeßsubjekt garantieren und seine Beweisfunktion begrenzen.[10]

Diese Rechtsposition des Beschuldigten im Strafverfahrensrecht ist nicht allein in der Möglichkeit einer Verurteilung begründet, sondern sie wird maßgeblich durch die Eingriffsmöglichkeiten innerhalb des Verfahrens bestimmt. Jeder staatliche

---

[5] Vgl. zur Gegenüberstellung Kleinknecht/Meyer-Großner, StPO, Rn. 9f. zu § 58 StPO; Senge in: KK, Rn. 10 zu § 58 StPO; Roxin, Strafverfahrensrecht, § 25 Rn. 2.

[6] Anwesenheitspflicht. Zu den Pflichten des Beschuldigten ausführlich Kleinknecht/Meyer-Großner, StPO, Einl. Rn. 80; Beulke, Strafprozeßrecht, Rn. 127ff.

[7] Z.B. kann seine persönliche Freiheit (Art. 2 Abs. 2 GG) durch die Verhaftung, die vorläufige Festnahme (§§ 112ff.; 127 StPO) und die zwangsweise Vorführung (§§ 134, 135 ggf. i.V.m. 163 a Abs. 3 S. 2 StPO; für die Hauptverhandlung §§ 216, 230 Abs. 2 StPO) eingeschränkt werden. Auch seine Verfügungsfreiheit über Eigentum und Wohnung können etwa bei der Beschlagnahme (§§ 94ff. StPO) oder der Durchsuchung (§§ 102 StPO) beeinträchtigt werden.

[8] Vgl. auch die §§ 163 a Abs. 2 S. 2 u. Abs. 4, S. 2; 243 Abs. 4 S. 1 StPO. Art. 14 III. g des Internationalen Paktes über staatsbürgerliche und politische Rechte, den die BRD am 17.12.1973 ratifizierte, BGBl. II. 1973, 1533.

[9] Kleinknecht/Meyer-Großner, StPO, Einl. Rn. 80; Pfeiffer in; KK, Einl. Rn. 86; Roxin, Strafverfahrensrecht, § 18; Müller, Rechtsstaat und Strafverfahren, S. 7ff.

[10] Der Anspruch des Beschuldigten auf rechtliches Gehör (Art. 103 Abs. 1 GG; Art. 6 Abs. 1, Abs. 1 Lit. C MRK) ist im Strafverfahrensrecht in verschiedenen Einzelvorschriften abgesichert. Vgl. nur die §§ 33 Abs. 1 u. Abs. 3; 136 Abs. 1; 201 Abs. 1; 234 Abs. 4; 257 Abs. 1; 265 StPO. Damit der Beschuldigte seinen Anspruch auf rechtliches Gehör auch tatsächlich ausüben kann, sieht die Strafprozeßordnung flankierend u.a. das Recht auf Anwesenheit (§ 230 StPO) und das Recht auf Stellungnahme (§ 257, 258 StPO) vor. Im Vorfeld der Hauptverhandlung vgl. §§ 168 c Abs. 1; 168 d Abs. 1 StPO; oder auch die §§ 224; 225 StPO. Die Einflußnahme des Beschuldigten auf die Sachverhaltsaufklärung wird wiederum durch verschiedene Rechte garantiert. Z.B. das Beweisantragsrecht (§§ 219, 244-246 StPO) und das Fragerecht (§ 240 Abs. 2 StPO). Vgl. für das Verfahren im Vorfeld der Hauptverhandlung §§ 201 Abs. 2, 219 Abs. 1, 220 Abs. 1 StPO.

Eingriff in grundrechtlich geschützte Bereiche wird nämlich durch den Grundsatz der Verhältnismäßigkeit und das Übermaßverbot begrenzt.[11] Insofern wird das Strafverfahrensrecht vom BVerfG als angewandtes Verfassungsrecht verstanden.[12]

Für die Rechtsstellung des Betroffenen ist im folgenden die genaue Bestimmung der Eingriffsbefugnisse parlamentarischer Untersuchungsausschüsse erforderlich. Erst nach Konkretisierung der Befugnisse parlamentarischer Untersuchungsausschüsse kann die Konfliktsituation des Beschuldigten der des Betroffenen gegenübergestellt werden und durch die Einräumung von Verfahrensrechten auch im parlamentarischen Untersuchungsrecht ein Ausgleich zwischen Eingriffsmöglichkeiten und Abwehrrechten hergestellt werden.

I. Die Befugnisse parlamentarischer Untersuchungsausschüsse nach Art. 44 Abs. 2, S. 1 GG

Die Verweisung in Art. 44 Abs. 2, S. 1 GG stellt klar, daß dem Untersuchungsausschuß für die Beweiserhebung die allgemeinen Beweismittel des Strafprozesses zur Verfügung stehen. Sie erfolgt demnach durch eidliche und uneidliche Zeugen- (§§ 48ff. StPO), durch Sachverständigenaussage (§§ 72ff. StPO), Augenschein (§ 86 StPO) und Urkundsbeweis (§ 249 StPO).

1. Die Vernehmung von Zeugen

Dem Untersuchungsausschuß gegenüber besteht eine allgemeine Zeugnispflicht.[13] Der ordnungsgemäß geladene Zeuge ist zum Erscheinen (§ 51 StPO) und zur Aussage (§ 70 StPO) verpflichtet und in der Ladung auf die Folgen seines Ausbleibens hinzuweisen (§ 48 StPO).[14]

---

[11] Krehl in: Lemke: Heidelberger-Komm., Einl. Rn. 19; Müller, Rechtsstaat und Strafverfahren S. 7; BVerfG 36, 373, 383.

[12] BVerfG 36, 373, 383.

[13] Die Zeugnispflicht ist allgemeine Staatsbürgerpflicht und besteht nicht nur gegenüber der Judikative. Für den Untersuchungsausschuß vgl. Lammers, HdbDStR, Bd. 2, S. 471; BVerfG 76, 363, 383.

[14] Die Übertragung der angeführten Vorschriften in das Untersuchungsverfahren ist allgemein anerkannt vgl. BVerfG 76, 363, 382; 93, 195, 205; Maunz in: Maunz/Dürig, Rn. 53 zu Art. 44 GG; jeweils m.w.N. Vgl. auch zum Problem der Zeugenladungen zwischen verschiedenen Bundesländern, Friedrich S. 154ff.

Die Zeugen sind grundsätzlich einzeln und in Abwesenheit der noch nicht gehörten Zeugen zu vernehmen (§ 58 Abs. 1 StPO),[15] sie müssen Gelegenheit eingeräumt bekommen, sich im Zusammenhang zu äußern (§ 69 StPO) und sie sind nach der Befragung endgültig als Zeugen zu entlassen (§ 248 S. 1 StPO).
Die Abwesenheit der später zu hörenden Zeugen und die zusammenhängende Wiedergabe sollen im Strafverfahren die Unbefangenheit der Zeugen und damit die vollständige und unverfälschte Sachverhaltserforschung sicherstellen.[16] Diese Vorschriften sind auch im parlamentarischen Untersuchungsverfahren zu beachten, da der Untersuchungsausschuß ebenfalls dem Grundsatz der Wahrheitserforschung unterliegt.[17]
Die Anforderungen an die Einhaltung der Vorschrift der §§ 58 ff. StPO sind allerdings den tatsächlichen Gegebenheiten des Untersuchungsverfahrens anzupassen. Da dem Untersuchungsverfahren kein Ermittlungsverfahren vorausgeht, erfährt der Ausschuß oftmals erst durch die Zeugenaussage Dritter, wer überhaupt noch als weiterer Zeuge in Betracht kommt. Außerdem ist der Zuschauerraum weniger überschaubar als ein Gerichtssaal, weil parlamentarische Untersuchungen in der Regel beim Publikum ein regeres Interesse finden. Welche Personen demnach aufgrund erneuter oder erstmaliger Vernehmung den Raum verlassen müssen, ist für die Ausschußmitglieder schwer zu bestimmen.[18]
Gegen Abweichungen bestehen jedoch keine Bedenken, da sinngemäße Anwendung auch Übertragung in abgewandelter und angepaßter Form bedeutet[19] und auch im Strafverfahren die Einhaltung aus rechtlichen und tatsächlichen Gründen nicht ausnahmslos möglich ist.[20]

Der Zeuge darf in sinngemäßer Anwendung der §§ 136a i. V. m. 69 Abs. 3 StPO keinen verbotenen Vernehmungsmethoden unterzogen werden.
§ 68 StPO enthält Regelungen zur Angabe von Personalien und Beschränkungsmöglichkeiten. Besteht die Besorgnis, daß durch diese Angaben der Zeuge oder eine andere Person gefährdet werde, sieht § 68 StPO die Möglichkeit vor, den

---

[15] Deshalb sind in entsprechender Anwendung des § 58 Abs. 1 StPO auch Ausschußmitglieder, die als Zeugen zu vernehmen sind, bis zum Ende ihrer Vernehmung von den Verhandlungen des Ausschusses ausgeschlossen; vgl. BVerfG 93, 195, 205ff.

[16] Vgl. § 69 Abs. 2 StPO. Lemke in: Heidelberger-Komm., Rn. 1 zu § 58 StPO, Rn. 5 zu § 69 StPO; Kleinknecht/Meyer-Großner, StPO, Rn. 5 zu § 69 StPO.

[17] Vgl. oben Teil C. II. 1.

[18] Bsp. in: Partsch, Gutachten für den 45. DJT 1964, Bd. 1 Teil 3, S. 109ff.

[19] Vgl. oben Teil C. I. 3. d).

[20] BVerfG 36, 195, 205. Vgl. auch zur Ablehnung wegen Befangenheit D. III. 2. c) ee).

Zeugen von der Beantwortung dieser Fragen zu befreien.[21] Gegen eine Übertragung in das Untersuchungsverfahren bestehen keine Bedenken.

Der Zeuge im Strafverfahren hat einen Anspruch auf angemessene Behandlung. Herabsetzende Äußerungen können nämlich den Ehrenschutz - als Ausdruck des Rechtsstaatsprinzips - verletzen und sind zudem der Amtsperson nicht würdig.[22] § 68a StPO weist insoweit ausdrücklich darauf hin, daß Fragen nach entehrenden Tatsachen, insbesondere nach Vorstrafen, nur gestellt werden sollen, wenn sie unerläßlich sind. Unangenehme und bloßstellende Fragen können im Interesse der Sachverhaltsaufklärung allerdings nicht immer vermieden werden; der Zeuge kann aber auch dann verlangen, daß möglichst schonend mit ihm umgegangen wird.[23]

In der Literatur findet man den berechtigten Hinweis, daß die Anforderungen an die Zeugenvernehmungen im parlamentarischen Untersuchungsverfahren bereits aus praktischen Gründen nicht so streng gehandhabt werden können wie die des Strafverfahrens[24] - was freilich nicht bedeuten kann, daß die Ausschußmitglieder in der Art und Weise ihrer Befragung keine Grenzen zu beachten hätten. Wenn nämlich für das Untersuchungsverfahren eine Zeugenvernehmung ggf. auch mit Zwangsmitteln durchgesetzt werden kann,[25] dann aber nur unter den Vorbehalten, welchen es unterliegt. Vermutlich nicht zuletzt deshalb wurden in den Beratungen zu Art. 44 GG als Argumente der Rechtssicherheit angeführt, daß der Untersuchungsausschuß ein freies Beweiserhebungsverfahren nicht erfinden könne und seiner Tätigkeit auch durch die Verweisung auf die Strafprozeßordnung Grenzen gezogen würden.[26]
Bei konsequenter Anwendung der Vorschriften, die das Strafverfahrensrecht zur Verfügung stellt, läßt sich eine „Ausuferung" der Zeugenvernehmung[27] verhindern. Einzelne Fragen der Ausschußmitglieder (§ 240 Abs. 1 StPO) oder des Vorsitzenden (§ 238 Abs. 1 StPO) können von den Zeugen selbst oder auch an-

---

[21] Vgl. § 68 Abs. 3 StPO.

[22] Dahs in: Löwe-Rosenberg, Rn. 1 zu § 68 a StPO; Senge in: KK; Rn. 1 zu § 68 a StPO; Lemke in: Heidelberger-Komm., Rn. 1 zu § 68a StPO; Peters, Strafprozeß, § 42 IV. 2.

[23] Lemke in: Heidelberger-Komm., Rn. 1 zu § 68a StPO; Kleinknecht/Meyer-Großner, StPO, Rn. 1 zu § 68a StPO; BVerfG 38, 105, 117.

[24] Partsch, Gutachten für den 45. DJT 1964, Bd. 1 Teil 3, S. 109.

[25] Vgl. unten Teil D I. 1. c).

[26] Selbert in: Büttner/Wettengel (Bearb.), Org.Aussch., S. 189.

[27] Vgl. das Bsp. oben Teil C III. 2.

deren Ausschußmitgliedern beanstandet und nach § 241 Abs. 2 StPO durch den Vorsitzenden zurückgewiesen werden. Zieht der Fragesteller seine Frage nicht zurück, entscheidet über die Zulässigkeit der Frage der Ausschuß (§§ 242; 238 Abs. 2 StPO).[28] So unterliegt die Kontrolle über die angemessene Behandlung des Zeugen (§ 68 a StPO) nicht allein dem Vorsitzenden, sondern allen Ausschußmitgliedern.
Aufgrund der Besetzung der Ausschüsse entsprechend den Mehrheitsverhältnissen im Parlament kann auf diese Weise eine unangemessene Behandlung der Zeugen wegen politisch motivierter, einseitiger Interessenslage eingedämmt und ein Gleichgewicht zwischen dem Untersuchungsausschuß und den Zeugen hergestellt werden.[29]

a) Auskunfts- und Zeugnisverweigerungsrechte

Für das Untersuchungsverfahren ist die Anwendung des Auskunftsverweigerungsrechtes (§ 55 StPO) und der Zeugnisverweigerungsrechte nach den §§ 52ff. StPO allgemein anerkannt.[30]
Der Zeuge hat die Gründe für seine Auskunftsverweigerung glaubhaft zu machen (§ 56 StPO), und er ist vorab über seine Zeugnisverweigerungsrechte und sein Auskunftsverweigerungsrecht zu belehren (§ 57 StPO). Für Richter und Beamte findet daneben § 54 StPO sinngemäß Anwendung.[31]

b) Vereidigung

Der Zeuge unterliegt auch im parlamentarischen Untersuchungsverfahren der Eidespflicht (59 StPO), soweit nicht Gründe der Eidesunmündigkeit (§ 60 StPO)

---

[28] Lemke in: Heidelberger-Komm., Rn. 18 zu § 238 StPO.

[29] Partsch, Gutachten für den 45. DJT 1964, Bd. 1 Teil 3, S. 82ff.

[30] Schulte in: v. Mangoldt/Klein, GG, Rn. 141ff.. zu Art. 44 GG; Schneider in: AK-GG, Rn. 15 zu Art. 44 GG; Schleich S. 40ff.; Müller-Boysen S. 96ff.; Gollwitzer in FS für Dünnebier 1982, 327, 340; Friedrich S. 159f; Kohlmann in: JA 1984, 670, 671f.; Vetter in: ZBR 1991, 225f.; BVerfG 76, 363, 387. Für Abgeordnete gilt zudem das Zeugnisverweigerungsrecht des Art. 47 GG und entsprechend die Regelungen in den Länderverfassungen, vgl. Partsch, Gutachten für den 45. DJT 1988, Bd. 1 Teil 3, S. 97.

[31] Ausführlich zur Anwendbarkeit des § 54 StPO im Untersuchungsverfahren vgl. Stern in: AÖR 109 (1984), 199, 236ff.; Scholz in: AÖR, Bd. 105 (1980), 565, 608ff.; Vetter in: ZBR 1991, 225f.; jeweils m.w.N.

vorliegen.[32] Der Eid ist geeignet, die Wahrheitserforschung zu unterstützen. Deshalb wurde der Verweis auf die Vorschriften über das Strafverfahren in Art. 34 WRV aufgenommen.[33]

Die im Strafverfahrensrecht vorgesehene regelmäßige Vereidigung (§ 59 StPO), wird in der Praxis des Untersuchungsverfahrens nicht durchgeführt. Im Gegenteil, die größte Zahl der Zeugen im Untersuchungsverfahren bleibt unbeeidigt.[34]
Bedenken ergeben sich aus dieser Praxis nicht. Auch im Strafverfahren regelt § 61 Nr. 5 StPO, daß das Gericht bei Verzicht durch die Staatsanwaltschaft, des Verteidigers und des Angeklagten von der Vereidigung absehen kann. Durch eine Vereidigung soll der Beweiswert der Aussage gesteigert werden;[35] wenn dies aber nach Ansicht des Ausschusses nicht erforderlich ist, kann auch er von der Vereidigung absehen.
Die engen Voraussetzungen, die das Strafverfahrensrecht an die Vereidigung stellt, fundieren daneben auch in einer sich anschließenden Revisionsmöglichkeit des Beschuldigten. Die Revision kann unter anderem darauf gestützt werden, daß das Gericht die Voraussetzungen der §§ 60, 61 StPO rechtsirrig angenommen habe und der Zeuge deshalb unbeeidigt geblieben sei.[36] Dagegen ist der Abschlußbericht gerichtsfrei, so daß die Bindung des Untersuchungsausschusses an die formellen Voraussetzungen der §§ 59ff. StPO nicht sinngemäß wäre.

Entscheidet sich der Ausschuß allerdings für eine Vereidigung, dann gelten die Vorschriften der § 57 StPO (Belehrung), § 59 StPO (Einzelvereidigung, Nacheid), §§ 66c-e StPO (Eidesform), § 67 StPO (Berufung auf den früheren Eid) sowie die Vereidigungsverbote (§ 60 StPO) entsprechend.[37]

---

[32] Maunz in: Maunz/Dürig, Rn. 53 zu Art. 44 GG; Partsch, Gutachten für den 45. DJT 1964, Bd. 1 Teil 3, S. 97; Rink in: DVBl 1964, 706f; H. Wagner in: GA 1976, 257, 264; a.A. Güther/Seiler in: NStZ 1993, 305, 306ff.

[33] Vgl. oben Teil B I. 1.

[34] Bsp. in: Partsch, Gutachten für den 45. DJT 1964, Bd. 1 Teil 3, S. 97ff.

[35] Dahs in: Löwe-Rosenberg, Rn. 2 zu § 59 StPO.

[36] Kleinknecht/Meyer-Großner, StPO, Rn. 11 zu § 59 StPO;

[37] BGHSt 17, 128, 130ff.; Partsch, Gutachten für den 45. DJT 1964, Bd. 1 Teil 3, S. 101ff.; H. Wagner in GA 1976, 257, 265ff.

Der Sinn und Zweck fordert hier die Anwendung der strengen Regelungen des Strafverfahrensrechts, da die Aussage des Zeugen im Falle eines Meineids strafrechtlich verfolgt werden kann.[38]
Allerdings ist auch eine nachträgliche Belehrung vor der Androhung von Zwangsmaßnahmen noch sinngemäß,[39] weil der Zeuge seine Aussage vor der Beeidigung noch berichtigen kann.

c) Zwangsmaßnahmen

Zur Erzwingung der Zeugnispflicht kann der Untersuchungsausschuß die strafprozessualen Zwangsmaßnahmen einsetzen.[40] Der Verweis wurde für notwendig erachtet, da ansonsten die Beweiserhebung illusorisch würde, sollte der Zeuge seinen Zeugnispflichten nicht nachkommen.[41]
Für den Fall des Ausbleibens kann der Untersuchungsausschuß deshalb dem Zeugen die Kosten auferlegen, ein Ordnungsgeld und, falls dieses nicht beigetrieben werden kann, grundsätzlich auch Ordnungshaft[42] und die Vorführung[43] des Zeugen anordnen (§ 51 Abs. 1, S. 1 u. S. 2 StPO). Die Entschuldigungsmöglichkeit des § 51 Abs. 2 StPO gilt entsprechend.

Für den Fall der Zeugnis- oder Eidesverweigerung findet § 70 Abs. 1 StPO sinngemäß Anwendung. Im Hinblick auf die möglichen Zwangsmaßnahmen unterscheidet sich § 70 Abs. 1 StPO im Grundsatz nicht von § 51 Abs. 1 StPO, so daß die voranstehenden Ausführungen entsprechend gelten.

---

[38] Zur Falschaussage vor dem parlamentarischen Untersuchungsausschuß vgl. H. Wagner in GA 1976, 257ff.; Buchholz S. 17ff.; a.A. Güter/Seiler in: NStZ 1993, 305, 308ff.

[39] Vgl. Partsch, Gutachten für den 45. DJT 1964, Bd. 1 Teil 3, S. 91.

[40] Anschütz, Die Verfassung des dt. Reichs, Art. 34 WRV Anm. 8 b; Alsberg, Gutachten für den 34. DJT 1926, Bd. I, S. 342; Maunz in: Maunz/Dürig, Rn. 53 zu Art. 44 GG; Schulte in: v. Mangoldt/Klein, GG, Rn. 144ff.. zu Art. 44 GG; Partsch, Gutachten für den 45. DJT 1964, Bd. 1 Teil 3, S. 105; Schröder, Gutachten für den 57. DJT 1988, E 61; Derksen in: JR 1994, 173ff.; Güther/Seiler in: NStZ 1993, 305, 308; Glauben in: DRiZ 1992, 395, 396f.; AG Bonn in: JR 1994, 171ff.; BVerfG 76, 363, 383.

[41] Vgl oben Teil B I. 1. a).

[42] Vgl. zum Richtervorbehalt des Art. 104 Abs. 2 GG die folgenden Ausführungen.

[43] Bedenken aufgrund des Richtervorbehaltes in Art. 104 Abs. 2 GG bestehen nicht, da die Vorführung als bloße Freiheitsbeschränkung nicht den Schranken des Art. 104 Abs. 2 GG unterliegt. Rauball in: v. Münch, GG-Komm.; Rn. 3 zu Art. 44 GG; Friedrich S. 162; Gollwitzer in: FS für Dünnebier 1982, 327, 340.

Weitergehend sieht § 70 Abs. 2 StPO aber noch die Beugehaft vor, die zur Erzwingung des Zeugnisses überwiegend für zulässig erachtet wird, da eine Zeugnispflicht ohne entsprechende Mittel ihrer Durchsetzung wirkungslos ist.[44] Da der Tatsachenermittlung durch einen parlamentarischen Untersuchungsausschuß rechtlich gleichgewichtige Bedeutung wie im Strafverfahren zukommt,[45] muß auch die Beugehaft, die im Strafverfahren eine gleichwertige Funktion erfüllt, übertragbar sein. Die Wahrheitsermittlung erfordert insoweit, daß der Untersuchungsausschuß ein weiteres Zwangsmittel einsetzen kann inbesondere auch gegenüber wirtschaftlich starken Personen, bei denen die Festsetzung eines Ordnungsgeldes (bis zu DM 1000,-, vgl. Art. 6 Abs. 1 EGStGB) unter Umständen nicht ausreicht, um die Aussagepflicht zu erzwingen.[46]
Sinngemäße Anwendung der Vorschriften über den Strafprozeß zwingt den Untersuchungsausschuß andererseits aber auch, die durch die Strafprozeßordnung vorgesehenen Einschränkungen zu beachten. Der Ausschuß muß deshalb in seiner Gesamtheit über die Verhängung der Zwangsmaßnahmen entscheiden,[47] denn auch im Strafverfahren entscheidet das Gericht und nicht der Vorsitzende alleine.[48] Außerdem kann die Anordnung der Beugehaft nur bei vorheriger oder gleichzeitiger Verhängung von Ordnungsgeld erfolgen.[49]

Der Zeuge hat grundsätzlich einen Anspruch nach § 33 StPO, vor der Entscheidung über eine Zwangsmaßnahme angehört zu werden.[50]
Ordnungs- und Beugehaft können aufgrund des Richtervorbehalts in Art. 104 Abs. 2 GG nur durch das Gericht angeordnet werden.[51] Die Untersuchungsaus-

---

[44] BVerfG 76, 363, 383ff., LG Bonn in: NJW 1987, 790ff;. AG Bonn in: JR 1994, 171ff.; Halstenberg S. 108ff.; Schulte in: v. Mangoldt/Klein, GG, Rn. 144ff. zu Art. 44 GG; Bickel, Referat, 57. DJT 1988, M 32ff.; Friedrich S. 161; Derksen in: JR 1994, 173ff.; Güther/Seiler in: NStZ 1993, 305, 308; Glauben in: DRiZ 1992, 395, 396f.; Pabel in: NJW 2000, 788, 789; a.A. Schröder, Gutachten für den 57. DJT 1988; E 63ff.

[45] Vgl. oben Teil C II. 1.

[46] BVerfG 76, 363, 384.

[47] Maunz in: Maunz/Dürig, Rn. 53 zu Art. 44 GG m. w. N.

[48] Lemke in: Heidelberger-Komm., Rn. 11 zu § 70 StPO

[49] BVerfG 76, 363, 391f.; a.A. Derksen in: JR 1994, 173; AG Bonn in: JR, 171ff. Für das Strafverfahren Dahs in: Löwe/Rosenberg, Rn. 17 zu § 70; Kleinknecht/Meyer-Goßner, StPO, Rn. 12 zu § 70 StPO; a.A. Lemke in: Heidelberger-Komm. § 70 Rn. 6ff.

[50] Maul in: KK, Rn. 5 zu § 33 StPO.

[51] Schulte in: v. Mangoldt/Klein, GG, Rn. 144ff.. zu Art. 44 GG; Gollwitzer in: FS für Dünnebier 1982, 327, 340; Hilf in: NVwZ 1987, 537, 541; Halstenberg S. 113ff.; Schleich S. 34ff.;

schüsse beschließen deshalb mit Stimmenmehrheit und beantragen dann die Verhängung der Ordnungs- oder Beugehaft beim zuständigen Gericht. Im übrigen kann der Untersuchungsausschuß Zwangsmaßnahmen selbst[52] nach seinem Ermessen[53] unter Beachtung des Verhältnismäßigkeitsgrundsatzes anordnen.

2. Sachverständigengutachten und Augenscheinsbeweis

Die Verpflichtung zur Erstattung von Gutachten besteht auch gegenüber dem Untersuchungsausschuß.[54] Sinngemäß anwendbar sind entsprechend den Ausführungen zur Zeugnispflicht, § 72 StPO (Verweisung auf die Zeugenvorschriften), § 73 StPO (Auswahl durch den Untersuchungsausschuß), §§ 75-80 StPO (Gutachtenpflicht; Verweigerungsrechte, Säumnis, Verhandlungsleitung, Vereidigung, Vorbereitung des Gutachtens).

Der Augenschein ist die Wahrnehmung einer Sache oder einer selbständigen und beständigen Sachgegebenheit zur Gewinnung einer Vorstellung vom Hergang.[55] Die Einnahme des Augenscheins ist in entsprechender Anwendung des § 86 StPO im Untersuchungsverfahren möglich, da er ebenfalls der Wahrheitserforschung dient.[56]

BVerfG 76, 363, 383; LG Bonn in: NJW 1987, 790, 791; VG Hannover in: NJW 1988, 1929, 1930. Für eine eingeschränkte Prüfungskompetenz des Gerichts im Hinblick auf die Zweckmäßigkeit spricht sich Partsch aus, vgl. ders. Gutachten für den 45. DJT 1964, Bd. 1 Teil 3, S. 105.

[52] LG Bonn in: NJW 1987, 790, 791; VG Hannover in: NJW 1988, 1929, 1930; Schleich S. 23ff.; Gollwitzer in: FS für Dünnebier, 327, 340; Hilf in: NVwZ 1987, 537, 534; a.A. Friedrich S. 161ff. Vereinzelt sehen die LUAGe vor, daß sämtliche Zwangsmaßnahmen beim Gericht beantragt werden müssen, z.B. § 16 B-WUAG; § 12 BUAG; § 11 BremUAG; § 16 N-WUAG, § 51 SUAG.

[53] Ebenso wie im Rahmen der Vereidigungsvorschriften ist die Übernahme als „Muß"-Vorschrift nicht angebracht.

[54] Lammers, HdbDStR, Bd. 2, S. 471.

[55] Peters, Strafprozeß, § 45 III.

[56] Vgl. aber zu weiteren Einschränkungen Teil D I. 7.

3. Verhandlungsleitung und Ordnungsgewalt

Nach § 12 GOBT bestimmt das Parlament den Vorsitzenden des Untersuchungsausschusses. Eine besondere Befähigung zum Richteramt wird nicht verlangt.[57] Dem Vorsitzenden obliegt die Ordnungsgewalt, er vertritt den Ausschuß nach außen und er ordnet die Ladung der Zeugen, Sachverständigen sowie die Herbeischaffung der sächlichen Beweismittel an. Er leitet die Verhandlung (§ 238 Abs. 1 StPO) und vernimmt die Zeugen und Sachverständigen.

Eine seiner primären Aufgaben liegt in der Sorge um einen ungestörten Verhandlungsablauf. Bei Maßnahmen mit Außenwirkung finden die Vorschriften über die Sitzungspolizei nach den §§ 176ff. GVG entsprechend Anwendung, da die Geschäftsordnung als bloßes Innenrecht aufgrund des Gesetzesvorbehaltes nach Art. 20 Abs. 3 GG keine Eingriffe beim Bürger begründen kann.[58] Für die Anordnung von Ordnungsmitteln nach dem GVG (Saalverweis wegen Ungebühr, Ordnungsgeld §§ 177, 178 GVG) ist der Ausschuß als Ganzes zuständig, da auch nach § 177 Abs. 2 GVG das Gericht entscheidet.

4. Urkundsbeweis

Im Strafverfahren wird der Urkundsbeweis durch Verlesung erhoben (§ 249 Abs. 1 StPO). Urkunden und andere als Beweismittel dienende Schriftstücke werden, weil ihr Inhalt den Beteiligten zur Kenntnis gelangen muß, in der Hauptverhandlung verlesen.
Daneben gilt im Strafverfahren der Grundsatz der persönlichen Vernehmung, d.h. die Verlesung eines Protokolls über eine frühere Vernehmung oder einer schriftlichen Erklärung kann die persönliche Vernehmung grundsätzlich[59] nicht ersetzen (§ 250 StPO).
Ursprung dieser Regelungen sind die Verfahrensgrundsätze der Unmittelbarkeit (insb. §§ 226, 250, 261 StPO) und der Mündlichkeit (§ 261 StPO), die im Straf-

---

[57] Vgl. aber auch unten Teil F. zur Forderung einer solchen Besetzung de lege ferenda.

[58] Daneben kann auch für Abgeordnete Parlamentsrecht (§ 41 GOBT) oder das Hausrecht (Art. 40 Abs. 2, S. 1 GG) zur Anwendung gelangen, vgl. Maunz in: Maunz/Dürig, Rn. 52 zu Art. 44 GG; Gollwitzer in FS für Dünnebier 1982, 327, 340. Ob dieses wegen des Gesetzesvorbehaltes auch für den Bürger und Regierungsmitglieder Bindungswirkung erzeugt, ist dagegen str.; vgl. zum Streitstand Haug S. 110ff.; Queng in: JuS 1998, 611, 612f. m.w.N.

[59] Die zulässigen Protokollverlesungen unterliegen den strengen Voraussetzungen der §§ 251ff. StPO.

verfahren allerdings nur für die Hauptverhandlung gelten. Das Gericht soll in eigener Wahrnehmung ein Bild vom Angeklagten, den Beweispersonen und -gegenständen erhalten, um so aufgrund seines unmittelbaren Eindrucks über die Tat zu urteilen, wie sie sich nach dem Ergebnis der Verhandlung darstellt (§ 264).[60] Korrespondierend besagt das Mündlichkeitsprinzip, daß nur der mündlich vorgetragene und erörterte Prozeßstoff, also keine Erkenntnisse außerhalb der Hauptverhandlung (z.B. Ermittlungsakten), dem Urteil zugrunde gelegt werden dürfen.

Folglich zwingen beide Prinzipien das Gericht, sich einen möglichst direkten und unmittelbaren Eindruck vom Tatgeschehen zu verschaffen.[61]

Für das Untersuchungsverfahren entspräche die unbelassene Übernahme der Vorschriften, die aus dem Unmittelbarkeits- und dem Mündlichkeitsprinzip folgen, nicht den Erfordernissen einer sinngemäßen Anwendung.

Der Anwendung der strengen Maßstäbe der §§ 249ff. StPO steht nämlich bereits Art. 44 Abs. 3 GG entgegen, wonach sich der Ausschuß das notwendige Material auch im Wege der Rechts- und Amtshilfe beschaffen kann. Die Verfassung sieht in diesem Punkt eine - gegenüber Art. 44 Abs. 2, S. 1 GG - eigenständige Regelung vor. Der Untersuchungsausschuß kann auch Zeugen und Sachverständige im Wege der Rechts- und Amtshilfe vernehmen lassen und, ähnlich wie im strafrechtlichen Freibeweisverfahren[62], die Verwertung der Niederschriften und sonstiger Schriftstücke[63] einführen.

Zweifelhaft ist allerdings, ob die in der Literatur vereinzelt vertretene Auffassung Geltung beanspruchen kann, nach der Urkunden und andere als Beweismittel dienende Schriftstücke in Abweichung von § 249 StPO lediglich den Ausschußmitgliedern zur Kenntnis gelangen müssen[64]

Entscheidend ist, daß auch der Betroffene und insbesondere die Öffentlichkeit von allen für die Wahrheitserforschung wesentlichen Tatsachen erfahren.[65]

---

[60] Beulke, Strafprozeßrecht, Rn. 24; Schröder, Strafprozeßrecht, Rn. 59; Peters, Strafprozeß, § 60 II. d); Roxin, Strafverfahrensrecht, § 44 Rn. 1ff.

[61] Krehl in: Heidelberger-Komm., Einl. Rn. 27ff.; Kleinknecht/Meyer-Großner, StPO, Rn. 1. zu § 250 StPO.

[62] Kleinknecht/Meyer-Großner, StPO, Rn. 5ff. zu § 244 StPO; Julius in: Heidelberger-Komm., Rn. 5f. zu § 244 StPO; Beulke, Strafverfahrensrecht, Rn. 180.

[63] Vgl. § 256 StPO; z.B. auch die Einholung von Auskünfte oder privatrechtlich beauftragte Gutachten.

[64] Maunz in: Maunz/Dürig, Rn. 51 zu Art. 44 GG;, S. 334; Friedrich S. 149.

[65] Im Ergebnis so auch Schneider in: AK-GG, Rn. 15 zu Art. 44 GG.

Die Wahrheitserforschung erfolgt nämlich im öffentlichen Interesse, und nur dieses kann die Einsetzung eines Untersuchungsausschusses rechtfertigen.[66] Daneben kommt der Öffentlichkeit aufgrund von Art. 44 Abs. 1, S. 2 GG im Untersuchungsverfahren ein besonderer Stellenwert zu.[67]
Dennoch haben im Ergebnis die Verfahrensgrundsätze der Unmittelbarkeit und Mündlichkeit nicht die verfahrensbeherrschende Bedeutung wie vergleichsweise im Strafverfahren. Für die Information des Betroffenen und der Öffentlichkeit ist allerdings die Verlesung aller Urkunden und anderer als Beweismittel dienenden Schriftstücke zu verlangen (§ 249 StPO). Der Grundsatz der persönlichen Vernehmung (§ 250 StPO) und die Vorschriften über die Protokollverlesung (§§ 251ff. StPO) sind dagegen für eine Kenntnisnahme nicht erforderlich. Letztere finden demnach im Untersuchungsverfahren keine Anwendung.

5. Beschlagnahme und Durchsuchung

Gegenüber dem Untersuchungsausschuß besteht in entsprechender Anwendung des § 95 StPO eine Herausgabepflicht, da der Ausschuß ansonsten auf die freiwillige Mitarbeit der Gewahrsamsinhaber angewiesen wäre.[68]
Bedeutung erlangt die Herausgabe in den Fällen, in denen die Gegenstände nicht auffindbar sind und deshalb auch nicht beschlagnahmt werden können.[69] Kommt der Gewahrsamsinhaber dieser Verpflichtung nicht nach, können in den dort festgesetzten Grenzen (§ 95 Abs. 2 StPO) die in § 70 StPO genannten Ordnungs- und Zwangsmittel festgesetzt werden.

Die Übernahme der §§ 94 Abs. 1 u. 2, 97, 98 StPO (Beschlagnahme) und § 102ff.[70] StPO (Durchsuchung) in das Untersuchungsverfahren ist dagegen umstritten.[71]

---

[66] Vgl. oben Teil A II. 2.

[67] Vgl. auch Halstenberg S. 80ff.

[68] Halstenberg S. 90.

[69] Schlüchter, Das Strafverfahren; Rn. 291.

[70] § 102 StPO scheidet aus, soweit die Durchsuchung die Ergreifung des Täters zum Ziel hat. Selbst bei den Anklageverfahren geht es um Amtsenthebung und nicht um Durchsetzung des staatlichen Strafanspruchs, so daß selbst eine „Flucht" die Amtsenthebung nicht verhindern könnte. § 102 2. Alt StPO dagegen regelt die Durchsuchung beim Verdächtigen zur Sicherstellung von Beweismitteln und bleibt auch für das Untersuchungsverfahren relevant.

[71] Anschütz, Die Verfassung des dt. Reichs, Anm. 8 zu Art. 34 WRV; Rosenberg, Gutachten für den 34. DJT 1926, Bd. I, S. 19; Alsberg, Gutachten für den 34. DJT 1926, Bd. I, S. 342;

Angeführt wird, daß die kriminalistischen Zwecken dienende Beschlagnahme und Durchsuchung eine Anwendung derselben im Untersuchungsverfahren sinnwidrig erscheinen lasse.[72] Sinn des Untersuchungsverfahrens sei es, die objektive Wahrheit zu erforschen, nicht aber, „einen Verbrecher der verdienten Bestrafung zuzuführen". Da das parlamentarische Untersuchungsverfahren kein Strafverfahren sei, wäre es sinnwidrig, wenn man Untersuchungsausschüssen gestatten würde, bei ihrer Tätigkeit Befugnisse anzuwenden, die sozusagen, „rein kriminalistisch konstruiert, die in ihrer ganzen Wesensart durch den Strafverfolgungszweck, dem sie dienen, wenn auch nicht ausschließlich, so doch spezifisch, bestimmt sind".[73]

Dieser Argumentation steht bereits entgegen, daß die Durchsuchung und Beschlagnahme auch in anderen Rechtsgebieten zugelassen werden. Sie sind insoweit also keine spezifisch strafprozessualen Maßnahmen, die allein Strafverfolgungszwecken dienen.[74]

Behauptet werden kann auch nicht, der Sinn des Strafverfahrens sei die „Verurteilung eines Verbrechers". Die Vorschriften des Strafverfahrensrechts, insbesondere die der Beweissicherungen und -erhebungen, dienen nämlich auch der Ermittlung des „wahren Sachverhaltes" in einem rechtlich geordneten Verfahren, um eine im Gesetz vorgesehene Sanktion durchzusetzen und damit eine Rechtsfrieden schaffende Entscheidung vorzubereiten.[75]

Schachtel S. 37.; Rechenberg in: Komm. zum Bonner-GG, Rn. 29 zu Art. 44 GG; Pfander in: NJW 1970, 314f.. Für die Zulässigkeit der Beschlagnahme und die Unzulässigkeit der Durchsuchung Partsch, Gutachten für den 45. DJT 1964, Bd. 1 Teil 3, S. 124f.; Halstenberg S. 126 ff. Für die Zulässigkeit beider Maßnahmen BVerfG 77, 1, 49; LG Frankfurt in: NJW 1987, 787, 789; Maunz in: Maunz/Dürig, Rn. 59 zu Art. 44 GG; Schulte in: v. Mangoldt/Klein, GG, Rn. 123 zu Art. 44 GG; Morlock in: Dreier (Hrsg.), GG-Komm., Rn. 45 zu Art. 44 GG; Schenke in: JZ 1988, 805, 813; Schleich S. 28.

72 Anschütz, Die Verfassung des dt. Reichs, Anm. 8 zu Art. 34 WRV. Außerdem wird die Zulässigkeit als Maßnahme der „Beweissicherung" abgelehnt. Vgl. zur Ablehnung des „engen Beweiserhebungsbegriffes" oben Teil C I. 2.

73 Anschütz, Die Verfassung des dt. Reichs, Anm. 8 zu Art. 34 WRV.

74 Z.B. § 76 Abs. 3 AO; für die Beschlagnahme §§ 39, 40 N-W POlG. § 18 Rh-Pf POG für die Durchsuchung.

75 Ausführlich Pfeiffer in: KK. zur StPO, Einl. 1ff.

Außerdem vermag diese Auffassung nicht zu erklären, warum zwar die Zeugenvernehmung und der Zeugenzwang,[76] nicht aber die Beschlagnahme und Durchsuchung zulässig sein soll.
Der Untersuchungsausschuß kann sich über die Zeugenvernehmung zwar sämtliche Informationen ggf. mit den Zwangsmitteln des Strafprozesses beschaffen; umgekehrt soll er sich aber die gleichen Informationen nicht durch Mittel der Beweissicherung zugänglich machen können. Folglich würde er lediglich verwiesen auf die Informationsbeschaffung durch ein anderes Beweismittel, den Zeugenbeweis. Damit würde aber der Zeugenbeweis gegenüber dem Urkundsbeweis ungerechtfertigt aufgewertet, ohne jedoch tatsächlich die Eingriffsbefugnisse parlamentarischer Untersuchungsausschüsse zu begrenzen. Folge wäre demnach nur eine Verlagerung der zulässigen Beweismittel.
Für eine Aufwertung des Zeugenbeweises ist zudem kein sachlicher Grund ersichtlich. Die Beschlagnahme bezeichnet nämlich einmal die Anordnung des Herausgabeverlangens, zum anderen die zwangsweise Durchführung dieser Anordnung. Durch Erfüllung der Herausgabepflicht (§ 95 StPO) ist der Zeuge in der Lage, die zwangsweise Wegnahme abzuwenden. Demnach besteht gegenüber den zulässigen Zwangsmitteln zur Durchsetzung der Zeugenpflicht nach den §§ 51, 70 StPO kein Unterschied, weil, ebenso wie im Rahmen der Zeugenaussage, der Zwang durch Erfüllung abgewandt werden kann.[77]
Bestätigt wird die Zulässigkeit der Beschlagnahme und Durchsuchung hingegen durch die Regelung des Art. 44 Abs. 2, S. 2 GG. Nach Art. 44 Abs. 2, S. 2 GG bleibt das Brief-, Post- und Fernmeldegeheimnis unberührt. Die Verfassung selbst schränkt die sinngemäße Anwendung der Vorschriften über den Strafprozeß ein. Die §§ 99-101 StPO finden insoweit keine Anwendung.[78]
Würde man die Beschlagnahme und Durchsuchung nicht als sinngemäß übertragbar ansehen, verlöre Art. 44 Abs. 2, S. 2 GG seine Bedeutung, da er nicht mehr als absolute Grenze des Beweiserhebungsrechts nach Art. 44 Abs. 2, S. 1 GG verstanden werden könnte.[79] Schriftliches Beweismaterial, das unter den

[76] Diese Zwangseingriffe waren allgemein anerkannt vgl. Anschütz, Die Verfassung des dt. Reichs, Anm. 8 zu Art. 34 WRV Lammers , HdbDStR II, § 94 VI; Schachtel S. 34; Hatscheck, Deutsches und Preußisches Staatsrecht, § 32 A. II., S. 700f.

[77] Halstenberg S. 123.

[78] Die Bedeutung der sog. Unberührtheitsklausel des Art. 44 Abs. 2, S. 2 ist str. Teilweise wird sie auch als bloße Wiederholung des Art. 10 GG aufgefaßt, vgl. Schneider in: AK-GG, Rn. 15 zu Art. 44 GG. Zum Streitstand Palm/Roy in: NJW 1998, 3005ff.

[79] Schulte in: v. Mangoldt/Klein, GG, Rn. 177 zu Art. 44 GG; Halstenberg S. 124ff.; Heck S. 64.

Voraussetzungen der §§ 99ff. StPO erlangt wurde, soll nämlich keinesfalls im Untersuchungsverfahren verwendet werden.
Sowohl die Beschlagnahme als auch die Durchsuchung sind, mit Ausnahme der dem Brief- Post- und Fernmeldegeheimnis unterliegenden Schriftstücke, deshalb zulässig.

Die sich anschließende Frage, ob der Untersuchungsausschuß die Beschlagnahme und Durchsuchung selbst anordnen kann (§§ 98, 105 StPO), läßt sich zumindest für die Durchsuchung wegen dem in Art. 13 Abs. 2 GG enthaltenen Richtervorbehalt verneinen.
Selbst wenn man aber für die Beschlagnahmeanordnung ebenfalls die Zuständigkeit des Gerichts befürwortet und bei Gefahr in Verzug den Ausschuß zur Antragstellung an die Staatsanwaltschaft verweist,[80] verbleibt das Problem der Kollision grundrechtlich abgesicherter Geheimhaltungsinteressen der Betroffenen mit dem Beweiserhebungsrecht des Untersuchungsausschusses.[81]
Die Rechtsprechung hat zwar eine pragmatische Lösung vorgeschlagen, indem sie die Durchsicht und Vorauswahl der potentiellen Beweiserheblichkeit der Unterlagen dem Gericht zuweist,[82] Unsicherheiten, die sich aus der Einschätzungsprärogative des Gerichts[83] ergeben, bleiben bestehen.
Das Gericht hat nämlich nicht nur die grundrechtlich abgesicherten Rechtspositionen der Betroffenen nach dem Verhältnismäßigkeitsprinzip mit dem Beweiserhebungsrecht des Parlaments abzuwägen und nach dem Grundsatz der praktischen Konkordanz einander zuzuordnen; es muß dann auch noch über die Beweiserheblichkeit für das konkrete Untersuchungsverfahren - bei in der Regel eher global formulierten Untersuchungsaufträgen - entscheiden. Durch eine Vorauswahl des Gerichts kann deshalb nicht ausgeschlossen werden, daß die Einschätzungsprärogative bzgl. der Beweiserheblichkeit der beschlagnahmten Unterlagen nicht mit der des Ausschusses übereinstimmt und dadurch auch die verfassungsrechtliche Kompetenzzuordnung tangiert wird.[84]

---

[80] Magiera in: Sachs, GG-Komm.; Rn. 24 zu Art. 44 GG; Friedrich S. 174f.; ausdrücklich offengelassen BVerfG 77, 1, 51f.

[81] Vgl. dazu ausführlich BVerfG 77, 1 51ff.; Klenke in: NVwZ 1995, 644, 645ff.

[82] BVerfG 77, 1, 53ff.; LG Bonn in: NJW 1989, 1101ff.; LG Frankfurt in: NJW 1987, 787, 789.

[83] Für das Strafverfahren § 94 Abs. 1 StPO.

[84] Klenke in: NVwZ 1995, 644, 647.

Befürwortet man dagegen eine Begrenzung der Aussonderungsmöglichkeit des Gerichts auf Beweismittel, die offensichtlich mit dem Untersuchungsauftrag nichts gemein haben,[85] engt man die Prüfungskompetenz in Abweichung der strafverfahrensrechtlichen Voraussetzungen ggf. zu Lasten der Betroffenen ein. Eine Prüfung der potentiellen Beweisbedeutung würde dann nämlich ausscheiden.[86]
Hinzu kommt, daß die Vorkehrungen, die das Strafverfahren zum Schutz der Geheimnissphäre trifft, im Untersuchungsverfahren nicht in gleicher Weise vorhanden sind. Das strafverfahrensrechtliche Ermittlungsverfahren ist nicht öffentlich. Die an ihm beteiligten Personen unterliegen einer strafbewehrten und disziplinarrechtlich verfolgbaren Schweigepflicht (vgl. §§ 353 b, 355 StGB, 61ff. BBG); Anklage wird nur bei hinreichendem Tatverdacht erhoben (§ 170 Abs. 1 StPO), und dieser wird im Zwischenverfahren unter Ausschluß der Öffentlichkeit nochmals durch das Gericht überprüft (§§ 199ff. StPO).
Im Untersuchungsverfahren kann zwar ebenfalls die Öffentlichkeit ausgeschlossen werden (§§ 171 b ff. GVG), die Verletzung besonderer Geheimhaltungspflichten ist aber nur in den engen Grenzen der §§ 353 b Abs. 2, Nr. 1 StGB i.V.m. § 69 Abs. 7 i.V.m. Anlage 3, § 3 der GOBT strafbewehrt[87], und das Untersuchungsverfahren ist aufgrund der Zusammensetzung seines durchführenden Gremiums, seiner oftmals exponierten Stellung in den Medien und seines politischen Kontext eher anfällig für eine mögliche Preisgabe vertraulicher Informationen.[88]

Gerade deshalb ist es aber viel eher angezeigt, dem Betroffenen durch die Einräumung von Beteiligungsrechten die Möglichkeit zu geben, die Verwendung der ihn betreffenden vertraulichen Informationen zu beeinflussen, in geringem Maße zu steuern und ggf. über § 174 GVG den Ausschluß der Öffentlichkeit zu erwirken.

6. Aktenvorlage

Die Frage ist zu stellen, wie ein Untersuchungsausschuß an das notwendige schriftliche Material gelangt, welches er zur Sachverhaltsaufklärung benötigt,

---

[85] So Klenke in: NVwZ 1995, 644, 647.
[86] So aber im Strafverfahren vgl. Nack in: KK, Rn. 7 zu § 94 StPO.
[87] Dreher/Tröndle, Rn. 6 zu § 353 b StGB.
[88] Im Grundsatz so auch Klenke in: NVwZ 1995, 644, 647.

wenn sich dieses nicht - wie in den Fällen der Beschlagnahme und Durchsuchung - in den Händen Privater befindet.. Zur Beantwortung dieser Frage muß unterschieden werden, ob der Untersuchungsausschuß schriftliches Material verlangt, das sich in den Händen einer Drittbehörde befindet oder aber einer Behörde, die in das Verfahren eingebunden ist (z.B. Kontrollenquete).

a) Drittbehörde

Abgesehen von den obigen Ausführungen zur Rechts- und Amtshilfe nach Art. 44 Abs. 3 GG, auf die an dieser Stelle verwiesen werden kann,[89] ergeben sich an diesem Punkt weitere Besonderheiten für Akten, die sich in den Händen der Staatsanwaltschaft befinden.
Die in den Akten der Staatsanwaltschaft vorliegenden Beweismittel sind nämlich unter Umständen unter Anwendung gesetzlichen Zwangs, zu Zwecken der Strafverfolgung erhoben worden.
Bei der Weitergabe dieser Unterlagen an Untersuchungsausschüsse müssen die sich für den ursprünglichen Beweismittelinhaber aus einer mittelbaren Anwendung der §§ 94ff. StPO (Herausgabe, Beschlagnahme, Durchsuchung) ergebenden Rechte - auch gegenüber dem Untersuchungsausschuß - gewahrt bleiben.[90]
Werden also bspw. im Rahmen eines Strafverfahrens beschlagnahmefreie Gegenstände nach § 97 StPO freiwillig herausgegeben, ist der Beweisgegenstand nur in dem Verfahren, in welchem er herausgegeben wurde, unbeschränkt verwertbar.

Für die Übertragung in das Untersuchungsverfahren kann nichts anderes gelten. Würde man nämlich bei freiwillig an die Staatsanwaltschaft herausgegebenen Gegenständen eine Weitergabe aufgrund der Rechts- und Amtshilfe ohne weitere Einschränkungen[91] zulassen, würde dem Untersuchungsausschuß mehr an Befugnissen eingeräumt als den Gerichten, die im Strafverfahren Unterlagen im Falle eines entgegenstehenden Zeugenwillens nicht einfach weiterreichen können. Im Strafverfahren ist der freiwillig herausgegebene Gegenstand in einem Verfahren gegen einen anderen Beschuldigten nicht mehr verwertbar, wenn die

---

[89] Vgl. oben Teil C. I.

[90] Schäfer in: NStZ 1985, 198ff.

[91] Mit Ausnahme der §§ 4ff. VwVfG als Voraussetzungen für die Rechts- und Amtshilfe, vgl. ausführlich dazu Stern in: AÖR 109 (1984), 199, 244ff.; Friedrich S. 170f.

Verweigerungsgründe des § 97 StPO auch in diesem zweiten Verfahren vorliegen, der Zeuge aber nicht auf sein Verweigerungsrecht verzichtet.[92]
Ohne Übertragung dieser Grundsätze könnte der Untersuchungsausschuß Art. 44 Abs. 2, S. 1 GG i.V.m. §§ 94ff. StPO umgehen. Würde nämlich ein Zeuge die Herausgabe von Gegenständen im Sinne der §§ 94 ff. StPO an den Untersuchungsausschuß verweigern, ist dieser gezwungen, sich die Informationen gegebenenfalls durch die Beschlagnahme der Unterlagen zu verschaffen. Wurden diese nun aber zufälligerweise bereits vorher zum Zwecke des Strafverfahrens freiwillig, trotz Beschlagnahmefreiheit im Sinne des § 97 StPO an die Staatsanwaltschaft herausgegeben, kann es nicht sein, daß der Ausschuß, trotz entgegenstehendem Willen, die Unterlagen wegen Art. 44 Abs. 3 GG ausgehändigt bekommt ohne weitere Prüfung, ob die Voraussetzungen des § 97 StPO tatsächlich vorliegen.
Die Rechts- und Amtshilfe nach Art. 44 Abs. 3 GG kann deshalb nicht derart erweitert werden, daß dem Untersuchungsausschuß die Umgehung des Art. 44 Abs. 2, S. 1 GG ermöglicht wird. Verweigert demnach in diesem besonderen Fall der Beweismittelinhaber (Staatsanwaltschaft) aufgrund fehlender Zustimmung des ursprünglichen Beweismittelinhabers die freiwillige Herausgabe der Gegenstände, ist der Untersuchungsausschuß gezwungen, die zwangsweise Herausgabe durchzusetzen.

Gegen dieses Ergebnis wird eingewendet, daß eine solche Vorgehensweise zu „skurrilen" Ergebnissen führe. Der Amtsrichter müßte nämlich tätig werden, um die Staatsanwaltschaft, einen Kollegen am eigenen Gericht oder gar eine Kammer des Landgerichts zur Erfüllung einer Amtsverpflichtung zu zwingen.[93]
Dem ist entgegenzuhalten, daß auch für das Strafverfahren nichts anderes gilt. Übergibt die Staatsanwaltschaft ein Beweismittel ihres Verfahrens an eine Staatsanwaltschaft eines anderen Verfahrens, wird von der übernehmenden Staatsanwaltschaft eine Einwilligung zur Herausgabe an sie eingeholt. Für den Fall der Verweigerung wird die Beschlagnahme beim zuständigen Gericht beantragt.[94] Die Beachtung dieser Vorgehensweise ist auch dem Untersuchungsausschuß zumutbar.

---

[92] Lemke in: Heidelberger-Komm., Rn. 5 zu § 97; Kleinknecht/Meyer-Großner, StPO, Rn. 8 zu § 97 StPO; Nack in: KK, Rn. 4 zu § 97 StPO.

[93] Jekewitz in: NStZ 1985, 395, 396f.

[94] Schäfer in NStZ 1985, 198, 203f.

In der Konsequenz bedeutet dieses Ergebnis auch, daß im Falle unzulässiger Beschlagnahme - weil die Informationen, die der Untersuchungsausschuß aus diesen Unterlagen erhalten könnte, zur Erreichung des Untersuchungsziel nicht geeignet, angemessen oder erforderlich sind - diese nicht aufgrund der Tatsache, daß sie bereits durch das Gericht oder die Staatsanwaltschaft im Rahmen eines Strafverfahrens beschlagnahmt wurden, ohne weitere Prüfung an den Untersuchungsausschuß herausgegeben werden können.

Erhebliche praktische Bedeutung kommt auch der Frage zu, inwieweit ein Untersuchungsausschuß Abhörprotokolle des Ministeriums für Staatsicherheit verlangen und im Rahmen seiner Beweiserhebungen verwenden kann.[95]
Kann grundsätzlich über den Zeitpunkt des Ersteingriffs in Art. 10 GG noch gestritten werden, weil das Ministerium für Staatssicherheit nicht der inländischen Staatsgewalt angehörte (Art. 1 Abs. 3 GG), ist zumindest ab dem Moment der Weitergabe der Unterlagen an den Untersuchungsausschuß der Schutzbereich des Art. 10 GG tangiert.
Besteht außerdem kein Zweifel daran, daß das StUG Art. 10 GG beschränken kann und regelt § 22 StUG die Verwendung für Zwecke des parlamentarischen Untersuchungsverfahrens, ist nach § 1 StUG die Herausgabe nur zulässig, wenn die Verwendung der Unterlagen im Zusammenhang steht mit der Klärung der Einflußnahme des Staatssicherheitsdienstes auf das persönliche Schicksal einer Person, dem Schutz des einzelnen vor einer Beeinträchtigung seines Persönlichkeitsrechtes durch den Umgang mit Stasi-Unterlagen oder mit der literarischen, politischen oder juristischen Aufklärung der Tätigkeit des Staatsicherheitsdienstes.[96]
Als allgemeine Vorschrift, die den Zweck des StUG festlegt, reduziert § 1 StUG den von einer Herausgabe an den Untersuchungsausschuß betroffenen Personenkreis auf wenige Ausnahmefälle, für die dann im übrigen die gleichen Grundsätze gelten wie für die Herausgabe und Verwendung sonstiger Unterlagen.

b) Behörde als Gegenstand der Untersuchung

Wenn es im Untersuchungsverfahren um die Informationsbeschaffung direkt bei dem Objekt der Untersuchung geht, fehlt der externe Bezug, welcher der Rechts-

---

[95] Untersuchungsausschuß zur CDU-Spendenaffäre, Bericht der FAZ v. 6.4.2000, S. 16
[96] Ausführlich insb. zu den Streitständen Palm/Roy in: NJW 1998, 3005ff.; LG Liel in: JZ 1996, 155f.

und Amtshilfe innewohnt.[97] Die Herausgabe der Unterlagen kann deshalb nicht nach Art. 44 Abs. 3 GG verlangt werden. Der Anspruch auf Aktenvorlage ergibt sich in diesem Fall unmittelbar aus dem Enquetenrecht nach Art. 44 Abs. 1 GG, welches sinnvollerweise so konzipiert sein muß, daß es auch effektiv eingesetzt werden kann.[98]

Umstritten ist allerdings die Anwendbarkeit des § 96 StPO.[99] Dabei geht es um die Frage, ob die Exekutive die Herausgabe von Akten mit der Begründung verweigern kann, daß das Wohl von Bund oder der Länder eine Offenbarung des Akteninhaltes nicht zuließe. In diesen Fällen kollidieren in der Regel die Interessen der Exekutive, der ein Bereich exekutivischer Eigenverantwortung zusteht, welcher nicht durch das Parlament überprüft werden kann[100] mit der Aufklärungs- und Kontrollpflicht parlamentarischer Untersuchungsausschüsse.
Die Rechtsprechung hat § 96 StPO für anwendbar erklärt und für diese Fälle das sogenannte „Vorsitzenden-Verfahren“ vorgeschlagen.[101] Danach sind die Gründe der Verweigerung dem Untersuchungsausschuß darzulegen. Besteht dieser dann dennoch auf einer Herausgabe, ist das Material durch den Vorsitzenden und seinen Stellvertreter auf seine Relevanz für das Untersuchungsverfahren durchzusehen.[102]

---

[97] Vgl. oben Teil C I.

[98] BVerfG 67, 100, 127ff., 128f., 132; Schulte in: v. Mangoldt/Klein, GG, Rn. 149 zu Art. 44 GG; Schneider in. AK-GG, Rn. 16a zu Art. 44 GG; Schröder, Gutachten für den 57. DJT 1988, E 67; Friedrich S. 171f.; Magiera in: Sachs, GG-Komm., Rn. 25 zu Art. 44 GG; Morlock in: Dreier (Hrsg.), GG-Komm., Rn. 47 zu Art. 44 GG, a.A. Maunz in: Maunz/Dürig, Rn. 56 zu Art. 44 GG.

[99] BVerfG 67, 100, 138f.; ausführlich zur Anwendbarkeit der §§ 54, 96 StPO im Untersuchungsverfahren vgl. Stern in: AÖR 109 (1984), 199, 236ff.; Scholz in: AÖR, Bd. 105 (1980), 565, 608ff.; kritisch Schulte in: v. Mangoldt/Klein, GG, Rn. 153 zu Art. 44 GG; Schröder, Gutachten für den 57. DJT 1988, Bd. II. E 74.

[100] Hilf in NVwZ 1987, 537, 539; Friedrich S. 86f.; Eylmann in: Thaysen/Schüttemeyer S. 191; Engels in: Jura 1990, 71, 74ff.; BVerfG 67, 1, 139.

[101] BVerfG 67, 100, 138f.

[102] Verfassungsrechtliche Bedenken werden in der Literatur geltend gemacht. Da das Vorsitzenden-Verfahren nämlich nicht für den Bereich der Zeugenaussage mit geheimhaltungsbedürftigem Inhalt (§ 54 StPO) angewendet werden kann, würde die Anwendung für die Aktenvorlage den Grundsatz der Gleichwertigkeit zwischen dem Zeugen- und Urkundsbeweis verletzen. Zudem sei das Beweiserhebungsrecht durch Art. 44 GG dem Ausschuß in seiner Gesamtheit zugesprochen. Vgl. Schulte in: v. Mangoldt/Klein, GG, Rn. 149ff. zu Art. 44 GG;

c) Privatpersonen

Im Verhältnis zu Privatpersonen kann das Aktenherausgabeverlangen nur auf Art. 44 Abs. 2, S. 1 GG i.V.m. §§ 94 Abs. 1, 95 StPO gestützt werden, da die Grundsätze über die Amtshilfe gegenüber Privatpersonen nicht anwendbar sind. Kommt der Herausgabepflichtige der Anordnung des Untersuchungsausschusses nicht nach, muß dieser die Herausgabe ggf. im Wege der Beschlagnahme durchsetzen (§ 94 Abs. 2 StPO).

7. Untersuchungshaft, Gegenüberstellung, Vorführung, körperliche Untersuchung

Untersuchungshaft nach den §§ 112 ff. StPO scheidet für eine Übertragung in das parlamentarische Untersuchungsverfahren aus, da diese ihrem Zweck nach der Sicherstellung des Beschuldigten und damit der Urteilsdurchführung dient.[103] Im Rahmen der Wahrheitserforschung ist die Untersuchungshaft für die Aufgabenerfüllung eines Untersuchungsausschusses nicht erforderlich.[104]
Die Gegenüberstellung des Zeugen mit anderen Zeugen oder dem Beschuldigten (§ 58 Abs. 2 StPO) verfolgt den Zweck, Widersprüche zwischen den Aussagen der Zeugen und den Angaben des Beschuldigten auszuräumen. Sie ist insoweit ein Mittel zur Wahrheitserforschung.[105] Die Möglichkeit zur Gegenüberstellung fördert die Sachverhaltsaufklärung parlamentarischer Untersuchungsausschüsse und kann das Verfahren durch die Ausräumung von Widersprüchen in den Aussagen - auch im Interesse der Öffentlichkeit - beschleunigen.

Schröder, Gutachten für den 57. DJT 1988, Bd. I., E 74; Klenke in: NVwZ 1995, 644ff.; Glauben in: DRiZ 1992, 395f.

[103] Peters, Strafprozeß, § 45 III. 2.

[104] Dagegen ist für die Ablehnung der Anwendung des § 127 Abs. 1 StPO kein Grund ersichtlich. Das Recht zur vorläufigen Festnahme steht nämlich jedermann zu, wenn ein anderer auf frischer Tat betroffen oder verfolgt und er der Flucht verdächtig ist oder seine Identität nicht sofort festgestellt werden kann. Deshalb ist nicht einzusehen, warum den Ausschußmitgliedern ein allgemeines Bürgerrecht entzogen werden sollte. A.a. Halstenberg S. 115. § 127 Abs. 2 und Abs. 3 StPO regelt die vorläufige Festnahme bei Gefahr in Verzug durch die Staatsanwaltschaft und die Polizei. Eine Übertragung scheidet aus den zur Untersuchungshaft angeführten Gründen aus.

[105] Insbesondere die Vernehmungsgegenüberstellung vgl. Dahs in: Löwe-Rosenberg, Rn. 10f. zu § 58 StPO; Pelchen in: KK, Rn. 6 zu § 58 StPO.

Neben der Vorführung des Zeugen (§ 51 StPO) sieht die Strafprozeßordnung in § 134 die sofortige Vorführung ohne vorherige Ladung des Beschuldigten vor. Die Vorführung nach § 134 StPO dient u.a. der Sicherung der Beweisaufnahme. Sie ist nur bei Vorliegen der Haftbefehlsvoraussetzungen zulässig. Da aber die Haftbefehlsvoraussetzungen im Untersuchungsverfahren nicht übertragen werden können, scheidet eine Übernahme in das Untersuchungsverfahren aus.
Außerdem regelt das Strafverfahrensrecht noch die Vorführung nach vorheriger schriftlicher Ladung und Vorführungsandrohung (§ 133 Abs. 2 StPO) und die Vorführung nach § 230 Abs. 2 StPO für den Fall, daß der Beschuldigte in der Hauptverhandlung nicht erschienen ist. Inwiefern die beiden zuletzt genannten Befugnisse auch auf das parlamentarische Untersuchungsverfahren anzuwenden sind, hängt von der Rechtsstellung des Betroffenen ab. Deshalb werden diese Regelungen an gesonderter Stelle untersucht.[106]
Die Erforderlichkeit der strafrechtlichen Eingriffsbefugnisse nach den §§ 81 a ff. StPO[107] im Untersuchungsverfahren ist fragwürdig, da die körperliche Untersuchung beim Beschuldigten (§ 81 a StPO) und die Untersuchung anderer Personen (§ 81c StPO) mit erheblichen Grundrechtsseingriffen in das Recht auf körperliche Unversehrtheit (Art. 2 Abs. 1 GG) verbunden sind. Bereits im Strafverfahren müssen an die Anwendung dieser Vorschriften aufgrund des Verhältnismäßigkeitsgrundsatzes sehr strenge Voraussetzungen gestellt werden.[108] Sie sind dort mit dem Zweck der Strafverfolgung zu rechtfertigen.[109] Schon dieser Zweck besteht im Untersuchungsverfahren dagegen nicht, so daß eine Übertragung ausscheidet.

8. Zusammenfassung

Die Befugnisse, die parlamentarischen Untersuchungsausschüssen im Rahmen der Verweisung auf die Vorschriften über den Strafprozeß zustehen, sind immens. Mit Ausnahme der Eingriffsbefugnisse, die sich speziell auf den Strafverfolgungszweck richten (z.B. §§ 81 a ff., §§ 112ff. StPO), stehen dem Untersuchungsausschuß sämtliche Befugnisse der Sachverhaltsaufklärung und deren zwangsweise Durchsetzung zu.

---

[106] Vgl. unten Teil D. III. 2. c) dd) (c).

[107] Rechtlich sind diese Zwangsmaßnahmen dem Augenscheinsbeweis zuzuordnen. Bspw. kann nach § 81 a StPO der Körper des Beschuldigten zum Augenscheinsobjekt werden.

[108] Pelchen in KK; Rn. 1 zu § 81 a StPO; Schlüchter, Das Strafverfahren, Rn. 165.

[109] Schlüchter, Das Strafverfahren Rn. 165.

II. Befugnisse parlamentarischer Untersuchungsausschüsse nach den LUAGen, Gesetzesentwürfen und Empfehlungen

Bereits aufgeworfen worden war die Frage, ob die LUAGe, Gesetzesentwürfe und Empfehlungen, die auf eine Sonderstellung des Betroffenen verzichten, diesen Verzicht korrespondierend mit verminderter Eingriffsbefugnisse und einer gegenüber dem Zeugen im Strafverfahren ausgeweiteten Zeugenstellung rechtfertigen.[110]

Diese Frage soll im folgenden beantwortet werden. In Anlehnung an die Ausführungen hinsichtlich der Befugnisse parlamentarischer Untersuchungsausschüsse nach Art. 44 Abs. 2, S. 1 GG sollen zudem die Regelungen der LUAGe, die eine Betroffenenstellung vorsehen, auf Kongruenzen bzw. Divergenzen untersucht werden.

1. Die Befugnisse parlamentarischer Untersuchungsausschüsse nach den LUAGen

Nach den UAGen der Länder Bremen, Nordrhein-Westfalen, Berlin, Mecklenburg-Vorpommern[111], Sachsen-Anhalt und Brandenburg, die nicht zwischen Zeugen und Betroffenen unterscheiden, sind die Ausschüsse zur Vorladung, Vernehmung und Vereidigung von Zeugen und Sachverständigen befugt.[112]

Die Vernehmung erfolgt einzeln und in Abwesenheit der später zu hörenden Zeugen. Jeder Zeuge hat die Gelegenheit, das ihm von der Vernehmung Bekannte im Zusammenhang wiederzugeben.

Fragen werden zunächst durch den Vorsitzenden und im Anschluß durch die übrigen Ausschußmitglieder gestellt, wobei der Vorsitzende unzulässige Fragen zurückweisen kann. Nach § 20 Abs. 3 S-AUAG sind damit ungeeignete oder nicht zur Sache und nach § 20 Abs. 2 BbgUAG nicht zum Beweisthema gehörende

---

[110] Vgl. oben Teil B III.

[111] Mecklenburg-Vorpommern hat nur ein vorläufiges UAG vom 10. Juli 1990 erlassen. Dieses enthält nur eine Regelung des Verfahrens in § 1, eine Kostenregelung in § 2 und Schlußbestimmungen in § 3. Deshalb findet nach Art. 34 Abs. 5 M-VVerf. die Strafprozeßordnung entsprechend Anwendung, so daß auf die Ausführungen zu Art. 44 Abs. 2, S. 1 GG verwiesen werden kann.

[112] In Bremen sind diese Befugnisse sowie die Berechtigung des Zeugniszwanges bereits in der Verfassung gesondert aufgeführt, vgl. Art. 105 BremVerf.

Fragen gemeint.[113] Der Antrag auf Zurückweisung einer Frage kann durch die Ausschußmitglieder und nach § 20 Abs. 4 S-AUAG zusätzlich durch den Zeugen gestellt werden.
Im Gegensatz zu § 59 StPO ist die Vereidigung Ausnahme.[114]
Zeugen können sich auf ein Auskunftsverweigerungsrecht entweder in entsprechender Anwendung des § 55 StPO[115] oder den wörtlich gleichlautenden Vorschriften in den UAGen berufen.[116]
In Abweichung von der strafverfahrensrechtlichen Zeugenstellung sieht § 18 Abs. 2 S-AUAG weitergehend ein Auskunftsverweigerungsrecht bei Fragen vor, deren Beantwortung bloßstellend wäre, schwerwiegende Nachteile nach sich zöge oder die den höchstpersönlichen Lebensbereich betreffen.
§ 12 Abs. 2 BUAG gewährt ein Auskunftsverweigerungsrecht bei Fragen, die dem Zeugen zur Unehre gereichen oder ihm schwerwiegende Nachteile bringen.
Die UAGe der Länder Nordrhein-Westfalen und Brandenburg bestimmen darüber hinaus, daß der Zeuge Fragen nicht beantworten muß, bei deren Beantwortung er sich der Gefahr einer Ministeranklage aussetzen würde.[117]
Zwangsmaßnahmen zur Durchsetzung der Zeugnis- und Sachverständigenpflichten sind zulässige Eingriffsmaßnahmen. Mit Ausnahme des S-AUAG[118] bestimmen sämtliche der vorgenannten LUAGe, daß Zwangsmaßnahmen beim Gericht zu beantragen sind.
Die Maßnahmen der Sitzungspolizei obliegen dem Vorsitzenden. Zur Durchsetzung der Ordnung in der Sitzung kann der Untersuchungsausschuß die Entfernung aus dem Sitzungssaal anordnen. Ordnungsgeld und Ersatzhaft sind in

---

[113] Im Unterschied zu § 68a Abs. 1 StPO, der die Zurückweisung von Fragen regelt, die dem Zeugen zur Unehre gereichen oder die seine Vorstrafen betreffen.

[114] So z. B. § 20 N-WUAG; § 14 BremUAG, wenn der Untersuchungsausschuß die Vereidigung wegen der Bedeutung der Aussage oder zur Herbeiführung einer wahrheitsgemäßen Aussage für erforderlich hält.

[115] So z.B. § 12 BUAG; ferner finden in der Regel die §§ 52, 53, 53a und 76 Abs. 1 für Sachverständige Anwendung, vgl. z.B. § 17 N-WUAG; § 12 BUAG.

[116] So z.B. §17 N-WUAG; § 18 S-AUAG, allerdings gilt dies in Sachsen-Anhalt nur für Gefahr, wegen einer Straftat verfolgt zu werden, die Gefahr der Verfolgung wegen einer Ordnungswidrigkeit ist hier nicht mit aufgenommen. Eine Ausnahme bildet § 14 BremUAG, da hier keine Zeugnisverweigerungsrechte im UAG selbst vorgesehen sind, sondern für die Zeugen- und Sachverständigenvernehmung lediglich auf die StPO verwiesen wird.

[117] § 19 Abs. 2 BbgUAG; § 17 Abs. 2 N-WUAG.

[118] In Sachsen-Anhalt können Untersuchungsausschüsse die Vorführung selbst anordnen und ein Ordnungsgeld verhängen.

Bremen und in Berlin beim Gericht zu beantragen. In den übrigen Ländern kann der Ausschuß ein Ordnungsgeld in Höhe eines bestimmten Geldbetrages[119] selbst verhängen. Weitere Ordnungsstrafen sind dann nicht vorgesehen.
Urkunden und sonstige Schriftstücke sind zu verlesen. Von der Verlesung kann Abstand genommen werden, wenn alle Ausschußmitglieder von deren Inhalt Kenntnis haben und die Mehrheit der anwesenden Ausschußmitglieder auf eine Verlesung verzichtet.
Beschlagnahme und Durchsuchung sind auf Antrag bei Gericht zulässig.
Die Verweigerung der Aktenvorlage und der Aussagegenehmigung ist nur in Sachsen-Anhalt durch das Vorsitzendenverfahren geregelt.[120] In den übrigen Ländern entscheidet eine unabhängige Kommission über die Verweigerung und kann diese dann auch durch Beschluß aufheben.[121] Das Brief-, Post- und Fernmeldegeheimis ist in sämtlichen Bundesländern als unantastbar vorgesehen.
Nach § 11 Abs. 4 BremUAG kann der Ausschuß die Verhaftung, Leichenschau, Leichenöffnung (§§ 87-89 StPO), körperliche und geistige Untersuchung (§ 81 a StPO) sowie die Untersuchung anderer Personen (§ 81c StPO) bei Gericht beantragen. Darüber hinaus ist im BUAG noch die Untersuchung einer Frau (§ 81d StPO) als gesonderte Maßnahme aufgeführt.
Die LUAGe, die im Gegensatz dazu eine Betroffenenstellung vorsehen,[122] unterscheiden sich in ihren Eingriffsbefugnissen nicht von den voranstehend angeführten LUAGen.

2. Die Befugnisse parlamentarischer Untersuchungsausschüsse nach den Gesetzesentwürfe und Empfehlungen

Gesetzesentwürfen und Empfehlungen, die keine Betroffenenstellung vorsehen, empfehlen gleichzeitig die Abkehr von den Vorschriften des Strafverfahrensrechts.[123]

---

[119] 1000,- DM nach § 13 Abs. 3 S-AUAG, 2000,- DM nach § 11 N-WUAG.

[120] Vgl. oben Teil D I. 6. b).

[121] Z.B. die Parlamentarische Kontrollkommission nach § 13 BremUAG.

[122] Vgl. Art. 13 BayUAG; § 54 SUAG; § 15 Rh-PfUAG; § 15 ThüUAG; § 19 HamUAG; § 19 B-WUAG; § 19 SächsUAG.

[123] Enquete-Kommission Verf.reform BT-Drucks. 7/5924, S. 54 f.; GEntw. CDU/CSU v. 1977, BT-Drucks. 8/1180 u. BT-Drucks. 8/1181; LParl. v. 1989, ZParl 22 (1991), 406ff.

Zwangsmaßnahmen zur Durchsetzung der Zeugnispflichten, Vereidigungsbefugnisse und Zeugnisverweigerungsrechte werden in Anlehnung an die ZPO geregelt.[124]
Eine Übertragung der strafverfahrensrechtlichen Beschuldigtenstellung scheidet mit der geforderten Verfassungsänderung aus. Für die weitere Prüfung der Sonderstellung des Betroffenen im Vergleich zum Beschuldigten nach geltender Rechtslage finden diese Gesetzesentwürfe und Empfehlungen deshalb keine Berücksichtigung mehr.[125]

Die Gesetzesentwürfe und Empfehlungen, die eine Sonderstellung des Betroffenen vorsehen[126], unterscheiden sich hinsichtlich der Eingriffsbefugnisse nicht von denen, die auch Länderuntersuchungsausschüssen nach den LUAGen zustehen. Insofern kann auf die voranstehenden Ausführungen verwiesen werden.

3. Folgerungen

Die Sonderstellung des Betroffenen ist nicht abhängig von den Eingriffsbefugnissen der Untersuchungsausschüsse.
Die LUAGe, die sämtlichen Auskunftspersonen nur eine Zeugenstellung einräumen, engen gerade nicht gleichzeitig die Eingriffsbefugnisse der Ausschüsse ein. Die Befugniszuweisung aufgrund einer sinngemäßen Anwendung der strafverfahrensrechtlichen Vorschriften und die daraus resultierenden Konfliktsituationen des Betroffenen, welche den Grund für die Einräumung von Gegenrechten darstellen, stimmen deshalb mit denen überein, die sich für Betroffene in einem Untersuchungsausschuß nach Art. 44 GG ergeben.
Im folgenden werden die den Eingriffsbefugnissen der parlamentarischen Untersuchungsausschüsse gegenüberstehenden Rechte der Betroffenen untersucht.
Die Übertragung der Verfahrensrechte erfordert im Rahmen der sinngemäßen Anwendung die Berücksichtigung der Eingriffsbefugnisse, des Schutzzwecks der zu übertragenden Vorschrift sowie der Gemeinsamkeiten und Unterschiede bei-

---

[124] Z.B. §§ 14, 15 GEntw. CDU/CSU v. 1977, BT-Drucks. 8/1181; LParl. v. 1989, Ziff. 7, ZParl 22 (1991), 406, 410f. Vgl. dazu auch oben Teil B III. 1

[125] Im Rahmen der Betrachtungen de lege ferenda wird auf eine Verfassungsänderung und die Rechtsstellung der Auskunftspersonen noch eingegangen; vgl. unten Teil F.

[126] LParl. v. 1961, abgedr. in: ZParl 3 (1972), 433-436; IPA-Entwurf abgedr. in: BT-Drucks. V/4209; MusterG v. 1972, abgedr. in: ZParl 3 (1972), 427-433; Interfr.Entw. v. 1985/1986 abgedr. in: BT-Drucks. 10/6587.

der Verfahren in Aufgaben- und Zielsetzung. Übertragbar sind danach die befugnisbegrenzenden Normen des Strafverfahrensrechts, die nach ihrem Sinn, Zweck und inneren Rechtfertigungsgrund so mit den Besonderheiten bzw. Unterschieden des parlamentarischen Untersuchungsverfahrens in Einklang gebracht werden können, daß ihre Funktion gewährleistet bleibt.[127]

III. Die Verfahrensrechte des Betroffenen

Die für den Betroffenen im parlamentarischen Untersuchungsverfahren in Betracht kommenden Rechte lassen sich im Vorfeld in drei Gruppen einteilen: Das Aussageverweigerungsrecht, aktive Beteiligungsrechte und das Recht auf einen Rechtsbeistand.

Innerhalb dieser Gruppen wird in der Literatur schon von Autoren, die eine Sonderstellung befürworten,[128] erheblich in den Rechten unterschieden, die Betroffenen eingeräumt werden. Weiter werden die Betroffenenrechte dann einerseits - mit unterschiedlichen Ergebnissen - aus der Verfassung selbst abgeleitet, oder andererseits unmittelbar aufgrund der Verweisung aus dem Strafverfahrensrecht übertragen.

Die Rechtsgrundlage für die Verfahrensrechte mag auf den ersten Blick unerheblich erscheinen, da die Schutznormen des Strafverfahrensrechts auch realisiertes Verfassungsrecht sind.[129] Bedenkt man aber, daß die Verfassung nur das Min-

---

[127] Vgl. oben Teil C. I. 3. d)

[128] Halstenberg S. 201f.; Gollwitzer in: BayVBl. 1982, 417, 418ff.; Damkowski in: Thaysen/Schüttemeyer, S. 146; W. Wagner in: NJW 1960, 1936, 1937f.; Morlock in: Dreier (Hrsg.), GG-Komm., Rn. 45 zu Art. 44 GG; H. Wagner in: GA 1976, 257, 263ff.; Bickel; Ref. für den 57. DJT 1988, Bd. II., M 29ff.; Wohlers in: NVwZ 1994, 40, 41f.; Schröder, Gutachten für den 57. DJT 1988, Bd. I., E 52ff.; Kohlmann in: JA 1984, 670, 672f.; Partsch, Gutachten für den 45. DJT 1964, Bd. I. Teil 3., S. 209ff.; Müller-Boysen S. 170; Beckendorf in: ZParl 20 (1989), 35, 42ff.; Schleich S. 46ff.; Rink in: DVBl. 1964, 706, 708ff.; Quaas/Zuck in: NJW 1988, 1873, 1877f.; Buchholz S. 76ff.; Di Fabio S. 48f.; Maunz in: Maunz/Dürig, Rn. 54 zu Art. 44 GG; Schenke in: JZ 1988, 805, 814ff.; Friedrich S. 166ff.; Schneider/Zeh, Parlamentsrecht und Parlamentspraxis, § 46 Rn. 38; Schneider in: AK-GG, Rn. 15 zu Art. 44 GG; Redekker in: Thaysen/Schüttemeyer, S. 181; Meyer in: Verh. 57. DJT 1988, Bd. II.; M 175ff.; Schaefer in: NJW 1998, 435, 436; Schulte in: v. Mangoldt/Klein, GG, Rn. 124ff. zu Art. 44 GG; Klenke in: NVwZ 1995, 645ff.; Glauben in: DRiZ 1992, 395, 396f.

[129] BVerfG 36, 373, 383 Krehl in: Lemke: Heidelberger-Komm., Einl. Rn. 19; Müller, Rechtsstaat und Strafverfahren S. 7.

destmaß an rechtsstaatlichen Verfahrensgarantien gewährt,[130] und selbige dem Betroffenen auch ohne Verweisung auf die strafverfahrensrechtlichen Vorschriften zustehen, ist folglich für die Beurteilung der Rechte nicht nur das Recht an sich, sondern auch die Rechtsgrundlage von Bedeutung.

1. Das Aussageverweigerungsrecht

Das Aussageverweigerungsrecht des Beschuldigten nach § 136 Abs. 1, S. 2 StPO[131] ist zunächst vom Auskunftsverweigerungsrecht des Zeugen nach § 55 StPO zu unterscheiden.
Das Auskunftsverweigerungsrecht des Zeugen gestattet im Gegensatz zum Aussageverweigerungsrecht nur die punktuelle Verweigerung der Beantwortung einzelner Fragen. Dagegen kann der Beschuldigte die Einlassung insgesamt verweigern.

a) Der Meinungsstand in der Literatur[132]

Die Vertreter in der Literatur, die den Betroffenenpersonenkreis anhand der Rechte unmittelbar aus der Verfassung konkretisieren, räumen in den Fällen der Vorbereitung einer verfassungsrechtlichen Anklage ein Aussageverweigerungsrecht als Ausdruck des in der Verfassung verankerten nemo-tenetur-se-ipse-accusare-Prinzips (Art. 1 Abs. 1, 2 Abs. 1 GG) ein.[133]

---

[130] Für das Untersuchungsverfahren vgl. OVG Münster in: NVwZ 1987, 606, 607; Quaas/Zuck in: NJW 1988, 1873, 1877

[131] § 136 StPO gilt unmittelbar nur für die richterliche Vernehmung vor und außerhalb der Hauptverhandlung. Vgl. auch §§ 115 Abs. 3, S. 1; 128 Abs. 1, S. 2 StPO, § 243 Abs. 4 S. 1 StPO für die Hauptverhandlung. Ausführlich Hanack in: Löwe-Rosenberg, Rn. 1f. zu § 136 StPO.

[132] Die Rechtsprechung hat sich außer in BGHSt 17, 128ff. noch nicht mit dem Aussageverweigerungsrecht auseinandergesetzt. Der Entscheidung kann nur entnommen werden, daß in den Fällen, in denen der Untersuchungsausschuß nach dem Untersuchungsauftrag kein strafrechtlich relevantes oder ehrenrühriges Verhalten zu untersuchen hat, den Zeugen nur ein Auskunftsverweigerungsrecht zusteht. Weitere Rückschlüsse sind dagegen nicht möglich. Vgl. oben Teil B II. 3.

[133] Damkowski in: Thaysen/Schüttemeyer, S. 146; Müller-Boysen S. 106; Beckendorf in: ZParl 20 (1989), 35, 50; Schleich S. 53; Rink in: DVBl. 1964, 706, 709.; Buchholz S. 92ff.; Di Fabio S. 48f. Vgl. dazu bereits oben Teil B. II. 2. b)

Teilweise wird dann weitergehend die dem nemo-tenetur-Prinzip zugrunde liegende Konfliktlage zwischen Wahrheitspflicht und Selbstverteidigungsrecht[134] auch auf Betroffene ausgedehnt, die sich bei der Beantwortung jeder Frage der Gefahr aussetzen würden, ein Strafverfahren gegen sich selbst auszulösen oder sich im Hinblick auf ein paralleles Strafverfahren selbst zu belasten.[135]
Weiter wird dann vereinzelt noch ein Aussageverweigerungsrecht eingeräumt, wenn die Untersuchung die Aufklärung von Fehlverhalten bezweckt, die geeignet sind, andere rechtliche Sanktionen auszulösen[136] oder die sich mit sonstigem unehrenhaften Verhalten beschäftigen.[137]
In der letzten Fallkonstellation werden allerdings Regierungsmitglieder und sonstige Amtsträger aufgrund einer besonderen Verantwortlichkeit gegenüber der Öffentlichkeit ausgenommen, sofern sich die Untersuchung auf ihre Amtsführung erstreckt und straf- oder disziplinarrechtliche Folgen nicht zu erwarten sind.[138]

Ein Aussageverweigerungsrecht aufgrund der sinngemäßen Anwendung des § 136 Abs. 1, S. 2 StPO wird Betroffenen eingeräumt, wenn sich die Untersuchung mit einem Fehlverhalten beschäftigt, das überwiegend einer Person zugeordnet werden kann.[139]
Dazu gehören nach vereinzelt vertretener Auffassung lediglich die verfassungsrechtlichen Anklageverfahren, da sich der Betroffene nur dann in einer mit dem Beschuldigten vergleichbaren Konfliktlage befände.[140]
Amtsträger werden ausgenommen, da das Informations- und Kontrollrecht die lückenlose Aufklärung durch die Aussage der in Rede stehenden Personen fordere.[141]

---

[134] Buchholz S. 78ff.; Beckendorf in: ZParl 20 (1989), 35, 48f.; jeweils m.w.N.

[135] Beckendorf in: ZParl 20 (1989), 35, 49; Schleich S. 53; Quaas/Zuck in: NJW 1988, 1873, 1877; Friedrich S. 169f.; Buchholz S. 92ff.. Rink in: DVBl. 1964, 706, 709 allerdings nur für den Tatbestand einer Straftat.

[136] Schleich S. 53; Quaas/Zuck in: NJW 1988, 1873, 1877.

[137] Buchholz S. 186.

[138] Quaas/Zuck in: NJW 1988, 1873, 1877; Müller-Boysen S. 170; Schleich S. 53; Beckendorf in: ZParl 20 (1989), 35, 49f. Zu beachten ist, daß hierzu auch die Fälle zählen, in denen die Untersuchung zwar auch eine Minister-, Präsidenten- oder Abgeordnetenanklage nach sich ziehen kann, diese aber nicht Untersuchungsgegenstand ist. A.A. Buchholz S. 96ff.

[139] Schenke in: JZ 1988, 805, 815, Gollwitzer in: FS für Dünnebier 1982, 327, 338; Partsch, Gutachten für den 45. DJT 1964, Bd. I. Teil 3., S. 209; so auch Bickel; Ref. für den 57. DJT 1988, Bd. II., M 30f.; These 14, M 51.

[140] Halstenberg S. 100f.; H. Wagner in: GA 1976, 257, 270f.

Ein weiterer Ansatzpunkt innerhalb der sinngemäßen Anwendung des § 136 Abs. 1, S. 2 StPO ist die Umgehung des Schweigerechts im Parallel- bzw. im Anschlußverfahren. Folglich wird allen Personen, die sich der Gefahr eines Straf- Bußgeld- oder Disziplinarverfahrens aussetzen, ein Aussageverweigerungsrecht eingeräumt.[142]

b) LUAGe, Gesetzesentwürfe und Empfehlungen

Ein Aussageverweigerungsrecht wird dem Betroffenen im Rh-PfUAG, im ThüUAG, im BayUAG, im InterfrE. v. 1985/86 und nach den LParl. v. 1961 eingeräumt.[143]

Mißverständlich ist die Regelung des § 15 Abs. 2, S. 2, 1. Hs. Rh-PfUAG (identisch mit dem ThüUAG): Nach § 15 Abs. 2 Rh-PfUAG dürfen Betroffene nämlich einerseits als Zeugen vernommen werden, andererseits haben sie das Recht, „das Zeugnis zu verweigern“. Im Zusammenhang mit § 15 Abs. 2, S. 2, 2. Hs. Rh-PfUAG wird deutlich, daß hiermit nur ein Aussageverweigerungsrecht gemeint sein kann, da sich nach dieser Regelung Mitglieder der Landesregierung oder andere Amtsträger, wenn sich die Untersuchung auf ihre Amtsführung bezieht und Angehörige des öffentliche Dienstes, soweit von ihnen Auskünfte über dienstliche Vorgänge, einschließlich ihrer eigenen Amtsführung verlangt werden, nicht auf ein Zeugnisverweigerungsrecht berufen können sollen.[144] Da nun aber nach § 15 Abs. 2, S. 3 Rh-PfUAG im übrigen die Zeugnis- und Auskunftsverweigerungsrechte Anwendung finden, ergibt die Regelung nur einen Sinn, wenn Amtsträger dann zumindest ein Auskunftsverweigerungsrecht in Anspruch nehmen können. Ansonsten - d.h. wenn man auch den übrigen Zeugen nur ein Auskunftsverweigerungsrecht zugesteht - wären Amtsträger auf ein Weniger an Rechten beschränkt, könnten also noch nicht einmal ein

---

[141] Schenke in: JZ 1988, 805, 815; Partsch, Gutachten für den 45. DJT 1964, Bd. I. Teil 3., S. 209; so auch Bickel; Ref. für den 57. DJT 1988, Bd. II., M 30f.; These 14, M 51.

[142] Gollwitzer in: BayVBl. 1982, 417, 419.

[143] § 15 Rh-PfUAG u. § 15 ThüUAG. Im BayUAG ist das Schweigerecht indirekt Art. 14 Abs. 1 u. Art. 15 BayUAG zu entnehmen; danach sind nämlich nur Zeugen und Sachverständige zu belehren und zu vernehmen. So auch Ziff. VII. der LParl. v. 1961, abgedr. in: ZParl 3 (1972), 433-436; § 15 Interfr.Entw. Im interfraktionellen Entwurf sind allerdings Mitglieder der Bundesregierung oder andere Amtsträger ausgenommen, soweit sich die Untersuchung auf ihre augenblickliche oder frühere Amtsführung bezieht. (§ 15 Abs. 2, S. 3).

[144] Dies gilt, anders als im interfraktionellen Entwurf, auch für ehemalige Mitglieder, § 15 Abs. 2, S. 3 Rh-PfUAG.

Auskunftsverweigerungsrecht für sich beanspruchen und müßten sich damit ggf. selbst einer Straftat bezichtigen.[145]

Wird dem Betroffenen nach den übrigen LUAGen, Empfehlungen und Gesetzesentwürfen kein Aussageverweigerungsrecht eingeräumt, ist er grundsätzlich zur Aussage verpflichtet.[146]
Allerdings dürfen nach dem IPA-Entwurf weder Zeugen noch Betroffene vereidigt werden (§18 Abs. 3, S.4 IPA-Entwurf), und nach § 20 Abs. 3 des Mustergesetzentwurfes soll der Betroffene nur vernommen werden, wenn der Ausschuß dies für unerläßlich hält.
In der Regel sind die Auskunftsverweigerungsrechte gegenüber § 55 StPO erweitert. Alle Auskunftspersonen sollen Fragen nicht beantworten müssen, bei deren wahrheitsgemäßer Beantwortung sie sich der Gefahr einer Abgeordneten-, einer Ministeranklage,[147] einer dienst-, berufs- oder standesrechtlichen Verfehlung aussetzen würden.[148] Weitergehend soll der Betroffene in Anlehnung an die Regelungen der Zivilprozeßordnung (§ 384 Nr. 2 ZPO) das Zeugnis über Fragen verweigern können, deren Beantwortung ihm oder einem seiner in § 52 Abs. 1 StPO bezeichneten Angehörigen zur Unehre gereichen oder schwerwiegende Nachteile bringen würde (§ 20 Abs. 4, S.1 MusterG v. 1972).[149]

---

[145] Über die Auskunftsverweigerungsrechte der Strafprozeßordnung hinausgehend ist die Gefahr einer Minister- oder Abgeordnetenanklage und der Fall der schwerwiegenden Nachteile aufgenommen (§ 15 Abs. 2, S. 2 i.V.m. § 16 Abs. 3 Rh-PfUAG).

[146] B-WUAG; SächsUAG; HamUAG, SUAG; IPA-Entwurf; MusterG v. 1972.

[147] § 20 Abs. 3 i. V. m.§ 16 Abs. 2 MusterG v. 1972; §§ 19 Abs. 5, S. 1 i.V.m. 17 Abs. 2 B-WUAG u. SächsUAG.

[148] §§ 19 Abs. 5 B-WUAG u. SächUAG.

[149] Eine Besonderheit liegt darin, daß das Auskunftsverweigerungsrecht des § 20 Abs. 4, S. 1 nicht für Mitglieder der Landesregierung sowie ihrer Beauftragten gilt. Außerdem dürfen sich Angehörige des öffentlichen Dienstes in Bezug auf Auskünfte über amtliche und dienstliche Vorgänge einschließlich ihrer eigenen Amtspflicht nicht auf dieses Zeugnisverweigerungsrecht berufen (§ 20 Abs. 4, S. 2 u. 3 MusterG v. 1972).

c) Sinngemäße Anwendung des § 136 Abs. 1, S. 2 StPO

Das Aussageverweigerungsrecht des Beschuldigten ist im Strafverfahren in § 136 Abs. 1, S. 2 StPO[150] geregelt. Danach ist der Beschuldigte bei seiner ersten Vernehmung darauf hinzuweisen, daß es ihm freistehe, sich zu den Beschuldigungen zu äußern oder nicht zur Sache auszusagen.
Der Beschuldigte hat aber nicht nur das Recht zu schweigen, sondern auch ein Recht zur Äußerung: Er ist zu befragen, ob er etwas auf die Beschuldigungen erwidern wolle (§ 136 Abs. 1 S. 2 StPO). So erhält er die Gelegenheit, entlastende Gesichtspunkte aufzuzeigen und belastende zu widerlegen (§ 136 Abs. 2 StPO).
Während die Zeugenvernehmung allein der Wahrheitserforschung dient, kommt für den Beschuldigten eine weitere, der Sachverhaltsaufklärung übergeordnete Aufgabe hinzu, nämlich die Möglichkeit, die ihm gegenüber erhobenen Vorwürfe durch seine Aussage zu entkräften.[151]
Entscheidet er sich zur Äußerung, unterliegt er nicht der strafbewehrten Wahrheitspflicht der §§ 153ff. StGB.[152] Ob deshalb davon gesprochen werden kann, daß den Beschuldigten grundsätzlich keine Wahrheitspflicht trifft oder er das „Recht zur Lüge" hat[153], kann dahinstehen, da sich aus dem Verfahrensrecht zumindest keine Pflicht ableiten läßt, die Wahrheit zu sagen, und ein Recht zur Lüge keinesfalls die Verletzung Rechtsgüter Dritter (z.B. § 164 StGB) rechtfertigt.[154]

Das Aussageverweigerungsrecht, das durch die Strafprozeßordnung in § 136 Abs. 1, S. 2 StPO einfachgesetzlich abgesichert ist, fundiert im Verfassungsrecht. Es ist selbständiger Ausdruck einer rechtsstaatlichen Grundhaltung, die auf dem Leitgedanken der Achtung vor der Menschenwürde beruht. Insofern ist das Recht zu schweigen Ausdruck der Anerkennung des Vorrangs des Persönlichkeitsrechts vor den staatlichen Strafverfolgungsinteressen (Art. 2 Abs. 1 i.V.m. Art. 1 Abs. 1 GG, Art. 20 Abs. 3).[155]

---

[150] Vgl. auch §§ 115 Abs. 3, S. 1; 128 Abs. 1, S. 2, 243 Abs. 4 S. 1 StPO.

[151] Hanack in: Löwe-Rosenberg, Rn. 35 zu § 136 StPO; Rieß in: JA 1980, 293, 297.

[152] Str. vgl. Roxin, Strafverfahrensrecht, § 25 Rn. 9ff.; Rogall S. 57ff.; Lenckner in: Schönke/Schröder, Rn. 9 Vor. §§ 153ff. StGB; jeweils m.w.N.

[153] Str. vgl. Roxin Strafverfahrensrecht, § 25 Rn. 9ff.; Rieß in: JA 1980, 293, 296f. m.w.N.

[154] Rieß in: JA 1980, 293, 297.

[155] Kühne, Strafprozeßrecht, § 4 Rn. 102ff.; Müller-Boysen S. 92ff.; Buchholz S. 77 ff.; Friedrich S. 163; Schenke in: JZ 1988; 805, 814: Beckendorf in: ZParl 20 (1989), 35, 48ff.;

Danach kann dem Beschuldigten nicht zugemutet werden, an seiner eigenen Verurteilung mitzuwirken.[156] Niemand soll dem Zwang unterliegen, sich durch seine eigene Aussage selbst zu belasten, um so zum Beweismittel gegen sich selbst zu werden.[157] Es wird damit der Konfliktlage des Beschuldigten Rechnung getragen, bei einer Aussage lügen zu müssen (als Ausdruck des natürlichen Rechts auf Selbstschutz), durch eine wahre Aussage den Verlust von Rechtsgütern wie Freiheit, Vermögen und Ehre durch einen Schuldspruch hinzunehmen und im Falle des Schweigens Zwangsmitteln gegen seine Person ausgesetzt zu sein.

Fraglich ist, ob die für den Beschuldigten geschilderte Konfliktlage auch beim Betroffenen vorliegt und ob darüber hinaus der Sinn und Zweck des Untersuchungsverfahrens die Übertragung der entsprechenden strafverfahrensrechtlichen Vorschriften fordert und zuläßt.
Im folgenden sind die Belastungen des Betroffenen im Vergleich zum Beschuldigten innerhalb der verschiedenen Zielrichtungen des Untersuchungsverfahrens zu durchleuchten, da das Untersuchungsverfahren je nach Untersuchungsauftrag und Verlauf unterschiedliche Zielrichtungen haben kann.
Zweckmäßigerweise orientiert sich die Einteilung an den bisher gefundenen Definitionskriterien. Erheblich sind danach die Untersuchungsverfahren mit strafrechtlich relevantem Gegenstand, Verfahren, die andere staatliche Sanktionsfolgen auslösen können sowie Verfahren, die sich mit unehrenhaftem Verhalten beschäftigen oder sich überwiegend gegen eine Person richten.

aa) Strafrechtlich relevanter Untersuchungsgegenstand

In dieser Fallkonstellation beschäftigt sich der Untersuchungsausschuß mit einem Verhalten, wegen dem parallel bereits ein Strafverfahren in Gang gesetzt wurde

---

Quaas/Zuck in: NJW 1988, 1873, 1877; Rogall S. 129ff.; BVerfG 38, 105, 113; , 36, 43,56; vereinzelt wird auch noch die allgemeine Handlungsfreiheit (Art. 2 Abs. 1 GG) als Grundlage des Schweigerechts angesehen; vgl. Dahs/Langkeit in: NStZ 1993, 213, 214 m.w.N.

[156] Geschützt wird auch der Zeuge durch § 55 und § 68a StPO. Durch eine rechtlich vorgeschriebene Aussagepflicht kann nämlich auch der Zeuge in den Konflikt geraten, sich selbst (oder Angehörige § 52 StPO) einer strafrechtlichen Handlung zu bezichtigen, wegen seines Schweigens Zwangsmitteln ausgesetzt zu werden oder durch eine Falschaussage den Tatbestand der §§ 153ff. StGB zu verwirklichen; vgl. Rogall S. 238.

[157] Ausführlich zu Herkunft und Entwicklung des nemo-tenetur-se-ipsum-accusare-Grundsatz, Rogall S. 67ff.

oder das im Anschluß an das Untersuchungsverfahren die Einleitung eines strafrechtlichen Verfahrens rechtfertigt.
Die strafbare Handlung einer Person kann nach dem Untersuchungsauftrag bereits von Anfang an Verfahrensgegenstand sein. Möglich ist auch, daß sich ein solcher Verdacht erst im Verlauf des Verfahrens (z.B. während einer Befragung) ergibt und dann vom Untersuchungsausschuß in seine Sachverhaltsaufklärung mit einbezogen wird.[158]

Die Konfliktlage des Betroffenen, dessen strafbares Verhalten durch den Untersuchungsausschuß aufgeklärt wird, ist grundsätzlich der des Beschuldigten sehr ähnlich. Auch der Betroffene wird durch seine Aussage in die Zwangslage gebracht, entweder zu lügen, die Wahrheit zu sagen und sich dadurch selbst zu belasten oder zu schweigen und sich dann den Zwangsmaßnahmen auszusetzen, die nach den voranstehenden Ausführungen eben auch dem Untersuchungsausschuß zur Verfügung stehen.

Das dagegen in der Literatur angeführte Argument, das Untersuchungsverfahren verfolge nicht das Ziel, den Betroffenen strafrechtlich zur Verantwortung zu ziehen,[159] läßt die tatsächlichen Umstände im Untersuchungsverfahren unberücksichtigt und verkennt, daß dem Beschuldigten das Aussageverweigerungsrecht nicht allein aufgrund einer möglichen Verurteilung, sondern auch wegen Belastungen und Eingriffen innerhalb des Verfahrens zusteht.
Die Herleitung des Aussageverweigerungsrechts u.a. aus dem Rechtsstaatsprinzip (Art. 20 Abs. 3 GG)[160] verdeutlicht, daß auch die Gemeinschaft ein Interesse an einer rechtsstaatlichen Ausgestaltung des gesamten Verfahrens hat. Es kommt nicht allein auf den Schutz des Einzelnen vor Selbstbezichtigung an, sondern vielmehr auf die Art und Weise, wie die Wahrheit erforscht wird.[161]
Die Wahrheitserforschung im Untersuchungsverfahren ist, wie bereits mehrfach erwähnt, entscheidend durch die Motivation seiner Mitglieder beeinflußt. Gerade die Aufklärung strafrechtlichen Verhaltens kann politische Vorteile mit sich bringen und deshalb von den Ausschußmitgliedern mit erheblichem Nachdruck

---

[158] Versteyl in: v. Münch, GG-Komm., Rn. 27 zu Art. 44; Schulte in: v. Mangoldt/Klein, GG, Rn. 90ff. zu Art. 44 GG m.w.N.
[159] Enquete-Kommission Verf.reform BT-Drucks. 7/5924 S.54f.; Rechenberg in: Komm. zum Bonner-GG, Rn. 25 zu Art. 44 GG; Köhler S. 225; Kleinert in: Thaysen/Schüttemeyer S. 72.
[160] Vgl. Teil D. III. 1. c).
[161] Buchholz S. 79f.

verfolgt werden.[162] Berücksichtigt man, daß der Untersuchungsausschuß nicht gehindert ist, die strafrechtlich relevanten Tatsachen aufzuklären,[163] daß darüber hinaus sogar eine Aufklärungspflicht bestehen kann,[164] daß die Wertungen eines strafrechtlichen Verhaltens im Abschlußbericht zumindest in den Folgen mit der unmittelbaren Nebenfolge des Strafverfahrensrechts gleichgestellt werden muß[165] und daß der Betroffene wegen Art. 44 Abs. 4 GG nur beschränkte Möglichkeiten hat, sich gegen die Feststellungen im Abschlußbericht zu wehren, ist es angezeigt, ihn durch ein Aussageverweigerungsrecht zu schützten. Erst dadurch, daß den Eingriffsmöglichkeiten des Untersuchungsausschusses ein Gegenrecht des Betroffenen gegenübergestellt wird, wird verhindert, daß der Betroffene nicht zu seiner eigenen Vorverurteilung gezwungen wird.

Verweigerte man dem Betroffenen ein Aussageverweigerungsrecht, würde man ihn zudem faktisch um sein strafrechtliches Schweigerecht bringen, da er vor dem Untersuchungsausschuß als Zeuge aussagen müßte. Die Informationen, die dann den Strafverfolgungsbehörden bekannt würden, könnten Anhaltspunkte für Ermittlungen liefern oder sogar in einem späteren strafrechtlichen Verfahren verwendet werden, in welchem er dann zum Schweigen berechtigt wäre.
Deshalb wird in der Literatur berechtigterweise angeführt, daß das Recht, in einem späteren Verfahren zu schweigen, nicht dadurch entwertet werden dürfe, daß nur aufgrund des öffentlichen Interesses die nicht normalerweise für strafrechtliches Verhalten allein zuständige Stelle, sondern daneben ein Parlamentsausschuß Ermittlungen durchführt. In irreversibler Weise würden so nämlich Verteidigungspositionen, wie bspw. das Aussageverweigerungsrecht in Frage gestellt.[166]
Daneben ist zu berücksichtigen, daß es im Untersuchungsverfahren um Sachverhaltsaufklärung unter politischen Gesichtspunkten zu politischen Zwecken geht, im Strafverfahren um Sachverhaltsaufklärung zwecks gemeinschaftlichem Rechtsgüterschutz und der Wiederherstellung von Rechtsfrieden geht. Folglich ist es nicht gerechtfertigt, politische Interessen über den Schutz des Einzelnen zu stellen.

---

[162] Brieske in: Verh. 57. DJT 1988, Bd. II., M 175 u. 196.
[163] Maunz in: Maunz/Dürig, Rn. 62 zu Art. 44 GG m.w.N.
[164] BGHSt 17, 128, 132.
[165] Teil C. II. 4.
[166] Gollwitzer in: FS für Dünnebier 1982, 327, 338.

Als weiteres Argument gegen ein Aussageverweigerungsrecht wird angeführt, der verdächtige Zeuge im Strafverfahren sei keiner anderen Situation ausgesetzt als vergleichsweise der Betroffene im Untersuchungsverfahren[167]
Eine Gleichstellung des Betroffenen mit dem verdächtigen Zeugen im Strafverfahren übersieht jedoch folgendes:
Das Strafverfahren richtet sich nicht gegen den verdächtigen Zeugen, sondern gegen den Beschuldigten, und der Umfang des aufzuklärenden Sachverhalt ist wegen den §§ 264, 265 StPO festgelegt. Das strafrechtlich relevante Verhalten des verdächtigen Zeuge kann deswegen auch nicht in diesem Verfahren aufgeklärt werden.
Im Untersuchungsverfahren dagegen kann sich die Richtung im Verlauf völlig umdrehen. Stellt sich nämlich heraus, daß ein strafrechtlich relevantes Verhalten vorliegt, kann sich die Sachverhaltsaufklärung auch auf dieses Verhalten konzentrieren; das Verfahren richtet sich dann aber faktisch gegen den Betroffenen.
Folglich ist die Problematik des verdächtigen Zeugen allenfalls für die Definition des Betroffenen relevant. Hier stellt sich die Frage, ob der Untersuchungsausschuß gerade das strafrechtlich relevante Verhalten zum Gegenstand der Sachverhaltsaufklärung erhebt, oder ob ein solches Verhalten nur am Rande zur Sprache kommt und deshalb eine Sonderstellung nicht mehr gerechtfertigt ist.
In Bezug auf die Aufklärung strafrechtlichen Verhaltens hat der Betroffene allerdings eher die Position des Beschuldigten inne und nicht die des verdächtigen Zeugen.

Gesetzesentwürfe, Empfehlungen, LUAGe und Literatur verweisen den Betroffenen vereinzelt denoch auf ein Auskunftsverweigerungsrecht nach § 55 StPO.[168]
Bedenken gegen das Auskunftsverweigerungsrecht ergeben sich aus der Notwendigkeit der Geltend- und Glaubhaftmachung nach § 56 StPO. Im Vorfeld der parlamentarischen Untersuchung werden nämlich in der Regel schon Verdächtigungen im Zusammenhang mit dem Betroffenen in der Öffentlichkeit verbreitet. Muß der Betroffene dann im Rahmen der Aussage im einzelnen darlegen, warum

---

[167] Einschränkend für diejenigen Fälle, in denen erst im Verlauf der Untersuchung eine Betroffeneneigenschaft auftritt, so die Erläuterungen zu Ziff. VII. Nr. 3 LParl. v. 1961, abgedr. ROP 231012.

[168] § 16 Abs. 3 IPA-Entwurf, BT-Drucks. V/4209. § 20 Abs. 3 i. V. m. § 16 MusterG v. 1972, ZParl 3 (1972), 427-433. § 19 B-WUAG; § 19 SächsUAG; § 19 HamUAG; § 54 SUAG; Schleich S. 53; Beckendorf in: ZParl 20 (1989), 35, 49f.; Müller-Boysen S. 108ff.; Kohlmann in: JA 1984, 671ff. Zur Erweiterung der Auskunftsverweigerungsrechte in Anlehnung an die zivilprozessualen Vorschriften vgl. unten Teil F.

er sich für berechtigt hält zu schweigen, gibt er den Vorwurf bereits indirekt zu. Beruft er sich nicht auf die Vorschrift, müßte er lügen. Die Geltend- und Glaubhaftmachung des Auskunftsverweigerungsrecht käme deshalb einer Selbstbezichtigung gleich.[169]
Hinzu kommt, daß die Ausschußmitglieder in der Regel nicht über die Befähigung zum Richteramt verfügen und deshalb Schwierigkeiten haben bei der Beurteilung der strafrechtlichen Relevanz der Antwort. Kann das Auskunftsverweigerungsrecht bereits im Strafverfahren als problematisch bezeichnet werden,[170] potenzieren sich dadurch die Probleme im Untersuchungsverfahren.

Vereinzelt wird deshalb auch befürwortet, daß das Auskunftsverweigerungsrecht in vollem Umfang zum Verweigerungsrecht erstarke, wenn die gesamte in Betracht kommende Aussage des Betroffenen mit seinem vielleicht strafbaren Verhalten in so engem Zusammenhang stehe, daß nichts übrig bliebe, was er ohne Gefahr der Selbstbelastung aussagen könne.[171]
Zum einen sind aber solche Fallkonstellationen bereits im Strafverfahrensrecht eine Ausnahme,[172] zum anderen basiert die Einlassungsfreiheit hinsichtlich ihres Rechtscharakters auf § 55 StPO. Folge ist die Geltung der Darlegungspflichten (§ 56 StPO) und der sich daraus ergebenden, oben bereits angeführten Bedenken. Außerdem spricht gegen ein erstarkendes Auskunftsverweigerungsrecht, daß der Betroffene den Zeugenstatus beibehalten und deshalb auch der strafbewehrten Wahrheitspflicht unterliegen würde.
Da der Betroffene aufgrund der aufgezeigten Argumente mit dem Beschuldigten vergleichbar ist, hat im Wege der sinngemäßen Verweisung eine Übertragung der Beschuldigtenstellung zu erfolgen und eben nicht die eines Zeugen, auch nicht mit einer extensiven Auslegung des § 55 StPO.

Ebensowenig würde auch ein umfassendes Verwertungsverbot der Betroffenenaussage im Strafverfahren bzw. ein Offenbarungsverbot an die Strafverfolgungsbehörden an Stelle eines Aussageverweigerungsrechts dem Schutz des Betroffenen hinreichend Rechnung tragen.

---

[169] Kohlmann in: JA 1984, 670, 671; H. Wagner in: GA 1976, 257, 270

[170] Rogall S. 62.

[171] Schröder, Gutachten für den 57. DJT 1988, Bd. I., E 53; Kohlmann in: JA 1984, 670. 672f. Buchholz S. 108ff.

[172] Dahs in: Löwe-Rosenberg, Rn. 5 zu § 56 StPO; Senge in: KK, Rn. 2 zu § 55 StPO; BGHSt 10, 104, 105; 17, 245, 247.

Das parlamentarische Untersuchungsverfahren ist nämlich grundsätzlich öffentlich. Selbst wenn sich noch die Bekanntgabe der strafrechtlichen Feststellungen im Abschlußbericht unterbinden läßt, wird die Aussage des Betroffenen durch die Medien verbreitet und damit den Strafverfolgungsbehörden zugänglich. Zudem können diese selbst, auch aus dienstlichen Erwägungen, an den Ausschußsitzungen teilnehmen und so Beweismaterial gegen den Betroffenen sammeln.[173]

bb) Verfahren, die andere staatliche Sanktionen auslösen

Ein Untersuchungsverfahren kann sich von Anfang an oder im Verlauf mit einem Verhalten des Betroffenen beschäftigen, dessen Aufklärung andere staatliche Sanktionen nach sich zieht.
Als staatliche Sanktionen kommen dabei die verfassungsrechtlichen Anklageverfahren, Ordnungswidrigkeiten- und Disziplinarverfahren sowie Verfahren vor den Ehrengerichten[174] in Betracht. Diesen Verfahren ist gemein, daß der Betroffene - im Unterschied zu Verfahren mit strafrechtlich relevantem Untersuchungsgegenstand - im Anschlußverfahren nicht mit der Verhängung einer Freiheitsstrafe zu rechnen hat.[175]
Sanktionsfolgen können für den Betroffenen „nur" Vermögens- oder Ansehensverluste sein. Trotzdem können die Folgen für ihn einschneidend sein, da nicht nur eine Geldbuße denkbar ist, sondern auch Gehaltskürzungen, die Entfernung aus dem Dienst bis hin zur Aberkennung des Ruhegehaltes.[176]

Von Seiten der Literatur wird dem Betroffenen bei der Gefahr einer sich an das Untersuchungsverfahren anschließenden verfassungsrechtliche Anklage in der Regel ein Aussageverweigerungsrecht eingeräumt.[177] Eine dem Beschuldigten

---

[173] Buchholz S. 91; Brieske in: Verh. 57. DJT 1988, Bd. II., M 172ff.; Vetter in: ZBR 1991, 225, 229f.

[174] Vgl. z.B. §§ 92ff. BRAO.

[175] Stree in: Schönke/Schröder, Rn. 34f. zu Vor. §§ 38ff. StPO.

[176] Vgl. z.B. § 17 OWiG für das Ordnungswidrigkeitenrecht. § 5 BDO für das Disziplinarrecht. § 114 BRAO für die Ehrengerichte.

[177] Damkowski in: Thaysen/Schüttemeyer, S. 146; Müller-Boysen S. 108; Beckendorf in: ZParl 20 (1989), 35, 50; Schleich S. 53; Rink in: DVBl. 1964, 706, 709.; Buchholz S. 92ff.; Di Fabio S. 48f.

vergleichbare Konfliktlage läge vor, da Folge einer solchen Anklage der Verlust des Amtes durch Gerichtsspruch sein könne.[178]
Allerdings ist kein sachlicher Grund ersichtlich, der es rechtfertigen könnte, den Betroffenen nur in diesen Fällen ein Aussageverweigerungsrecht einzuräumen. Der Untersuchungsausschuß bereitet nämlich die Entscheidung über die Anklage lediglich vor, und erst das Parlament beschließt aufgrund der Tatsachenfeststellungen und Würdigung des Untersuchungsausschusses im Abschlußbericht über die Anklageerhebung.
Die Folgen derartiger Anklageverfahren treten, wie in den übrigen Fallkonstellationen auch, nicht unmittelbar durch rechtsverbindliche Entscheidung des Untersuchungsausschusses ein. Erst das Gericht entscheidet über den Amtsverlust.[179]
Deshalb ist die Konfliktsituation für den Betroffenen letztlich nicht anders zu bewerten wie vergleichsweise für Betroffene, denen ein Ordnungswidrigkeiten-, Disziplinar- oder Ehrengerichtsverfahren droht.

Bei Untersuchungsverfahren, die von vorne herein zur Sachverhaltsaufklärung für eine Entscheidung des Parlaments über die Anklageerhebung eingesetzt werden, erscheint der Betroffene lediglich eher mit dem Beschuldigten vergleichbar, weil sich das Verfahren allein mit seinem Fehlverhalten beschäftigt und von Anfang an gegen ihn gerichtet ist. Daraus kann aber nicht der Schluß gezogen werden, daß nur in diesen Fällen ein Aussageverweigerungsrecht gerechtfertigt ist.
Der Beschuldigtenbegriff im Strafverfahren orientiert sich nämlich - wie noch zu zeigen sein wird - zwar an der Rollenzuweisung durch die Strafverfolgungsbehörden,[180] der Beschuldigte hat seine Verfahrensstellung aber nicht aufgrund der Bezeichnung als solcher, sondern durch die Eingriffe und Folgen, die eben mit dieser Verfahrensrolle verbunden sind. Deshalb ist auch allein die Eingriffsqualität und die Konfliktsituation entscheidend und nicht die Tatsache, daß es sich um die Vorbereitung einer verfassungsrechtlichen Anklage handelt.

Daß innerhalb dieser Fallgruppe eine Gleichbehandlung angezeigt ist, verdeutlicht die Tatsache, daß sich auch erst im Verlauf eines Untersuchungsausschusses Anhaltspunkte für die Erhebung einer verfassungsrechtlichen Anklage ergeben können. Nicht erforderlich ist die Einsetzung eines weiteren

---

[178] Müller-Boysen S. 108; Buchholz S. 92ff.
[179] Schmidt-Bleibtreu/Klein, Komm. zum GG; Rn. 7 zu Art. 61 GG; Maunz/Schmidt-Bleibtreu/Klein/Ulsamer, Rn. 47 zu § 13u. Rn. 2f. zu § 49 BVerfGG.
[180] Vgl. unten Teil D. V.

Untersuchungsausschusses, der sich dann ausschließlich mit dem Verhalten des Richters, Präsidenten, Ministers oder Abgeordneten beschäftigt und die Erhebung über die Anklage beschließt. Sofern das Verhalten im Zusammenhang mit dem Untersuchungsauftrag steht, kann es vom Untersuchungsausschuß mit aufgeklärt und eine entsprechende Empfehlung im Abschlußbericht zur Anklageerhebung abgegeben werden.[181] Die anfängliche Zielrichtung kann also gerade kein Argument für die vergleichbare Konfliktsituation mit dem Beschuldigten sein, da sich diese auch im Verlauf ändern kann.

Beim Betrachten der Konfliktlage des Betroffenen fällt auf, daß in allen Fällen, in denen er durch seine Aussage mit einem sanktionierten Anschlußverfahren rechnen muß, seine Position im Grundsatz der des Betroffenen in Untersuchungsverfahren mit strafrechtlich relevantem Gegenstand entspricht.
Sagt er wahrheitsgemäß aus, läuft er Gefahr, sich selbst zu belasten und ein Anschlußverfahren gegen sich auszulösen, lügt er, macht er sich nach den §§ 153ff. StGB strafbar und schweigt er, setzt er sich dem Zeugniszwang aus.
Eine Aussagepflicht würde deshalb wieder zur Aushebelung von Rechten im Anschlußverfahren führen, da in diesen ein Aussageverweigerungsrecht eingeräumt wird.[182]

Dieser Argumentation könnte entgegengehalten werden, daß der Betroffene auch im Anschlußverfahren keine Sanktion zu erwarten habe, die vergleichbar wäre mit einer wie im Krimnalstrafrecht vorgesehenen Strafe. Die Sanktionen des Strafgesetzbuches gelten nämlich nicht für die in Rede stehenden Anschlußverfahren. Bspw. kennt das Ordnungswidrigkeitenrecht als mögliche Sanktionsform allein die Geldbuße, die im Unterschied zur Geldstrafe nicht in eine Freiheitsstrafe umgewandelt werden kann (§ 43 StGB).[183]
Ein „Weniger" an Sanktionsmöglichkeiten rechtfertigt aber nicht die Schlußfolgerung, für Betroffene genüge der Schutz eines Auskunftsverweigerungsrechtes.

---

[181] Versteyl in: v. Münch, GG-Komm., Rn. 27 zu Art. 44; Schulte in: v. Mangoldt/Klein, GG, Rn. 90ff. zu Art. 44 GG.
[182] Vgl. für die verfassungsrechtlichen Anklageverfahren z.B. § 55 Abs. 4 BVerfG; für das Ordnungswidrigkeitenverfahren § 46 Abs. 1 OWiG i.V.m. 136 Abs. 1, S. 2 StPO; für das Disziplinarverfahren z.B. § 26 Abs. 2, S. 3 BDO; § 116 BRAO i.V.m. 136 Abs. 1,S. 2 StPO, vgl. Feuerich/Braun; Rn. 27 zu § 116 BRAO.
[183] Stree in: Schönke/Schröder, Rn. 34f. zu Vor. §§ 38 ff. StPO.

Die Konfliktlage, die im Strafverfahren für den Beschuldigten ein Schweigerecht auslöst, ist nämlich nicht nur gebunden an die mögliche Rechtsgutbeeinträchtigung durch eine Freiheitsentziehung und damit an den Schweregrad der Beeinträchtigung. Das Strafverfahrensrecht und die hier in Rede stehenden Anschlußverfahren räumen jedem Beschuldigten - unabhängig von der möglichen Rechtsfolge - ein Schweigerecht ein.[184]
Deshalb können als Argumentation gegen ein Aussageverweigerungsrecht nicht in der Wertung unterschiedlich einzustufende Sanktionen herangezogen werden.

Ausschlaggebend ist vielmehr, daß der Betroffene nicht zum Beweismittel gegen sich selbst eingesetzt werden darf. Verweigerte man dem Betroffenen ein Aussageverweigerungsrecht, bestünde aber gerade diese Gefahr. Er wäre zur Aussage verpflichtet und würde damit der strafbewehrten Wahrheitspflicht unterliegen.[185]
Berücksichtigt man daneben, daß die Wertungen im Abschlußbericht ebenfalls Sanktionscharakter aufweisen und in den Wirkungen mit der strafrechtlichen Nebenfolge verglichen werden müssen,[186] ist es angezeigt, dem Betroffenen ein Aussageverweigerungsrecht einzuräumen.

Dagegen spricht auch nicht, daß sich der strafverfahrensrechtliche Zeuge bei der Gefahr eines Ordnungswidrigkeitenverfahrens allein auf ein Auskunftsverweigerungsrecht (§ 55 StPO) berufen kann.
Durch die fehlende Sichtung des beweiserheblichen Materials im Vorfeld und die politische Komponente der Sachverhaltsaufklärung im Untersuchungsverfahren wird der Betroffene eine andere Konfliktlage ausgesetzt. Zur Verdeutlichung folgendes Beispiel:
Geht es im Strafverfahren um den Aufenthalt eines Zeugen zur Tatzeit und entsteht dann während der Vernehmung der Verdacht, der im öffentlichen Beamtenverhältnis stehende Zeuge habe eine von der zuständigen Stelle nicht genehmigte Nebenbeschäftigung[187] ausgeübt und sich dort zur Tatzeit aufgehalten, besteht im Strafverfahren kein Grund, den Sachverhalt zur nicht genehmigten Nebenbe-

---

[184] Vgl. z.B. § 17 OWiG, § 5 BDO, § 114 BRAO.
[185] BGHSt 17, 128, 136; Dahs in: Löwe-Rosenberg, Rn. 9 zu § 55 StPO; für die Gefahr eines Disziplinar- oder Ehrengerichtsverfahren. Anders für das Ordnungswidrigkeitenverfahren und die verfassungsrechtlichen Anklageverfahren vgl. Kleinknecht/Meyer-Großner, Rn. 4ff. zu § 55 StPO. Vgl. zur Problematik des § 55 StPO oben Teil D III. 1. c) aa).
[186] Vgl. oben Teil C. II. 4.
[187] Vgl. § 42 BRRG.

schäftigung weiter auszuforschen. Nach § 264 StPO ist nämlich Gegenstand der Sachverhaltsaufklärung der in der Anklage umschriebene Lebenssachverhalt, insoweit also nur das strafrechtlich relevante Verhalten des Beschuldigten.
Anders dagegen im Untersuchungsverfahren. Hat der Untersuchungsausschuß aufzuklären, ob die Firma X der Partei A Geld gespendet hat, um das politische Abstimmungsverhalten zu beeinflussen und entsteht im Verlauf der Vernehmung des Zeugen Z der Verdacht einer nicht genehmigten Nebentätigkeit, dann kann diesem Verdacht zwar neben der Aufklärung des Sachverhalt um die Geldspende nur eine untergeordnete Bedeutung zukommen, doch die Aufklärung kann gefordert werden. Zum einen kann die Aufklärung des Verhaltens des Zeugen Z nämlich die Öffentlichkeit von der Aufklärung des Sachverhaltes um die Geldspende ablenken, zum anderen kann sein Verhalten für eigene politische Zwecke mißbraucht werden – insbesondere, wenn er auch noch Mitglied der Partei B ist. Es geht dann nicht mehr allein um das Fehlverhalten von Mitgliedern der Partei A, sondern auch um das Fehlverhalten von Mitgliedern der Partei B.
Beide, der Zeuge im Strafverfahren und der Betroffene im Untersuchungsverfahren, müssen mit einem anschließenden Disziplinarverfahren rechnen. Im Strafverfahren übernimmt aber nicht das Gericht die Vorarbeit der zuständigen Ermittlungsbehörde.[188]
Im Untersuchungsverfahren dagegen ist es möglich, daß der Betroffene so in Bedrängnis gerät, daß er mehr offenbart, als er eigentlich offenbaren müßte, sei es, weil die Ausschußmitglieder nicht rechtzeitig auf das Auskunftsverweigerungsrecht hinweisen, der genaue Umfang der Darlegungspflichten unbekannt ist oder weil der Betroffene unter Druck gesetzt wird.[189]

Nicht übergangen werden darf die Frage, ob die Funktion des parlamentarischen Untersuchungsrechts durch die Übertragung eines Aussageverweigerungsrechts erhalten bleibt. Insbesondere bei Regierungsmitgliedern könnte nämlich eingewandt werden, daß sie einer besonderen verfassungsrechtlich festgelegten Rechtfertigungspflicht unterliegen und insofern ein Aussageverweigerungsrecht gerade nicht der Aufgabe des Untersuchungsverfahrens entspräche, Sachverhalte im politischen Bereich aufzuklären.[190]

---

[188] Vetter in: ZBR 1991, 225, 229.

[189] Vgl. oben Teil C. III. 3.

[190] § 15 Abs. 3 des Interfr.Entw. v. 1985/86, BT-Drucks. 10/6587. § 20 Abs. IV. MusterG v. 1972, der allerdings nur das Zeugnisverweigerungsrecht bei unehrenhafter Verhaltensweise oder schwerwiegenden Nachteile ausnimmt, vgl. ZParl 3 (1972), 427-433. Müller-Boysen S.

Würde die Übertragung dem Sinn und Zweck des Untersuchungsverfahrens widersprechen, wäre damit die Übernahme des Aussageverweigerungsrecht verfassungsrechtlich nicht gerechtfertigt. Die Verweisungsnorm des Art. 44 Abs. 2, S. 1 GG schließt nämlich nur die strafprozessualen Vorschriften ein, die ohne Änderung des Funktionscharakters parlamentarischer Untersuchungsverfahren übernommen werden können.[191]
Eine besondere Verantwortlichkeit von Regierungsmitgliedern (Bundeskanzler und Bundesminister nach Art. 62 GG) kommt für den Bereich des Bundes in Art. 43 Abs. 1 GG zum Ausdruck. Danach können der Bundestag und seine Ausschüsse die Anwesenheit jedes Mitglieds der Bundesregierung verlangen. Aus diesem Recht wird nicht nur eine Erscheinungspflicht, sondern auch eine Pflicht zur Antwort abgeleitet.[192]
Dagegen wird zu Recht angeführt, daß die Verpflichtung, im Rahmen der Beweiserhebungen parlamentarischer Untersuchungsausschüsse auszusagen und die allgemeine Verpflichtung politischer Rechtfertigung gegenüber dem Parlament, wertungsmäßig zwei verschiedenen Ebenen anzusiedeln sind.[193]
Zudem wird durch ein Aussageverweigerungsrecht weder die Funktion des parlamentarischen Untersuchungsverfahrens, noch der Zweck des Art. 43 Abs. 1 GG eingeschränkt. Art. 43 Abs. 1 GG ist nämlich Ausdruck der Ministerverantwortlichkeit, wobei Verantwortlichkeit vor allem im politischen Sinn zu verstehen ist.[194] Im Vordergrund der parlamentarischen Untersuchungspraxis stehen Verfahren, die sich mit Mißständen im Bereich der Regierung und Verwaltung beschäftigen.[195] Naturgemäß sind an diesen Mißständen nicht nur Privatpersonen beteiligt, sondern in der Hauptsache Personen, deren Fehlverhalten im Zusammenhang mit ihrer Amtsausübung aufgeklärt werden soll. Die politische Verantwortlichkeit wird aber durch ein Aussageverweigerungsrecht nicht eingeschränkt. Allein die Sachverhaltsausforschung sanktionierter

123ff.; Quaas/Zuck in: NJW 1988; 1873; 1877; Schenke in: JZ 1988; 805; 815. Für die Auskunftspflicht eines Beamten vgl. Vetter in: ZBR 1991, 225ff.

191 Teil C. I.

192 Zur Antwortpflicht Maunz in: Maunz/Dürig, Rn. 8 zu Art. 43 GG; Hesse, Grundzüge des Verfassungsrechts; § 17 III. 2. Allgemein zum Zutritts- und Rederecht nach Art. 43 Abs. 2 GG vgl. Queng in: JuS 1998, 610ff.

193 Gollwitzer in: FS für Dünnebier 1982, 327, 342.

194 Morlock in: Dreier (Hrsg.), GG-Komm.; Rn. 8 zu Art. 43 GG; Maunz in: Maunz/Dürig, Rn. 8 zu Art. 43 GG.

195 Lölhöffel in: Blickpunkt Bundestag 12/99, S. 50f.

Verhaltensweisen unmittelbar beim Betroffenen wird durch ein Aussageverweigerungsrecht ausgeschlossen.

cc) Unehrenhaftes Verhalten

Parlamentarische Untersuchungsausschüsse, die sich mit unehrenhaften Verhaltensweisen befassen, ziehen im Unterschied zu den oben genannten Fallgruppen kein Anschlußverfahren nach sich, in welchem eine staatliche Sanktion verhängt werden kann.
Die Belastungen des Betroffenen ergeben sich allein aus dem Bekanntwerden der Aussage oder den Wertung im Abschlußbericht. Als Folgen solcher Untersuchungsverfahren sind Ehren- oder wirtschaftliche Verluste,[196] z.B. durch einen in der Öffentlichkeit hervorgerufenen Ansehensverlust eines privatwirtschaftlichen Unternehmens, denkbar.

Bezweifelt wird, daß die Konfliktsituation auch in dieser Fallkonstellation mit der des Beschuldigten vergleichbar ist. Den Beschuldigten bzw. die Betroffenen der voranstehenden Fallgruppen treffen die Ehrverletzungen zusätzlich zu anderen staatlichen Sanktionsmöglichkeiten.
Dagegen muß die Auskunftsperson bei der Aufklärung einer unehrenhaften Verhaltensweise auch nicht mittelbar mit einer staatlichen Reaktion rechnen. Feststellungen im Abschlußbericht können immer nur als eine Verletzung sittlicher Pflichten dargestellt werden.[197] Die Aussprache eines ethischen Unwerturteils führt nicht zu einer Konfliktsituation, die eine Einlassungsfreiheit rechtfertigen könnte.[198] Weder durch den Verlauf noch durch den Abschlußbericht kann nämlich ein im Anschlußverfahren bestehendes Aussageverweigerungsrecht ausgehebelt werden. Die Auskunftsperson kann wahrheitsgemäß aussagen, ohne sich der Gefahr auszusetzen, ein Anschlußverfahren gegen sich auszulösen und so zum Beweismittel gegen sich selbst zu werden
Grund für eine Aufkunftsperson die Unwahrheit zu sagen wäre allenfalls die Vermeidung des durch eine wahre Aussage in der Öffentlichkeit entstehenden negativen persönlichen Eindrucks. Auch im Strafverfahren gilt aber der Grundsatz, daß der einzelne im Bereich des unrechten Verhaltes die Kritik seiner Umwelt hinnehmen muß, weil er für dieses Verhalten sozial verantwortlich ist. Das

---

[196] LG Saarbrücken in: NJW-RR 1993, 730ff.; OVG Hamburg in: NVwZ 1987, 610ff.
[197] Buchholz S. 98.
[198] A.A. Buchholz S. 96ff.

Strafverfahrensrecht entzieht den Beschuldigten durch ein Aussageverweigerungsrecht nur hinsichtlich strafwürdigen, nicht aufgrund des sanktionierten unrechten Verhaltens der direkten Reaktion der Gesellschaft.[199]

Vereinzelt wird ein gegenüber dem Beschuldigten erhöhtes Schutzbedürfnis mit der Öffentlichkeit des Untersuchungsverfahrens begründet.[200] Dagegen spricht, daß der einzelne als gemeinschaftsbezogener und gemeinschaftsgebundener Bürger Eingriffe hinnehmen muß, die unter Beachtung des Verhältnismäßigkeitsgrundsatzes im überwiegenden Interesse der Allgemeinheit stehen und deshalb gerechtfertigt sind.[201]
Der Vorrang des staatlichen Aufklärungsinteresses vor dem Ehrenschutz des Zeugen im Strafverfahren[202] kann damit begründet werden, daß es sich um eklatante Normenübertretungen handelt, die vom Gesetzgeber wegen der besonderen Sozialschädlichkeit unter Strafe gestellt wurden.[203] Ein Vergleich zwischen den Allgemeininteressen der Öffentlichkeit an der Sachverhaltsaufklärung im Untersuchungsverfahren und den persönlichen Interessen der Auskunftspersonen führt aber zu keinem anderen Ergebnis. Der Sachverhaltsaufklärung durch den Untersuchungsausschuß wird ebenfalls ein hoher Stellenwert eingeräumt: Das Untersuchungsrecht des Parlaments findet seine gesetzliche Grundlage in der Verfassung selbst und bereits die Einsetzung des Untersuchungsausschusses erfolgt aufgrund eines öffentlichen Interesses an der Sachverhaltsaufklärung.
Zudem wird die Übertragung der strafprozessualen Vorschriften verfassungsrechtlich insoweit eingeschränkt, als daß sie mit dem Sinn und Zweck des parlamementarischen Untersuchungsverfahrens vereinbar sein müssen. Sinn und Zweck ist aber, gerade auch solche Mißstände aufzuklären, die ein Verhalten einschließen, das zu Ehren- und Ansehensverlusten führen kann. Würde man auch in diesen Fällen sämtlichen Auskunftspersonen ein Schweigerecht zubilligen, würde die Sachverhaltsaufklärung illusorisch und das verfassungsrechtlich abgesicherte Untersuchungsrecht faktisch ausgehebelt. Der quasi unüberschaubar weite Ehrbegriff[204] würde im Untersuchungsverfahren nämlich dazu führen, daß

[199] Müller-Boysen S. 109.

[200] Buchholz S. 98.

[201] Vgl. zu den Grenzen BVerfG 80 367, 373ff.; BGHSt 34, 397, 401; Rogall S. 147.

[202] Der seine Grenze an der Vorschrift des § 68a StPO findet, wonach entehrende Fragen nur beantwortet werden müssen, wenn sie für die Entscheidungsfindung unerläßlich sind.

[203] Stree in: Schönke/Schröder, Rn. 35 zu Vor. §§ 38ff.

[204] Vgl Creifelds, Stichwort Ehre S. 322; Lenckner in: Schönke/Schröder, Rn. 1 zu Vor. §§ 185ff.

die größte Zahl der Auskunftspersonen die Mitwirkung verweigern dürften - insbesondere auch diejenigen, die aufgrund der Nähe zum Untersuchungsgegenstand erheblich zur Sachverhaltsaufklärung beitragen könnten.
Gerade im Zusammenhang mit der politischen Kontrollfunktion nicht wegzudenken ist aber die Aufklärung von Verhaltensweisen, die geeingnet sind, den guten Ruf zu schädigen. Zum Schutz der Privatsphäre kann im übrigen ein Ausschluß der Öffentlichkeit in entsprechender Anwendung des § 171 b GVG erfolgen.
Gegen ein erhöhtes Schutzbedürfnis und ein daraus resultierendes Schweigerecht spricht auch, daß der Betroffenen in der Regel beim Vorwurf unehrenhafter Verhaltensweisen wird aussagen wollen.
Wenn er nämlich nicht unehrenhaft gehandelt hat, der Ausschuß aber eine solche Behauptung aufklären soll, wird er gerade daran interessiert sein, die Behauptung durch seine Aussage zu widerlegen.[205]
Hat er unehrenhaft gehandelt, kann durch ein Aussageverweigerungsrecht keine Ehre geschützt werden, die der Betroffene nicht schon selbst geschädigt hätte.

dd) Untersuchungen, die sich überwiegend gegen eine Person richten

Überwiegend wird zwar die Untersuchungsrichtung für eine Sonderstellung des Betroffenen zum ausschlaggebenden Kriterium erhoben;[206] ein sachlicher Grund, diesen Personen ein Aussageverweigerungsrecht einzuräumen, ist jedoch nicht ersichtlich. Geht es nämlich in einem Untersuchungsverfahren um den Nachweis der „politischen Instinktlosigkeit" einer Person und ergeben sich keine möglichen Sanktionen im Anschluß an das Verfahren, richtet sich die Untersuchung zwar überwiegend gegen diese Person. Ihr gebührt aber deswegen noch keine Einlassungsfreiheit,[207] da sie sich in keiner Konfliktsituation befindet, die der des Beschuldigten vergleichbar wäre.
Noch deutlicher wird die Zweifelhaftigkeit dieser Definition, wenn man fragt, wann genau sich die Untersuchung ausschließlich oder ganz überwiegend gegen

---

[205] BVerfG 80, 367, 374.

[206] Ziff. VII. Nr. 3a) LParl. v. 1961, ZParl 3 (1972) 433, 435; § 18 Abs. 1 IPA-Entwurf, BT-Drucks. V/4209; § 20 Abs. 1 MusterG v. 1972, ROP 231021; ähnlich auch § 15 Abs. 1 Interfr.Entw. v. 1985/86, BT-Drucks. 10/6587; Art. 13 BayUAG; § 54 SUAG; Partsch, Gutachten für den 45. DJT 1964, Bd. I. Teil 3., S. 111ff., These 7, S. 220; Bickel; Ref. für den 57. DJT 1988, Bd. II., M 30f.; These 14, M 51; Wohlers in: NVwZ 1994, 40ff.; OVG Münster in: NVwZ 1987, 606, 607.

[207] Buchholz S. 179.

eine Person richtet. Überspitzt formuliert könnte man fragen, ob sich mehr als 30% oder mehr als 50 % der Sachverhaltsaufklärung gegen eine bestimmte Person richten müssen. Im Falle einer geringeren Prozentzahl wären nach dieser Definition dann zwar auch vom Untersuchungsverfahren betroffene Auskunftspersonen denkbar, diesen soll dann aber keine Sonderstellung zugebilligt werden. Unlar ist, worin der Grund für eine Vernehmung als Zeugen liegt. Zwar wird bei einer höheren Prozentzahl wohl auch die Quantität des Eingriffs stärker sein, aber nicht unbedingt die Qualität. Sachliche Gründe sind nicht ersichtlich, warum eine Auskunftsperson, gegen die sich die Untersuchung nur zu 20% richtet, in der Folge den gleichen Grundrechtseingriffen und Verfahrensfolgen ausgesetzt wird wie eine Auskunftsperson, die zu 50% betroffen ist, nicht den Schutz der Betroffenenstellung beanspruchen können soll.

d) Ergebnis

Ein Aussageverweigerungsrecht steht allen Betroffenen zu, deren straf-, disziplinar-, ordnungswidrigkeiten- oder standesrechtlich relevantes Fehlverhalten vom Untersuchungsausschuß aufgeklärt wird. Gleiches gilt, wenn die Aufklärung eine Präsidenten-, Richter-, Minister- oder Abgeordnetenanklage nach sich ziehen kann.

Die Übertragung der entsprechenden Vorschriften, die das Strafverfahrensrecht dem Beschuldigten einräumt, erfolgt aufgrund der sinngemäßen Anwendung der Vorschriften über den Strafprozeß.
Der Betroffene hat insoweit das Recht, die Aussage zu verweigern, und er ist über dieses Recht zu belehren (§ 136 Abs. 1, S. 2 StPO). Er darf nicht vereidigt werden, es dürfen keine verbotenen Vernehmungsmethoden angewandt werden (§ 136 a StPO), und er unterliegt nicht der strafbewehrten Wahrheitspflicht der §§ 153ff. StGB.[208] Bei der Anwendung der §§ 52 ff. StPO für Zeugen tritt der Betroffene an die Stelle des Beschuldigten.

2. Mitwirkungsrechte

Zu der Gruppe der Mitwirkungsrechte, die für den Betroffenen im Untersuchungsverfahren in Betracht kommen, zählen das Recht des Beschuldigten auf

---

[208] Vgl. für die Strafbarkeit nach den §§ 153ff. StGB unter dem Blickwinkel des verfassungsrechtlich verbürgten Schweigerechts des Betroffenen Buchholz S. 149ff.

Anwesenheit (§ 230 Abs. 2 StPO), das Recht auf Stellungnahme und Äußerung (§§ 33, 33a; 243 Abs. 4; 257, 258 StPO), das Recht auf Information bzw. Akteneinsicht (§§ 33 Abs. 2; 147 StPO), das Fragerecht (§ 240 Abs. 2 StPO), ein Beweisantragsrecht (§§ 219, 244-246 StPO) und das Ablehnungsrecht (§ 24 StPO).

a) Literatur und Rechtsprechung

Ein Mindestmaß der genannten Mitwirkungsrechte wird in Literatur und Rechtsprechung[209] abgeleitet aus dem Anspruch auf rechtliches Gehör[210] und dem Gebot einer fairen Verfahrensgestaltung.[211]
In der Regel wird dem Betroffenen das Recht der Information eingeräumt über den der Untersuchung zu Grunde liegenden Sachverhalt, ein Anwesenheitsrecht, ein Äußerungsrecht einschließlich eines Rechts auf Berücksichtigung des Geäußerten, ein Informationsrecht über das Verhandlungsergebnis nichtöffentlicher Sitzungen, ein Anregungsrecht für Beweiserhebungen und ein Recht auf einen Rechtsbeistand.[212]

Vereinzelt wird, noch weitergehend, aus dem Anspruch auf rechtliches Gehör ein Beweisantragsrecht abgeleitet: Die Möglichkeit zur Selbstbehauptung als Aspekt der Menschenwürde sei Teil des Gehörsanspruchs und fordere insoweit die Eigenverantwortlichkeit des Betroffenen durch die Möglichkeit der Verfahrensbeteiligung. Ein Äußerungsrecht allein gewährleiste nicht die Möglichkeit zur Selbstbehauptung, und ein solches Recht könne zudem ohne zusätzliches Be-

---

[209] OVG Münster in: NVwZ 1987, 606ff; Friedrich S. 167ff.; Damkowski in: Thaysen/Schüttemeyer, S. 146; Müller-Boysen S. 79ff.; Beckendorf in: ZParl 20 (1989), 35, 43ff.; Schleich S. 50ff.; Quaas/Zuck in: NJW 1988, 1873, 1877; Buchholz S. 122ff.; Di Fabio S. 61ff; Schulte in: v. Mangoldt/Klein, GG, Rn. 124ff. zu Art. 44 GG, der allerdings kein Anwesenheitsrecht einräumt.

[210] Grundlage des Gehörsanspruchs im parlamentarischen Untersuchungsverfahren ist Art. 1 Abs. 1 i.V.m. 20 Abs. 3 GG. Art. 103 Abs. 1 GG bindet nur die Gerichte. Vgl. Beckendorf in: ZParl 20 (1989), 35, 42ff.; Buchholz S. 112ff.; jeweils m.w.N.

[211] Der Anspruch wird aus Art. 2 Abs. 1, 20 Abs. 3 i.V.m. 1 Abs. 1 GG abgeleitet, vgl. Buchholz S. 131ff.; Friedrich S. 167ff.; jeweils m.w.N.

[212] Das Anwesenheitsrecht einschränkend auf Fälle in denen es bei der Beweisaufnahme auf die persönliche oder sinnliche Wahrnehmung ankommt Beckendorf in: ZParl 20 (1989), 35, 45; Schleich S. 51.

weisantragsrecht illusorisch werden. Der Betroffene könne nämlich nicht nachprüfen, ob seine Äußerungen auch tatsächlich berücksichtigt worden seien.[213]

Die im wesentlichen selben Mitwirkungsrechte räumen Teile der Literatur ein, indem sie nicht ausschließlich verfassungsrechtliche Garantien heranziehen, sondern auch die sinngemäße Anwendung der strafverfahrensrechtlichen Vorschriften mit einbeziehen.[214]
Die Ablehnung eines Beweisantragsrechtes wird mit der Verschiedenheit von Straf- und parlamentarischem Untersuchungsverfahren gerechtfertigt, da ein solches Recht nicht nur den verfassungsrechtlich verbürgten Anspruch auf rechtliches Gehör überschreite, sondern vielmehr aus der dualen Struktur des Strafverfahrens folge.[215]
Der Betroffene habe lediglich ein Recht, Beweiserhebungen oder Fragen an Zeugen anzuregen. Ein Anwesenheitsrecht bei der Beweisaufnahme sei nicht erforderlich, da die Information über das Ergebnis der Beweisaufnahme auch im Wege der Unterrichtung durch den Ausschußvorsitzenden erfolgen könne. Ein Recht auf Sachdarstellung und Stellungnahme bei neu bekanntgewordenen Tatsachen resultiere bereits aus der Pflicht des Untersuchungsausschusses, den Sachverhalt erschöpfend aufzuklären und könne dem Betroffenen insoweit nicht verweigert werden.[216]

b) LUAGe, Gesetzesentwürfe und Empfehlungen

Bis auf die LParl. v. 1961 und das BayUAG, die keine Mitwirkungsrechte gewähren, räumen alle anderen LUAGe, Gesetzesentwürfe und Empfehlungen unterschiedlich stark ausgeprägt Mitwirkungsrechte ein.
Dem Betroffenen wird überwiegend ein Fragerecht und das Recht der Stellungnahme eingeräumt.[217] Ein Beweisantragsrecht wird nur vereinzelt gewährt.[218]

---

[213] Buchholz S. 126ff.; Müller-Boysen S. 85f.

[214] Halstenberg S. 78f., 98ff., 201f.; Schenke in: JZ 1988, 805, 815f; Gollwitzer in: BayVBl. 1982, 417, 419; ders. in: FS für Dünnebier, 327, 338, W. Wagner in: NJW 1960, 1936, 1937; Partsch, Gutachten für den 45. DJT 1964, Bd. I. Teil 3., S. 209; Bickel; Ref. für den 57. DJT 1988, Bd. II., M 30f.; These 14, M 51.

[215] Vgl. Schenke in: JZ 1988, 805, 815f.

[216] Gollwitzer in: BayVBl. 1982, 417, 421ff.

[217] § 18 Abs. 3 IPA-Entwurf, § 20 Abs. 5 MusterG v. 1972; § 15 Abs. 5 u. 6 Interfr.Entw. v. 1985/86; § 54 Abs. 3 SUAG. § 15 Abs. 3 Rh-PfUAG; § 15 Abs. 3 ThüUAG. Nur Stellungnahme § 19 Abs. 3 HamUAG §§ 19 Abs. 8 B-WUAG u. SächsUAG.

In der Regel wird ihm ein Recht auf Anwesenheit zugestanden. Allerdings kann er unter bestimmten Voraussetzungen von der nichtöffentlichen Verhandlung ausgeschlossen werden.[219]
Damit der Betroffene tatsächlich über alle ihn betreffenden Beweiserhebungen Kenntnis erlangt, ist eine Pflicht des Vorsitzenden vorgesehen, ihn vom wesentlichen Inhalt der Verhandlung während seiner Abwesenheit zu unterrichten. Der Verzicht auf die Verlesung von Protokollen und Schriftstücken korrespondiert mit der Möglichkeit der Kenntnisnahme des Akteninhalts.[220]
Die Bennenung von Entlastungszeugen und die Möglichkeit, Fragen zu beanstanden, wird nur vereinzelt zugelassen.[221]
Allein der Interfr.Entw. v. 1985/86 bestimmt, daß der Betroffene den Ausschluß der Öffentlichkeit beantragen kann (§ 11 Abs. 3 c), und ein Akteneinsichtsrecht ist nur im Rh-PfUAG und ThüUAG vorgesehen (§§ 24 Abs. 4 Rh-PfUAG u. ThüUAG).

c) Sinngemäße Übertragung der strafverfahrensrechtlichen Mitwirkungsrechte

Die Anzahl der Mitwirkungsrechte, die das Strafverfahrensrecht dem Beschuldigten einräumt, ist erheblich. Mit der Einräumung dieser Rechte verwirklicht das Strafverfahrensrecht die verfassungsrechtlichen Anforderungen, die das rechtliche Gehör an den Verfahrensablauf stellt. Der Anspruch des Beschuldigten auf rechtliches Gehör (Art. 103 Abs. 1 GG; Art. 6 Abs. 1, Abs. 1 Lit. C MRK) zieht sich durch die verschiedensten Vorschriften des gesamten Strafverfahrensrechts.[222]
Das rechtliche Gehör stellt als Ausdruck des Rechtsstaatsprinzips bestimmte Forderungen an den Verfahrensablauf, so die Forderungen auf ein staatlich geordne-

---

[218] § 18 Abs. 3 IPA-Entwurf, § 20 Abs. 5 MusterG v. 1972; § 54 Abs. 3 SUAG.
[219] § 18 Abs. 3 IPA-Entwurf, § 20 Abs. 5 u. 6 MusterG v. 1972; §§ 15 Abs. 4 u. 14 Interfr.Entw. v. 1985/86; § 54 Abs. 3 SUAG. § 15 Abs. 3 Rh-PfUAG; § 15 Abs. 3 ThüUAG. §§ 19 Abs. 7 u. 8 B-WUAG u. SächsUAG. § 19 Abs. 5 HamUAG.
[220] § 18 Abs. 3 u. 11 Abs. 2 IPA-Entwurf, § 20 Abs. 6 u. 23 MusterG v. 1972; §§ 15 Abs. 4. 11 Interfr.Entw. v. 1985/86; § 54 Abs. 3 SUAG. Nur Antrag auf Zurückweisung von Fragen § 19 Abs. 3 Rh-PfUAG; § 19 Abs. 3 ThüUAG.
[221] § 15 Abs. 5; 19 Abs. 4 Interfr.Entw. v. 1985/86. § 15 Abs. 3 Rh-PfUAG; § 15 Abs. 3 ThüUAG. §§ 19 Abs. 3 u. 7 B-WUAG u. SächsUAG.
[222] Vgl. nur die §§ 33 Abs. 1 u. Abs. 3; 136 Abs. 1; 201 Abs. 1; 234 Abs. 4; 257 Abs. 1; 265 StPO.

tes Verfahren und auf eine materiell gerechten Entscheidung im Wege der Beteiligung der von einer Entscheidung betroffenen Personen.[223]
Mitwirkungsrechte ermöglichen dem Beschuldigten, auf den Gang und das Ergebnis des Strafverfahrens Einfluß zu nehmen. Insoweit sind sie auch Ausfluß des verfassungsrechtlichen Gebots, dem Beschuldigten eine Subjektstellung im Verfahren einzuräumen.[224] Daß er zum Objekt staatlicher Maßnahmen oder Entscheidungen wird, soll verhindert werden durch die Möglichkeit, den eigenen Standpunkt vorzutragen. Insofern ist der Anspruch auf rechtliches Gehör auch Ausdruck der Menschenwürde.[225]

Damit der Beschuldigte seinen Anspruch auf rechtliches Gehör auch tatsächlich ausüben kann, sieht die Strafprozeßordnung flankierend u.a. das Recht auf Anwesenheit (§ 230 StPO) und das Recht auf Stellungnahme (§ 257, 258 StPO) vor.[226] Die Einflußnahme des Beschuldigten auf den Prozeß der Sachverhaltsaufklärung wird wiederum durch verschiedene Rechte garantiert. Exemplarisch sei hier das Beweisantragsrecht (§§ 219, 244-246 StPO) und das Fragerecht (§ 240 Abs. 2, S. 1 i.V.m. Abs. 1 StPO) angeführt.[227]

aa) Stellungnahme

Der Beschuldigte hat nach den §§ 243 Abs. 4 i.V.m. § 136 Abs. 2, StPO das Recht, sich zur Sache zu äußern. Nach § 257 StPO kann er jederzeit Erklärungen abgeben, und ihm gebührt nach § 258 StPO das letzte Wort.[228]

---

[223] Schmidt-Bleibtreu/Klein, Komm. zum GG; Rn. 2 zu Art. 103 GG; Dürig in: Maunz/Dürig, Rn. 4 zu Art. 103 Abs. 1 GG; Pfeiffer in: KK, Einl. Rn. 26; Buchholz S. 112f.; Müller-Boysen S. 51ff.; BVerfG 65, 305, 307.

[224] Pfeiffer in: KK, Einl. Rn. 86f.; Roxin, Strafverfahrensrecht, § 18 Rn. 1; BVerfG 45, 187, 228; 63, 380, 390; BGHSt 14, 358, 364.

[225] Schmidt-Bleibtreu/Klein, Komm. zum GG; Rn. 2 zu Art. 103 GG; Dürig in: Maunz/Dürig, Rn. 5 zu Art. 103 Abs. 1 GG; Buchholz S. 113; Müller-Boysen S. 54ff.; BVerfG 7, 53, 57f.; 9, 89, 95, 55, 1, 5f.

[226] Im Vorfeld der Hauptverhandlung vgl. §§ 168 c Abs. 1; 168 d Abs. 1 StPO; oder auch die §§ 224; 225 StPO.

[227] Für das Verfahren im Vorfeld der Hauptverhandlung die §§ 201 Abs. 2, 219 Abs. 1, 220 Abs. 1 StPO.

[228] Diese Vorschriften gelten im Rahmen der Hauptverhandlung gegenüber dem Gericht. Für das Vor- und Zwischenverfahren ist richterliches Gehör durch die §§ 115, 118, 128, 201 StPO

Das rechtliche Gehör wird im Strafverfahren aber nicht nur dem Beschuldigten eingeräumt. Nach § 33 Abs. 1 u. 3 StPO ist auch anderen Beteiligten die Gelegenheit zur Äußerung einzuräumen, sofern eine Entscheidung des Gerichts ergeht, die in irgendeiner Hinsicht in ihre sachlich-rechtliche oder verfahrensrechtliche Stellung eingreift.[229]
Fragt man nach dem Hintergrund dieser umfangreichen prozessualen Regelungen, gelangt man zu den verfassungsrechtlichen Grundsätzen des rechtlichen Gehörs, der Menschenwürde und des Rechtsstaatsprinzips.[230] Indem das rechtliche Gehör jedem Bürger die Möglichkeit garantiert, mit seiner Auffassung der Sach- und Rechtslage vor Erlaß einer ihn betreffenden Entscheidung gehört zu werden, dient es der Möglichkeit und Integrität diskursiver, sowie dem Erlaß verfahrensfehlerfreien Entscheidungen, welche ihren Grund in unterlassener Kenntnisnahme und Nichtberücksichtigung des Sachvortrags haben.[231]
Grund des Äußerungsrechts im Strafverfahren ist nicht allein die Möglichkeit einer staatlichen Entscheidung zu Lasten des Beschuldigten in der Form eines Urteils - ansonsten würde nämlich nicht auch anderen Beteiligten ein Anhörungsrecht eingeräumt (§ 33 Abs. 1 u. 3 StPO). Ausschlaggebend ist vielmehr der unmittelbare Eingriff in eigene Rechte. Der Gehörsanspruch folgt somit – anders als bei Prozeßbeteiligten, die zu allen Entscheidungen gehört werden müssen - aus der Betroffenheit im eigenen Recht.[232]

In der Literatur wird im Zusammenhang mit dem Äußerungsrecht des Betroffenen wiederum der fehlende Strafausspruch durch den Untersuchungsausschuß angeführt.[233]

---

gewährleistet. Durch § 163a Abs. 1 StPO wird dem Beschuldigten rechtliches Gehör im Ermittlungsverfahren gegenüber der Staatsanwaltschaft eingeräumt.

[229] Wendisch in: Löwe-Rosenberg, Rn. 1f. zu § 33 StPO; Kleinknecht/Meyer-Großner, StPO, Rn. 1ff. zu § 33 StPO; Maul in: KK, Rn. 5 zu § 33 StPO; BVerfG 7; 95, 98; 8, 253, 255f.; 13, 132, 140; 362, 373; BGHSt 19, 7, 15. Angehört werden muß also auch der Zeuge gegen den ein Ordnungsgeld oder Ordnungshaft nach § 178 GVG festgesetzt werden soll. Vgl. Wendisch in: Löwe-Rosenberg, Rn. 18 zu § 33 StPO. Zu den Einschränkungen vgl. Maul in: KK, Rn. 14 zu § 33 StPO; BVerfG 9, 89, 106; 18, 399, 406.

[230] Kunig in: v. Münch, GG-Komm.; Rn. 3 zu Art. 103 GG; Schmidt-Bleibtreu/Klein, Komm. zum GG; Rn. 2 zu Art. 103 GG; BVerfG 7, 275, 279; 9, 89, 95; 55,1,5f.

[231] Kunig in: v. Münch, GG-Komm.; Rn. 3 zu Art. 103 GG; Pfeiffer in: KK, Einl. Rn. 26; BVerfG in: NJW 1984, 1026f; BVerfG 50, 32, 35; 60, 247, 249.

[232] Wendisch in: Löwe-Rosenberg, Rn. 18 zu § 33 StPO; Bohnert in: JZ 1978, 710, 712.

[233] Di Fabio S. 66ff.; Schleich S. 49f.; Müller-Boysen S. 68ff.

Diese Argumentation übersieht aber, daß der fehlende Strafanspruch parlamentarischer Untersuchungsausschüsse nicht zur Ablehnung eines Äußerungsrechts herangezogen werden kann, denn auch im Strafverfahren tritt der Staat einem Zeugen eben nicht mit einem Strafanspruch gegenüber, dennoch wird ihm ein Anhörungsrecht gewährt.
Stellt man deshalb im Anschluß an die voranstehenden Ausführungen auf die unmittelbare Rechtsgutbeeinträchtigung ab, wird deutlich, warum gerade auch dem Betroffene ein Äußerungsrecht zustehen muß. Es geht nämlich darum, ob der Betroffene Einwirkungsmöglichkeiten erhalten soll, die ihm ermöglichen, eine Beeinträchtigung seiner Rechte durch den Untersuchungsausschuß abzuwehren.
Welch schwerwiegenden Auswirkungen die Feststellungen im Abschlußbericht für den Betroffenen haben können und sie faktisch den Folgen eines Strafurteils gleichkommen, wurde bereits dargelegt.[234] Auch die Rechtsprechung hat zwischenzeitlich anerkannt, daß die Feststellungen im Abschlußbericht unmittelbar die Rechtssphäre des Betroffenen zu beeinträchtigen vermag.[235] Daneben weisen schon die Beratungen zu Art. 44 GG darauf hin, daß die Gewähr rechtlichen Gehörs durch den Ausschuß nicht aus dem Anwendungsbereich des parlamentarischen Untersuchungsrechts ausgeschlossen werden sollte. Art. 57 Abs. 5 HCHE sah nämlich eine Rechtsschutzmöglichkeit bei Verletzungen des Anspruchs auf rechtliches Gehör vor.[236]
Die Streichung des Art. 57 Abs. 5 HCHE erfolgte nicht, um dem Betroffenen den Anspruch auf rechtliches Gehör zu verweigern, sondern aus der Überlegung heraus, daß das höchste Gericht ansonsten überflüssig in Anspruch genommen würde und es sich bei den hier genannten Fällen allenfalls um Ausnahmen handele.[237] Die Regelung in Art. 44 Abs. 4 GG geht also nicht zurück auf die fehlende Anerkennung unmittelbarer Rechtsgutbeeinträchtigungen durch den Abschlußbericht. Grundlage der heutigen Gerichtsfreiheit des Abschlußberichts sind vielmahr praktische Erwägungen und der (Trug-)Schluß, daß es sich dabei allenfalls um Ausnahmefälle handeln würde.

---

[234] Vgl. oben Teil C. II.

[235] OVG Hamburg in: NVwZ 1987, 610, 611f.; VG Hamburg in: DVBl. 1980,1017, 1019ff.

[236] Abgedr. bei Wernicke, Der Verfassungskonvent auf Herrenchiemsee, S. 591. Vgl. auch oben Teil B. I. 2.

[237] Plenarsitzung v. 11.11.1948, Parlamentarischer Rat, Verhandlungen des Hauptausschusses 1948/49, S. 19.

Als weiteres Argument für ein Recht des Betroffenen auf jederzeitige Stellungnahme (§ 257 StPO) und das Recht des Schlußvortrages (§ 258 StPO) kann angeführt werden, daß damit auch die Wahrheitserforschung unterstützt wird[238], und gerade das öffentliche Interesse eine wahrheitsgemäße Sachverhaltsaufklärung und Wertung im Abschlußbericht fordert. Die umfassende Stellungnahme während und im Anschluß an die Beweisaufnahme trägt dazu bei, Sachverhaltslücken durch den Vortrag der Betroffenen zu schließen.
Nicht stichhaltig ist die Behauptung, das Recht des Schlußvortrages diene allein der Möglichkeit des Beschuldigten, die Entscheidungsfindung des Gerichts zu beeinflussen, da auch nur er mit einer Verurteilung zu rechnen habe.[239] Das Recht nach § 258 StPO steht nämlich nicht allein dem Beschuldigten zu, sondern z.B. auch dem Privatkläger (385 Abs. 1, S. 1 StPO)[240].

bb) Beweisantragsrecht

Obwohl das Gericht von Amts wegen zur Erforschung der materiellen Wahrheit verpflichtet (§ 244 Abs. 2 StPO) ist, kann der Beschuldigte durch Beweisanträge (§§ 219, 244-246 StPO) in den Prozeß der Tatsachenermittlung eingreifen.
Dem Gericht bislang nicht zur Kenntnis gelangte Umstände können so eingeführt werden und das Gericht kann gezwungen werden, sein Augenmerk auf behauptete Beweistatsachen zu erstrecken.[241]
Zwar obliegt die Beweiserhebung letztendlich dem Gericht, der Beschuldigte hat aber einen Anspruch auf einen begründeten Beschluß, warum seinem Beweisantrag nicht entsprochen wurde (§§ 244 Abs. 4, 34 StPO).

Daneben kennt das Strafverfahrensrecht noch den Beweisermittlungsantrag[242] und das sog. Beweisanerbieten bzw. die Beweisanregung. Im ersten Fall kann der Antrag ohne die Bindung an die §§ 244 Abs. 3-5, 245 StPO abgelehnt werden.[243] Im zweiten Fall, der nach Auffassung der Literatur auch für den Betroffenen im

---

[238] Diemer/Engelhardt in: KK; Rn. 1 zu § 258 StPO.
[239] Friedrich S. 168; Schleich S. 50.
[240] Außerdem dem Nebenkläger (§ 397 Abs. 1 StPO), dem Vertreter einer juristischen Person (§ 444 Abs. 2 StPO) und bei jugendlichen Angeklagten dem Erziehungsberechtigten und gesetzlichen Vertreter (§§ 67, 104 Abs. 1 Nr. 9 JGG).
[241] Ranft, Strafprozeßrecht, § 60 II. 2. a).
[242] Peters, Strafprozeß, § 38 III, Ranft, Strafprozeßrecht, § 60 III.; Herdgen in: KK, Rn. 9 zu § 244 StPO.
[243] Peters, Strafprozeß, § 38 III; Herdgen in: KK, Rn. 9 zu § 244 StPO.

Untersuchungsverfahren gelten soll,[244] wird nur auf eine Beweismöglichkeit hingewiesen, deren Auswertung dem Ermessen des Gerichts überlassen bleibt.[245]

(a) Fehlender Strafausspruch durch den Untersuchungsausschuß

Für das parlamentarische Untersuchungsverfahren wird ein Beweisantragsrecht wiederum mit dem Hinweis des fehlenden Strafausspruchs durch den Untersuchungsausschuß abgelehnt.[246]
Die fehlende Verurteilungsgefahr kann allerdings kein Argument für die Ablehnung eines Beweisantragsrechts sein. Neben den bereits angeführten Argumenten zur unmittelbaren Rechtsbeeinträchtigung,[247] beruht schon das Beweisantragsrecht des Beschuldigten nicht auf den Sanktionsmöglichkeiten des Strafverfahrensrechts. Auch das Verwaltungsprozeßrecht sieht nämlich ein Beweisantragsrecht (§ 86, Abs. 2 VwGO) vor.[248] Ein Beweisantragsrecht kann somit nicht an eine strafrechtliche Verurteilungsgefahr gebunden sein.

Für ein Beweisantragsrecht des Betroffenen spricht, daß ihm aufgrund möglicher Sanktionsfolgen im Anschlußverfahren gerade ein Entlastungsrecht zugebilligt werden muß, weil er dann nämlich den Gegenbeweis antreten und so verhindern kann, daß ein Anschlußverfahren eingeleitet wird.[249]
Daneben sichert zwar auch das Recht auf Stellungnahme, daß der Betroffene die Möglichkeit erhält, seine Ansicht vor der Öffentlichkeit darzustellen, er kann aber den Untersuchungsausschuß damit nicht zwingen, bestimmte weitere Beweise zu erheben. Deshalb würde seine Äußerung vielleicht unberücksichtigt bleiben und falsche Tatsachen im Abschlußbericht festgehalten werden.

---

[244] Für ein Beweisanregungsrecht Gollwitzer in BayVBl. 1982; 412, 423; Beckendorf in: ZParl 20 (1989), 35, 46; Friedrich S. 168f..

[245] Peters, Strafprozeß, § 38 III.; Gollwitzer in: Löwe-Rosenberg, Rn. 123ff. zu § 244 StPO.

[246] Schleich S. 50; Beckendorf in: ZParl 20 (1989), 35, 44.

[247] Vgl. oben Teil D. III. 2. c) aa).

[248] Redeker/von Oertzen, VwGO, Rn. 12ff. zu § 86 VwGO.

[249] Halstenberg S. 79.

(b) Fehlendes Beweisantragsrecht im Ermittlungsverfahren

Dem Beweisantragsrecht des Betroffenen könnte entgegengehalten werden, daß auch der Beschuldigte im Ermittlungsverfahren kein solches Recht beanspruchen kann (§166 Abs. 1, S. 2 StPO).
Im Strafverfahren sind dafür aber auch die staatsanwaltlichen Ermittlungen nicht öffentlich. Diese Regelung hat den Sinn, daß der Beschuldigte den Stand der Ermittlungen nach Lage des Falles möglichst spät erfahren soll, um Verdunklungen und damit Gefährdungen der Sachverhaltsaufklärungen zu vermeiden.[250]
Das Untersuchungsverfahren läuft hingegen voll unter den Augen der Öffentlichkeit ab. Der Untersuchungsausschuß ist von seiner Aufgabenstellung nicht mit der Staatsanwaltschaft zu vergleichen, da er selbst im Abschlußbericht die Entscheidung trifft. Demnach ist kein sachlicher Grund ersichtlich, den Betroffenen mit dem Beschuldigten im Ermittlungsverfahren gleichzusetzen und ihm ein Beweisantragsrecht zu verweigern.

(c) Die Verfahrensherrschaft des Untersuchungsausschusses

Gegen ein Beweisantragsrecht wird auch angeführt, daß die Verfahrensherrschaft des Untersuchungsausschusses ein solches nicht zulasse.[251]
Dieses Argument übersieht die Strukturen des Strafverfahrensrechts: Auch im Strafverfahren liegt die Verfahrensherrschaft bei Gericht: Dennoch hat der Beschuldigte ein Beweisantragsrecht, da die Verfahrensherrschaft durch ein Beweisantragsrecht nicht verloren geht. Das Gericht muß nur die ablehnende Entscheidung begründen. Gegen Verzögerungen kann sich das Gericht wehren; unzulässige Beweisanträge können nach den § 244 Abs. 3-5 StPO abgelehnt werden.
Die Verfahrensherrschaft kann also offensichtlich kein Argument für die Ablehnung eines Beweisantragsrechts sein.
Erforderlich ist vielmehr, daß sich auch der Untersuchungsausschuß gegen Verzögerungsabsichten und unzulässige Beweisanträge in entsprechender Anwendung der strafverfahrensrechtlichen Vorschriften wehren kann. Konsequenter-

[250] Halstenberg S. 79.

[251] Gollwitzer in BayVBl. 1982, 412; 418; Quaas/Zuck in NJW 1988; 1873, 1878; Schenke in: JZ 1988, 805, 816 Di Fabio S. 86; VG Hamburg in: DVBl. 1986, 1017, 1021; OVG Hamburg in: NVwZ 1987, 610ff.

weise muß dazu § 244 Abs. 3-5 StPO in das Untersuchungsverfahren übertragen werden.

Dem möglichen Einwand, daß die entsprechenden Vorschriften speziell auf das Strafverfahren zugeschnitten seien, stünde entgegen, daß auch im Zivilprozeß und im Verwaltungsprozeß (über § 173 VwGO) die Grundgedanken des § 244 StPO herangezogen werden.[252]

Die Ablehnungsmöglichkeiten von Beweisanträgen sind allerdings nicht insgesamt übertragbar. Die Anwendung des § 245 Abs. 2, S. 1, 1. Hs. StPO (vorgeladene Zeugen und Sachverständige) scheidet aus, da dem Betroffenen kein selbständiges Ladungsrecht - als Voraussetzung des § 245 StPO, nach § 220 StPO[253] - eingeräumt werden kann. Würde man dem Betroffenen nämlich ein solches Recht zugestehen, würde man ihm ein Recht einräumen, das nicht nur gegenüber dem Untersuchungsausschuß Geltung beansprucht, sondern auch gegenüber Dritten. Ein ordnungsgemäß geladener Zeuge, der nicht erschienen ist, setzt sich nämlich auch auf die Ladung des Beschuldigten den Zwangsbefugnissen des Strafverfahrensrechts aus.
Die Folgen für den Betroffenen im Untersuchungsverfahren und die politischen Verfahrenskomponenten rechtfertigen aber keine Eingriffsmöglichkeiten gegenüber Dritten und würden zudem den Bürger in einem durch die Sachverhaltsaufklärung nicht gerechtfertigtem Maße belasten.

Zeugen und Sachverständige, die ohne Ladung in die Sitzung mitgebracht werden, gelten allerdings nicht als präsente Beweismittel im Sinne dieser Vorschrift.[254] Damit die Beweisaufnahme auf sie erstreckt werden kann, bedarf es eines Beweisantrages, der unter die regulären Bedingungen des § 244 Abs. 3-5 StPO fällt. Der Betroffene kann also Zeugen und Sachverständige ohne Ladung in die Sitzung mitbringen und einen entsprechenden Beweisantrag stellen.
Die Erstreckung der Beweisaufnahme auf sonstige präsente Beweisgegenstände (§ 245 Abs. 2, S. 1, 2. Hs. StPO), die vom Betroffenen herbeigeschafft wurden,

---

[252] BGHZ 53,245; 259, OVG Münster in: DÖV 1981, 384f.

[253] Nach § 220 Abs. 1 StPO hat der Beschuldigte die Möglichkeit, Zeugen auch gegen den Willen des Vorsitzenden und ohne vorherigen Antrag laden lassen. Die Ablehnung sog. präsenter Beweismittel ist nur unter engen Voraussetzungen möglich.

[254] Tolksdorf in: KK; Rn. 2 zu § 220 StPO; Beulke, Strafprozeßrecht, Rn. 450.

gilt auch im Untersuchungsverfahren. Die Ablehnung ist dann in entsprechender Anwendung der § 245 Abs. 2, S. 2 u. § 244 Abs. 3-6 StPO zulässig.[255]

§ 246 StPO kann nicht sinngemäß übertragen werden. Zwar dient die Vorschrift der materiellen Wahrheitserforschung, da im Strafverfahrensrecht die Präklusion von Beweisvorbringen aufgrund Zeitablaufs ausscheidet; eine Übertragung in das Untersuchungsverfahren scheitert aber zum einen an der fehlenden Verkündung und Verlesung des Abschlußberichts[256], zum andern an der Funktionalität des Untersuchungsverfahrens. Es kann nämlich außer dem Ende der Beweisaufnahme kein weiterer Zeitpunkt festgelegt werden, bis zu dem die Stellung von Beweisanträgen möglich sein sollte.
Außerdem ist dem Schutzbedürfnis des Betroffenen hinreichend Rechnung getragen, wenn er bis zum Ende der Beweisaufnahme Anträge stellen kann.

(d) Funktionalität des Untersuchungsrechts und die Gerichtsfreiheit des Abschlußberichtes

Auch die Funktionsfähigkeit des Untersuchungsverfahrens wird durch einen Beweisantragsrecht nicht dergestalt beeinträchtigt, daß ein Untersuchungsausschuß seine Aufgabe nicht mehr erfüllen könnte.[257]
Der Untersuchungsausschuß kann, wie soeben festgestellt wurde, Beweisanträge ablehnen, die zum Zwecke der Verfahrensverschleppung gestellt werden oder aus sonstigen Gründen unzulässig sind.
Sollte ein Untersuchungsausschuß gegen Ende der Legislaturperiode eingesetzt werden, und ist die Beweiserhebung aufgrund des Diskontinuitätsgrundsatzes nicht bis zum Ende der Legislaturperiode möglich, kann der neue Bundestag einen Ausschuß einsetzen, der den Sachverhalt weiter aufklärt. Geht es nämlich um die Wahrheitsermittlung, ist kein Grund ersichtlich, warum die Fortsetzung unterbleiben sollte - zumal auch bei wechselnden Mehrheiten die Minderheit ein

---

[255] Gollwitzer in: FS für Dünnebier 1982; 327, 346.

[256] Vgl. für das Strafverfahren Herdgen in: KK; Rn. 1 zu § 246 StPO.

[257] So aber Gollwitzer in BayVBl. 1982, 412; 418; Quaas/Zuck in NJW 1988; 1873, 1878; Schenke in: JZ 1988, 805, 816 Di Fabio S. 86; VG Hamburg in: DVBl. 1986, 1017, 1021; OVG Hamburg in: NVwZ 1987, 610ff.

Erzwingungsrecht hat. Der Untersuchungsauftrag kann so formuliert werden, daß die Arbeit des vorangegangenen Ausschusses nicht wiederholt werden muß.[258]

Daneben steht auch der Zweck des Untersuchungsverfahrens einem Beweisantragsrecht nicht entgegen. Im Gegenteil, da auch dem Untersuchungsausschuß die Wahrheitsermittlung obliegt, ist es gerade auch im Interesse der Öffen-tlichkeit angezeigt, nicht nur Beweisanregungen zuzulassen, die der Ausschuß mißachten könnte. Im Rahmen eines Beweisantrages muß sich der Ausschuß nämlich mit den vorgebrachten Beweistatsachen befassen, um eine Ablehnung zu überprüfen. Bestärkt wird diese Überlegung durch die Gerichtsfreiheit des Abschlußberichts. Die Einflußnahme auf die Sachverhaltsaufklärung gewinnt vor dem Hintergrund der fehlenden Korrekturmöglichkeiten der Feststellungen im Abschlußbericht besondere Bedeutung, da Verfahrensfehler, die sich in fehlerhaften Tatsachenbehauptung manifestieren, ggf. verhindert werden können.[259]

Zudem ist der Personenkreis der Antragsberechtigten nach den bisherigen Untersuchungen beschränkt auf Betroffene, die mit einem sanktionierten Anschlußverfahren zu rechnen haben, so daß selbst bei mehreren Betroffenen die Sachverhaltsaufklärung nur unwesentlich erschwert wird und andererseits Verzögerungen im Interesse der Wahrheitserforschung hinzunehmen sind.

cc) Frage- und Beanstandungsrecht

Nach § 240 Abs. 2 StPO kann der Beschuldigte in der Hauptverhandlung Fragen an die Zeugen stellen. Diese Vorschrift dient der Sachverhaltsaufklärung und verwirklicht die Forderung nach einer Subjektstellung des Beschuldigten, da ihm die Möglichkeit gegeben wird, durch eigene Fragen zur Wahrheitsermittlung beizutragen und Widersprüche sowie Zweifel an der Glaubwürdigkeit des jeweiligen Zeugen aufzuzeigen.[260]

---

[258] Im übrigen wird so auch in der Praxis verfahren. Vgl. Neueinsetzung des U-Boot Ausschusses in der 11. Wahlperiode vgl. BT-Drucks. 11/50. Vgl. auch BVerwG in: NJW 2000, 161, 162.

[259] BVerfG in: NVwZ 1993, 357f.; Buchholz S. 143f.

[260] Eisenberg, Beweisrecht, Rn. 792f.; Tolksdorf in: KK, Rn. 1 zu § 240 StPO; Gollwitzer in: Löwe-Rosenberg, Rn. 1 zu § 240 StPO.

Die entsprechende Anwendung im Untersuchungsverfahren ist schon deshalb geboten, weil das Fragerecht die Wahrheitserforschung fördert. Viel mehr als im Strafverfahren, in welchem die Unbefangenheit der Richter eine objektive Sachverhaltsaufklärung garantiert, ist eine Einwirkungsmöglichkeit des Betroffenen erforderlich, da er so die Glaubwürdigkeit eines Zeugen in Frage stellen und damit ihn belastende Aussagen ganz oder teilweise widerlegen kann.[261]

Das Recht nach § 238 Abs. 2 StPO erlangt im Untersuchungsverfahren für die Beanstandung unzulässiger Fragen an Zeugen und Sachverständige praktische Bedeutung.
Im Untersuchungsverfahren ist das Beanstandungsrecht nach § 238 Abs. 2 StPO geeignet, den Untersuchungsausschuß vor Zeitverlusten zu schützen,[262] da der Betroffene über eine Entscheidung des Untersuchungsausschusses in seiner Gesamtheit verhindern kann, daß Fragen, die bspw. außerhalb des Untersuchungsauftrages liegen, überhaupt gestellt werden.
Allerdings entspricht der formlose Antrag auf Abhilfe der beanstandeten Anordnung an den Vorsitzenden[263] eher den Gegebenheiten des Untersuchungsverfahrens, da eine förmliche Beanstandung - anders als im Strafverfahren, wo sie Revisionsvoraussetzung ist - überflüssig wäre.[264] Darüber hinaus ist aufgrund der Formlosigkeit des Antrages kein erheblicher Zeitverlust zu erwarten
Ungerechtfertigte Beanstandungen sind im Interesse des Betroffenenschutzes und dem Ziel der Wahrheitserforschung hinzunehmen.[265]

dd) Anwesenheitsrecht und Anwesenheitspflicht

Der Beschuldigte im Strafverfahren ist nicht nur zur Anwesenheit verpflichtet (§ 231 StPO), sondern auch berechtigt (§ 230 Abs. 1 StPO).[266]
Das Anwesenheitsrecht geht weiter als die -pflicht, da der Beschuldigte auch in den Fällen, in denen ausnahmsweise keine Pflicht besteht, nicht von der Teilnahme an der Hauptverhandlung abgehalten werden darf.[267]

---

[261] Buchholz S. 145f.; Partsch, Gutachten für den 45. DJT 1964, Bd. I. Teil 3., S. 209; a.A. Gollwitzer in: FS für Dünnebier 1982, 327, 335.
[262] Wohlers in: NVwZ 1994, 40, 42.
[263] Julius in: Heidelberger Komm., Rn. 1 zu § 238 StPO.
[264] Vgl. für das Strafverfahren Julius in: Heidelberger Komm.; Rn. 17 zu § 238 StPO.
[265] Wohlers in: NVwZ 1994, 40, 42, Buchholz S. 138.
[266] Vgl. im vorbereitenden Verfahren § 168 c StPO.
[267] Eisenberg, Beweisrecht, Rn. 758; Peters, Strafprozeß, § 28 IV. 1.

(a) Anwesenheitsrecht

Das Anwesenheitsrecht ist Voraussetzung, damit sich der Beschuldigte zu Gehör bringen kann. Es dient insoweit auch der Wahrheitsermittlung.[268]

Für ein Anwesenheitsrecht[269] des Betroffenen auch bei nichtöffentlichen Verhandlungsteilen sprechen mehrere Argumente. Zum einen kann ein bloßer Anspruch auf Information durch den Vorsitzenden[270] schon deshalb nicht ausreichen, weil der Betroffene keine Fragen an Zeugen stellen könnte, um deren Glaubwürdigkeit zu erschüttern. Der dafür erforderliche persönliche Eindruck ergibt sich nämlich nicht aus den Protokollen, den Akten oder den Information des Vorsitzenden.
Für ein Anwesenheitsrecht spricht zum anderen die fehlende Materialsammlung und Auswertung im Vorfeld eines Untersuchungsausschusses. Das Material ist nämlich nicht unter beweiserheblichen Gesichtspunkten ausgewertet, so daß die Möglichkeit besondere Bedeutung gewinnt, bei der gesamten Beweisaufnahme anwesend zu sein und durch Fragen- und Beweisanträge auf die Beweiserhebungen Einfluß zu nehmen.
Im übrigen kann gerade die Wahrheitserforschung beschleunigt werden, da der Betroffene Mißverständnisse durch seine Stellungnahme unmittelbar ausräumen kann und dadurch weitere Beweiserhebungen überflüssig werden. Insoweit ist das Anwesenheitsrecht auch im Sinne einer schnellen und effektiven Sachverhaltsaufklärung angebracht.

(b) Anwesenheitspflicht

Dagegen entspricht eine Anwesenheitspflicht (§ 231 StPO) nicht einer sinngemäßen Anwendung der Vorschriften über den Strafprozeß.
Die Anwesenheitspflicht des Beschuldigten ist erforderlich, damit der Tatrichter einen unmittelbaren Eindruck von der Person gewinnt und der Beschuldigte im Interesse der Wahrheitserforschung alle Verteidigungsmöglichkeiten ausschöpfen

[268] Tolksdorf in: KK; Rn. 1 zu § 230 StPO; Eisenberg, Beweisrecht, Rn. 755.
[269] Schleich S. 51; Müller-Boysen S. 82f.; Buchholz S. 146; Partsch, Gutachten für den 45. DJT 1964, Bd. I. Teil 3., S. 209.
[270] So aber § 18 Abs. 3 IPA-Entwurf, § 20 Abs. 5 u. 6 MusterG v. 1972; §§ 15 Abs. 4 u. 14 Interfr.Entw. v. 1985/86; § 54 Abs. 3 SUAG. § 15 Abs. 3 Rh-PfUAG; § 15 Abs. 3 ThüUAG. §§ 19 Abs. 7 u. 8 B-WUAG u. SächsUAG. § 19 Abs. 5 HamUAG.

kann.[271] Der Schutz staatlicher Belange fordert einerseits die Sicherung der Wahrheitserforschung, andereseits verlangt er die Sicherung des Gehörsanspruchs im Sinne einer fürsorgerische Maßnahme des Gesetzgebers, die den Beschuldigten davor bewahren soll, sich seiner Verteidigungsmöglichkeiten zu begeben.[272]

Eine fürsorgerische Pflicht des Staates für den Betroffenen ist nicht angezeigt, da er nicht unmittelbar mit einer Freiheitsentziehung oder einer Geldstrafe durch die Entscheidung des Untersuchungsausschusses zu rechnen hat.
Zwar wurde in dieser Arbeit mehrfach darauf hingewiesen, daß auch der Abschlußbericht eine erhebliche unmittelbare Rechtsgutbeeinträchtigung im Sinne einer strafrechtlichen Nebenstrafe bzw. Nebenfolge darstellen kann; diese Beeinträchtigungen treffen den Beschuldigten aber zusätzlich zu der Verhängung der Hauptstrafe und rechtfertigen insoweit dann auch fürsorgerische Maßnahmen des Staates, um Verteidigungsmöglichkeiten zu sichern.
Der Sicherstellung der Wahrheitserforschung sowie dem Interesse an der Vermeidung von Fehlurteilen ist im Untersuchungsverfahren allerdings durch ein Anwesenheitsrecht genüge getan.

(c) Vorführung

Fraglich ist, ob der Untersuchungsausschuß den Betroffenen zum Erscheinen zwingen kann. Anders als beim Beschuldigten geht es hier nicht um die dauernde Anwesenheit während der Beweisaufnahme, da keine Anwesenheitspflicht besteht, sondern um die Vernehmung des Betroffenen.
Man könnte sich auf den Standpunkt stellen, daß wegen des bestehenden Aussageverweigerungsrechts ein Erzwingungsrecht (§§ 133 Abs. 2, 230 Abs. 2 StPO) im Untersuchungsverfahren überflüssig ist. Sollte nämlich der Betroffene auf die Ladung des Vorsitzenden (§ 133 Abs. 1 StPO) nicht freiwillig erscheinen, zeigt dies, daß er von seinem Aussageverweigerungsrecht Gebrauch machen möchte.[273]
In den LUAGe finden sich nicht nur keine Anhaltspunkte zur Lösung des Rechtsproblems, sie führen sogar eher zu Mißverständnissen.

---

[271] Roxin, Strafverfahrensrecht, § 42, Rn. 39; Eisenberg, Beweisrecht, Rn. 755.
[272] Vgl. zum Streitstand Julius in: GA 1992, 295, 296ff.; Roxin, Strafverfahrensrecht, § 42, Rn. 39.
[273] Ähnlich Halstenberg S. 118f.

Bspw. soll der Betroffene nach Art. 13 Abs. 2 BayUAG nach Art eines Beschuldigten angehört werden; eine dem § 51 StPO (Folgen des Ausbleibens) entsprechende Regelung, die auch Betroffene mit einbezieht, findet sich aber nicht. Allenfalls über den allgemeinen Verweis auf die Strafprozeßordnung in Art. 11 Abs. 1 BayUAG könnte § 51 StPO angewendet werden. In der Folge müßte also unterstellt werden, daß auch Betroffene im Falle des Ausbleibens den Zwangsmitteln des § 51 StPO unterliegen, obwohl dort lediglich die Durchsetzung der Zeugnispflichten geregelt ist und der Betroffene nach dem BayUAG gerade nicht nach Art des Zeugen, sondern nach Art des Beschuldigten angehört werden soll. Andererseits kann aber auch gemeint sein, daß eine Erzwingung zum Erscheinen überflüssig sein soll, da der Betroffene nicht zum Erscheinen verpflichtet ist.
Ein gegen letztere Auslegung sprechendes Argument wäre allerdings, daß der Untersuchungsausschuß einen persönlichen Eindruck des Betroffenen erhalten soll, um auch im Abschlußbericht gerecht urteilen zu können.[274]
Dem steht wiederum der Sinn und Zweck des Untersuchungsverfahrens entgegen: Der Ausschuß soll allein Sachverhalte aufklären und Wertungen im Abschlußbericht abgeben - wobei diese Wertungen zwar auch rechtlicher Art sein können, doch gerade bei strafbaren oder sonstigem sanktionierten Verhalten dem Untersuchungsausschuß nicht die Aufgabe zukommt, gerecht zu urteilen.
Der Ausschuß kann solches Verhalten im Rahmen des Untersuchungsauftrages mit aufklären, weshalb dem Betroffenen auch gewisse Schutzrechte einzuräumen sind. Die Verweisung darüber hinaus auf die Vorführungen (§§ 230 Abs. 2 133 Abs. 2 StPO) auszudehnen, um einen persönlichen Eindruck zu ermöglichen, ist hingegen für die Wahrheitserforschung nicht erforderlich, da der Untersuchungsausschuß eben nicht über den Betroffenen urteilen, sondern einen Sachverhalt unter politischen Gesichtspunkten bewerten soll.[275]

ee) Ablehnung wegen Befangenheit

Nach § 24 StPO kann ein Richter wegen Besorgnis der Befangenheit abgelehnt werden, wenn ein Grund vorliegt, der geeignet ist, Mißtrauen gegen seine Unparteilichkeit zu rechtfertigen.
Der Vorschrift liegt der Gedanke zugrunde, daß ein Richter, gegen dessen Unvoreingenommenheit Bedenken bestehen, im Interesse der Beteiligten wie auch

---

[274] So für das Strafverfahrensrecht vgl. Roxin, Strafverfahrensrecht, § 42 Rn. 39.
[275] A.a. Gollwitzer in: BayVBl. 1982, 417, 421.

im Interesse der Erhaltung der Unparteilichkeit der Rechtspflege in diesem Verfahren keine Entscheidung treffen soll.[276]

In entsprechender Anwendung dieser strafverfahrensrechtlichen Grundsätze wird in der Literatur der Ausschluß von Ausschußmitgliedern befürwortet, die an den dem Betroffenen vorgeworfenen Handlungen selbst beteiligt sind.[277]
Selbst wenn man die §§ 22ff. StPO noch als Vorschriften der Beweiserhebung auffaßt, (obwohl es darin um die Besetzung geht, die sich ausschließlich nach Parlamentsrecht richtet[278],) entspräche eine Übertragung nicht dem Sinn und Zweck des Untersuchungsverfahrens.
Gegen die Unparteilichkeit der Ausschußmitglieder bestehen nämlich nicht nur im Einzelfall (§ 24 StPO), sondern immer Bedenken; sie sind eben gerade nicht unparteiisch. Im Gegenteil, durch die Zugehörigkeit zu einer politischen Partei sind Ausschußmitglieder sowohl in der Entscheidungsfindung als auch in den die Handlungsweisen innerhalb des Verfahrens bestimmenden Motivationen parteipolitischen Interessen unterworfen.
Wollte man unbefangene Ausschußmitglieder, müßte man das Untersuchungsverfahren gänzlich mit anderen Personen besetzen.[279] Es ist allerdings fraglich, inwiefern dann die politische Kontrolle als zentrale Aufgabe des Untersuchungsverfahrens erhalten bliebe.
Außerdem würde ein Befangenheitsausschluß die Möglichkeit eröffnen, daß gerade die gegnerische Partei im Ausschuß oder Dritte, die ein Interesse an der Geheimhaltung des Sachverhaltes haben, Gründe vorschieben, die auf eine Befangenheit schließen lassen, um damit ein unerwünschtes Ausschußmitglied von der Beteiligung am Untersuchungsverfahren auszuschließen. Angenommen, die Möglichkeit eines Ausschlusses bestünde, nimmt der Stellvertreter den Platz ein, und falls dieser dann auch befangen sein sollte, rückt dessen Stellvertreter nach. Die ursprüngliche Besetzung, die dem Parlamentsrecht folgt, würde so aber komplett verändert werden.

---

[276] Dieser Grundsatz ist in Art. 101 Abs. 1 S. 2 GG verfassungsrechtlich verbürgt. Vgl. Roxin, Strafverfahrensrecht, § 9 Rn. 1; Wendisch in: Löwe-Rosenberg, Rn. 1 zu Vor. § 22 StPO.
[277] Partsch, Gutachten für den 45. DJT 1964, Bd. I. Teil 3., S. 209.
[278] Versteyl in: v. Münch, GG-Komm., Rn. 22. zu Art. 44; Rechenberg in: Komm. zum Bonner-GG, Rn. 16 zu Art. 44 GG; Gollwitzer in: FS für Dünnebier 1982, 327, 329.
[279] Vgl. auch zur Besetzung mit Personen, die eine Befähigung zum Richteramt nachweisen können, unter Teil F.

Abgesehen von der Verzögerungsproblematik würde damit das gesamte Verfahren behindert und die eigentliche Aufgabe unmöglich gemacht. Eine Übertragung in das Untersuchungsverfahren scheidet deshalb aus.

ff) Akteneinsicht

Im Strafprozeß ermöglicht die Kenntnis der dem Beschuldigten gegenüber erhobenen Vorwürfe und deren Umstände eine wirksame Verteidigung,[280] so daß das Strafverfahrensrecht folglich auch das Recht auf Akteneinsicht vorsieht (§ 147 StPO).
Im Strafprozeß muß allerdings befürchtet werden, daß der Beschuldigte die Akten vernichtet oder ihn die Kenntnis des Akteninhaltes vor möglichen Ermittlungen und Zwangsmaßnahmen vorwarnt. Deshalb steht die Akteneinsicht nach dem Gesetzeswortlaut allein dem Verteidiger zu - und auch ihm erst nach Abschluß des Ermittlungsverfahrens.[281]
Für das parlamentarische Untersuchungsverfahren wird das Recht auf Akteneinsicht vereinzelt aus dem Anspruch auf rechtliches Gehör und dem Anspruch auf ein faires Verfahren (Art. 2 Abs. 1, 20 Abs. 3 i.V.m. 1 Abs. 1 GG) abgeleitet, da sich der Betroffene ohne Kenntnis des einschlägigen Sachverhaltes nicht angemessen gegen die Vorwürfe zur Wehr setzen könne.[282]

Eine Übertragung unmittelbar aus dem Strafverfahrensrecht erscheint zunächst aufgrund der Beschränkung auf den Verteidiger (§ 147 StPO) ausgeschlossen.
Allerdings erkennen über den Wortlaut hinaus die nationale Rechtsprechung und Literatur[283] sowie die internationale Rechtsprechung aufgrund Art. 6 Abs. 1 und 3 MRK[284] ein Akteneinsichtsrecht eines Beschuldigten an, der keinen Verteidiger gewählt hat.
Für ein Akteneinsichtsrecht des Betroffenen spricht, (wie im übrigen für den Beschuldigten auch,) daß die Gefahr der Aktenvernichtung durch Fotokopien[285] oder

[280] Laufhütte in: KK, Rn. 1 zu § 147 StPO.
[281] Schroeder in: NJW 1987, 301, 303; Laufhütte in: KK, Rn. 1 zu § 147 StPO.
[282] Buchholz S. 148; a.A. Müller-Boysen S. 83f.
[283] LG Hamburg in: NJW 1993, 3152; Kühne, Strafprozeßrecht, § 9 Rn. 220; Schroeder in: NJW 1987, 301, 303; Laufhütte in: KK; Rn. 2 zu § 147 StPO.
[284] EGMR in: NStZ 1998, 429f.
[285] Schroeder in: NJW 1987, 301, 303.

durch Anwesenheit eines Beamten der Parlamentsverwaltung umgangen werden kann.
Die gegen ein Akteneinsichtsrecht sprechende Gefahr der Kenntnis von Ermittlungs- und Zwangsmaßnahmen kann für das Untersuchungsverfahren keine Geltung beanspruchen, da ein Ermittlungsverfahren, in welchem das Material gesichtet und ausgewertet wird, in dieser Form nicht existiert.[286]
Zugunsten des Betroffenen muß außerdem berücksichtigt werden, daß sich sein Status auch erst im Verlauf der Verhandlung ergeben kann. Allein ein Anwesenheitsrecht kann deshalb der Kenntnis des Betroffenen vom einschlägigen Sachverhalt nicht genügen, so daß ihm folglich ein selbständiges Akteneinsichtsrecht zusteht.[287]

d) Ergebnis

Dem Betroffenen sind aufgrund der sinngemäßen Verweisung auf die strafverfahrensrechtlichen Vorschriften Mitwirkungsrechte einzuräumen.
Er kann jederzeit zu den ihm gegenüber erhobenen Vorwürfe Stellungnahmen abgeben, und er hat das Recht des Schlußvortrages (§§ 243 Abs. 4 i.V.m. 136 Abs. 2; 257, 258 StPO). Ihm ist ein Beweisantragsrecht (§§ 219, 244-245 StPO) einzuräumen, er hat das Recht auf Anwesenheit auch bei nichtöffentlichen Sitzungen (§ 230 Abs. 1 StPO), ein Frage- und Beanstandungsrecht (§§ 240 Abs. 2, 238 Abs. 2 StPO) und ein Recht auf Akteneinsicht (§ 147 StPO, Art. 6 Abs. 1, 3 MRK).[288]
Falls sich der Betroffenenstatus erst im Verlauf des Untersuchungsverfahrens ergibt, kann er sich im Wege der Akteneinsicht über die ihn betreffenden Teile der Beweisaufnahme informieren.

3. Rechtsbeistand

Die Gesetzesentwürfe, Empfehlungen und LUAGe sehen in der Regel ein Anspruch des Betroffenen auf Hinzuziehung eines Rechtsbeistandes vor.[289]

---

[286] Vgl. oben C. III. 1.

[287] So Müller-Boysen S. 83f.

[288] Die Vorschriften finden jeweils einer für das Untersuchungsverfahren modifizierten Form Anwendung, vgl. D. III. 2. c).

[289] § 18 Abs. 3 IPA-Entwurf vgl. BT-Drucks. V/4209; § 20 Abs. 5 MusterG v. 1972, abgedr. in: ROP 231021 u. ZParl 3 (1972), 427-433; § 15 Abs. 5 Interfr.Entw. v. 1985/1986 BT-

Überwiegend wird auch in Literatur und Rechtsprechung der Anspruch auf Hinzuziehung eines Rechtsbeistandes[290] anerkannt als Ausfluß des Anspruchs auf ein faires Verfahren.[291]
Der Anspruch auf ein faires Verfahren wird abgeleitet aus dem Rechtsstaatsprinzip des Art. 20 Abs. 3 GG in Verbindung mit dem allgemeinen Freiheitsrecht des Art. 2 Abs. 1 GG und dem Verbot, den Menschen zum bloßen Objekt eines staatlichen Verfahren herabzuwürdigen (Art. 1 Abs. 1 GG).[292] Ursprünglich wurde der Grundsatz des fairen Verfahrens allein für das Strafverfahren angewendet,[293] später dann aber auch auf Verfahren mit einer ähnlichen Verfahrensstruktur übertragen.[294] Zwischenzeitlich ist er auch für die Anwendung im Untersuchungsverfahren anerkannt.[295] Das Recht, einen Beistand hinzuzuziehen, garantiert die einem fairen Verfahren immanente Forderung nach verfahrensmäßiger Selbständigkeit, damit der einzelne von seinen prozessualen Rechten in sachgerechter Weise Gebrauch machen kann.[296]

Es ist kein sachlicher Grund ersichtlich, dem Betroffenen ein solches Recht zu verweigern, zumal nach diesen Grundsätzen bereits der Zeuge im Untersuchungsverfahren einen Rechtsbeistand hinzuziehen kann.[297] Der Betroffene hat

---

Drucks. 10/6587; § 54 SUAG; § 15 Abs. 2 Rh-PfUAG; § 15 Abs. 2 ThüUAG; §19 Abs. 6 SächsUAG, § 19 Abs. 6 B-WUAG; § 19 Abs. 5 HamUAG. Für Zeugen § 20 Abs. 5 HamUAG u. § 23 S-AUAG.

[290] Der Rechtsbeistand muß nicht gleichzeitig auch Rechtsanwalt sein, vgl. für das Strafverfahren Laufhütte in: KK Rn. 5ff. zu § 138 StPO.

[291] Gollwitzer in: FS für Dünnebier 1982, 327, 339; Quaas/Zuck in: NJW 1988, 1873, 1878; Schenke in: JZ 1988, 805, 815; Beckendorf in: ZParl 20 (1989), 35, 47f.; Buchholz S. 147f.; Schleich S. 51; Hölz S. 375; VG Hamburg in: NJW 1987; 1568ff.; VG Schwerin in: NVwZ-RR 1998, 508ff.; BVerwG in: NVwZ 1993, 60f. Vereinzelt wird der Anspruch auch unmittelbar aus dem rechtlichen Gehör abgeleitet vgl. Müller-Boysen S. 86ff.

[292] BVerfG 38, 105, 111ff.; Schmidt-Bleibtreu/Klein, Komm. zum GG; Rn. 10b zu Art. 20 GG; Pfeiffer in: KK, Einl. Rn. 28; BVerwG in: NVwZ 1993, 60, 61.

[293] Pfeiffer in: KK, Einl. Rn. 28. Vgl. auch Art. 6 Abs. 3 MRK.

[294] BVerfG 38, 105, 118.

[295] Gollwitzer in: FS für Dünnebier 1982, 327, 339; Quaas/Zuck in: NJW 1988, 1873, 1878; Schenke in: JZ 1988, 805, 815; Beckendorf in: ZParl 20 (1989), 35, 47f.; Buchholz S. 131ff..; Schleich S. 51; Müller-Boysen S. 86ff.; Hölz S. 375; VG Hamburg in: NJW 1987; 1568ff.; VG Schwerin in: NVwZ-RR 1998, 508ff.; BVerwG in: NVwZ 1993, 60f.

[296] BVerfG 38, 105, 112; 63, 380, 390f.

[297] VG Hamburg in: NJW 1987; 1568ff.; VG Schwerin in: NVwZ-RR 1998, 508ff.; BVerwG in: NVwZ 1993, 60f.

mit Sicherheit das gleiche Interesse an der sachgerechten Geltendmachung seiner verfahrensmäßigen Rechte, so daß der Anspruch auf ein faires Verfahren dieselbe Rechtsposition fordert.

Fraglich ist, ob allein der Anspruch auf Hinzuziehung eines Rechtsbeistands unmittelbar aus dem verfassungsrechtlich abgesicherten Anspruch, oder daneben auch aufgrund der sinngemäßen Anwendung der §§ 137ff. StPO in das Untersuchungsverfahren übertragen werden kann.
Im Gegensatz zum verfassungsrechtlich verbürgten Anspruch, nach welchem der Rechtsbeistand nicht mehr Rechte für sich in Anspruch nehmen kann als der Betroffene selbst,[298] ist der Verteidiger im Strafverfahren nämlich zusätzlich mit eigenen, vom Beschuldigten unabhängigen Verfahrensrechten ausgestattet.[299] Eine Übertragung in das Untersuchungsverfahren könnte deshalb auch eine weitergehende Rechtsstellung für den Rechtsbeistand nach sich ziehen.

a) Der Verteidiger im Strafverfahren

Im Strafverfahren erfordert der Schutz des Beschuldigten, daß sich ein eigens dafür ausersehener Prozeßbeteiligter um seine Belange kümmert (sog. formelle Verteidigung), damit er sich angemessen gegen den ihm gemachten Vorwurf verteidigen kann (materielle Verteidigung).[300].
Die maßgebliche Beeinflussung des Verfahrens durch einen vom Gericht unabhängigen Vertreter soll die Subjektstellung gewährleisten, da nur eine sachgerechte Ausübung der prozessualen Rechte die Einflußnahme auf den Gang und das Ergebnis des Verfahrens ermöglichen.[301]
Obwohl eine unabhängige Verfahrensstellung des Verteidigers auch im Strafverfahrensrecht nicht immer zu einer völligen Ausgewogenheit der sich „gegenüber-

---

298 Gollwitzer in: FS für Dünnebier 1982, 327, 339; Quaas/Zuck in: NJW 1988, 1873, 1878; Schenke in: JZ 1988, 805, 815; Beckendorf in: ZParl 20 (1989). 35, 47f.; Buchholz S. 147f.; Schleich S. 51; Müller-Boysen S. 86ff.; Hölz S. 375; BVerfG 38, 105ff.. § 18 Abs. 3 IPA-Entwurf vgl. BT-Drucks. V/4209; § 20 Abs. 5 MusterG v. 1972, abgedr. in: ROP 231021 u. ZParl 3 (1972), 427-433; § 15 Abs. 5 Interfr.Entw. v. 1985/1986 BT-Drucks. 10/6587; § 54 SUAG; § 15 Abs. 2 Rh-PfUAG; § 15 Abs. 2 ThüUAG; §19 Abs. 6 SächsUAG, § 19 Abs. 6 B-WUAG; § 19 Abs. 5 HamUAG.

299 Roxin, Strafverfahrensrecht, § 19, Rn. 2ff.; Beulke, Strafprozeßrecht, Rn. 149.

300 Zur formellen und materiellen Verteidigung vgl. ausführlich Schroeder in: NJW 1987, 301ff.

301 Beulke, Der Verteidiger im Strafverfahren, S. 37; Pfeiffer in: KK; Einl. Rn. 28; BVerfG 41, 246, 249; 63, 45, 61.

stehenden Parteien" führen kann, ist ein Gegengewicht zum staatlichen Strafverfolgungsapparat anzustrebendes Verfahrensziel.[302] Der Beschuldigte ist nämlich selbst betroffen, weshalb er gerade nicht die Souveränität eines taktisch vorgehenden Prozeßbeteiligten hat. Dieses Defizit wird vom Verteidiger ausgeglichen, indem er bspw. den Schuldvorwurf in Frage stellt und zugunsten des Beschuldigten schwache Stellen aufzeigt.[303]

b) Der Rechtsbeistand im Untersuchungsverfahren

Der Betroffene im Untersuchungsverfahren ist auch in das Geschehen involviert. Deshalb ist es für ihn schwierig, die Sach- und Rechtslage zu überblicken und von seinen Rechten in einer für ihn günstigen Weise Gebrauch zu machen. Insoweit unterscheidet sich seine Konfliktsituation nicht von der des Beschuldigten.
Darüber hinausgehend erfordert gerade das parlamentarische Untersuchungsverfahren einen Beistand, der aufgrund seiner juristischen Kenntnisse und seiner Souveränität ein Gegengewicht zu dem politisch besetzten Ausschuß bildet und dafür Sorge trägt, daß der Betroffene seine Rechte auch tatsächlich in Anspruch nehmen kann.[304]
Der Rechtsbeistand kann einseitige Beweiserhebungen, unzulässige Quer- und Fangfragen und sonstige Abweichungen von den Vorschriften des Strafverfahrensrechtes abwehren und so im Interesse der Rechtssicherheit unzulässigen Erweiterungen der Eingriffsbefugnisse im Rahmen der Sachverhaltsaufklärung (z.B. die Umgehung des Aussageerweigerungsrechts) verhindern.[305] So wird einerseits die Rechtsstellung des Betroffenen im möglichen sanktionsbewehrten Anschlußverfahren bereits im Vorfeld gesichert, andererseits werden fehlerhafte Feststellungen im Abschlußbericht vermieden.
Außerdem kann der Rechtsbeistand die Sachverhaltsaufklärung auch für die Arbeit des Untersuchungsausschusses im positiven Sinne beeinflussen, indem er auf Tatsachen hinweist, die eine Entlastung des Betroffenen zur Folge haben und so weitere langwierige Beweiserhebungen hinfällig werden lassen. Verschleppungs-

---

[302] Vgl. zum Grundsatz der Waffengleichheit im Strafverfahren Beulke, Der Verteidiger im Strafverfahren, S. 37ff.; Roxin, Strafverfahrensrecht, § 19 Rn. 1ff. u. § 11 Rn. 11ff.; E. Müller in: NJW 1976, 1063ff.
[303] Beulke Strafverfahrensrecht, Rn. 148.
[304] Müller-Boysen S. 87.
[305] BVerfG 39, 105, 116.

absichten dagegen können durch Ablehnung einzelner Beweisanträge in sinngemäßer Anwendung des § 244 Abs. 3 StPO verhindert werden.
Folglich gilt das Recht des Betroffenen, sich eines Rechtsbeistandes zu bedienen, auch in sinngemäßer Anwendung des § 137 StPO.

aa) Ermessensvorschrift

Bedenken ergeben sich hinsichtlich der Anspruchsinhalte der Regelungen in den Gesetzesentwürfen, Empfehlungen und LUAGen.
Überwiegend wird dort nämlich - anders als in § 137 Abs. 1 StPO - die Hinzuziehung eines Rechtsbeistandes in das Ermessen des Untersuchungsausschusses gestellt.[306].
Damit wird offenbar an die Ausführungen des BVerfG zum Rechtsbeistand des Zeugen im Strafverfahren angeknüpft: Dort hat das Gericht für den Rechtsbeistand des Zeugen eine Abwägung zwischen dem Anspruch des Zeugen und dem öffentlichen Interesse an der Effizienz des Strafprozesses und ähnlicher Verfahren gefordert. Eine unbeschränkte Zulassung sei mit dem Postulat der Aufrechterhaltung einer funktionstüchtigen Rechtspflege nicht vereinbar. Insoweit bedürfe die Zulassung des Rechtsbeistands immer einer besonderen rechtsstaatlichen Legitimation, die eine Entscheidung im Einzelfall unter Beachtung des Verhältnismäßigkeitsgrundsatzes erfordere.[307]

Es ist fraglich, ob diese Grundsätze auch für den Rechtsbeistand des Betroffenen Geltung beanspruchen können. Wenn das Gericht nämlich in der genannten Entscheidung innerhalb der Abwägung die allgemeinen staatsbürgerlichen Zeugnispflichten anführt, können diese Erwägungen nicht auf den Betroffenen übertragen werden. Die voranstehenden Untersuchungen haben gezeigt, daß ihm ein Aussageverweigerungsrecht zuzubilligen ist, insofern also keine allgemeine staatsbürgerliche Zeugnispflicht besteht.[308]
Das öffentliche Interesse an der Effizienz der Sachverhaltsaufklärung im Untersuchungsverfahren muß deshalb zurücktreten hinter dem Interesse des

[306] § 18 Abs. 3 IPA-Entwurf vgl. BT-Drucks. V/4209; § 20 Abs. 5 MusterG v. 1972, abgedr. in: ROP 231021 u. ZParl 3 (1972), 427-433; § 54 SUAG; § 15 Abs. 2 Rh-PfUAG; § 15 Abs. 2 ThüUAG; für Zeugen § 20 Abs. 5 HamUAG u. § 23 S-AUAG.
[307] BVerfG 38, 105, 118.
[308] Vgl. oben Teil D III. 1.

Betroffenen, auch gegen den Willen des Untersuchungsausschusses einen Rechtsbeistand hinzuzuziehen.
Die Überlegung, daß sich der Betroffene, anders als der Zeuge, möglichen Sanktionen durch ein Anschluß- oder Parallelverfahren gegenüber sieht und der Ausschuß gerade sein Fehlverhalten aufklärt, bestärkt die Bedenken, die sich gegen den Anspruchsinhalt der Regelungen in den Gesetzesentwürfen, Empfehlungen und LUAGen ergeben.
Würde man nämlich dennoch die Hinzuziehung des Rechtsbeistandes in das Ermessen der möglicherweise befangenen Ausschußmitglieder stellen, stünden die Rechte des Betroffenen zur Disposition des Untersuchungsausschusses.
Kennt der Betroffene seine Rechte als juristischer Laie nicht und erscheint außerdem auch durch den Untersuchungsausschuß eine Wahrung seiner Rechte nicht in jedem Fall gewährleistet, kann die Effizienz des Untersuchungsverfahrens nicht über den Sinn und Zweck der Verweisung gestellt werden, im Interesse der Rechtssicherheit auch durch Gegenrechte des Betroffenen begrenzend zu wirken.[309]
Das Recht auf Hinzuziehung eines Rechtsbeistandes kann daher nicht als Ermessensvorschrift in das Untersuchungsverfahren übertragen werden.[310] Die Entscheidung über die Hinzuziehung eines Rechtsbeistandes obliegt allein dem Betroffenen.[311]

---

309 Vgl. oben Teil C II.

310 Im Ergebnis so auch Müller-Boysen S. 87; § 19 Abs. 6 SächsUAG u. § 19 Abs. 6 B-WUAG.

311 Das HamUAG sieht neben dem Recht des Betroffenen, einen Rechtsbeistand hinzuzuziehen, weiter die Möglichkeit des Untersuchungsausschusses, dem Betroffenen in Ausnahmefällen auf Antrag einen Beistand beizuordnen. § 20 Abs. 2 HamUAG schränkt diese Möglichkeit jedoch insofern ein, wenn der Betroffene aufgrund seiner wirtschaftlichen Verhältnisse nicht selbst in der Lage ist, die Vergütung ganz oder zum Teil selbst aufzubringen. Zur weiteren Konkretisierung verweist das HamUAG dann auf die Vorschriften der ZPO zur Prozeßkostenhilfe (§§ 114ff. ZPO). Da Art. 44 Abs. 2, S. 1 GG nur auf das Strafverfahrensrecht verweist, kommt eine Kostenübernahme nur de lege ferenda durch Regelungen in einem UAG in Betracht.

bb) Vom Betroffenen unabhängige Rechte

Im Anschluß an die formellen Verteidigerrechte[312] im Strafverfahren ist weiter offen, ob auch der Rechtsbeistand im Untersuchungsverfahren vom Betroffenen unabhängige Verfahrensrechte in Anspruch nehmen kann.
Bei einer genaueren Betrachtung der strafverfahrensrechtlichen Vorschriften fällt auf, daß es wenige formelle Verteidigungsrechte gibt, die nicht auch gleichzeitig dem Beschuldigten im Rahmen seines materiellen Verteidigungsrechts zustehen. Insbesondere das Akteneinsichtsrecht, das nach den voranstehenden Ergebnissen auch dem Betroffenen zusteht,[313] führt im wesentlichen[314] zu einer Überschneidung der materiellen und der formellen Verteidigungsrechte.
Weitergehende formelle Verteidigerrechte lassen sich aufgrund der Verfahrensunterschiede nicht in das Untersuchungsverfahren übertragen.
Das Verlangen auf Unterbrechung der Hauptverhandlung (§ 145 Abs. 3 StPO) scheidet aus, da die Bestellung eines Pflichtverteidigers in der Hauptverhandlung im Untersuchungsverfahren nicht in Betracht kommt. Mit dem Institut der Pflichtverteidigung (§ 140 StPO) will der Gesetzgeber zwar das rechtsstaatliche Interesse am Zustandekommen einer prozeßordnungsgemäßen Entscheidung sichern;[315] aber selbst das Strafverfahrensrecht fordert nicht in jeder Lage, selbst wenn der Beschuldigte keinen Verteidiger seines Vertrauens gewählt hat, die Mitwirkung eines Pflichtverteidigers.[316] Im Untersuchungsverfahren ist dem rechtsstaatlichen Interesse Genüge getan durch die Möglichkeit, einen Beistand nach Wahl hinzuzuziehen. Die Strafprozeßordnung knüpft nämlich mit der Regelung des § 140 StPO an besonders schwere Fälle bzw. erhebliche Grundrechtseingriffe an[317], die im Untersuchungsverfahren mangels Strafbefugnissen ausscheiden. Daneben sprechen praktische Erwägungen gegen eine Übertragung des Institutes der Pflichtverteidigung, da im Untersuchungsverfahren kein

---

[312] Vgl. zum Begriff oben D III. 3. a).
[313] Vgl. oben Teil D III. 2. c) ff).
[314] Schroeder in: NJW 1987, 301, 303; Beulke, Strafverfahrensrecht, Rn. 149.
[315] Kleinknecht/Meyer-Großner, StPO, Rn. 1 zu § 140 StPO; BVerfG 63, 380, 391
[316] Vgl. § 141 StPO.
[317] Wenn z.B. die Folgen des Strafverfahrens erhebliche Grundrechtseingriffe darstellen (z.B. § 140 Abs. 1 Nr. 3 Berufsverbot, Nr. 7 Sicherungsverfahren), sie mit einer erhöhten Strafe verbunden sind, weil der materielle Rechtsverstoß als Verbrechen zu qualifizieren ist (§ 140 Abs. 1, Nr. 2 StPO), die Schwierigkeit der Sach- und Rechtslage, die Bestellung eines Verteidigers gebietet (§ 140 Abs. 2 StPO) oder wenn sich der Beschuldigte ersichtlich nicht selbst verteidigen kann (§ 140 Abs. 2 StPO).

unabhängiges zur Objektivität verpflichtetes Gericht vorhanden ist, das über das Vorliegen der Voraussetzungen nach § 140 StPO entscheiden könnte.
Das Kreuzverhör (§ 239 StPO) als weiteres formelles Verteidigerrecht nimmt bereits im Strafverfahren keine praktische Bedeutung ein.[318] Es scheidet für eine Anwendung im Untersuchungsverfahren aus, da das Fragerecht nach § 240 Abs. 2 S. 1 StPO die verfahrensrechtliche Subjektstellung in ausreichender Weise sichert.[319]
Im Untersuchungsverfahren stimmen folglich die materiellen Verteidigungsrechte des Betroffenen mit den formellen Verteidigungsrechten des Rechtsbeistandes überein.

c) Ergebnis

Das Recht des Betroffenen, sich eines Rechtsbeistandes zu bedienen, ist in sinngemäßer Anwendung des § 137 StPO in das Untersuchungsverfahren übertragbar. Eine Übertragung als Ermessensvorschrift zugunsten der Untersuchungsausschußmitglieder scheidet aus. Die Rechte des Beistands stimmen mit denen des Betroffenen überein.

IV. Zusammenfassung

Die Zeugenstellung für Betroffene entspricht nicht einer sinngemäßen Anwendung der Vorschriften über den Strafprozeß. Dem Betroffenen im Untersuchungsverfahren ist eine dem strafverfahrensrechtlich Beschuldigten vergleichbare Rechtsstellung einzuräumen.

Der Betroffene kann sich in sinngemäßer Anwendung auf ein Aussageverweigerungsrecht nach § 136 Abs. 1, S. 2 StPO berufen. Er ist vom Untersuchungsausschuß bei Beginn der Vernehmung über dieses Recht zu belehren.
Wenn er sich dennoch zur Aussage entschließt, darf er nicht vereidigt werden. Er unterliegt nicht der strafbewehrten Wahrheitspflicht der §§ 153 ff. StGB. Innerhalb der Regelungen der §§ 52ff. StPO tritt der Betroffene an die Stelle des Beschuldigten.

---

[318] Julius in: Heidelberger-Komm., Rn. 1 zu § 239 StPO.

[319] Aus den selben Erwägungen kann auch § 240 Abs. 2, S. 2 StPO nicht übertragen werden.

Weiter sind dem Betroffenen Mitwirkungsrechte einzuräumen, so daß er sich aktiv am Verfahren beteiligen kann.
Er hat ein Anwesenheitsrecht (§ 230 Abs. 1 StPO), ein Beweisantragsrecht (§§ 219, 244-245 StPO), ein Frage- und Beanstandungsrecht (§§ 240 Abs. 2, 238 Abs. 2 StPO), ein Recht auf jederzeitige Stellungnahme ((§§ 243 Abs. 4 i.V.m. 136 Abs. 2, 257 StPO), das Recht des Schlußvortrages (§ 258 StPO) und ein Recht auf Akteneinsicht (§ 147 StPO, Art. 6 Abs. 1, 3 MRK).[320]
Zur Wahrnehmung dieser Rechte kann sich der Betroffene eines Rechtsbeistandes bedienen (§§ 137f. StPO), wobei die Entscheidung über dessen Hinzuziehung nicht im Ermessen des Untersuchungsausschusses steht. Dem Rechtsbeistand sind dieselben Rechte wie dem Betroffenen einzuräumen.
Nach den bisherigen Ergebnissen stehen die vorgenannten Rechte Betroffenen zu, deren straf-, ordnungswidrigkeiten-, disziplinar- oder standesrechtlich relevantes Verhalten durch einen Untersuchungsausschuß aufgeklärt wird. Gleiches gilt, wenn die Aufklärung eine Präsidenten-, Richter-, Minister- oder Abgeordnetenanklage nach sich ziehen kann.

Damit ist allerdings allein die Qualität des normabweichenden Verhaltens bestimmt. Noch offen ist die erforderliche Intensität der Verstrickung. Wenn der Sachverhalt, der vom Untersuchungsausschuß aufgeklärt wird, bspw. nur am Rande das strafrechtlich relevante Verhalten einer Aussageperson berührt, ist deshalb nämlich u.U. noch kein besonderer Verfahrensschutz durch passive und aktive Verfahrensrechte erforderlich.
Angesprochen ist der Unterschied zwischen dem Zeugen und dem Beschuldigten im Strafverfahren. Nur weil ein Zeuge vielleicht auch eine strafbare Handlung begangen hat, werden ihm im Strafverfahren nicht automatisch besondere Verfahrensrechte zugesprochen, und er wird auch nicht zum Beschuldigten.
Entsprechend müssen auch im Untersuchungsverfahren Kriterien zur Bestimmung des Betroffenenstatus gefunden werden, die sich an der Konfliktlage orientieren - da allein diese die Einräumung der Verfahrensrechte rechtfertigt. Andernfalls würde der Personenkreis, der eine Sonderstellung einnehmen soll, so ausgeweitet, daß der Untersuchungsausschuß wegen den einer Sachverhaltsaufklärung entgegenstehenden Betroffenenrechten seine Aufgabe ggf. nicht mehr erfüllen könnte.

---

[320] Die Vorschriften finden jeweils einer für das Untersuchungsverfahren modifizierten Form Anwendung, vgl. D. III. 2. c).

V. Die Begriffsbestimmung des Betroffenen

Nach der Feststellung der Einzelrechte der Betroffenen soll im folgenden eine konkrete Definition des betroffenen Personenkreises erfolgen.
Die in den Gesetzesentwürfen, Empfehlungen, Literatur und LUAGen vorgeschlagenen Definitionen wurden bereits als Ausgangspunkt der Konkretisierung der Betroffenenrechte verwendet.[321]
Ziel einer Definition ist es, Merkmale und Kriterien zur Feststellung der Betroffeneneigenschaft dergestalt zu vereinen, daß nur der schutzbedürftige Personenkreis die Sonderstellung zuerkannt bekommt, und trotzdem die Wahrheitserforschung durch den Ausschuß so wenig wie möglich eingeschränkt wird.
Deshalb soll der Versuch unternommen werden, eine Konkretisierung anhand des strafprozessualen Systems unter Berücksichtigung der bereits vorhandenen Definitionen zu ermöglichen.

1. Die Übertragung der Grundgedanken des Beschuldigtenbegriffs

Die Strafprozeßordnung selbst enthält keine Legaldefinition des Beschuldigten. § 157 StPO bestimmt lediglich: " ... Angeschuldigter ist der Beschuldigte, gegen den die öffentliche Klage erhoben worden ist, Angeklagter der Beschuldigte oder Angeschuldigte, gegen den die Eröffnung des Hauptverfahrens beschlossen ist."
Der Begriff „Beschuldigter" wird demnach als Oberbegriff für diejenigen Personen verwendet, gegen die der Strafprozeß stattfindet, und zwar ohne Rücksicht auf die einzelnen Verfahrensstadien.[322]
Nach allgemeiner Ansicht in Literatur und Rechtsprechung ist für die Begründung der Beschuldigteneigenschaft ein konkreter, personenbezogener, strafrechtlicher Verdacht erforderlich sowie ein Willensakt der Strafverfolgungsbehörden, der erkennen läßt, daß das Verfahren gegen einen Verdächtigen betrieben wird.[323]

---

[321] Vgl. oben Teil B II.-IV.

[322] Krehl in: Lemke: Heidelberger-Komm., Rn. 1 zu § 157 StPO; Kleinknecht/Meyer-Großner, StPO, Rn. 4 zu § 157; Peters, Strafprozeß, § 28 I.; Rogall S. 20ff. Auch im Ordnungswidrigkeitenrecht findet sich keine Definition des Begriffs. An die Stelle des Beschuldigten tritt dort der „Betroffene". Betroffener ist jeder, gegen den sich das Verfahren richtet (§§ 50, 51, 55 , 94, 95 OWiG); vgl. Kleinknecht/Meyer-Großner, StPO, Einl., Rn. 93.

[323] BGHSt 10, 8 12; 34, 138, 140; Krehl in: Heidelberger-Komm., Rn. 1 zu § 157 StPO; Kleinknecht/Meyer, StPO, Rn. 4 zu § 157; Rogall S. 21; Hanack in: Löwe-Rosenberg, Rn. 4 zu § 136 StPO.

Daß allein der strafrechtliche Verdacht zur Begründung der Beschuldigteneigenschaft nicht ausreichen kann, ergibt sich aus einem Rückschluß auf die Rechtsfigur des verdächtigen Zeugen im Strafverfahren (§§ 55, 60 Nr. 2 StPO). § 55 StPO räumt nämlich dem Zeugen ein Auskunftsverweigerungsrecht bezüglich Fragen ein, deren Beantwortung ihn oder einen Angehörigen der Gefahr der Strafverfolgung aussetzen würde. § 60 Nr. 2 StPO bestimmt, daß ein Zeuge nicht vereidigt werden darf, der in Verdacht der Täterschaft, der Beteiligung, der Begünstigung, Strafvereitelung oder Hehlerei an dem abzuurteilenden Delikt steht. Daraus folgt, daß die Strafprozeßordnung das Verdachtskriterium allein nicht für die Begründung der Beschuldigteneigenschaft ausreichen läßt, denn sowohl Zeugen als auch der Beschuldigte können zum Kreis der Verdächtigen gehören.[324]

Zu dem Begriffskern des Tatverdachts muß deshalb noch ein weiteres Kriterium hinzukommen, um die Beschuldigteneigenschaft zu begründen. Im Unterschied zum Zeugen ist der Beschuldigte nämlich Objekt staatlicher Strafverfolgung. Dem Zeugen droht die Strafverfolgung, während der Beschuldigte bereits von ihr erfaßt ist.[325] Er nimmt verfahrensrechtlich die Rolle desjenigen ein, der sich gegen einen erhobenen strafrechtlichen Vorwurf zu verteidigen hat.[326]

Als prozessuale Maßnahme muß deshalb nach allgemeiner Auffassung das Betreiben der Strafverfolgung gegen den Verdächtigen hinzukommen.[327]

Nichts anderes gilt aber im Untersuchungsverfahren. Würde man nämlich allein auf den Verdacht einer straf-, ordnungswidrigkeiten,- disziplinar- oder standesrechtlich relevanten Handlung, als ersten Teil der strafrechtlichen Beschuldigtendefinition abstellen, wäre keine Unterscheidung möglich vom verdächtigen Zeugen, den es wegen der Anwendung des § 55 StPO auch im Untersuchungsverfahren gibt.

Jeder Verdacht, auch der, dessen Aufklärung der Untersuchungsausschuß nicht betreibt, würde nämlich zu einer Betroffenenstellung führen. Die Sachverhaltsaufklärung durch den Untersuchungsausschuß würde durch weitergehende Verfahrensrechte erschwert, wenn nicht gar unmöglich gemacht.

Diese Konsequenz würde wiederum einer sinngemäße Anwendung der Vorschriften über den Strafprozeß widersprechen, da die Funktion des verfassungsrechtlich abgesicherten Untersuchungsverfahrens auch bei Übertragung der strafverfahrensrechtlichen Vorschriften erhalten bleiben muß. Deshalb ist, ähnlich wie

---

324 Rogall S. 21f.

325 BVerfG in: NJW 1975, 103; Rogall S. 22.

326 Rogall S. 22.

327 Rogall S. 23 m.w.N.

im Strafverfahren, eine weitere Maßnahme des Untersuchungsausschusses erforderlich, um eine Betroffeneneigenschaft zu begründen.
Im Strafverfahrensrecht ist trotz grundsätzlicher Einigkeit über den strafrechtlichen Beschuldigtenbegriff die Frage des Beginns der Beschuldigteneigenschaft umstritten.[328] Der Willensakt der Strafverfolgungsbehörde, in welchem zum Ausdruck kommen muß, daß sie das Strafverfahren gegen den Verdächtigen als Beschuldigten betreiben will, ist nämlich ein subjektives Kriterium mit weiten, eingeschränkt überprüfbaren Ermessensspielräumen.

a) Der Willensakt der Strafverfolgungsbehörden

Die Beschuldigteneigenschaft beginnt auf alle Fälle, wenn eine Person als Beschuldigter zur Vernehmung geladen wird (§§ 133ff., 161, 163a StPO), da die Ladung erkennen lassen muß, daß er als solcher vernommen werden soll.[329] Unzweifelhaft liegt sie auch vor bei Eingriffsmaßnahmen, die nur gegenüber dem Beschuldigten zulässig sind.[330]
Im Untersuchungsverfahren könnte für den Beginn der Betroffeneneigenschaft an die formale Feststellung durch den Untersuchungsausschuß angeknüpft werden. Wenn die Ladung erkennen läßt, daß der Betroffene auch als solcher vernommen werden soll, liegt ein entsprechender Willensakt des Untersuchungsausschusses vor.
Im Gegensatz zum Strafverfahrensrecht sind keine Eingriffsbefugnisse zulässig, die allein beim Betroffenen möglich sind. Der Beginn der Betroffeneneigenschaft würde insoweit allein vom Ermessen der Ausschußmitglieder abhängen. Von Seiten der Literatur wird deshalb zu Recht eingewandt, daß die Zuerkennung der Betroffenenstellung in diesem Fall der politischen Opportunität der Ausschußmitglieder überlassen werde und Schutzrechte untergraben werden könnten.[331]

---

[328] Roxin, Strafverfahrensrecht, § 25 Rn. 11; Hanack in: Löwe-Rosenberg; Rn. 4 zu § 136 StPO; Rogall S. 24ff., jeweils m.w.N.
[329] Vgl. Nr. 35 RiStBV.
[330] Z.B. vorläufige Festnahme § 127 Abs. 2 StPO; Verhaftung §§ 112ff. StPO. Nicht aber zwangsläufig bei der Beschlagnahme (§§ 94ff. StPO) und Durchsuchung (§§ 102, 103 StPO), da diese auch bei anderen Personen, insbesondere auch beim Verdächtigen, der noch nicht Beschuldigter zu sein braucht, möglich ist; vgl. Rogall S. 25. Zum Begriff des Verdächtigen vgl. Lemke in: Lemke: Heidelberger-Komm., Rn. 3 zu § 102 StPO.
[331] Buchholz S. 157.

Deshalb müssen zusätzlich objektive Kriterien gefunden werden, an denen sich der Beginn festmachen läßt.

Bereits angesprochen wurde, daß für das Strafverfahren zusätzlich eine prozessuale Maßnahme erforderlich ist: Das Betreiben der Strafverfolgung gegen den Verdächtigen. Allerdings kommt es auch bei dieser Voraussetzung darauf an, wann und wen die Staatsanwaltschaft oder die Polizei als einer Straftat verdächtig verfolgen. Ob ein Beschuldigter auch als solcher behandelt wird, hängt von der dem Legalitätsprinzip entsprechend pflichtgemäßen Ermittlung des jeweiligen Beamten ab.[332]
Außerdem soll es auf den Willensakt der Strafverfolgungsbehörden selbst dann ankommen, wenn objektiv die für den Beginn der Beschuldigteneigenschaft konkreten Verdachtsgründe vorliegen.[333] Die Gefahr der Umgehung von Beschuldigtenrechten ist mit dieser Voraussetzung folglich nicht beseitigt.
Die Rechtsprechung hält deshalb den Willensakt der Strafverfolgungsbehörden nicht für erforderlich, wenn die Zuerkennung einer anderen Verfahrensrolle auf sachfremden Erwägungen beruht und somit als willkürlich eingestuft werden muß. Wenn den Verdachtsmomenten nach ein Ermittlungsverfahren einzuleiten wäre, soll der Verdächtige als Beschuldigter behandelt werden und zwar unabhängig davon, ob ein Verfahren tatsächlich eingeleitet worden ist.[334]
Da aber auch die Rechtsprechung weiterhin an einer subjektiven Einschätzung des Verdachtsgrades festhält, können Rechtsunsicherheiten entstehen, da nicht jede ungleichmäßige Verfolgungspraxis den Straftatbestand des § 336 StGB erfüllt und deshalb die Beschuldigteneigenschaft quasi dem Ermessen des jeweiligen Beamten obliegt.[335]
Daher wird in der strafrechtlichen Literatur versucht, den Willensakt der Strafverfolgungsbehörden zu objektivieren. Die Lage des Verfahrens und der Stand der Ermittlungen sollen als objektive Gegebenheiten für den Beginn der Beschuldigteneigenschaft ausschlaggebend sein. Liegt hiernach aus der Sicht eines ob-

---

[332] Kleinknecht/Meyer, StPO, Einl. Rn. 77; Rogall S. 25.

[333] BGHSt 10, 8, 12.

[334] BGHSt 10, 8, 12.

[335] Rogall S. 26; Peters, Strafprozeß § 26 I.; vgl. auch zur Tathandlung der Rechtsbeugung Kleinknecht/Meyer, StPO, Rn. 5 zu § 336 StGB.

jektiven Betrachters ein hinreichend konkretisierter Verdacht vor, beginnt zwangsläufig die Beschuldigteneigenschaft.[336]
Allerdings kann nach dieser Auffassung nicht eindeutig ermittelt werden, wie die Lage des Verfahrens und der Stand der Ermittlungen sein müssen oder wie ein objektiver Betrachter aussehen soll.[337]
Aus diesem Grund wird zur Objektivierung der Voraussetzung des Willensaktes, teilweise auch der Rechtsgedanke des § 397 Abs. 1 AO, herangezogen.[338]

Nach § 397 Abs. 1 AO ist „das Strafverfahren eingeleitet, sobald die Finanzbehörden, die Polizei, die Staatsanwaltschaft, einer ihrer Hilfsbeamten oder der Strafrichter eine Maßnahme trifft, die erkennbar darauf abzielt, gegen jemanden wegen einer Steuerstraftat strafrechtlich vorzugehen."
Maßnahme ist jede Willensbetätigung einer zur Verfolgung von Zuwiderhandlung gegen Steuergesetze allgemein zuständigen Stelle, deren strafrechtliche Zielsetzung objektiv erkennbar ist.[339] Als Einschränkung des weiten Maßnahmebegriffs[340] sieht § 397 Abs. 1 AO zusätzlich vor, daß nur eine Maßnahme, die „erkennbar" darauf abzielt, gegen jemanden wegen einer Steuerstraftat vorzugehen, das Strafverfahren einleitet.
Da sich die Voraussetzung der Erkennbarkeit unmittelbar auf die Maßnahme, nicht auf die Lage des Verfahrens oder den Stand der Ermittlungen bezieht, ist der Beginn der Beschuldigteneigenschaft bei Anwendung dieses Rechtsgedankens weitgehend objektiv ermittelbar. Durch die Übertragung dieses Rechtsgedankens auf den Beschuldigtenbegriff des Strafverfahrensrechts[341] wird verhindert, daß es allein auf die Willensentschließung der Strafverfolgungsbehörden

---

[336] Hanack in: Löwe-Rosenberg, Rn. 4 zu § 136 StPO; Rogall S. 27ff.; Roxin, Strafverfahrensrecht, § 25 Rn. 11; Peters, Strafprozeß, § 26 I.
[337] Rogall S. 27.
[338] Hanack in: Löwe-Rosenberg, Rn. 4 zu § 136 StPO; Rogall S. 27ff.; Roxin, Strafverfahrensrecht, § 25 Rn. 11; Peters, Strafprozeß, § 26 I.
[339] Gast-de Haan, Steuerstrafrecht, Rn. 65 zu § 397 AO.
[340] Zum Steuerstrafrecht Gast-de Haan, Steuerstrafrecht, Rn. 65ff. zu § 397 AO. Für das Strafverfahrensrechts Rogall S. 28.
[341] Da § 397 AO hauptsächlich dem Schutz des Verdächtigen dienen soll, zu strafrechtlichen Zwecken mit steuerlichen Mitteln ausgeforscht zu werden und die Besonderheiten des Steuerstrafrechts eine Anwendung des Rechtsgedankens des § 397 Abs. 1 AO nicht verbieten, bestehen auch keine rechtlichen Bedenken aufgrund der Tatsache, daß die Abgabenordnung als lex specialis Vorschrift nur ergänzend auf die Strafprozeßordnung Zugriff nimmt. Vgl. Rogall S. 29ff.

ankommt.[342] Das Strafverfahren ist eingeleitet, wenn objektiv Strafverfolgungsmaßnahmen vorliegen, auch wenn der Beamte keinen entsprechenden Willensentschluß hatte. Beschuldigter ist demnach derjenige, der aufgrund zureichender tatsächlicher Anhaltspunkte (§ 152 Abs. 2 StPO) einer Straftat verdächtig ist (§ 160 Abs. 1 StPO) und deshalb strafrechtlich verfolgt wird. Die Beschuldigteneigenschaft beginnt, sobald die Strafverfolgungsorgane Maßnahmen treffen, die erkennbar darauf abzielen, gegen jemanden strafrechtlich vorzugehen.[343]
Dagegen ist Zeuge derjenige, der vor dem Richter seine Wahrnehmung über Tatsachen bekundet, ohne durch eine andersartige Verfahrensrolle von dieser Position ausgeschlossen zu sein.[344]

b) Die Abgrenzung von Zeugen und Betroffenen im parlamentarischen Verfahren unter Anwendung des Rechtsgedankens des § 397 Abs. 1 AO

Das erste Merkmal der strafrechtlichen Beschuldigtendefiniton, der Verdacht einer strafbaren Handlung, liegt, wie bereits ausgeführt, auch für den Betroffenen mit dem Verdacht einer straf-, disziplinar-, ordnungswidrigkeiten- oder standesrechtlichen relevanten Verhaltensweise vor. Gleiches gilt für die Aufklärung eines Verhaltens, das eine Präsidenten- Richter-, Minister- oder Abgeordneten-anklage rechtfertigt.

Abgesehen von der möglichen formellen Feststellung der Betroffeneneigenschaft durch den Untersuchungsausschuß ist noch offen, welche objektiven Kriterien im Untersuchungsverfahren den Beginn der Betroffeneneigenschaft kennzeichnen sollen. Voranstehend wurde die Anwendung des Rechtsgedankens des § 397 Abs. 1 AO für den Beschuldigtenbegriff im Strafverfahren dargestellt. Im folgenden sollen die Grundgedanken über eine sinngemäße Anwendung der Vorschriften über den Strafprozeß auch in das Untersuchungsverfahren übertragen werden

aa) Der Einsetzungsbeschluß

Teilweise wird in der Literatur der Beginn der Betroffeneneigenschaft nach dem Inhalt des Einsetzungsbeschlusses festgelegt: Die Betroffeneneigenschaft be-

---

342 Rogall S. 28f.

343 Rogall S. 31.

344 Roxin, Strafverfahrensrecht, § 26 Rn. 1; Dahs in: Löwe-Rosenberg, Rn. 1 Vor. § 48.

ginne, wenn Verfahrensziel die sich aus dem Untersuchungsauftrag ergebende Aufklärung strafrechtlicher oder dienstlicher Verfehlungen sei.[345]

Für den Fall der Vorbereitung verfassungsrechtlicher Anklageverfahren ist dieser Aussage beizupflichten, weil die Einsetzung eines Untersuchungsausschusses dann den Willensakt bzw. eine Maßnahme des Parlaments beinhaltet, die Untersuchung gegen eine bestimmte Person zu führen und einen konkreten Verdacht aufzuklären.[346] Bereits aus der namentlichen Bezeichnung im Untersuchungsauftrag ergibt sich, daß die Untersuchung die Aufklärung eines Fehlverhaltens einer bestimmten Person, mit dem Ziel die Verdachtsgründe für eine verfassungsrechtliche Anklage zu wiederlegen oder zu erhärten, zum Gegenstand hat.

Ferner kann jedoch nicht der Einsetzungsbeschluß zum alleinig[347] ausschlaggebenden Kriterium für den Beginn der Betroffenenstellung erhoben werden, da ansonsten die Rechtsstellung des Betroffenen vom Formulierungsgeschick und der Ehrlichkeit der Antragsteller abhängig gemacht würde.[348] Will man wenigen Personen einen Betroffenenstatus einräumen, ist lediglich der Untersuchungsauftrag so global wie möglich zu formulieren.[349]
Im übrigen kann sich eine Betroffenheit aber auch erst im Verlauf der Untersuchung entwickeln: Die Untersuchung kann sich auch später auf eine Person konkretisieren, da das Untersuchungsverfahren kein Ermittlungsverfahren kennt, in welchem die Beweise gesammelt und ausgewertet werden. Fraglich ist dann aber, ob diese Person eher mit einem tatverdächtigen Zeugen zu vergleichen ist[350] oder ihr im Verlauf der Betroffenenstatus zugebilligt werden muß.[351]
Im Ergebnis kann also die namentliche Bezeichnung von Personen, deren straf-, disziplinar-, ordnungswidrikeiten- oder standesrechtlich relevantes Verhalten durch den Untersuchungsausschuß aufgeklärt werden soll, als erkennbare Willensbetätigung des Parlaments mit der Folge des Beginns der Betroffeneneigen-

---

[345] H. Wagner in: GA 1976, 257, 266; so auch BGHSt 17, 128, 230ff.

[346] Rink in: DVBl. 1964, 706, 707ff. u. W. Wagner in: NJW 1960, 1936ff. So auch Ziff. VII. 3. LParl. v. 1961; § 15 Interfr.Entw. v. 1985/86; Art. 13 BayUAG.

[347] So aber Ziff. VII. Nr. 3 a) LParl. v. 1961, vgl. ZParl 3 (1972), 433, 435. § 15 Abs. 1 Interfr.Entw. v. 1985/1986, vgl. BT-Drucks. 10/6587. § 13 BayUAG.

[348] Depenheuer/Winands in: ZRP 1988, 258, 259; zum Problem der Angriffsrichtungen vgl. Partsch, Gutachten für den 45. DJT 1964, Bd. 1 Teil 3, S. 112f.

[349] Buchholz S. 178.

[350] So die Ausführungen zu den LParl. v. 1961, abgedr. ROP 231005ff.

[351] § 18 IPA-Entwurf; § 20 MusterG v. 1972; § 54 SUAG.

schaft angesehen werden. Ist dies jedoch nicht der Fall, ist eine Sonderstellung noch nicht ausgeschlossen, sondern ihr Vorliegen anhand weiterer Kriterien zu prüfen.

bb) Der Abschlußbericht

Ein solches Kriterium könnte die beabsichtigte Feststellung eines für eine Betroffenenstellung relevanten normwidrigen Verhaltens im Abschlußbericht sein.[352] Eine Betroffenenstellung wäre dann gegeben, wenn der Ausschuß in seinem Abschlußbericht die Feststellung zu treffen beabsichtigt, daß bspw. das Verhalten der Person X als strafbar im Sinne der Vorschrift Y anzusehen sei.

Gegen den Abschlußbericht als Definitionsmerkmal für den Beginn der Betroffeneneigenschaft bestehen Bedenken, da die Zuerkennung der Betroffenenstellung zum einen wiederum dem subjektiven Ermessen der Ausschußmitglieder überlassen wäre, zum anderen die Wertung im Abschlußbericht aufgrund ihres nebenstrafähnlichen Sanktionscharakters zwar Argument für eine Sonderstellung, aber kein Kriterium zur Bestimmung der Betroffeneneigenschaft sein kann. Die Sonderstellung resultiert nämlich nicht allein aus der möglichen Wertung im Abschlußbericht, sondern auch und mehr noch aus der Gefahr, daß im Verfahrensverlauf Tatsachen bekannt werden, welche zur Einleitung eines sanktionsbewehrten Anschlußverfahrens führen.
Soll deshalb die Aushebelung der im Anschlußverfahren bestehenden Rechtsstellung verhindert werden, muß die Betroffeneneigenschaft möglichst früh festgestellt werden, nicht erst im Anschluß an die Beweisaufnahme von den beabsichtigten, im übrigen einer Überprüfung nicht zugänglichen Wertungen der Ausschußmitglieder.

Weitere Bedenken ergeben sich daraus, daß am Anfang der Untersuchung in den wenigsten Fällen feststehen wird, über welche Personen eine wertende Äußerung abgegeben werden soll.
Der Einsetzungsbeschluß benennt nämlich allenfalls einzelne Personen. Auf Grund fehlender Voruntersuchungen stehen die Tatsachen, über die Beweise zu erheben sind, am Anfang jedoch nicht immer fest, weshalb sich die Ansicht des Untersuchungsausschusses über den Inhalt des Abschlußberichts bis zum Ende der Beratungen ändern kann.

---

[352] § 19 Abs. 1 Nr. 4 B-WUAG; § 19 Abs. 1, Nr. 4 SächsUAG; § 19 Abs. 1 HamUAG.

Daneben zeigt auch ein Vergleich mit dem Beschuldigtenbegriff, daß der Abschlußbericht für die Betroffenendefinition kein Kriterium sein kann. Der verfahrensrechtliche Schutz, der mit der Stellung des Beschuldigten verbunden ist, soll eingreifen, wenn eine erkennbare Willensbetätigung der Strafverfolgungsbehörden vorliegt, die auf die Aufklärung eines strafrechtlichen Verdachts gerichtet ist. Der Beginn der Beschuldigtenstellung ist demnach im Vorfeld der Aufklärung angesiedelt und nicht im Anschluß an die beabsichtigten Feststellungen im Urteil gebunden.

cc) Die Unterscheidung in generelle und personenbezogene Enqueten

Vereinzelt wird in der Literatur der Versuch unternommen, nach der Aufgabenstellung der Untersuchung nach generellen- und personenbezogenen Enqueten zu unterteilen und nur in letzteren eine Sonderstellung überhaupt zuzulassen.[353] Dieser Ansatz eignet sich allerdings ebenfalls nicht für eine Konkretisierung des betroffenen Personenkreises.[354]
Abgesehen von der Vorbereitung verfassungsrechtlicher Anklageverfahren, die sich aufgrund des eindeutig gefaßten Untersuchungsauftrages unproblematisch den personenbezogenen Enqueten zuordnen lassen,[355] sind alle weiteren Rechte der Auskunftspersonen von der Formulierung des Untersuchungsauftrages abhängig. Deshalb wäre bei Einsetzung eines Untersuchungsausschusses zunächst einmal der Zweck der Enquete festzulegen. Die Antragsteller könnten dann aber wiederum, je nach politischer Motivation, durch geschickte Formulierung die Enquete aus dem personenbezogenen Bereich herausnehmen. Dadurch würde aber deren tatsächliche Richtung nicht geändert, sondern nur zu Lasten des einzelnen verschleiert. Je nach Enquetezweck würden dem Untersuchungsausschuß in der Folge mehr oder weniger Eingriffsbefugnisse zugestanden. Das Parlament und nicht der zuständige Gesetzgeber hätte damit freie Hand, die mit einer

---

353 Halstenberg S. 38ff.; H. Wagner in: GA 1976, 257, 263ff.; Schleich S. 46; BGHSt 17, 128ff.

354 Ähnlich auch die in Zeiten der WRV vorgenommene Unterteilung des Untersuchungsverfahrens nach Enqueten mit Strafverfolgungszwecken und Enqueten mit reinen Aufklärungszwecken. Vgl. Heck S. 55ff.

355 Deshalb ist die Unterscheidung Halstenbergs in sich geschlossen, da er nur die verfassungsrechtlichen Anklageverfahren den personenbezogenen Enqueten zuordnet und die Einsetzungskompetenz auf rechtverbindliche Parlamentsentscheidungen begrenzt. Vgl. Halstenberg S. 38ff. Vgl dazu Teil B II. 2. a).

Betroffenenstellung verbundenen Rechte aus dem Strafverfahrensrecht vorzugeben.[356]

dd) Willensbetätigung des Untersuchungsausschusses

Als Kriterium für den Beginn der Betroffeneneigenschaft könnte, in Anwendung des Rechtsgedankens des § 397 AO, jede erkennbare Maßnahme angesehen werden, die darauf abzielt, das straf-, disziplinar-, ordnungswidrigkeiten- oder standesrechtlich relevante Verhalten einer Person aufzuklären. Gleiches gilt für Verhaltensweisen, die eine Präsidenten-, Richter-, Minister- oder Abgeordnetenanklage rechtfertigen.

Maßnahme ist insoweit eine objektiv erkennbare Willensbetätigung des Untersuchungsausschusses (bzw. im Vorfeld des Parlaments im Einsetzungsbeschluß), ein für die Betroffenenstellung normabweichendes Verhalten aufzuklären.

Denkbar ist hier die Kundgabe des Untersuchungsausschusses, bspw. eine Person zu ihrem normwidrigen Verhalten vernehmen zu wollen oder auch die Befragung eines Zeugen zu dem relevanten normwidrigen Verhalten eines Dritten.

Diesem Ansatz steht nicht entgegen, daß dem parlamentarischen Untersuchungsverfahren - anders als dem Strafverfahren - kein Ermittlungsverfahren vorausgeht, in welchem die Prozeßrollen festgelegt werden.[357] Die Einleitung eines Steuerstrafverfahrens erfordert nämlich auch keine vorausgegangenen Ermittlungen. Die Vorschrift des § 397 AO dient in erster Linie dem Schutz des Verdächtigen, zu strafrechtlichen Zwecken mit steuerlichen Mittel ausgeforscht zu werden.[358]

Dieser Gedanke ist aber auch auf das Untersuchungsverfahren übertragbar. Die Einstufung als Betroffener soll nämlich dessen Schutz gewähren, mit strafrechtlichen Mitteln allein zu politischen Zwecken ausgeforscht zu werden.

Gegen eine Übertragung des strafprozessualen Systems wird die fehlende Begrenzung auf mögliche Sanktionsfolgen im Untersuchungsverfahren angeführt.[359] Da Vorschriften über den Inhalt des Abschlußberichts nicht vorhanden sind, kann der Untersuchungsausschuß nämlich auch ohne vorangegangene Beweiserhebungen Wertungen über das Verhalten einer Person abgeben. Deshalb ist im Untersuchungsverfahren die Möglichkeit nicht auszuschließen, erst durch

---

[356] Friedrich S. 145f.

[357] So aber Buchholz S. 158.

[358] Gast-de Haan, Steuerstrafrecht, Rn. 6ff. zu § 397 AO.

[359] Buchholz S. 160f.

die Benennung im Abschlußbericht die Kriterien für eine Betroffenenstellung zu erfüllen.
Bei einer Übertragung des Maßnahmebegriffs auf das Untersuchungsverfahren bleiben allerdings für diese Fallkonstellation praktisch wenige Fälle übrig, da alles, was der Untersuchungsausschuß oder einer seiner Mitglieder erkennbar gegen eine bestimmte Person in tatsächlicher oder rechtlicher Hinsicht nach außen[360] zur Aufklärung des für eine Betroffeneneigenschaft relevanten Fehlverhaltens unternehmen, bereits eine Maßnahme im oben genannten Sinne ist. Maßnahme im Sinne des § 397 Abs. 1 AO kann bspw. die Beschlagnahme von Sachen, die als Beweismittel dienen sollen (§§ 94ff. StPO), oder auch die Durchsuchung sein (§§ 102ff. StPO).[361]
Für die alleinige Benennung im Abschlußbericht ohne vorherige Willensbetätigung des Ausschusses wäre erforderlich, daß weder der Einsetzungsbeschluß, noch der gesamte Verfahrensverlauf eine Verdachtsäußerung bzw. Handlung gegen den Betroffenen und für die Aufklärung des Fehlverhaltens enthalten, erst im Anschluß in den Beratungen ein solcher Verdacht geäußert und dann im Abschlußbericht festgeschrieben wird. Die im ersten Teil dieser Arbeit angeführten Beispiele verdeutlichen, daß dieser Fall wohl eher theoretischer Natur ist, zumal eine Wertung eines bestimmten Verhaltens in der Regel auch erst nach Kenntnis der Tatsachen erfolgen kann.

Für die Anwendung des strafverfahrensrechtlichen Systems spricht zudem, daß so eine Unterscheidung zwischen tatverdächtigen Zeugen und Betroffenen ermöglicht wird.
Der Unterschied besteht nämlich darin, daß beim tatverdächtigen Zeugen die Untersuchung nicht auf die Aufklärung eines für die Betroffeneneigenschaft relevanten Fehlverhaltens abzielt. Insoweit versuchen auch die eine Sonderstellung einräumenden Definitionen die Abweichung zwischen tatverdächtigen Zeugen und dem Beschuldigten zu übertragen, wenn sich die Untersuchung ausschließlich oder ganz überwiegend gegen eine Person richtet.[362]

360 Zum Erfordernis der Außenwirkung vgl. Gast-de Haan, Steuerstrafrecht, Rn. 66. zu § 397 AO; Rogall S. 29.

361 Gast-de Haan, Steuerstrafrecht, Rn. 72. zu § 397 AO.

362 Ziff. VII. Nr. 3a) LParl. v. 1961, ZParl 3 (1972) 433, 435; § 18 Abs. 1 IPA-Entwurf, BT-Drucks. V/4209; § 20 Abs. 1 MusterG v. 1972, ROP 231021; ähnlich auch § 15 Abs. 1 des Interfr.Entw. v. 1985/86, BT-Drucks. 10/6587; Art. 13 BayUAG; § 54 SUAG; Partsch, Gutachten für den 45. DJT 1964, Bd. I. Teil 3., S. 111ff., These 7, S. 220; Bickel; Ref. für den 57. DJT 1988, Bd. II., M 30f.; These 14, M 51; Wohlers in: NVwZ 1994, 40ff.; OVG Münster in:

Diese dem Ordnungswidrigkeitenrecht entnommene Definition[363] führt jedoch ohne weitere Eingrenzung eines normabweichenden Verhaltens zu dem berechtigten Einwand, das strafprozessuale System sei nicht übertragbar, da man aufgrund fehlender klarer Angriffsrichtung im Untersuchungsverfahren fast alle Auskunftspersonen als Betroffene oder als tatverdächtige Zeugen einstufen müßte.[364]
Legt man dagegen den hier befürworteten Maßnahmebegriff zugrunde und konkretisiert zusätzlich das Fehlverhalten, das eine Sonderstellung auslöst, sind Kriterien gefunden, die eine Überschneidung der Zeugen und Betroffenen verhindern.
Wenn der Untersuchungsausschuß in einer Vernehmung bspw. das strafrechtliche Verhalten des Betroffenen selbst oder ein solches Verhalten über einen Dritten aufzuklären versucht, liegt darin eine Willensbetätigung, die als Maßnahme aufgefaßt werden kann.
Handelt es sich dagegen um ein bloßes unehrenhaftes Verhalten, liegt zwar auch eine Willensbetätigung vor, es fehlt aber an dem für eine Betroffenenstellung notwendigen Verdacht - weshalb dann eine Zeugenstellung angezeigt ist.
Kommt dagegen bspw. eine strafrechtlich relevante Verhaltensweise nur zufällig zur Sprache und verfolgt der Ausschuß nicht die Aufklärung derselben, fehlt es an einer Maßnahme. Die Auskunftsperson ist dann als tatverdächtiger Zeuge einzustufen.

Die Eingrenzung der Betroffeneneigenschaft über ein konkretes sanktionsbewehrtes Verhalten hat zudem den Vorteil, daß der Personenkreis dem eine Sonderstellung zugebilligt werden muß, so überschaubar klein bleibt, daß der Untersuchungsausschuß seine ihm zugewiesene Aufgabe noch erfüllen kann.
Sollte sich erst im Verlauf des Untersuchungsverfahrens eine Betroffeneneigenschaft ergeben, kann sich der Betroffene durch sein Akteneinsichtsrecht die notwendige Information über die bisherigen Beweisaufnahmen verschaffen, soweit sich diese auf sein Verhalten beziehen. Aufgrund des Anwesenheitsrechtes kann der Betroffene dann im weiteren Verlauf selbst an der Beweisaufnahme teilnehmen und seine Verfahrensrechte geltend machen.

NVwZ 1987, 606, 607. Ähnlich auch Müller-Boysen S. 154ff. mit der Qualifizierung einer Stellung des Betroffenen im „Mittelpunkt" der Untersuchung.

[363] Kleinknecht/Meyer-Großner, StPO, Einl. Rn. 93.

[364] Buchholz S. 158ff.

Keine Bedenken bestehen auch gegen die formale Zuerkennung der Sonderstellung durch den Untersuchungsausschuß.
Zum einen obliegt letztlich auch dem Untersuchungsausschuß die Zuweisung der Betroffenenrechte, zum anderen existiert nach geltendem Recht kein weiteres unabhängiges parlamentarisches Organ, dem die formale Feststellung der Betroffeneneigenschaft überlassen werden könnte.
Der hier vorgeschlagene Lösungsweg enthält aber so eindeutige Voraussetzungen des Beginns und der Betroffenenstellung an sich, daß kein Grund ersichtlich ist, dem Untersuchungsausschuß nicht auch die Feststellung der Betroffeneneigenschaft, auch auf Antrag des Betroffenen selbst, zuzuweisen.

Zudem ist der Betroffene gegenüber den unmittelbaren Maßnahmen des Untersuchungsausschusses auch nicht rechtsschutzlos. Unabhängig davon, ob man für den Rechtsschutz im Beweiserhebungsverfahren die Eröffnung des Verwaltungsrechtsweges nach § 40 Abs. 1, S. 1 VwGO[365] oder die Zuständigkeit der Verfassungsgerichte befürwortet,[366] besteht für den Betroffenen die Möglichkeit, seine Rechtsstellung durch die Inanspruchnahme der Gerichte durchzusetzen.

c) Juristische Personen als Betroffene

Einige LUAGen beziehen ausdrücklich juristische Personen in den möglichen Betroffenenkreis mit ein.[367] Dafür spricht, daß auch gegen juristische Personen sanktionsbewehrte Anschlußverfahren möglich sind. Bspw. kann auch gegen die juristische Person eine Geldbuße festgesetzt werden (§ 30 Abs. 1 OWiG).
Außerdem ist es rein zufällig, ob ein Untersuchungsverfahren gegen eine OHG (dann die Person selbst) oder gegen eine GmbH geführt wird.[368] Besteht also die

---

[365] Schulte in: v. Mangoldt/Klein, GG, Rn. 168ff. zu Art. 44 GG mit Nachweisen auf Rspr. und Lit.

[366] Di Fabio S. 100ff.. Seiner Auffassung nach bestimmt die besondere Qualität des Untersuchungsverfahrens als genium verfassungsrechtlicher Hilfstätigkeit in der überwiegenden Zahl der Streitkonstellationen über die Auslegung des Art. 44 GG und führe deshalb zur Ablehnung des Merkmales nicht-verfassungsrechtlicher Art in § 40 Abs. 1 VwGO. Rein verwaltungsrechtliche Maßnahmen, wie z.B. die Ladung oder die Ausübung des Hausrechts, seien als nichtverfassungsrechtliche Streitigkeiten den Verwaltungsgerichten zugewiesen. Da das Untersuchungsverfahren ein verfassungsunmittelbares Verfahren sui generis sei, komme als Klageart nur die allgemeine Leistungsklage in Betracht. Vgl. ders. a.a.O. S. 113 u. 117.

[367] § 15 Rh-PfUAG; § 15 ThüUAG.

[368] Redecker in: Thaysen/Schüttemeyer, S. 181.

Möglichkeit, daß auch gegen die juristische Person im Anschlußverfahren Sanktionen verhängt werden, ist nicht nur die natürliche Person, welche für die juristische gehandelt hat, als Betroffener einzustufen, sondern auch die juristische Person selbst, sofern die hier entwickelten Voraussetzungen vorliegen.[369]

2. Ergebnis

Betroffener des Untersuchungsverfahrens ist eine natürliche oder juristische Person, die aufgrund zureichender tatsächlicher Anhaltspunkte einer straf-, disziplinar-, ordnungswidrigkeiten- oder standesrechtlich relevanten Verhaltensweise verdächtigt wird. Gleiches gilt für Verhaltensweisen, die eine Präsidenten-, Richter-, Minister- oder Abgeordnetenanklage rechtfertigen.
Die Betroffeneneigenschaft beginnt, wenn der Einsetzungsbeschluß die Aufklärung eines Verhaltens im vorgenannten Sinne zum Untersuchungsgegenstand erhebt oder der Untersuchungsausschuß eine erkennbare Maßnahme trifft, die darauf abzielt, einen solchen Verdacht aufzuklären.
Die formale Feststellung der Betroffeneneigenschaft erfolgt durch den Untersuchungsausschuß, auch auf Antrag des Betroffenen.

VI. Folgerungen für die Betroffenenregelungen in den Gesetzesentwürfen, Empfehlungen und LUAGen

Die Gesetzesentwürfe und Empfehlungen, die eine Betroffenenstellung vorsehen,[370] entsprechen nur teilweise der sinngemäßen Anwendung der Vorschriften über den Strafprozeß.

In Abweichung zum strafprozessualen System ist der Betroffenenpersonenkreis zu weit gefaßt, da alle Personen, gegen die sich die Untersuchung ausschließlich oder ganz überwiegend richtet, den Schutz der Sonderstellung beanspruchen können sollen.[371]

---

[369] Davon geht auch die Rechtsprechung aus; vgl. OVG Münster in: NVwZ 1987, 606ff.
[370] LParl. v. 1961, abgedr. in: ZParl 3 (1972), 433-436; IPA-Entwurf, BT-Drucks. V/4209; MusterG v. 1972, ROP 231021; Interfr.Entw. v. 1985/86, BT-Drucks. 10/6587. Vgl. zu den Gesetzesentwürfen und Empfehlungen ohne Betroffenenstellung oben Teil D II. 2. U. Teil F.
[371] LParl. v. 1961, abgedr. in: ZParl 3 (1972), 433-436; IPA-Entwurf, BT-Drucks. V/4209; MusterG v. 1972, ROP 231021; Interfr.Entw. v. 1985/86, BT-Drucks. 10/6587.

Vereinzelt[372] wird der Betroffene hinsichtlich der Aussage- und Wahrheitspflicht dem Zeugen gleichgestellt. Das hat zur Folge, daß der Untersuchungsausschuß zwar zulässig bspw. das politische Verhalten ausforschen kann, andererseits wird aber auf diese Weise der Personenkreis, der nach den Ergebnissen dieser Arbeit keiner Zeugnispflicht unterzogen werden darf, durch ein Auskunftsverweigerungsrecht nicht hinreichend geschützt. Die Eingriffsbefugnisse der Ausschüsse im Rahmen der Beweiserhebungen nach den Gesetzesentwürfen stimmen nämlich mit dem zu Art. 44 Abs. 2, S. 1 GG gefundenen Ergebnis im wesentlichen überein,[373] so daß auch die Konfliktsituation für den Betroffenen übereinstimmt.

Zwar sieht bspw. der IPA-Entwurf als Eingrenzung der Eingriffsbefugnisse ein Vereidigungsverbot vor;[374] eine solche Regelungen kann aber im Rahmen der Parlamentsautonomie den Untersuchungsausschuß lediglich verpflichten, in einer bestimmten Weise von den ihm aus dem Strafverfahrensrecht eingeräumten Rechten Gebrauch zu machen. Abweichungen sind immer möglich, denn es handelt sich lediglich um eine Sollvorschrift in einer Geschäftsordnung, welche die durch die Verweisung auf das Strafverfahrensrecht eingeräumte Befugnis nicht aufhebt.[375] Außerdem unterliegt der Betroffene trotz Vereidigungsverbot noch der strafbewehrten Wahrheitspflicht des § 153 StGB. Schon deshalb bleibt die Konfliktlage bestehen.
Stimmen die Mitwirkungsrechte weitgehend noch mit dem Ergebnis dieser Arbeit überein,[376] entspricht letztlich nur der Interfr.Entw. v. 1985/86 einer sinngemäßen Anwendung der Vorschriften über den Strafprozeß, da er neben dem Aussageverweigerungsrecht und den Mitwirkungsrechten die Zulassung eines Rechtsbeistandes nicht in das Ermessen des Untersuchungsausschusses stellt.[377]

---

[372] IPA-Entwurf, BT-Drucks. V/4209; MusterG v. 1972, ROP 231021.
[373] Vgl. oben Teil D. II.
[374] § 18 Abs. 3, S. 4 IPA-Entwurf, vgl. BT-Drucks. V/4209.
[375] Partsch, Gutachten für den 45. DJT 1964, Bd. 1 Teil 3, S. 214.
[376] Bis auf das Akteneinsichtsrecht, das allerdings praktisch entbehrt werden kann durch die Pflicht des Untersuchungsausschusses, Protokolle über Untersuchungshandlungen der vorbereitenden Untersuchungen zu verlesen und das Gebot, den Betroffenen über Beweiserhebungen in nicht öffentlicher Verhandlung zu unterrichten. Keine Mitwirkungsrechte räumen die LParl. v. 1961 ein, vgl. ZParl 3 (1972), 433-436.
[377] § 15 Abs. 5 des Interfr.Entw. v. 1985/86, BT-Drucks. 10/6587.

Die LUAGe stehen, sofern sie den Betroffenen auf die Zeugnispflicht verweisen, nicht mit dem hier gefundenen Ergebnis zur Auslegung der Verweisungen in Einklang.[378]

Für die Länder, die in ihren Verfassungen für die Beweiserhebungen auf das Strafverfahrensrecht verweisen,[379] stellt sich folglich die Frage, in welchem rechtlichen Verhältnis die Verweisungsnorm - die eine Zeugenstellung des Betroffenen ausschließt - und die Regelungen im LUAG stehen.

Ausführungsgesetze sind zulässig, sofern sich der Gesetzgeber bei Erlaß eines solchen im Rahmen der auslegungsfähigen und auslegungsbedürftigen Leitlinien bewegt, die durch die sinngemäße Anwendung der strafverfahrensrechtlichen Vorschriften in den Verfassungen vorgegeben sind.[380]
Eine Grenze des Aufklärungsrechts parlamentarischer Untersuchungsausschüsse ist das Aussageverweigerungsrecht des Betroffenen, das sowohl aus einer sinngemäßen Anwendung der Vorschriften über den Strafprozeß, als auch aus dem in der Verfassung selbst verankerten nemo-tenetur-Grundsatz[381] folgt.
Ein bloßes Auskunftsverweigerungsrecht, wie es die hier in Rede stehenden LUAGe vorsehen,[382] kann schon deshalb nicht der Interpretation der Grundaussage der Verfassung entsprechen.

Selbst wenn aber die Verweisung auf das Strafverfahrensrecht aus den Länderverfassungen gestrichen würden,[383] müßte sich der Landesgesetzgeber, der den Betroffenen im LUAG nur eine Zeugenstellung zuerkennt, das verfassungsrechtlich abgesicherte Schweigerecht entgegenhalten lassen.[384]

---

[378] § 19 Abs. 4 HamUAG; § 54 Abs. 3 SUAG; § 19 Abs. 5 B-WUAG ; § 19 Abs. 5 SächsUAG. Zu den LUAGen die nur eine Zeugenstellung vorsehen unten Teil F.

[379] Art. 25 Abs. 2 HamVerf.; Art. 79 Abs. 4 SVerf.

[380] Partsch, Gutachten für den 45. DJT 1964, Bd. 1 Teil 3, S. 216f.; Gollwitzer in BayVBl. 1982, 417, 418. Vgl. zur Rechtsnormverweisung unten Teil E.

[381] Damkowski in: Thaysen/Schüttemeyer, S. 146; Müller-Boysen S. 106; Beckendorf in: ZParl 20 (1989), 35, 50; Schleich S. 53; Rink in: DVBl. 1964, 706, 709; Buchholz S. 92ff.; Di Fabio S. 48f.

[382] § 54 Abs. 3 SUAG; § 19 Abs. 4 HamUAG.

[383] Art. 35 B-WVerf.; Art. 54 SächsVerf.

[384] In der Literatur wird nach Prüfung der Betroffenenrechte unmittelbar aus der Verfassung ohne Rückgriff der Verweisung auch die Auffassung vertreten, daß die LUAG vor der Verfassung keinen Bestand haben könnten, da der Gesetzgeber unverhältnismäßig in die Rechte der

In Bezug auf die den Betroffenen eingeräumten Mitwirkungsrechte stimmen die LUAGe weitgehend mit dieser Untersuchung überein.[385]
Minimale Abweichungen der LUAGe von dem hier erzielten Ergebnis sind im Rahmen des Auslegungsspielraumes, den die Verweisung eröffnet zulässig, da die typische strafverfahrensrechtliche Grundentscheidung der Einflußnahme auf die Sachverhaltsaufklärung durch Mitwirkungsrechte eingehalten ist.

Das BayUAG räumt den Betroffenen keine Mitwirkungsrechte ein[386] und entspricht deshalb nicht mehr der sinngemäßen Verweisung auf die strafverfahrensrechtlichen Vorschriften. Unabhängig von der Verweisung und den Regelungen im LUAG können aber verfassungsunmittelbare Mitwirkungsrechte nicht durch die fehlenden Regelungen im BayUAG verweigert werden.[387] Die Folgerungen, die voranstehend im Hinblick auf die Zeugnispflichten des Betroffenen in den LUAGen gezogen wurden, gelten deshalb entsprechend.

Insgesamt betrachtet entsprechen die Regelungen des Rh-PfUAG und des ThüUAG - bis auf die Ausgestaltung der Hinzuziehung eines Rechtsbeistandes - als Ermessensvorschrift weitestgehend[388] den hier vorliegenden Ergebnissen. Sie

---

Betroffenen eingreife, wenn er der notwendigen Subjektstellung keine Rechnung trage; vgl. Buchholz S. 149. Da jedoch selbst die LUAGe, die den Verweis in ihren Verfassungen gestrichen und durch eine Ermächtigung zu einem UAG ersetzt haben, zusätzlich noch auf die Vorschriften des Strafverfahrensrechtes verweisen (vgl. z.B. § 13 Abs. 6 B-WUAG), wäre neben der Prüfung der verfassungsmäßigen Rechte der Betroffenen auch noch die Frage erforderlich, ob die Zeugenregelungen in den UAGen den Rückschluß zulassen, daß darüber hinaus keine weiteren verfassungsmäßigen Rechte oder Vorschriften des Strafverfahrensrechtes übertragen werden können. Da eine solche Untersuchung den Rahmen dieser Arbeit sprengen würde, wird von solch einer verfassungsrechtlichen Beurteilung Abstand genommen.

[385] Z.B. § 24 Abs. 5 Rh-PfUAG, wonach das Akteneinsichtsrecht allein dem Rechtsanwalt zusteht; § 19 Abs. 7 u. 8 B-WUAG, wonach der Betroffene kein Akteneinsichtsrecht, sondern nur einen Anspruch auf Unterrichtung hat, falls seine Betroffenenstellung erst im Verlauf der Untersuchung festgestellt wird.

[386] Der allgemeine Verweis in Art. 13 BayUAG, daß der Betroffene nach Art des Beschuldigten anzuhören sei, umfaßt keine Mitwirkungsrechte. Hätte der Gesetzgeber solche einräumen wollen, hätte er dies in ausdrücklicher Form wohl auch getan. Vgl. dazu ausführlich Gollwitzer in: BayVBl. 1982, 417ff.. A.A. Müller-Boysen S. 166

[387] Insbesondere zum BayUAG Gollwitzer in: BayVBl. 1982, 417ff.

[388] Nach § 24 Abs. 5 Rh-PfUAG und § 24 Abs. 5 ThüUAG steht das Akteneinsichtsrecht allein dem Rechtsanwalt zu.

entsprechen insoweit im Hinblick auf die Sonderstellung des Betroffenen der geforderten sinngemäß Anwendung der Vorschriften über den Strafprozeß.

E. Die Rechtsnormverweisung

Im folgenden soll die Rechtsnatur der Verweisung untersucht werden, da vereinzelt in der Literatur die These aufgestellt wird, die Regelung des Art. 44 Abs. 2, S. 1 GG sei allein durch den Erlaß eines Ausführungsgesetzes mit der Wesentlichkeitstheorie zu vereinbaren.[1]
Diese These kollidiert mit dem bisher gefundenen Ergebnis, wonach passive und aktive Rechte des Betroffenen unmittelbar aus dem Strafverfahrensrecht in das Untersuchungsverfahren übernommen werden können, ohne daß der Erlaß eines Ausführungsgesetzes zwingend erforderlich wäre.

Ausgangspunkt für die Beurteilung der aufgestellten These ist die Rechtsnatur der Verweisung. Die Verweisung auf ein anderes Rechtsgebiet, dessen Vorschriften dann sinngemäß anzuwenden sind, ist in der Verfassung eine Ausnahme und keineswegs so unproblematisch, wie überwiegend angenommen wird.[2]

I. Dynamische Rechtsnormverweisung

Literatur und Rechtsprechung[3] geht davon aus, daß Art. 44 Abs. 2, S. 1 GG und die entsprechenden Verweisungsnormen der Länderverfassungen gesetzestechnisch als sog. dynamische Rechtsnormverweisungen zu qualifizieren sind.
Eine Rechtsnormverweisung legt die gesetzlichen Tatbestände und Rechtsfolgen nicht selbst vollständig fest, sondern verweist auf bereits vorhandene Vorschriften. Kennzeichen der dynamischen Verweisung ist darüber hinaus, daß sie die Vorschriften in ihrer jeweils geltenden Fassung mit einbezieht.[4] Hierdurch unterscheidet sie sich von der statischen Verweisung, die auf ein vorhandenes Gesetz

---

[1] Bülow in: Thaysen/Schüttemeyer S. 152; Meyer in: Verh. 57. DJT 1988, Bd. II., M 113; Friedrich S. 142; für das Vereidigungsrecht parlamentarischer Untersuchungsausschüsse vgl. Güther/Seiler in: NStZ 1993, 305, 306ff.

[2] Ohne sich mit der Problematik auseinanderzusetzen, wird behauptet, die Wesentlichkeitstheorie gebiete eine gesetzliche Regelung und die Verweisung sei vor dem Hintergrund des Bestimmtheitsprinzip bedenklich. Vgl. Friedrich S. 143; Schröder, in: Gutachten für den 57. DJT; Bd. I., 1988, E 121ff.; Gollwitzer in: FS für Dünnebier 1982, 327, 331; Halstenberg S. 67.

[3] Maunz in: Maunz/Dürig, Rn. 50 zu Art. 44 GG; Gollwitzer in: FS für Dünnebier 1982, 327, 331; Halstenberg S. 67; BVerfG 76, 363, 385f.

[4] Schulze-Fielitz in: Dreier (Hrsg.), GG-Komm., Rn. 132 zu Art. 20 GG (Rechtsstaatsprinzip); Ossenbühl in: DVBl 1967, 401; Arndt in: JuS 1979, 784ff.; v. Münch, Staatsrecht, Rn. 543.

in einer bestimmten, datumsmäßig festgelegten Fassung, als inhaltlich feststehende Norm verweist, also spätere Änderungen außen vor läßt.[5]

Aus dem Wortlaut der Verweisungsnormen in Art. 44 Abs. 2, S. 1 GG und den Länderverfassungen läßt sich nicht entnehmen, ob eine statische oder dynamische Verweisung vorliegt.
Sinn und Zweck schließen aber eine Auslegung als statische Verweisung aus. Eine solche würde nämlich das zersplitterte Verfahrensrecht aus der Zeit vor dem Vereinheitlichungsgesetz vom 12.9.1950 zugrunde legen und damit das parlamentarische Untersuchungsverfahren aus praktischen Erwägungen in der Handhabung der Gesetzestexte zur Bedeutungslosigkeit verdammen. Bundestagsuntersuchungsausschüsse müßten nämlich auf das Strafverfahrensrecht von 1949 zugreifen, Länderuntersuchungsausschüsse teilweise sogar noch weiter zurück, da einige Länderverfassungen noch aus der Zeit vor der Entstehung des Grundgesetzes datieren.[6]
Daneben kann man davon ausgehen, daß auch der Verfassungsgeber keine statische Verweisung beabsichtigte. Die zu erwartende Anpassung des Strafverfahrensrechts an die vom Grundgesetzgeber geschaffene neue Ordnung sollte im parlamentarischen Untersuchungsverfahren nicht unberücksichtigt bleiben.[7] In Bezug genommen sind deshalb immer die Vorschriften in ihrer jeweils geltenden Fassung.

1. Kollision der Gesetzgebungszuständigkeiten

Verfassungsrechtliche Bedenken gegen die Verweisungstechnik der dynamischen Rechtsnormverweisung bestehen nach zum Teil in Rechtsprechung[8] und Literatur

[5] v. Münch, Staatsrecht, Rn. 543; Arndt in: Jus 1979, 784.
[6] Vgl z.B. die Verfassungen der Länder Hessen u. Bayern von 1946, Saarland von 1947.
[7] BVerfG 76, 363, 385; Maunz in: Maunz/Dürig, Rn. 50 zu Art. 44 GG; Gollwitzer in: Fest., S. 331; Halstenberg S. 67.
[8] Soweit ersichtlich, vertrat nur die frühere Rechtsprechung die Ansicht, dynamische Verweisungen seien auch bei fehlender Identität des Gesetzgebers zulässig. Die fehlende Identität des Gesetzgebers wurde hier jedoch nicht problematisiert. Vielmehr stand der Grundsatz der Bestimmtheit im Vordergrund. Da der Bürger in den angesprochenen Fällen jeweils erkennen konnte, welche Vorschriften im Einzelnen in Bezug genommen worden seien, war weder aus Bestimmtheits- noch aus Rechtssicherheitserwägungen heraus an der Verfassungsmäßigkeit der Verweisungsnormen zu zweifeln, vgl. BVerfG 26, 339, 366f.; VGH München in: BayVBl. 1960, 321, 322; BVerwG in: DVBl. 1964, 765, 766; die neuere Rechtsprechung tendiert dage-

vertretener Ansicht in Fällen der fehlenden Identität des Gesetzgebers für das Verweisungsobjekt (Vorschriften, auf die verwiesen wird) und die Verweisungsnorm (Vorschrift, die verweist). Sobald nämlich für das Verweisungsobjekt und die Verweisungsnorm verschiedene Gesetzgeber zuständig seien, könne durch eine normative Änderung des Verweisungsobjektes zugleich auch die Verweisungsnorm mit geändert werden.[9]
Eine solche automatische Änderung ist dieser Auffassung nach möglich, da sie zugleich annimmt, der Wortlaut des Verweisungsobjektes werde Bestandteil der Verweisungsnorm und das Verweisungsobjekt nehme in der Folge die Rechtsqualität der Verweisungsnorm an.[10] Als Mittel gesetzestechnischer Vereinfachung - da der in Bezug genommene Teil nämlich nicht extra in den Gesetzestext aufgenommen werden muß - werde das Verweisungsobjekt, unabhängig von seiner Rechtsqualität (Gesetz, Rechtsverordnung oder Verwaltungsvorschrift), aufgrund des Geltungsbefehls der Verweisungsnorm mit deren Rechtscharakter ausgestattet.[11] So erreiche man eine Vereinfachung und Entlastung der Gesetzestexte.[12]
Konkret würden danach im vorliegenden Fall die Vorschriften über den Strafprozeß für das Untersuchungsrecht durch die Verweisung des Art. 44 Abs. 2, S. 1 GG und entsprechend in den Länderverfassungen[13] zum Bestandteil der Verfassung und somit selbst Verfassungsrecht.
Da aber Änderungen des Verweisungsobjektes dem Willen des eigentlich kompetenten Gesetzgebers für die Verweisungsnorm widersprechen könnten, bedeute

---

gen zu einer Auslegung der Verweisungsnorm als statische Verweisung vgl. BVerfG 33, 125, 158; 47, 285, 312; 60, 135, 155f. 78, 33, 35f.

[9] BVerfG 5, 25, 31; 8, 274, 302; v. Münch, Staatsrecht, Rn. 545; Arndt in: Jus 1979, 784, 789; a.A. BVerfG 26, 338, 366f.; BVerwG in: DVBl. 1964, 765f.; VGH München in: BayVBl. 1960, 321, 322.

[10] Ossenbühl in: DVBl. 1967, 401, 404; Arndt in: JuS 1979, 784ff.; Karpen S. 30f.; Schenke in: NJW 1980, 743; Baden in: NJW 1979, 623, 625; Schulze-Fielitz in: Dreier (Hrsg.), GG-Komm., Rn. 132 zu Art. 20 GG (Rechtsstaatsprinzip); BVerfG 26, 338, 368; 47, 285, 311f.; VGH München in: BayVBl. 1960, 321, 322.

[11] Karpen S. 31f.

[12] Baden in NJW 1979, 623, 625; Ossenbühl in: DVBl. 1967, 401, 402f.; Arndt in: JuS 1979, 784, 785.

[13] Oder Teile des Strafverfahrensrechts, da die Länder Nordrhein-Westfalen, Baden-Württemberg, Berlin, Brandenburg, Sachsen und Sachsen-Anhalt nur auf einzelne, konkret bezeichnete Vorschriften der Strafprozeßordnung verweisen. Weiter allerdings noch § 13 Abs. 6 SächsUAG. Danach findet auf die Beweiserhebung parlamentarischer Untersuchungsausschüsse im übrigen die Strafprozeßordnung Anwendung.

diese Art der Verweisungstechnik eine materielle Durchbrechung des demokratischen Prinzips, des Rechtsstaatsprinzips, der bundesstaatlichen Ordnung und des Gewaltenteilungsgrundsatzes.[14] Der jeweils zuständige Gesetzgeber entäußere sich so - als einzige vom Volk legitimierte Instanz - seiner Gesetzgebungskompetenz und übertrage sie auf einen anderen Gesetzgeber, der seine Kompetenz nicht vom gleichen Staatsvolk herleiten kann. Für die Länder könne so das Parlament des Bundesvolkes künftig das Landesvolk „regieren" – was einen Widerspruch darstellen würde zu der dem Demokratiebegriff immanenten Identität zwischen Regierendem und Regiertem. Insoweit seien dynamische Verweisungen sowohl von Bundes- auf Landesgesetze, als auch umgekehrt von Landes- auf Bundesgesetze unzulässig.[15]

Ansatzpunkt einer Entscheidung des OVG Hamburg ist dagegen ein Vergleich mit der Gesetzgebungstechnik der Generalklausel.[16] Bei dieser erfolgt die nähere Ausgestaltung durch Verwaltungspraxis, Rechtsprechung und Lehre. Den wahren Inhalt einer Generalklausel könne das Parlament im Zeitpunkt des Gesetzeserlaß auch nicht kennen, folglich also zuvor u.U. ebenfalls nicht gewollt haben. Da

---

[14] Ossenbühl in: DVBl 1967, 401, 408; Arndt in: JuS 1979, 784ff.; eine Verletzung des Rechtsstaatsprinzips, da sich der Gedanke der Entäußerung von Rechtssetzungskompetenzen nicht nur aus dem Demokratieprinzip, sondern auch aus dem Rechtsstaatsprinzip ergibt; vgl. BVerfG 33, 125, 157ff. Verletzung des Gewaltenteilungsgrundsatzes in den Fällen, in denen der allein befugte Gesetzgeber seine Kompetenzen über das in Art. 80 Abs. 1, S. 1 GG verfassungsrechtliche Maß hinaus auf die Exekutive überträgt vgl. Arndt a.a.O. S. 786.

[15] BVerfG 47, 285, 312; 33, 125, 158; Dreier in: Dreier (Hrsg.), GG-Komm., Rn. 111 zu Art. 20 GG (Demokratie); Schenke in: NJW 1980, 743ff.; Karpen S. 167ff.; Ossenbühl in: DVBl 1967, 401, 402; Arndt in: JuS 1979, 784, 785; Battis/Gusy, Einführung in das Staatsrecht, § 7 Rn. 289. Insbesondere die Rechtsprechung tendiert deshalb auch dazu, Verweisungen dann als Statische Verweisung auszulegen, mit der Folge, daß Verweisungsobjektänderungen nicht die Verweisungsnorm mit ändern. Vgl. BVerfG 33, 125, 158; 47, 285, 312; 60, 135, 155f. 78, 33, 35f.

[16] OVG Hamburg in: NJW 1980, 2830ff. Ähnlich auch Sachs, der die dynamische Verweisung als Ermächtigungsnorm in Anlehnung an die Gesetzestechnik des Art. 71 GG u. 80 Abs. 1 GG auslegt. Dies hilft im vorliegenden Fall aber nicht weiter, da hiernach lediglich Verweisungen von Bundes- auf Landesrecht, nicht aber umgekehrt, wie im vorliegenden Fall, zulässig wären. Vgl. Sachs in: NJW 1981, 1651f.; so auch Schenke in: NJW 1980, 743, 748f.; Baade in: NJW 1979, 623, 625. Dagegen hat das BVerfG in einer seiner früheren Entscheidung ausgeführt, daß die dynamische Verweisung des Bundesgesetzgebers auf Landesrecht zulässig sei, wenn das Rechtsinstitut, auf das verwiesen wird (hier die eisenbahn- und straßenbaurechtliche Planfeststellung), scharf umrissen sei. Vgl. BVerfG 26, 328, 266.

zahlreiche Gesetze denkbar seien, die das Parlament mit unklarer oder vielleicht sogar verfehlter Vorstellung über seinen Inhalt beschlossen habe, könne man annehmen, daß die aus der Unbestimmtheit einer Vorschrift folgende Anpassungsfähigkeit und die späteren konkretisierenden Inhaltsbestimmungen gebilligt werden. Deshalb sei aber auch nicht einzusehen, warum das Landesparlament spätere Inhaltsänderungen seines Gesetzes durch die Rechtsprechung (- und zwar auch die des Bundes! -) zulassen dürfe, aber nicht durch den Bundestag, der seine demokratische Legitimation auch den Bürgern des Landes verdanke.[17]

Vertreten wird auch, daß die dynamische Verweisung stets zulässig sei, da der verweisende Gesetzgeber die Entwicklung beim für das Verweisungsobjekt zuständigen Gesetzgeber beobachten und nötigenfalls eingreifen könne.
Die Verweisungsnorm selbst kann nämlich jederzeit geändert werden, da diese Auffassung zugleich annimmt, das Verweisungsobjekt werde nicht als Bestandteil aufgenommen und gelte deshalb im Anwendungsbereich der Verweisung kraft des ursprünglichen Geltungsbefehls und der ursprünglichen Rechtsqualität.[18]
Bundesrecht werde eben gerade nicht durch den Bezug in einer Verweisung zum formellem, sondern nur zu materiellem Landesrecht. Das Verweisungsobjekt sei nämlich nicht auf dem in den Landesverfassungen vorgeschriebenem Weg der Gesetzgebung erlassen und im Landesgesetz bekannt gemacht. Wende die Landesverwaltung das entsprechende Gesetz an, werde es von ihr mit seiner ihm vom Bund gegebenen Bezeichnung und mit seiner Fundstelle im Bundesgesetzblatt angeführt.[19]
Konkret bedeute dies für die Verweisung in Art. 44 Abs. 2, S. 1 GG und den entsprechenden Landesverfassungen, daß die Vorschriften des Strafverfahrensrechts ihre Rechtsqualität als formelles Bundesrecht beibehalten und nur ihrem materiellen Gehalt nach im Bund und in den Ländern Anwendung finden.
Zur Begründung dieser Auffassung wird weiter der Vorgang der Verweisung von Landes- auf Bundesrecht mit den Kollisionsnormen des internationalen Privatrechts und der Umsetzung allgemeiner Völkerrechtsregeln in staatliches Recht

[17] OVG Hamburg in: NJW 1980, 2830, 2832.
[18] Schröcker in: NJW 1967, 2285ff.
[19] Schröcker in: NJW 1967, 2285, 298f.

nach Art. 25 GG[20] verglichen. Auch die Kollisionsnormen des internationalen Privatrechts bestimmten, ob im Einzelfall inländisches oder ausländisches Recht angewandt werden soll. Ändere der ausländische Gesetzgeber sein Recht, dann fände diese Änderung auch im inländischen Recht Anwendung. Der Unterschied zur Verweisung bestehe aber allein darin, daß das ausländische Recht durch die Kollisionsnorm nicht zum inländischen Recht werde.[21]
Dieser Vergleich ergebe, daß der Gesetzgeber auch sonst keine Bedenken habe, den Behörden und Gerichten fremdes Recht vorzuschreiben, das sich ohne sein Zutun ändern kann. Deshalb sei auch die dynamische Rechtsnormverweisung zwischen Bund und Land unbedenklich[22]

a) Länderverfassungen

Überträgt man die voranstehenden Ansichten auf das parlamentarische Untersuchungsrecht der Länder, ergibt sich der ersten Auffassung nach ein Verstoß gegen das Demokratieprinzip, das Rechtsstaatsprinzip und die bundesstaatliche Ordnung.[23]

Legt man allerdings die beiden Gegenauffassung zugrunde, ergeben sich gegen die dynamischen Rechtsnormverweisungen der Länder auf Bundesrecht keine Bedenken, da inhaltliche Änderungen des Bundesgesetzes danach vom Landesgesetzgeber in seinem Willen mit aufgenommen sind. Der Landesgesetzgeber hat zudem bei Änderungen des Bundesgesetzes immer die Möglichkeit, die Verweisungsnorm selbst zu ändern,[24] so daß von einer rechtsstaatswidrigen Kompetenzabgabe nicht gesprochen werden kann.

---

[20] Ähnlich auch bei Art. 25 GG. Nach Art. 25 S.1 GG sind die allgemeinen Regeln des Völkerrechts Bestandteil des Bundesrechts. Sie bleiben Völkerrecht, werden aber auf den Geltungsbereich des innerstaatlichen Rechts erstreckt. Überwiegend wird in Literatur und Praxis davon ausgegangen, daß die allgemeinen Regeln über dem einfachen innerstaatlichen Gesetzesrecht stehen, jedoch nur unter dem (gesamten) Verfassungsrecht. Vgl. Schmidt-Bleibtreu/Klein, GG-Komm.; Rn. 1 zu Art. 25 GG m.w.N.

[21] Schröker in: NJW 2285, 2290; vgl. zum Inkorporationsumfang Schmidt-Bleibtreu/Klein, GG-Komm.; Rn. 3 zu Art. 25 GG m.w.N.

[22] Schröker in: NJW 2285, 2290.

[23] Nicht der Gewaltenteilungsgrundsatz vgl. Fn. 13

[24] Schröker in: NJW 2285, 2289f.; OVG Hamburg in: NJW 1980, 2830, 2832.

Entgegengehalten wird dieser Auffassung, daß die Änderung der Verweisungsnorm durch Verweisungsobjektänderung zumindest eine zeitlich bestimmte Rechtswirkung entfalte und eine nachträgliche Änderung der Verweisungsgrundlage praktisch selten oder niemals ausgeübt werde.[25]
In Fortführung der Argumentation des OVG Hamburgs ist dem allerdings zu entgegnen, daß gerade diese Situation bei sämtlichen unbestimmten Rechtsbegriffen und auslegungsbedürftigen Formulierungen in der Praxis anzutreffen ist. Der Unterschied besteht nur darin, daß im einen Fall die Rechtsprechung und Lehre die Auslegung vornehmen und im anderen Fall der Bundesgesetzgeber eine eigene Regelung ändert. Beidesmal ist der Gesetzgeber, zum Handeln aufgerufen, falls die Änderungen nicht seinem Willen entsprechen.
Es ist zu bezweifeln, daß hierdurch der Sinn dieser Verweisungstechnik als zeitsparende und lückenlose Normanpassung zunichte gemacht wird.[26] Wenn der Landesgesetzgeber nämlich diese Wirkungen vermeiden möchte, muß er lediglich auf das gesetzestechnische Vereinfachungsmittel der Verweisung verzichten. Im übrigen würde gerade die Gegenauffassung - durch die danach folgende Unzulässigkeit der dynamischen Verweisung - das sinnvolle Harmonisierungsbestreben der Gesetzgebungsorgane unterbinden und im Ergebnis eine sinnentleerte Parallelgesetzgebung heraufbeschwören.[27]

Dem Vergleich der dynamischen Verweisung mit den Kollisionsnormen des Privatrechts wird entgegengehalten, daß die Anwendung ausländischen Rechts gerade nicht dazu führt, daß das fremde zum innerstaatlichen Recht wird, sondern vielmehr ausländisches Recht bleibt. Das Verweisungsobjekt werde im Unterschied dazu aber gerade inkorporiert.[28]
Diese in sich nachvollziehbare Argumentation kann aber nur Bestand haben, wenn man annimmt, daß das Verweisungsobjekt Bestandteil der Verweisungsnorm wird. Eine solche Schlußfolgerung[29] ist zumindest für das parlamentarische Untersuchungsrecht nicht zwingend.
Zum einen wird die Strafprozeßordnung immer nur für sinngemäß oder entsprechend anwendbar erklärt, also eben nicht in ihrer Gesamtheit; der in einer Inkor-

[25] Arndt in: JuS 1979, 784, 785.
[26] Arndt in: JuS 1979, 784, 785.
[27] Baden in: NJW 1979, 623, 625.
[28] Karpen S. 64.
[29] Zur Inkorporationstheorie vgl. auch Baden in: NJW 1979, 623, 625 m.w.N.

poration gesehene Sinn und Zweck begründet sich aber darin, den vollen Wortlaut in die Verweisungsnorm zu überführen. Er liegt somit
hier gerade nicht vor. Zum anderen folgt aus dieser Ansicht auch, daß das Verweisungsobjekt formell den Anforderungen der Verweisungsnorm genügen muß.[30] Die Strafprozeßordnung ist jedoch tatsächlich nicht in den Ländern verkündet und in den Landesgesetzblättern abgedruckt, noch ist sie auf dem in den Landesverfassungen vorgeschriebenen Weg der Gesetzgebung erlassen.
Insofern ist auch kein sachlicher Grund vorhanden, die Verweisungen in den Länderverfassungen als rechtsstaatswidrige Kompentenzabgabe zu werten.

b) Art. 44 Abs. 2, S. 1 GG

Für Art. 44 Abs. 2, S. 1 GG stellt sich die Rechtslage anders dar. Bedenken ergeben sich nicht aufrund unterschiedlicher Gesetzgebungskompetenzen, sondern aus dem Verhältnis von einfachem Bundes- und Verfassungsgesetzgeber.
Für Art. 44 GG ist nämlich der Verfassungsgesetzgeber nach Art. 79 Abs. 2, GG zuständig, für die Vorschriften über den Strafprozeß der einfache Gesetzgeber nach den Art. 72, 74 Abs. 1 Nr. 1 GG.
Deshalb könnte man sich auf den Standpunkt stellen, daß der einfache Gesetzgeber durch Änderung des Verweisungsobjekts die Verweisungsnorm und damit die Verfassung beeinflussen könne. Eine Änderung der Strafprozeßordnung würde dann auch die Verweisungsnorm des Art. 44 Abs. 2, S. 1 GG mit ändern,[31] ohne daß es der vom Grundgesetz ausdrücklich vorgesehenen Zweidrittel-Mehrheit von Bundesrat und Bundestag bedürfte.

Allerdings könnte man auch die Auffassung vertreten, daß sich die Rechtslage gerade zwischen Verfassungsgesetzgeber und einfachem Gesetzgeber anders darstellt. Da die nähere Ausgestaltung und Konkretisierung der Verfassung nämlich letztendlich dem Bundesgesetzgeber übertragen ist[32] kann eben nicht von einer verfassungswidrigen Kompetenzabgabe gesprochen werden.

---

[30] Karpen S. 142f. u. 154ff.

[31] Daran würde sich noch das Problem der Verfassungsänderung ohne Verfassungstextänderung anschließen (Verfassungsdurchbrechung); vgl. ausführlich Hesse, Grundzüge des Verfassungsrechts, Rn. 39.

[32] Zu den Grenzen des Verfassungswandels und zur Verfassungsdurchbrechung, vgl. Hesse, Grundzüge des Verfassungsrechts, Rn. 39 u. 308ff.; Dreier in: Dreier (Hrsg.), GG-Komm., Rn. 37ff. zu Art. 79 Abs. 1, Rn. 10ff. zu Art. 79 Abs. 2 GG; Battis/Gusy, Einführung in das Staatsrecht, § 1 Rn. 26.

Für letztere Auffassung spricht, daß insbesondere die Ausgestaltung der Grundrechte maßgeblich durch den Inhalt der Gesetze des einfachen Bundesgesetzgebers beeinflußt wird, soweit diese wiederum im Einklang mit der Verfassung stehen.[33] Selbst wenn also der einfache Gesetzgeber die Normen des Strafprozeßrechtes abändert, wird damit zwar auch die Auslegung des Art. 44 Abs. 2, S. 1 GG beeinflußt, d.h. umgekehrt aber nicht, daß eine solche Änderung nicht mehr vom Willen des Verfassungsgebers als demselben Gesetzgeber mit anderen Mehrheiten gedeckt ist.
Die Verweisungsnorm muß insoweit gerade dynamisch ausgestaltet sein, da einfaches Recht in Wechselwirkung zu dem sich durch Rechtsprechung und Lehre ständig weiterentwickelnden Verfassungsrecht steht.[34]

Dieser Gedankengang wird verfestigt durch eine Interpretation des Art. 44 Abs. 2, S. 1 GG als spezielle Ermächtigungsgrundlage.
Grundsätzlich sind Ermächtigungen für den Bundes- und Landesgesetzgeber in den Art. 70ff. GG geregelt. Darüber hinaus finden sich vereinzelt besondere Ermächtigungsgrundlagen auch an anderen Stellen im Grundgesetz (z.B. Art. 4 Abs. 3, 12 Abs. 1, 38 Abs. 3 GG). Diese haben gemein, daß sie zunächst den Bereich eines fundamentalen Verfassungsprinzips regeln, dann nach dieser Maßgabe den einfachen Bundesgesetzgeber zum Erlaß eines Gesetzes ermächtigen.
Dieses Grundprinzip kann auch im Rahmen einer Auslegung des Art. 44 GG angewendet werden. Die abweichende Formulierung steht dem nicht entgegen, da eine Verweisungsvorschrift, wie jede andere Vorschrift auch, der Auslegung zugänglich ist.[35] Der Unterschied zu anderen Ermächtigungsgrundlagen im Grundgesetz besteht allein darin, daß Art. 44 Abs. 1, S. 2 GG, anstatt zunächst ein fundamentales Prinzip zu nennen, schlicht auf die Vorschriften über den Strafprozeß verweist, die sinngemäß Anwendung finden sollen. Mithin erlaubt er nicht nur eine Anpassung an die Wechselwirkung von Verfassungstext und Verfassungswirklichkeit, sondern er erlaubt auch dem Bundesgesetzgeber, die speziellen

---

[33] Zu den Grenzen der Verfassungsinterpretation vgl. Hesse, Grundzüge des Verfassungsrechts, Rn. 77

[34] Zur Verfassungswirklichkeit vgl. Dreier in: Dreier (Hrsg.), GG-Komm., Rn. 38 zu Art. 79 Abs. 1; zur Verfassungsinterpretation vgl. Hesse, Grundzüge des Verfassungsrechts, Rn. 49ff.

[35] Sachs in: NJW 1981, 1651, 1652.

Anforderungen eines Untersuchungsausschußgesetzes nach Maßgabe der Vorschriften über den Strafprozeß zu kodifizieren.[36]
Bestandteil der Verfassungsnorm werden damit die Grundgedanken des Strafverfahrens insoweit, als sie nach Sinn und Zweck des Untersuchungsverfahrens übertragbar sind, ohne daß damit eine rechtsstaatswidrige Kompetenzabgabe vorliegt.

2. Bestimmtheitsgrundsatz

Die Literatur wendet daneben auch ein, daß in den Fällen der entsprechenden bzw. sinngemäßen Verweisung immer eine Auslegung der Vorschriften die überhaupt übertragbar sind, notwendig werde.[37]
Gefordert wird, daß der Bürger den sachlich, persönlich und zeitlichen Geltungsbereich der Norm deutlich und leicht überschauen können muß.[38]
Bei der dynamischen Verweisung finde aber immer die jeweils geltende Fassung des Verweisungsobjektes Anwendung und der Gesetzgeber, der Verweisungsnorm erteile, insoweit nur den abstrakten Geltungsbefehl. Der Inhalt des Befehls sei demgegenüber noch unbestimmt. Dieser Verlust an Rechtsklarheit beinhalte aber grundsätzlich noch keinen Verstoß gegen den Bestimmtheitsgrundsatz, da Voraussetzungen und Grenzen einer entsprechenden Verweisung von Rechtsprechung und Literatur eingehend bestimmt werden. Er liefere lediglich ein zusätzliches Argument gegen die Zulässigkeit der dynamischen Verweisung bei fehlender Identität des Gesetzgebers.[39]

In der Diskussion zu Art. 44 GG treffen sich an dieser Stelle der Untersuchung Bedenken, die in der Literatur im Zusammenhang mit der Wesentlichkeitstheorie geltend gemacht werden, mit dem Rechtsproblemen der dynamischen Rechtsnormverweisung.

---

[36] Einen ähnlichen Ansatzpunkt für den Bereich Bund-Länder Verhältnis wählt Baden in: NJW 1979, 623, 625. Eine Übertragung dieses Ansatzes auf das parlamentarische Untersuchungsrecht der Länder ist nicht möglich. Eine Ermächtigung des Bundesgesetzgebers scheidet aus, und auch der umgekehrte Weg, d.h. eine Ermächtigung der Länder für das Strafverfahrensrecht, kommt nicht in Betracht, da der Bund seine konkurrierende Gesetzgebungsbefugnis bereits ausgeübt hat, vgl. Sachs in: NJW 1981, 1651f.

[37] Karpen S. 164ff.; Schultze-Fielitz in: Dreier (Hrsg.), GG-Komm., Rn. 132f. zu Art. 20 GG (Rechtsstaat); zum Bestimmtheitsgrundsatz vgl. v. Münch, Staatsrecht, Rn. 552f.

[38] Karpen S. 165.

[39] Karpen S. 162.

Die Verfassungskonformität des Art. 44 Abs. 2, S. 1 GG wird anzweifelt, da grundlegende Entscheidungen dem Parlamentsgesetzgeber vorbehalten sind, belastende Maßnahmen für den Betroffenen vorhersehbar, bestimmbar und berechenbar sein müssen und die pauschale Verweisung auf die sinngemäße Anwendung der strafprozessualen Vorschriften diesen Erfordernissen nicht genüge.[40]

a) Wesentlichkeitstheorie

Die Wesentlichkeitstheorie[41] fordert zum einen bei wesentlichen Grundrechtseingriffen die Legitimation durch ein Parlamentsgesetz, zum anderen eine hinreichende Regelungsdichte des Parlamentsgesetzes.[42]
Im ersten Teil dieser vom BVerfG entwickelten Theorie[43] wird also ein Delegationsverbot ausgesprochen. Staatliches Handeln soll im Bereich der Grundrechtsausübung nicht dem Ermessen der Verwaltung überlassen werden, sondern der Gesetzgeber muß die wesentliche Entscheidung selbst treffen.[44]

Die Einschlägigkeit der Wesentlichkeitstheorie für das parlamentarische Untersuchungsrecht ist aus mehreren Gründen zweifelhaft. Im Untersuchungsverfahren ist es nämlich eben nicht so, daß das Handeln des Untersuchungsausschusses - der als Hilfsorgan des Parlaments ebenfalls an die Grundrechte und an das Rechtsstaatsprinzip gebunden ist -[45] ohne gesetzliche Grundlage erfolgt. Bereits der Verfassungsgeber hat das Verfahren der Untersuchungsausschüsse im Rahmen der Beweiserhebung in Art. 44 Abs. 2, S. 1 GG geregelt. Mit der Verweisung auf die Vorschriften über den Strafprozeß sind förmliche Parlamentsgesetze

---

[40] Friedrich S. 142; Bülow in: Thaysen/Schüttemeyer S. 152; so auch Meyer in: Verh. 57. DJT 1988, Bd. II., M 113.

[41] Zur Herleitung der Wesentlichkeitstheorie aus Art. 20 Abs. 3 GG vgl. BVerfG 33, 1, 10ff.; 40, 237, 248; Hesse, Grundzüge des Verfassungsrechts, Rn. 201; BVerfG 47, 46, 79; 49, 89, 126; v. Münch, Staatsrecht, Rn. 350f; Umbach in: FS für Faller 1984, 111ff.

[42] BVerfG 8, 274, 325; 49, 89, 129; Maunz/Zippelius, Deutsches Staatsrecht, § 12 III 5.; Kloepfer in: JZ 1984, 685, 691f.

[43] In Fortführung des Gesetzesvorbehaltes des Art. 20 Abs. 3 GG, wonach die Verwaltung nur aufgrund eines Gesetzes in Grundrechte des Bürgers, insbesondere in Freiheit und Eigentum, eingreifen darf. Vgl. BVerfG 33, 125, 158.; 34, 165, 192f.; 40, 237, 248ff.; 49, 89, 126.

[44] BVerfG 33, 125, 158.; 34, 165, 192f.; 40, 237, 248ff.; 49, 89, 126.

[45] Schmidt/Bleibtreu-Klein, GG-Komm.; Rn. 1 zu Art. 44 GG; Morlock in: Dreier (Hrsg.), GG-Komm.; Rn. 28 zu Art. 44 GG.

vorhanden, die bei wesentlichen Grundrechtseingriffen im Untersuchungsverfahren zur Anwendung gelangen. Die für wesentliche Grundrechtseingriffe erforderliche gesetzliche Legitimation, liegt also mit der Verfassungsnorm des Art. 44 Abs. 2, S. 1 GG in Verbindung mit den Vorschriften über den Strafprozeß vor.

Deshalb kann für eine Pflicht des einfachen Gesetzgebers, in einem Ausführungsgesetz zu regeln, welche Vorschriften des Strafverfahrensrechtes in welcher Form Anwendung finden sollen, nur der zweite Teil der Wesentlichkeitstheorie, die Regelungsdichte, herangezogen werden. Abweichungen von den Vorschriften des Strafverfahrensrechts in der Praxis des parlamentarischen Untersuchungsverfahrens können nämlich als Indiz für die Unbestimmtheit der Regelung des Art. 44 Abs. 2, S. 1 GG aufgefaßt werden.
Es ist allerdings fraglich, inwieweit solche Überschreitungen mit der Wesentlichkeitstheorie in Verbindung gebracht werden können, da die Gesetzesbestimmtheit kein spezieller Grundsatz der Wesentlichkeitstheorie ist, sondern bereits allgemein aus dem Rechtsstaatsprinzip des Art. 20 Abs. 3 GG folgt.[46] Deshalb läßt sich die Auslegungsproblematik des Art. 44 Abs. 2, S. 1 GG auf die Frage der Anforderungen reduzieren, die dem Rechtsstaatsprinzip folgend an die Bestimmtheit von Rechtsnormverweisungen an sich zu stellen sind.

b) Anforderungen an die Bestimmtheit von Rechtsnormverweisungen

Innerhalb dieses Problemkreises lassen sich wiederum zwei Fragen unterscheiden.
Erstens die bereits aufgeworfene Frage, ob die nur sinngemäße Anwendung der strafverfahrensrechtlichen Vorschriften durch den Untersuchungsausschuß mit dem Grundsatz der Gesetzesbestimmtheit und -klarheit zu vereinbaren ist.[47]
Zweitens die Frage, ob der Bürger im Interesse der Rechtssicherheit den Geltungsbereich einer dynamischen Verweisungsnorm überschauen kann, die auf ein anderes Gesetz in seiner jeweils geltenden Fassung verweist.[48]

---

[46] Das Verhältnis zwischen der Wesentlichkeitstheorie und dem Bestimmtheitsprinzip ist auch vom BVerfG noch nicht im einzelnen geklärt. Vgl. BVerfG, 49, 89, 126ff. wo die Formel verwendet wird, das Gebot zur gesetzlichen Regelung wesentlicher Fragen und das Bestimmtheitsgebot stünden in unmittelbarem Zusammenhang zueinander. Vgl. auch BVerfG 58, 257, 278 u. Umbach in: FS für Faller 1984, 11, 128.
[47] Vgl. Teil E I. 2.
[48] Karpen S. 161ff.

Zur ersten Frage liegt das Problem in der sinngemäßen Anwendung eines anderen Normenkomplexes, da die Mitglieder im Untersuchungsausschuß vor der Rechtsanwendung entscheiden müssen, wie die strafverfahrensrechtlichen Vorschriften inhaltlich abzuändern sind, bevor sie im Untersuchungsverfahren Anwendung finden können.

In Literatur und Rechtsprechung wird aber zu Recht davon ausgegangen, daß Auslegungsschwierigkeiten allein noch kein Grund sind, die Rechtsstaatlichkeit einer Vorschrift zu verneinen.[49] Erst wenn Auslegungsversuche scheitern oder mehrdeutig bleiben, müsse aus rechtsstaatlicher Sicht an der notwendigen Bestimmtheit einer Vorschrift gezweifelt werden.[50]

Für Art. 44 Abs. 1, S. 2 GG zeigt diese Arbeit, daß eine Auslegung der Verweisung die Übertragung der für den Betroffenenschutz erforderlichen Vorschriften aus dem Strafverfahrensrecht zuläßt.

Nach dem gefundenen Ergebnis bleiben Auslegungsversuche auch nicht mehrdeutig: Die Übertragung eines Schweigerechts, der Mitwirkungsrechte und eines Rechtsbeistandes erfolgt konkret unter Berücksichtigung der Erhaltung der Funktionsfähigkeit des parlamentarischen Untersuchungsrechts.

Berücksichtigt man daneben, daß Voraussetzungen und Grenzen der Auslegungsmethodik durch Rechtsprechung und Rechtstheorie eingehend bestimmt worden sind,[51] die Verweisung eine vielfach übliche und notwendige gesetzestechnische Methode ist[52] und der Verfassungsgeber die übersichtliche Rechtsmaterie[53] des Strafverfahrensrechts konkret für die Beweiserhebungen der Untersuchungsausschüsse anordnet und damit der Rechtsähnlichkeit beider Materien Ausdruck verleiht,[54] sprechen mehr Gründe für, als gegen eine Vereinbarkeit mit dem Rechtsstaatsprinzip.

Eine differierende Praxis innerhalb der Untersuchungsverfahren unterliegt der Korrektur durch die Gerichte.[55] Nichts anderes ergäbe sich im übrigen auch bei

---

[49] Karpen S. 165; OVG Hamburg in: NJW 1980, 2830, 2834; BVerfG 5, 25, 31; 8, 274, 302; 21, 338, 367; 47, 285, 311.

[50] OVG Hamburg in: NJW 1980, 2830, 2834.

[51] So Karpen S. 165 m.w.N.

[52] BVerfG 47, 285, 311; Baden in: NJW 1979, 623, 625; Karpen S. 165.

[53] Für den Bereich des Apothekenrechts verneinend BVerfG 5, 25, 31ff.. Dazu auch Karpen S. 162.

[54] Grundsätzlich s. Karpen S. 166.

[55] Verbindlich kann allein das BVerfG nach Art. 100 Abs. 1 GG die Auslegung der sinngemäßen Verweisung bestimmen.

Abweichungen des Untersuchungsausschusses von den Regelungen in einem Ausführungsgesetz.

Zur zweiten Frage konzentriert sich das Problem auf die Struktur der dynamischen Verweisung, da der Bürger nachforschen können muß, welches die jeweils geltende Fassung der strafverfahrensrechtlichen Vorschriften ist.[56] Fraglich ist deshalb, ob für den Rechtsunterworfenen erkennbar ist, was rechtens sein soll.[57]
Der abstrakte Geltungsbefehl der Verweisung ist durch die Anwendung der strafverfahrensrechtlichen Vorschriften in der jeweils geltenden Fassung bestimmt,[58] da die Verweisung keine Zweifel darüber läßt, daß die Vorschriften sachlich auf Untersuchungsausschüsse, persönlich auf die damit in Berührung stehenden Personen und zeitlich für die Dauer eines Untersuchungsverfahrens anzuwenden sind.
Der Inhalt des Befehls, d.h. welche Vorschriften sinngemäß zu übertragen sind, ist grundsätzlich zwar auslegungsbedürftig, deshalb aber aus den voranstehend bereits dargestellten Gründen nicht so unbestimmt, daß der Verlust an Rechtssicherheit gleichzeitig zur Verfassungswidrigkeit aus rechtsstaatlichen Gesichtspunkten führt.[59]

II. Ergebnis

Die Regelungen in Art. 44 Abs. 2, S. 1 GG und in den Länderverfassungen sind mit der Wesentlichkeitstheorie vereinbar.
Ausführungsgesetze zu der Verweisung des Art. 44 Abs. 2, S. 1 GG und den entsprechenden Regelungen in den Länderverfassungen, die bestimmen, welche strafverfahrensrechtlichen Vorschriften für den Betroffenen Anwendung finden, sind weder vor dem Hintergrund der Sonderstellung des Betroffenen noch aus rechtsstaatlichen Gründen zwingend erforderlich.

---

[56] Karpen S. 161f.
[57] Karpen S. 161f.; Schröker in: NJW 1967, 2285, 2289; BVerfG 5, 25, 31; 8, 274, 302; 21, 338, 367; 47, 285, 311.
[58] Schröker in: NJW 1967, 2285, 2289; a.A. Karpen S. 162.
[59] Karpen S. 161f.. Vgl. zur Verwendung von Generalklauseln und allgemeinen Begriffen Schulze-Fielitz in: Dreier (Hrsg.), GG-Komm., Rn. 117ff. zu Art. 20 GG (Rechtsstaatsprinzip); Schmidt-Bleibtreu/Klein, GG-Komm., Rn. 11 zu Art. 20 GG.

Hat sich der jeweilige Gesetzgeber allerdings zum Erlaß eines Ausführungsgesetzes entschlossen, müssen sich die Regelungen im Rahmen der auslegungsfähigen und auslegungsbedürftigen Leitlinien bewegen, die durch die sinngemäße Anwendung der strafverfahrensrechtlichen Vorschriften in den Verfassungen vorgegeben sind.[60]

Da nämlich die Grundgedanken des Strafverfahrensrechts, hier insbesondere die Grenzen der Aufklärungsrechte der Untersuchungsausschüsse, durch die Verweisung Verfassungsrang erhalten, kann der Gesetzgeber zwar die Grundaussage der Verfassung durch einzelne Verfahrensregeln verbindlich interpretieren, er kann aber nicht die Grundsätze anderer Verfahrensordnungen übernehmen oder sogar unmittelbare aus Verfassungsnormen ableitbare Rechte ausschließen.[61]

[60] Partsch, Gutachten für den 45. DJT 1964, Bd. 1 Teil 3, S. 216f.; Gollwitzer in BayVBl. 1982, 417, 418

[61] Gollwitzer in BayVBl. 1982, 417, 418 u. 422

F. Schlußbetrachtungen

Der Betroffene im parlamentarischen Untersuchungsverfahren ist in seiner Verfahrensstellung nicht mit dem Zeugen vergleichbar. Ihm ist eine beschuldigtenähnliche Stellung einzuräumen.
Diese Arbeit hat gezeigt, daß ein Aussageverweigerungsrecht, Mitwirkungsrechte und das Recht auf einen Rechtsbeistand in sinngemäßer Anwendung der Vorschriften über den Strafprozeß in das Untersuchungsverfahren übertragen werden müssen.

Der anspruchsberechtigte Personenkreis ist in sinngemäßer Anwendung der Grundgedanken des Strafverfahrensrechts konkret bestimmt worden. Allein zureichende tatsächliche Anhaltspunkte für die Aufklärung einer straf-, disziplinar-, ordnungswidrigkeiten- oder standesrechtlich relevanten Verhaltensweise können eine Betroffenenstellung nach sich ziehen. Gleiches gilt für Verhaltensweisen, die eine Präsidenten-, Richter-, Minister oder Abgeordnetenanklage rechtfertigen.

Damit sind klare Kriterien geschaffen, an denen sich auch Ausschußmitglieder, die nicht die Befähigung zum Richteramt haben, orientieren können. Gleichzeitig ist der betroffene Personenkreis überschaubar klein, so daß der Untersuchungsausschuß die Aufgabe der Wahrheitserforschung unter politischen Gesichtspunkten erfüllen kann und die Funktionsfähigkeit des verfassungsrechtlich abgesicherten Untersuchungsrechts erhalten bleibt.
Die Übertragung der strafverfahrensrechtlichen Vorschriften schränkt zwar die Sachverhaltsaufklärung durch einen Untersuchungsausschuß ein, sie ermöglicht andererseits aber den erforderlichen Schutz der betroffenen Auskunftspersonen, indem sie dem Untersuchungsausschuß klare Grenzen vorgibt. Eine sich im Anschlußverfahren auswirkende Aushebelung der Betroffenenrechte im Untersuchungsverfahren, ist bei Beachtung der in dieser Arbeit aufgestellten Grundsätze ausgeschlossen.

Untersuchungsausschüsse des Bundes und derjenigen Länder, die bisher noch kein eigenes UAG erlassen haben[1] sondern die Vorschriften des Strafverfahrens-

---

[1] Schleswig-Holstein, Hessen und Niedersachsen. Das Land Mecklenburg-Vorpommern hat nur ein vorläufiges UAG erlassen. Dieses enthält nur eine Regelung des Verfahrens in § 1, eine Kostenregelung in § 2 und Schlußbestimmungen in § 3. Deshalb sind auch hier durch die Verweisung die erforderlichen Betroffenenrechte aus dem Strafverfahrensrecht übertragbar.

rechts in ihren Verfassungen für sinngemäß anwendbar erklären, können dem Betroffen die geforderte beschuldigtenähnliche Stellung einräumen.

Die Gesetzesentwürfe, Empfehlungen und LUAGe,[2] die sämtlichen Auskunftspersonen grundsätzlich nur eine Zeugenstellung zubilligen, stehen mit der Auslegung der sinngemäßen Verweisung auf die Vorschriften über den Strafprozeß nicht in Einklang.[3]
Allerdings verweisen die Gesetzesentwürfe, Empfehlungen[4] und überwiegend auch die Länder in ihren Verfassungen[5] nicht auf die Vorschriften des Strafverfahrensrechts, sondern ermächtigen zum Erlaß eines Ausführungsgesetzes.
Dabei schränken zumindest die LUAGen weder die Reichweite des Untersuchungsrechts[6] noch die Eingriffsbefugnisse der Ausschüsse im Rahmen der Beweiserhebungen ein.[7] Sie entnehmen die Befugnisse vielmehr dem Strafverfahrensrecht. Da sich die Übertragung der aktiven und passiven Betroffenenrechte als Gegenrechte an den Eingriffsbefugnissen und der daraus resultierenden Konfliktlage orientieren, diese folglich dann aber mit der des Betroffenen nach Art. 44 Abs. 2, S. 1 GG übereinstimmt, gelten die Ergebnisse in Bezug auf die Gesetzesentwürfe, Empfehlungen und LUAGe die dem Betroffenen nur eine Zeugenstellung einräumen, entsprechend.[8]
Auch durch die dann in den Gesetzesentwürfen und Empfehlungen vorgesehene Erweiterung der Auskunftsverweigerungsrechte in Anlehnung an die Zivilprozeßordnung[9] wird eine Sonderstellung des Betroffenen nicht hinfällig.
Solange nämlich die Eingriffsbefugnisse nicht eingeschränkt werden, kann bereits das unmittelbar aus dem verfassungsrechtlich abgesicherten nemo-tenetur-

---

[2] Enquete-Kommission Verf.reform 1972 u. 1976, BT-Drucks. 6/3839 u. 7/5924; GEntw. CDU/CSU v. 1977, BT-Drucks. 8/1181; LParl. v. 1989, abgedr. in: ZParl. 22 (1991), 406ff.; Bremen, Nordrhein-Westfalen, Berlin, Sachsen-Anhalt und Brandenburg.

[3] Davon zu unterscheiden die Gesetzesentwürfe, Empfehlungen und LUAGen, die zwar eine Betroffenenstellung einräumen, aber für den Betroffenen trotzdem eine Zeugnispflicht vorsehen. Vgl. Teil D VI

[4] Enquete-Kommission Verf.reform 1972 u. 1976, BT-Drucks. 6/3839 u. 7/5924; GEntw. CDU/CSU v. 1977, BT-Drucks. 8/1181; LParl. v. 1989, abgedr. in: ZParl. 22 (1991), 406ff.

[5] Art. 41 N-WVerf.; Art. 72 BbgVer.; Art. 48 BVerf.; Art. 54 S-AVerf.

[6] Vg. Teil A

[7] Vgl. Teil D II. 1.

[8] Vgl. Teil D VI.

[9] Z.B. § 15 GEntw. CDU/CSU v. 1977, BT-Drucks. 8/1181.

Grundsatz abgeleitete Schweigerecht[10] nicht verweigert werden.[11], da es auf der Konfliktlage zwischen Wahrheitspflicht und Selbstverteidigungsrecht beruht.
Auch die Abschaffung der Vereidigung[12] beeinflußt dieses Ergebnis nicht. Der Betroffene würde zwar nicht mehr der Gefahr einer strafrechtlichen Verfolgung nach § 154 StGB ausgesetzt, die Wahrheitspflicht wäre aber immer noch nach § 153 StGB strafbewehrt. Eine Beseitigung der Konfliktlage würde deshalb nicht erreicht.

Weitere Ansätze in der Literatur, die auf eine rechtsstaatliche Verbesserung der Stellung aller Auskunftspersonen abzielen, sind zwar vom Ansatz her wünschenswert, sie können aber nicht zum Verzicht auf eine Sonderstellung des Betroffenen führen.
Ein Recht auf Gegendarstellung,[13] eine Erweiterung des § 203 Abs. 2 Nr. 4 StGB um die Preisgabe im Untersuchungsverfahren erlangter schutzwürdiger Informationen unter Strafe zu stellen[14] und ein Recht auf Schadenersatz[15] beseitigen nämlich nicht die Konfliktlage, in der sich der Betroffene befindet. Die Aufklärung einer straf-, disziplinar-, standes- oder ordnungswidrigkeitenrechtlich relevanten Normabweichung ist trotzdem möglich, und die Rechte des Betroffenen im Anschlußverfahren können weiter ausgehebelt werden.
Nur wenn sicher gestellt wäre, daß Untersuchungsausschüsse dieses Fehlverhalten nicht mit den Mitteln des Strafverfahrensrechts zu Lasten der Auskunftspersonen aufklären, die aktiven und passiven Rechte des Anschlußverfahrens also nicht umgangen werden könnten, würden die Konfliktlage und damit der Streit

---

[10] Damkowski in: Thaysen/Schüttemeyer, S. 146;; Müller-Boysen S. 106; Beckendorf in: ZParl 20 (1989), 35, 50; Schleich S. 53; Rink in: DVBl. 1964, 706, 709.; Buchholz S. 92ff.; Di Fabio S. 48f.

[11] Kohlmann in: JA 1983, 670, 673; Müller-Boysen S. 108

[12] Z.B. § 16 GEntw. CDU/CSU v. 1977, BT-Drucks. 8/1181; Ziff. 15 e) Enquete-Kommission Verf.reform 1976, BT-Drucks. 7/5924

[13] Zeh in: DÖV 1988, 701, 705; Köhler S. 225; Versteyl in: v. Münch, GG-Komm., Rn. 37 zu Art. 44 GG; Schulte in: v. Mangoldt/Klein, GG, Rn. 127. zu Art. 44 GG.

[14] Schulte in: v. Mangoldt/Klein, GG, Rn. 10ff. zu Art. 44 GG; Zeh in: DÖV 1988, 701, 705; so auch der in der 14. Wahlperiode eingebrachte Gesetzesentwurf vgl. BT-Drucks. 14/2518. Im übrigen ist der Geheimschutz nach geltendem Recht schon durch § 353 b Abs. 2 Nr. 1 StGB i.V.m. § 69 VII. i.V.m. Anl. 3 § 3 GOBT für VS-Sachen gewährleistet und kann für private Geheimnisse über einen gesonderten Beschluß nach § 353 b Abs. 2 Nr. 1 StGB immer herbeigeführt werden.

[15] Schulte in: v. Mangoldt/Klein, GG, Rn. 10ff. zu Art. 44 GG; Zeh in: DÖV 1988, 701, 705.

um die Betroffenenstellung hinfällig. Dazu müßten aber die Reichweite des Untersuchungsrechts und die Eingriffsbefugnisse der Ausschüsse soweit eingeschränkt werden, daß die Kontrollkompetenz des Parlaments durch die Inanspruchnahme parlamentarischer Untersuchungsausschüsse fraglich würde. Die Aufklärung der Verhaltensweisen, die zu einer Betroffenenstellung führen, kann nämlich nicht weggedacht werden, ohne das parlamentarische Untersuchungsrecht zur Gegenstandslosigkeit zu verurteilen.
Insoweit bestehen auch Bedenken gegen die Ausdehnungen des Auskunftsverweigerungsrechts (§ 55 StPO) auf unehrenhafte Verhaltensweisen.[16] Neben der Gefahr der Selbstbezichtigung und den Beurteilungsschwierigkeiten über die Voraussetzungen zur Auskunftsverweigerung[17] würde nämlich das Aufklärungsrecht der Untersuchungsausschüsse erheblich eingeschränkt. Mißstände und Skandale sind oftmals gerade mit Verhaltensweisen verbunden, die den Ruf des Einzelnen in der Gesellschaft schädigen. Kann der Untersuchungsausschuß sein Kontrollrecht nicht auch unter Aufklärung dieser Verhaltensweisen ausüben, erreicht man mit einer solchen Regelung nicht die Hinfälligkeit der Betroffenenstellung, sondern lediglich die Lahmlegung des verfassungsrechtlich abgesicherten Untersuchungsrechts.
Auch der Vorschlag, den Vorsitz im Untersuchungsausschuß mit einem Parlamentarier zu besetzen, der die Befähigung zum Richteramt hat[18] nützt wenig, um den Betroffenen vor ungerechtfertigten Eingriffen zu schützen. Der Vorsitzende entscheidet über Zwangsmaßnahmen nicht allein, sondern der Ausschuß in seiner Gesamtheit, so daß dann zumindest die Mehrheit der Mitglieder im Ausschuß die Befähigung zum Richteramt nachweisen müßten. Entsprechende zwingende Vorschriften sind aber schon deshalb nicht möglich, weil die Vorschriften über das passive Wahlrecht des Bundestages die Befähigung zum Richteramt nicht mit einschließen.[19]

Aus aktuellem Anlaß ist an dieser Stelle noch ein in der 14. Wahlperiode in den Bundestag eingebrachter Gesetzesentwurf[20] auf seine Vereinbarkeit mit den in dieser Arbeit erzielten Ergebnissen zu überprüfen.

---

[16] Müller-Boysen S. 163f.; Partsch, Gutachten für den 45. DJT 1964, Bd. 1 Teil 3, S. 92ff.;
[17] Vgl. Teil D III. 1. c) aa).
[18] § 3 IPA-Entwurf, BT-Drucks. V/4209.
[19] Vg. Art. 38 Abs. 2 und Abs. 3 GG i.V.m. § 15 BWahlG; dazu auch Güther/Seiler in: NStZ 1993, 305,309.
[20] BT-Drucks. 14/2518.

Der Entwurf sieht keine Sonderstellung des Betroffenen vor. Insofern gelten entsprechend die Schlußfolgerungen, die im Hinblick auf die Gesetzesentwürfe, Empfehlungen und LUAGe ohne Betroffenenregelungen gezogen wurden.
Neu an dem Gesetzesentwurf ist ein erweitertes Auskunftsverweigerungsrecht der Zeugen. § 22 Abs. 2 des Entwurfes bestimmt:
„ Jede Zeugin/jeder Zeuge kann die Auskunft auf Fragen verweigern, deren Beantwortung ihn/ihm oder einer Person, die im Sinne des § 52 Abs. 1 der Strafprozeßordnung ihr/sein Angehöriger ist, die Gefahr zuziehen würde, einer Untersuchung nach einem gesetzlich geordneten Verfahren ausgesetzt zu werden."
Neben den mehrfach gegen ein bloßes Auskunftsverweigerungsrecht geltend gemachten Bedenken ist der Begriff des gesetzlich geordneten Verfahrens in diesem Gesetzesentwurf dazu geeignet, weitere Mißverständnisse auszulösen.
Unter den Begriff „Gesetzlich geordnetes Verfahren" fallen mit Sicherheit die Straf-, Disziplinar-, Ordnungswidrigkeiten-, Ehrengerichts- und verfassungsrechtlichen Anklageverfahren. Darüber hinaus kann man unter einem gesetzlich geordneten Verfahren aber auch Zivilverfahren, Verfahren vor den Verwaltungsgerichten und Verwaltungsverfahren allgemein verstehen, solange nur der Verfahrensgang auf gesetzlich geregelten Vorschriften beruht. Wie weit bzw. eng der Begriff auszulegen ist, geht auch nicht aus den Einzelbegründungen zu dem Gesetzesentwurf hervor.[21] Unklarheiten im Wortlaut ziehen jedoch gerade für das Untersuchungsverfahren, deren Mitglieder in der Regel nicht die Befähigung zum Richteramt haben und deren Motivationen vielfach politisch bestimmt sind, erhebliche Konsequenzen für die Sachverhaltsaufklärung und die Betroffenen nach sich. Wenn bspw. auch ein vereinsrechtlicher Auskunftsanspruch einer Partei gegen einen Parteiangehörigen Abgeordneten, über die Höhe von Spenden und die Namen von Spendern, ein Auskunftsverweigerungsrecht für den Abgeordneten begründen soll,[22] wird die mögliche Wahrheitserforschung erheblich eingeschränkt. Auskunftspersonen könnten nämlich in weiten Teilen der Sachverhaltsaufklärung die Beantwortung einzelner Fragen verweigern.
Daneben bestehen aber auch erhebliche praktische Bedenken, die sich auf den Betroffenenschutz auswirken. Die Ausschußmitglieder müßten bei für ein Auskunftsverweigerungsrecht relevanten Fragen in jedem einzelnen Fall klären, ob

[21] BT-Drucks. 14/2518, S. 14. Dazu auch Schröder in: NJW 2000, 1455ff.
[22] Das Beispiel ist nur aus aktuellem Anlaß gewählt worden; stellt aber keine zivil-, straf- oder verfassungsrechtliche Bewertung der CDU- Spendenaffäre dar. Vgl. zur rechtlichen Bewertung der CDU-Spendenaffäre Isensee, Das System Kohl - Das System Rau, Grundkurs Demokratie: Bricht Schweigen die Verfassung?, FAZ v. 28.1.2000, S. 41

ein normabweichendes Verhalten vorliegt, das irgendein gesetzlich geregeltes Verfahren nach sich ziehen kann. Angesichts der Vielfältigkeit der Rechtsnormen und Verfahren würde durch das Ausführungsgesetz auf eine solche Weise aber nicht die beabsichtigte Vereinfachung des Verfahrens erzielt.
Außerdem ist auch kein sachlicher Grund ersichtlich, warum jedes normabweichende Verhalten ein Auskunftsverweigerungsrecht nach sich ziehen soll. Ein solches System ist nämlich gerade dem Strafverfahrensrecht fremd, das bezüglich der Auskunftsverweigerung in § 55 StPO an wenige, konkrete Normabweichungen anknüpft. Ohne Verfassungsänderung könnte so eine Regelung deshalb auch nicht mehr als sinngemäße Anwendung der Vorschriften über den Strafprozeß nach Art. 44 Abs. 2, S. 1 GG angesehen werden.[23]

Die Gesamtbetrachtung zeigt, daß nur eine Sonderstellung des Betroffenen mit der geltenden Regelung des Untersuchungsrechts in Art. 44 Abs. 2, S. 1 GG und den entsprechenden Regelungen in den Länderverfassungen zu vereinbaren ist.
Wollte man eine Sonderstellung unter Änderung der Verfassungsbestimmung vermeiden, wäre dies nur unter erheblichen Einschränkungen der Reichweite des parlamentarischen Untersuchungsrechts und der Eingriffsbefugnisse der Untersuchungsausschüsse möglich. Angesichts des hohen Stellenwertes des parlamentarischen Untersuchungsrechts im Verfassungsgefüge wäre es im Sinne einer effektiven Sachverhaltsaufklärung und dem Schutz des Betroffenen sinnvoller, seine Rechtsstellung gesondert in einem Verfahrensgesetz zu regeln.
Ein Ausführungsgesetz ist aus rechtlicher Sicht nicht zwingend erforderlich,[24] es hätte aber den Vorteil, daß die Ausschußmitglieder auf eine gesetzliche Regelung zurückgreifen könnten. Unsicherheiten in der sinngemäßen Anwendung der strafverfahrensrechtlichen Vorschriften könnten vermieden und Mißverständnisse ausgeräumt werden. Für die Sonderstellung des Betroffenen kann auf die gefundenen Ergebnisse zugegriffen werden.
Der Verlust an Rechtsklarheit durch die Auslegungsbedürftigkeit des Art. 44 Abs. 2, S. 1 GG spricht daneben auch aus der Sicht des Betroffenen für eine Regelung in einem Ausführungsgesetz, damit gerichtliche Auseinandersetzungen im Untersuchungsverfahren so eingedämmt werden können
Da aber auch ein Ausführungsgesetz zu Art. 44 Abs. 1, S. 2 GG in Verbindung mit der Verwendung des Begriffes „sinngemäß" immer weitere Streitigkeiten

[23] Vgl. Teil E II.

[24] Teil E

über die Auslegung der Verweisung nach sich ziehen kann, sollte dem Gesetz die notwendige verfassungsrechtliche Grundlage gegeben werden.[25]

Eine solche könnte lauten: Der parlamentarische Untersuchungsausschuß ist befugt, Beweise nach den Vorschriften des Strafverfahrensrechts zu erheben. Das Nähere regelt ein Bundesgesetz.

Entsprechendes gilt für die Länderverfassungen.

[25] Partsch, Gutachten für den 45. DJT 1964, Bd. 1 Teil 3, S. 217

Zusammenfassung

(1) Eine Gleichstellung von Betroffenen und Zeugen im parlamentarischen Untersuchungsverfahren ist nicht mit der sinngemäßen Anwendung der Vorschriften über den Strafprozeß nach Art.44 Abs. 2, S. 1 GG und den entsprechenden Regelungen in den Länderverfassungen zu vereinbaren.

(2) Betroffener des Untersuchungsverfahrens ist eine natürliche oder juristische Person, die aufgrund zureichender tatsächlicher Anhaltspunkte einer straf-, disziplinar-, ordnungswidrigkeiten- oder standesrechtlich relevanten Verhaltensweise verdächtigt wird. Gleiches gilt für Verhaltensweisen, die eine Präsidenten-, Richter-, Minister oder Abgeordnetenanklage rechtfertigen.

(3) Die Betroffeneneigenschaft beginnt, wenn der Einsetzungsbeschluß die Aufklärung eines Verhaltens im vorgenannten Sinne zum Untersuchungsgegenstand erhebt oder der Untersuchungsausschuß eine erkennbare Maßnahme trifft, die darauf abzielt, einen solchen Verdacht aufzuklären.

(4) Die formale Feststellung der Betroffeneneigenschaft hat durch den Untersuchungsausschuß, auch auf Antrag des Betroffenen, zu erfolgen.

(5) Der Betroffene kann sich in sinngemäßer Anwendung auf ein Aussageverweigerungsrecht nach § 136 Abs. 1, S. 2 StPO berufen. Er ist vom Untersuchungsausschuß bei Beginn der Vernehmung über dieses Recht zu belehren.
Wenn er sich dennoch zur Aussage entschließt, darf er nicht vereidigt werden. Er unterliegt nicht der strafbewehrten Wahrheitspflicht der §§ 153 ff. StGB. Innerhalb der Regelungen der §§ 52ff. StPO tritt der Betroffene an die Stelle des Beschuldigten.

(6) Dem Betroffenen sind Mitwirkungsrechte einzuräumen, so daß er sich aktiv am Verfahren beteiligen kann. Er hat ein Anwesenheitsrecht (§ 230 Abs. 1 StPO), ein Beweisantragsrecht (§§ 219, 244-245 StPO), ein Frage- und Beanstandungsrecht (§§ 240 Abs. 2, 238 Abs. 2 StPO), ein Recht auf jederzeitige Stellungnahme ((§§ 243 Abs. 4 i.V.m. 136 Abs. 2, 257 StPO), das Recht des Schlußvortrages (§ 258 StPO) und ein Recht auf Akteneinsicht (§ 147 StPO, Art. 6 Abs. 1,3 MRK).[1]

(7) Zur Wahrnehmung dieser Rechte kann sich der Betroffene eines Rechtsbeistandes bedienen (§§ 137ff. StPO). Die Entscheidung über die

---

[1] Die Vorschriften finden jeweils einer für das Untersuchungsverfahren modifizierten Form Anwendung, vgl. D. III. 2. c).

Hinzuziehung des Rechtsbeistandes steht nicht im Ermessen des Untersuchungsausschusses.

(8) Die LUAGe, die von einer Sonderstellung des Betroffenen absehen, entsprechen nicht der verfassungsrechtlich geforderten sinngemäßen Anwendung der Vorschriften über den Strafprozeß.

(9) Der Bund und die Länder, die bisher noch kein Ausführungsgesetz erlassen haben, können dem Betroffenen die erforderlichen Verfahrensrechte de lege lata aufgrund der sinngemäße Anwendung der Vorschriften über den Strafprozeß einräumen. Ein Ausführungsgesetz ist nicht zwingend erforderlich.

(10) Die Regelungen des Art. 44 Abs. 2, S. 1 GG und entsprechend in den Länderverfassungen sind mit der Wesentlichkeitstheorie vereinbar.

(11) Für das parlamentarische Untersuchungsrecht des Bundes ist es ratsam, die Sonderstellung des Betroffenen in einem Ausführungsgesetz zu regeln. Dem Gesetz sollte dann die notwendige verfassungsrechtliche Grundlage gegeben werden.

Eine solche könnte lauten: Der parlamentarische Untersuchungsausschuß ist befugt, Beweise nach den Vorschriften des Strafverfahrensrechts zu erheben. Das Nähere regelt ein Bundesgesetz.

Entsprechendes gilt für die Regelungen in den Länderverfassungen.

FSC
www.fsc.org
MIX
Papier | Fördert gute Waldnutzung
FSC® C083411

Kolibri 360 GmbH
Ferdinand-Jühlke-Straße 7
99095 Erfurt, Deutschland
produktsicherheit@kolibri360.de

Druck:
CPI Druckdienstleistungen GmbH
im Auftrag der
Kolibri 360 GmbH
Ferdinand-Jühlke-Str. 7
99095 Erfurt